Charles W. Leadbeater
Das Jenseits

Charles W. Leadbeater

DAS JENSEITS

Hellsichtige Beobachtungen

Aquamarin Verlag

Deutsche Originalausgabe:
1. Auflage 2012
© Aquamarin Verlag GmbH
Voglherd 1
85567 Grafing
www.aquamarin-verlag.de

Umschlaggestaltung: Annette Wagner unter Verwendung von
tor © Ssogras #14099128 - Fotolia.com

Druck: C.H. Beck Nördlingen
ISBN 978-3-89427-612-6

Inhalt

Teil I ♦ Die Bedeutung des Todes

Einführung 9
Der Beweis für ein immerwährendes Leben 33
Religionsirrtümer 41
Unsere Einstellung zum Tod 47
Gewissheit 57
Wie Hellsehen entwickelt werden kann 71

Teil II ♦ Das Leben nach dem Tod

Die Fakten 91
Einige Beispiele astralen Daseins 101
Astrales Umfeld 121
Das Wunsch-Elemental 129
Bewusstseinserweiterung 143
Unsichtbare Helfer 155
Die Himmelswelt 163
Der Tod von Kindern 183

Teil III ♦ Beweisführung anhand von Erscheinungen

Astralbesuche 195
Besuche kurz vor dem Tod 207
Gedankenkörper 213
Erscheinungen, die den Tod vorhersagen 217
Jene, die zurückkehren, um zu helfen 233
Diejenigen, die Hilfe benötigen 249

Sühne 255
Erdgebunden 261
Geisterscheinungen 269
Geisterscheinungen ohne ersichtlichen Grund 279
Seltene Phänomene 285
Astrale Impressionen... 297
Begegnung mit einem Geist 305

Teil IV ♦ Spiritismus und parapsychologische Forschng
Spiritistische Phänomene 313
Persönliche Erfahrungen...317
Der physische Körper des Mediums 325
Hellsehen und Spiritismus.. 335
Neuere Untersuchungen 341
Teilweise Materialisation 351
Messungen... 361
Verschiedene Phänomene... 375
Sichtbare Materialisationen.. 389
Materialisationsphänomene 405
Spiritismus und Theosophie..413
Schluss 429

Teil I
Die Bedeutung des Todes

Kapitel 1
Einführung

Missverständnisse

Das Thema Tod dürfte für jeden Menschen von größtem Interesse sein, da er selbst eines Tages sterben wird. Hinzu kommt, dass nahezu jeder – die Jüngeren vielleicht ausgenommen – die Erfahrung gemacht hat, dass ihm ein geliebter Mensch entrissen wurde. Andererseits gibt es wohl kaum ein Thema, das mit so vielen Missverständnissen belastet ist. Unwissenheit und Aberglauben ließen die Menschen bislang unsäglich und völlig unnötig unter Furcht, Schmerz und Trauer leiden. Falsche und törichte Ansichten haben gewaltigen Schaden angerichtet und zu unbeschreiblichem Leid geführt. Diese Irrtümer auszumerzen, wäre ein Segen für die Menschheit.

Für diejenigen, die sich mit der theosophischen Lehre von vergangenen Leben befassen und sie akzeptieren können, verliert der Tod seinen Schrecken. Es bleibt ihnen viel Leid erspart. Sie erkennen und verstehen den Stellenwert des Todes im Hinblick auf unseren Evolutionsweg.

Wir werden uns den Hauptmissverständnissen zuwenden und versuchen, sie zu ergründen. Einige mag man als religiöse Irrtümer bezeichnen, deren Verbreitung sich oft unmittelbar auf die Verfälschung der ursprünglichen Christenlehre zurückführen lässt, die sich in unsere Kirchen eingeschlichen und ihre Lebendigkeit und ihren Wert weitgehend zerstört hat. Betrachten wir zunächst den weit verbreiteten Irrglauben, was den Tod selbst betrifft.

Mitunter neigt der Mensch dazu anzunehmen, dass es im Grunde genommen keine Rolle spielt, was er über den Tod denkt. Wenn er stirbt, wird er die Wahrheit selbst herausfinden. Hat er sich geirrt, wird er dies bald erkennen. Ein solches Argument ist in doppelter Hinsicht unzulänglich. Es zieht weder die Furcht vor dem Tode in Betracht, die das Leben vieler überschattet, noch die unnötige Trauer und Unruhe der Hinterbliebenen. Außerdem ignoriert es die Tatsache, dass der Verstorbene seine Fehler *nicht* unmittelbar nach seinem Dahinscheiden erkennt und sie im Lichte der Wahrheit zu berichtigen vermag, woraus sich häufig gewaltige Schwierigkeiten ergeben.

Was bedeutet Tod?

Auf Anhieb mag man denken, diese Frage sei recht einfach zu beantworten. „Der Tod ist das Ende des Lebens – die Trennung von Seele und Körper." Bei näherer Betrachtung wird man erkennen, dass es sich um einen weitaus komplizierteren Prozess handelt. Selbst vom rein physiologischen Standpunkt aus gesehen, gibt es die unterschiedlichsten Auffassungen, was den Tod als solchen ausmacht. Carrington und Meader, die sich um eine eindeutige Definition bemühten, veröffentlichten die Ergebnisse ihrer gründlichen Nachforschungen in der Schrift *Death, its Causes and Phenomena*. Trotz der Informationsfülle des sorgfältig zusammengestellten Materials blieb die Frage ungeklärt.

Die Autoren stellten einer Reihe von maßgeblichen Persönlichkeiten aus unterschiedlichen Lebensbereichen die Frage: „Was ist ihrer Meinung nach das Wesen des Todes?" Sie erhielten zahlreiche interessante Antworten, aber kaum eine definitive Auskunft. Die ungewöhnliche Gleichgültigkeit vieler Wissenschaftler überraschte und verärgerte sie, was sie zu der sarkastischen Bemerkung verleitete: „Wirklich wichtige Dinge, wie das Mentalleben der Ameise oder der Krabbe, füllen die psychologisch-wissenschaftliche Literatur. Ein Thema wie der Tod, der den Menschen näher steht als alles andere – da jeder sterben muss – scheint es kaum wert zu sein, ernsthaft diskutiert zu werden." Als Beispiel zitieren sie den Brief eines bekannten Arztes: „Die physiologischen oder psychologischen Aspekte des Todes interessieren mich nicht im Geringsten. Was die Ursache des natürlichen Todes betrifft, vertrete ich keine Meinung." Ein Doktor der Philosophie schrieb: „In Beantwortung ihrer Frage muss ich gestehen, dass ich keinerlei Vorstellung vom Wesen des Todes besitze. Mit diesem Gedanken habe ich mich noch keine fünf Minuten lang beschäftigt. Ich weiß es nicht, und es ist mir auch egal. Für mich bedeutet der Tod das Ende des Lebens."

Andere Antworten waren zwar weniger enttäuschend, aber ebenfalls kaum zufriedenstellend. Eine Ansicht lautete, dass die Reproduktionskraft der Körperzellen begrenzt sei. Eine andere hob die Tatsache hervor, dass nach einer gewissen Zeit die Indurations- und Ossifikationsprozesse einsetzen. Ein Dritter vertrat die Meinung, dass das Leben ein Impuls sei, der eine bestimmte Energiemenge enthalte. Erschöpft sich diese, tritt der Tod ein. Eine weitere Vorstellung ging davon aus, dass es sich beim Leben um eine grenzenlose Kraft handelt, die sich durch den Körper zum Ausdruck bringe. Dieser nutze sich, wie jede andere Maschine, mit der Zeit ab und vermöge die Energie nicht mehr weiterzuleiten.

Carrington selbst definierte das Leben als eine spezifische Schwingung und den Tod als die Unfähigkeit der Lebenskraft, das Nervengewebe, durch das sie wirkt, auf die notwendige Schwingungsrate zu heben, so dass sie sich nicht länger zu manifestieren vermag. Meader vertrat die Auffassung, dass der Tod unnötig sei. Er betrachtete ihn als eine „schlechte Angewohnheit".

Der Mensch hat sich in die Vorstellung versenkt, dass das Leben innerhalb eines gewissen Zeitraumes enden muss. Die Gedankenform hat sich in einem Maße verstärkt, dass sie sich auf die gesamte Menschheit auswirkt. Mit anderen Worten, der Mensch stirbt, weil er denkt, er muss sterben.

Ist der Tod das Ende?

Der verhängnisvollste Irrtum ist die Annahme, dass der Tod das Ende aller Dinge bedeutet und es nichts im Menschen gibt, das ihn überlebt. Viele Leute scheinen unter dem Eindruck zu stehen, dass diese rein materielle Sichtweise gänzlich der Vergangenheit angehört, was durchaus wünschenswert wäre. Leider ist dies nicht der Fall. Obwohl die Menschen inzwischen dazugelernt haben, verblüfft die allgemein herrschende Unwissenheit. Besonders bedenklich erweist sich jene Form von Ignoranz, die sich, geschmückt mit einigen übernommenen wissenschaftlichen Schlagwörtern, in aggressiver Selbstgefälligkeit aufbläht und glaubt, die Weisheit der Zeitalter zu besitzen. Die unglücklichen Wesen, die dieser mentalen Knechtschaft anheimgefallen sind, denken rein materialistisch.

Andererseits dürfen wir hoffen, dass sich eine solche Haltung mit der Zeit verliert, was eine andere, weniger offenkundige, dafür heimtückischere Art dieser Krankheit wohl kaum erwarten lässt. Tausende von Männern und Frauen, die sich zu irgendeiner Religionsform bekennen und das Ansinnen, sie seien Materialisten, entrüstet zurückweisen, gestalten ihr Leben aus praktischen Überlegungen so, als gäbe es nur diese Welt, über die es sich lohnt, nachzudenken. Mitunter mögen sie sich bestimmter Ausdrücke und Redewendungen bedienen, die auf die Existenz einer anderen Welt schließen lassen, was sich aber in ihrer Verhaltensweise nicht im Geringsten bemerkbar macht. Dieser praktische Materialismus, obwohl offensichtlich weniger stupide und für den Mitmenschen weniger anstößig, wirkt sich auf den Zustand des Menschen nach seinem Tod fast genauso aus.

Ein ebenso verbreiteter Irrtum besteht in der Annahme, dass der Tod einen Sturz ins Ungewisse bedeutet und man nichts Genaues über die Gegebenheiten in Erfahrung bringen kann, die den Menschen erwarten, nachdem er die physische Ebene verlassen hat. Verschiedene Religionsgemeinschaften beteuern zwar, jene Zustände präzise beschreiben zu können, was die Mehrzahl ihrer Anhänger aber als weitgehend unrealistisch zu erachten scheint, da sie weder entsprechend handeln noch reden. In den meisten Fällen sind jene Informationen derartig falsch, dass sie wahrscheinlich mehr Schaden anrichteten als Nutzen, falls man ihnen Glauben schenkte.

Die katholische Lehre

Im westlichen Kulturkreis sprachen die römisch-katholische Kirche und der liberal-katholische Zweig der Kirche von England bislang als einzige Glaubensformen über die Gegebenheiten jenseits des Grabes. Obwohl symbolisch ausgedrückt, was zu Missverständnissen führte, wurden die Fakten ausreichend dargelegt, so dass diejenigen, die bereit waren, sie zu akzeptieren, begriffen, was sie nach Verlassen des physischen Körpers erwartete. Leider wird die Wahrheit von der frevlerischen Lehre ewiger Qual überschattet und durch den lächerlichen Ablasshandel weitgehend ihrer Würde beraubt. In groben Zügen lehrt die katholische Kirche zu diesem Thema folgende Aspekte: Während der hoffnungslos verdorbene Mensch in die Hölle stürzt und der Heilige unmittelbar in den Himmel aufgenommen wird, wie im Falle der Jungfrau Maria, vermag der durchschnittlich gute Mensch aufgrund verbleibender Fehler und Unvollkommenheiten nicht direkt in die Gegenwart Gottes zu gelangen. Er bedarf eines kürzeren oder längeren Aufenthaltes in einem Zwischenreich, dem sogenannten Fegefeuer, in dem seine Verfehlungen in einem kurzen, aber leidvollen Prozess ausgemerzt werden. Erst nach dieser schmerzlichen Vervollkommnung kann er in die Freuden der himmlischen Welt einkehren.

Der Theosoph wird sofort erkennen, dass diese Theorie den Tatsachen recht nahekommt. Seit einigen Jahren spricht die liberal-katholische Kirche offen über das Leben nach dem Tod. Ihre Lehre basiert nicht auf Tradition, sondern auf Beobachtung. Häufig stellt sich heraus, dass sorgfältige Beobachtungen und Untersuchungen neues Licht auf die alten Überlieferungen werfen und sie uns in einer sinnvollen und glaubwürdigen Form präsentieren.

Die theosophische Erklärung

Wir stimmen zwar der Theorie zu, dass die Seele den Körper verlässt, definieren aber den Begriff Seele präziser als allgemein üblich. Der Mensch besitzt nicht eine Seele, sondern er *ist* Seele. Sein Körper dient nur als Gewand, dessen er sich entledigt, sobald dieses abgetragen ist. Manchen mag eine solche Behauptung verblüffen. Für andere handelt es sich dabei nicht um Glauben, sondern um unmittelbares Wissen. Um zu erklären, wie man dieses Wissen erlangt, müssen wir eine möglichst klare Vorstellung von dem erhalten, was das Wort „Seele" bedeutet.

Der Mensch ist ein weitaus komplexeres Wesen, als das physische Auge wahrzunehmen vermag. Die einzige Möglichkeit, ihn wirklich zu erfassen, besteht darin, sich auf eine höhere Bewusstseinsebene zu erheben, um mehr von ihm zu sehen. Für jemanden, der sich bislang mit diesem Thema nicht auseinandergesetzt hat, bedürfen die zu verwendenden Begriffe einer näheren Erklärung.

Untersuchungen haben gezeigt, dass außer den Materieformen, die wir sehen können, andere feinstoffliche Ebenen existieren. Neben dem Äther, den die moderne Wissenschaft als eine alle bekannten Stoffe durchdringende Substanz anerkennt, gibt es Materiearten, die ihrerseits den Äther durchdringen. Der Leser mag sich fragen, wie sich der Mensch der Existenz solch unsagbar zarter und vielfach unterteilter Materiearten bewusst werden kann. Indem er ihre Schwingungen aufnimmt, wird er sich ihrer in der gleichen Weise bewusst, in der er die niedrige Materie wahrnimmt. Die Tatsache, dass er die Substanz dieser feinstofflichen Ebenen als Teil seiner selbst in sich trägt, ermöglicht es ihm, ihre Schwingungen aufzufangen. Ebenso wie ihm der grobstoffliche Körper dazu dient, die grobmaterielle Welt wahrzunehmen und mit ihr zu kommunizieren, bildet die feinstoffliche Materie in ihm ein Vehikel, mittels dessen er in der Lage ist, die feinstoffliche Welt, die den physischen Sinnen verschlossen bleibt, wahrzunehmen und sich mit ihr in Verbindung zu setzen.

Es hat sich gezeigt, dass es viele Abstufungen dieser feinstofflichen Materie gibt, von denen jede einzelne als eine Art in sich abgeschlossene

Welt betrachtet werden kann. Da der Mensch die unterschiedlichen Stoffebenen in sich trägt, gilt es zu lernen, sich dieser feinstofflichen Materie zu bedienen, um die jeweiligen Schwingungen aufzunehmen, die es ihm ermöglichen, in jene höheren Welten ebenso hinein zu schauen und zu hören wie in die irdische Welt. Das Öffnen dieser höheren Sinne, also zu lernen, auf jene feineren Schwingungen zu reagieren, wird gewöhnlich als Hellsichtigkeit bezeichnet.

Der Durchschnittsmensch erkennt nicht – da ihm die Mittel fehlen – wie wenig er sich der Welt, die ihn umgibt, tatsächlich bewusst ist. Alle Informationen von der Außenwelt werden uns durch Schwingungen übermittelt. Die Bewegung der Luft trägt den Klang an unser Ohr und ermöglicht es uns, einander sprechen zu hören. Die Ätherwellen senden Licht in unsere Augen, weshalb wir uns gegenseitig zu sehen vermögen, ebenso das Buch, das wir lesen, oder die Objekte, die an uns vorüberziehen. Alles, was wir wissen, haben wir auf diese Weise über Wellen irgendeiner Art gelernt. Um andere Materieformen, die unsere physischen Sinne aufgrund ihrer Feinheit nicht ansprechen, kennenzulernen, müssen wir Sinne entwickeln, die auf die höheren Frequenzen reagieren. Die Vorstellung von verschiedenen Körpern oder Trägern ist nicht neu. Paulus sprach bereits von einem irdischen und einem geistigen Leib, von der Seele und dem Geist. Die beiden letzten Begriffe betrachtete er keineswegs als gleichbedeutend, so wie dies heutzutage häufig geschieht.

Da nähere Einzelheiten in der theosophischen Literatur zu finden sind, erübrigt es sich, sie an dieser Stelle zu wiederholen. Es mag der Hinweis genügen, dass es sieben Hauptmateriestufen gibt, die gewöhnlich als *Ebenen* bezeichnet werden. Falls man sich nicht dazu hinreißen lässt, sie als räumlich voneinander getrennt zu betrachten, kann man auch von *Welten* sprechen. Sie durchdringen sich gegenseitig in ein und demselben Raum, obgleich man sich jeweils nur einer Ebene bewusst wird.

In seiner Essenz ist der Mensch ein Funke des göttlichen Feuers – ein Splitter göttlichen Lebens, will man ein ausdrucksstarkes Bild verwenden, obwohl nicht philosophisch und in gewisser Weise irreführend, da dieses wunderbare Leben unteilbar ist. Diesen Funken, der auf einer Ebene jenseits unserer gegenwärtigen Erkenntnis liegt, nennen wir Monade. Im Rahmen der menschlichen Evolution manifestiert sich die Monade in den grobstofflichen Welten. Soweit bislang feststellbar, erscheint sie auf der höchsten Ebene als der dreifache Geist mit seinen drei Aspekten, da Gott den Menschen nach Seinem Bilde erschaffen hat – eine Dreiheit in der Einheit. Eine der drei Facetten oder Manifestationen verweilt stets auf dieser hohen Ebene. Man bezeichnet sie als den Geist im Menschen. Der zweite Aspekt steigt auf eine etwas niedrigere Ebene hinab. Wir nennen ihn Intuition. Der dritte Aspekt, die sogenannte Intelligenz, wirkt in der höheren Mentalwelt. Gemeinsam bilden die drei Aspekte des Geistes das sogenannte *Ego*.

Dieses Ego macht den Menschen während seiner menschlichen Entwicklungsstufe aus und entspricht in Etwa der gewöhnlichen unwissenschaftlichen Vorstellung von dem Begriff Seele. Vom Augenblick seiner Individualisation an bleibt die Existenz des Egos (abgesehen von seinem Wachstum) unverändert, bis es sein Menschsein transzendiert und in der Göttlichkeit aufgeht. Es wird in keiner Weise durch das, was wir Geburt und Tod nennen, beeinträchtigt. Bei seinem sogenannten Leben handelt es sich lediglich um einen einzigen Tag seines wahren Lebens. Der sichtbare Körper, der geboren wird und vergeht, bildet nur das Gewand, in das sich das Ego während einer bestimmten Entwicklungsphase kleidet.

Was Paulus als Geist, Seele und Körper bezeichnet, wird in der Theosophie gewöhnlich Monade, Ego und Physis genannt. Bei der Physis handelt es sich nicht um den einzigen *Körper*, den die Seele annimmt. Sie umgibt sich mit verschiedenen Hüllen unterschiedlicher Dichte, von denen diejenige, die wir sehen, die niedrigste Stufe darstellt. Ihrer jeweiligen Materieebene entsprechend, lassen sich die einzelnen Träger als *Körper* oder *Träger* beschreiben. Für jede Welt gibt es einen Träger, mittels dessen die Seele sie beobachtet und in ihr lebt. In ihrer eigenen Welt, der Seelenebene, wird sie als Kausalkörper bezeichnet.

Obgleich das Ego, die Seele, in der höheren Mentalwelt weilt, lebt es aufgrund unzureichender Entwicklung nicht vollkommen bewusst in ihr. Die Frequenz ist zu hoch, um einen Eindruck zu hinterlassen, vergleichbar mit den ultra-violetten Lichtstrahlen, die von unseren physischen Augen nicht wahrgenommen werden. Damit sich das Ego entwickeln kann, muss es sich in gröbere Materie kleiden, deren Schwingung so langsam ist, dass es sie zu fühlen vermag. Aus diesem Grund umgibt es sich, wenn es sich zu inkarnieren wünscht, zunächst mit einer Hülle, deren Materiedichte der seiner eigenen Ebene am nächsten kommt, das heißt, einer Hülle aus der Materie der niedrigen Mentalwelt, dem Mentalkörper. Er bildet das Werkzeug, mit dessen Hilfe das Ego seine konkreten Gedanken formt. Als Nächstes umgibt es sich mit einer dichteren Materiehülle, dem Astralkörper. In ihm sind Leidenschaften und Emotionen angesiedelt sowie (in Verbindung mit seinem niederen mentalen Körper) all jene Gedanken, die der Selbstsucht und dem persönlichen Gefühl entspringen. Erst nachdem das Ego diese Körper angenommen hat, vermag es mit dem physischen Babykörper in Berührung zu kommen und in die Welt, die wir kennen, geboren zu werden.

Der Tod

Mit der Geburt beginnt ein irdisches Dasein, *ein* Tag im wahren Leben der Seele, das sich aus unzähligen solcher Tage zusammensetzt, unterbrochen von Zeiten der Ruhe. Jedes Erwachen der Seele aus einer solchen Nacht bezeichnet man als Geburt, wenn die Seele sich nach und nach mit jenen Gewändern bekleidet und schließlich mit dem dichten physischen Körper umhüllt. Sinkt sie erneut in den Schlaf, entledigt sie sich in umgekehrter Reihenfolge dieser Hüllen. Der physische Körper, der zuletzt angenommen wurde, wird als erster abgestreift. Ihn zur Seite zu legen, bezeichnen wir als Tod. Für das Ego bedeutet dies das Gleiche wie für den Menschen das Ablegen seines Mantels. Anschließend weilt das Ego so lange in seinem Astralkörper, bis sich die Kräfte der Emotionen und Leidenschaften, denen es während seines Erdendaseins gefrönt hat, erschöpft haben. Dann findet der zweite Tod statt. Der Astralkörper fällt ebenfalls von ihm ab, und das Ego weilt dann in seinem Mentalkörper, in der niederen mentalen Welt. Es verharrt in diesem Zustand, bis sich die in seinem irdischen und astralen Leben erzeugten Gedankenkräfte ausgeschwungen haben und die dritte Hülle abgestreift werden kann. Danach lebt das Ego (die Seele) erneut in seiner Heimat, der höheren Mentalwelt.

Den Tod, wie er allgemein verstanden wird, gibt es nicht. Es gibt nur aufeinanderfolgende Etappen in einem fortlaufenden Leben – Phasen, die nacheinander in diesen drei Welten verbracht werden. Will man die Ursache und den Mechanismus des physischen Todes genauer bestimmen, bedarf es einer näheren Betrachtung der Körperstruktur. Der physische Körper zeigt sich komplexer als gewöhnlich angenommen wird. Es fällt uns schwer, die Begrenzungen unserer Sinne zu erkennen und zu verstehen, dass sie kaum etwas von dem wahrnehmen, was uns umgibt. Abgesehen davon, dass sie keinen Zugang zu der Fülle astraler und mentaler Materie finden, inmitten derer wir leben, ist ihnen ihre eigene Ebene kaum vertraut. Unsere Sehfähigkeit erlaubt es uns, zwischen fester und flüssiger Materie zu unterscheiden, gibt aber keinerlei Auskunft über den gasförmigen Stoff, der uns umhüllt. Die Luft, durch die wir leben, bleibt unsichtbar für uns, obwohl sie rein physischer Natur ist.

Trotz unserer engen Verbindung mit den feinstofflichen Ebenen der physischen Materie sind wir nicht in der Lage, sie wahrzunehmen. Es gibt sieben Materiestufen, die sich aufgrund ihrer jeweiligen Dichte voneinander unterscheiden. Jene, die wir gewöhnlich als fest, flüssig und gasförmig bezeichnen, bilden die niedrigsten Unterabteilungen. Darüber liegen vier weitere feinstoffliche Ebenen, die in der Theosophie als ätherische Unterabteilungen oder Unterebenen bezeichnet werden. Im menschlichen Körper sind alle sieben Materiestufen vertreten, nicht nur die feste, flüssige und gasförmige, die uns geläufig sind. Den Teil des physischen Körpers, der aus jenen vier feinstofflichen und unsichtbaren Dichtegraden besteht, nennen wir *ätherisches Doppel*. Ätherisch deshalb, weil er sich aus unterschiedlichen Stufen der Äthermaterie zusammensetzt, und Doppel, weil sein Erscheinungsbild und seine Größe dem grobstofflichen Körper, den wir sehen können, genau entspricht. In der Theosophie versteht man unter dem physischen Körper nicht nur den grobstofflichen Teil, sondern auch sein ätherisches Gegenstück.

Die Seele umhüllt sich mit einem Mental-, einem Astral- und einem physischen Körper. Jede Nacht zieht sich der Mensch während des Schlafens vorübergehend aus seiner physischen Hülle zurück und weilt in seinem Astralkörper. Der physische Körper mit seinem ätherischen Doppel bleibt auf dem Bett liegen, während das astrale Gegenstück dessen Form beibehält. Gleitet es hinaus, entspricht es in Gestalt und Aussehen dem auf dem Bett ruhenden Körper, nur dass es von einem Farbschimmer umgeben ist. Innerhalb dieser Astralmaterie setzt sich das Gegenstück zusammen, so dass es auf der Astralebene zunächst wie zuvor aussieht. Bei genauerer Betrachtung erkennt man den feinen Farbnebel, der es umhüllt, ohne seine Züge zu verbergen.

In seiner Astralhülle kann sich der Mensch frei in der Astralwelt bewegen und zahlreiche Erfahrungen sammeln. Bisweilen erinnert er sich am nächsten Morgen an einige von ihnen, wenn er davon spricht, ungewöhnlich lebhaft geträumt zu haben. Kehrt er morgens in seinen physischen Körper zurück und wacht *auf*, wie er glaubt, wird er sich seines Daseins hier *unten* wieder bewusst. Da er aus einem höheren und freieren in ein weitaus begrenzteres Leben hinabsteigt, fällt es ihm schwer, eine klare Erinnerung an das, was er gesehen und unternommen hat, mitzubringen. Andererseits lässt sich ein solches Erinnerungsvermögen entwickeln und die Bewusstheit im Wach- und im Schlafzustand gleichbleibend aufrechterhalten. Jemand, der diese Kunst beherrscht, verbringt ein Drittel seiner Zeit bewusst in der Astralwelt und kann andere Bewohner dieser Ebene treffen und mit ihnen kommunizieren. Zu diesen Bewohnern zählen die sogenannten Verstorbenen. Der verstorbene Mensch hat, ebenso wie der schlafende, seinen physischen Träger verlassen und weilt in seinem Astralkörper, dem niedrigen Teil jenes Geistkörpers, von dem Paulus spricht. Jemand, der die Fähigkeit fortwährender Bewusstheit entwickelt hat, vermag jede Nacht mit seinen verstorbenen Freunden ebenso frei Zwiesprache zu halten wie tagsüber mit seinen auf der Erde weilenden Freunden. Der einzige Unterschied zwischen einem schlafenden und einem verstorbenen Menschen besteht darin, dass Ersterer in seinen physischen Körper zurückkehren kann, was Letzterem verwehrt bleibt. Der Grund für diese Tatsache mag die Frage beantworten: Was bedeutet Tod?

Zieht sich der Mensch im Schlaf aus seinem physischen Körper zurück, bleibt dieser intakt. Mit anderen Worten, er verlässt den voll funktionsfähigen Körper, den grobstofflichen und den ätherischen Teil. Dieser ätherische Aspekt spielt eine lebenswichtige Rolle. Die aus der Sonne kommende Vitalität oder Lebenskraft gelangt über das ätherische Doppel in den physischen Körper, zieht entlang seiner Nervenbahnen und belebt den gesamten Organismus. Schweift der Mensch während des Schlafens in seiner Astralhülle weit entfernt von seinem physischen Körper umher, ruht dieser vollständig in sich und funktioniert in der Regel völlig selbstständig mit bewundernswerter Gleichmäßigkeit. Eine enge Verbindung zwischen dem Menschen und seinem physischen Körper bleibt jedoch bestehen, denn berührt oder schüttelt man diesen, kehrt er zurück. Das ätherische Doppel ist einerseits eng verknüpft mit der Astralhülle und andererseits mit dem grobstofflichen Körper. Der Mensch vermag im Schlaf leicht und natürlich aus seinem Körper zu gleiten, weil die Äthermaterie stärker an der dichten physischen als an der Astralmaterie haftet.

Bricht der physische Körper aufgrund eines Unfalls, durch Krankheit oder allmählichen Verschleiß auseinander, wirkt die Anziehungskraft zwischen Äther- und Astralmaterie stärker als die Verbindung zum grobstofflichen Träger. In einem solchen Fall zieht der Mensch, der seinen Körper verlässt, die Äther- und die Astralmaterie heraus. Ein physischer Körper, dem der ätherische Teil völlig entzogen wurde, ist tot. Anästhetika treiben die Äthermaterie teilweise aus dem grobstofflichen Körper. Wurde zu viel verabreicht, wird sie vollends hinausgetrieben, und der Mensch stirbt während der Operation. Tod bedeutet demnach die vollständige und endgültige Trennung des ätherischen Doppels vom physischen Körper, mit anderen Worten, das Auseinanderbrechen der grobstofflichen Form durch ein Zurückziehen ihres ätherischen Anteils. Solange eine Verbindung aufrechterhalten bleibt, sprechen wir von einem Zustand der Katalepsie, Trance oder Betäubung. Reißt diese Verbindung schließlich ab, tritt der Tod ein.

Die graue Welt

Zieht der Mensch sich beim Tod aus seinem grobstofflichen Körper zurück, nimmt er dessen ätherischen Anteil mit. Es handelt sich dabei nicht um einen vollständigen Körper. Da die Äthermaterie noch an ihm haftet, befindet er sich weder auf der einen noch auf der anderen Ebene. Er verharrt in einem Zustand der Bewusstlosigkeit, da er seine physischen Sinnesorgane verloren hat und sich, eingehüllt in diesen Äthernebel, seiner Astralsinne nicht bedienen kann. In den meisten Fällen schüttelt er die Äthermaterie rasch ab – manchmal in wenigen Augenblicken, manchmal in einigen Stunden oder Tagen. Die Umstände, die dazu führen, wie rasch er sich befreit, sind unterschiedlicher Natur, auf die wir an dieser Stelle nicht näher eingehen wollen.

Im Gegensatz zum Schüler auf dem Pfad, trifft der Durchschnittsmensch mit seiner üblichen Denkweise keine eindeutige Unterscheidung zwischen Körper und Seele. Der tote Mensch hat seine physische Hülle verlassen und kann sie nicht mehr in Besitz nehmen. Andererseits ist sie ihm sehr vertraut. Er hat sich an ihre Schwingung gewöhnt. Unter normalen, klaren Umständen hat er mit dem physischen Körper abgeschlossen. Rein weltlich ausgerichtete Menschen, denen es an jeglicher Vorstellung von einem Leben jenseits des physischen Daseins mangelt, werden verrückt vor Angst, wenn sie sich von ihm losgerissen sehen. Sie unternehmen manchmal den verzweifelten Versuch, in irgendeiner Weise mit dem physischen Leben in Berührung zu bleiben, meistens erfolglos. Sollte es dennoch bis zu einem gewissen Ausmaß gelingen, kann dies nur über den eigenen physischen Körper geschehen. Eine solche *Verbindung* über die zerfallende Hülle ermöglicht es bisweilen, die Grundlage für eine unnatürliche und unvollkommene teilweise Materialisation zu schaffen, die nicht annähernd dazu ausreicht, wieder mit der physischen Welt in Kontakt zu treten, aber dennoch stark genug ist, um den Menschen vorübergehend von einem gesunden Astralleben abzuhalten. Er gestaltet sich eine Zeit lang – glücklicherweise nur eine Zeit lang – eine verschwommene, graue Welt des Unbehagens und der Rastlosigkeit, in der er irdische Ereignisse wie in einem Glas undeutlich wahrnimmt, eine Nebelwelt, durch die er verloren und hilflos umherirrt.

Solche Menschen können nicht mehr vollständig in ihren grobstofflichen Körper zurückkehren, ansonsten würden sie zum Vampir. Aber sie erwischen die Äthermaterie ihres abgestreiften Körpers und schleppen sie mit sich herum, die Ursache ihres Leidens. Solange sie sich nicht aus dieser Verstrickung lösen, das Grau durchstoßen und in das Licht eintauchen, finden sie keine Ruhe. Der Äthernebel, der sie umfängt, nimmt ihnen den Blick für die Astralwelt. Sie schweben zwischen zwei Welten und können weder in der einen noch in der anderen sein. Es gibt keinen ersichtlichen Grund, warum ein Mensch auf diese Weise leiden sollte. Er muss nur loslassen und in eine natürliche Bewusstlosigkeit gleiten, um augenblicklich in der höheren und schöneren Astralwelt aufzuwachen. Aber es gibt Menschen, die aus Angst, ihr Bewusstsein völlig und für immer zu verlieren und in einen Zustand der Vernichtung zu driften, sich verzweifelt an dem, was ihnen blieb, festklammern. Mit der Zeit bleibt ihnen jedoch nichts anderes übrig als loszulassen, da sich das ätherische Doppel allmählich aufzulösen beginnt. Dann gleiten sie recht zufrieden in ein erfüllteres und umfassenderes Leben.

Sollte ein Unglücklicher in jener Grauzone verharren, mag er bisweilen von einem Erdenbewohner wahrgenommen werden. Hin und wieder ist die Rede von einer Geistergestalt, die man über einem frisch angelegten Grab dahingleiten sah. In einem solchen Fall hat sich entweder der Verstorbene mit ein wenig physischer Materie umgeben oder derjenige, der ihn sah, erlebte einen Augenblick der Hellsichtigkeit. Für den Durchschnittsmenschen liegt die Äthermaterie knapp jenseits der Grenze des Sichtbaren, so dass eine geringfügige Erregung des physischen Körpers, die dessen Schwingung vorübergehend leicht erhöht, dazu führen kann, ein solches Objekt wahrzunehmen. Dies bedeutet aber nicht in jedem Fall, dass der Verstorbene sich in der Grauzone aufhält. Wenn er sich augenblicklich, wie es sein sollte, von seiner Ätherhülle zurückzieht, verbleibt diese als eine Art Ätherkörper und schwebt gewöhnlich über der Stelle, an welcher der grobstoffliche Teil begraben wurde. Ein solcher Ätherkörper kann sich nicht weit von seinem physischen Gegenstück entfernen. Er hält sich nicht lange, da er rasch in seine Bestandteile zerfällt. In den meisten Fällen kennen und sehen die Verstorbenen die graue Welt nicht, sondern finden sich nach der üblichen Periode der Bewusstlosigkeit von den Aktivitäten der Astralwelt umgeben und freunden sich mit dem neuen Umfeld an. Der Übergangsprozess von einer Welt in die andere gestaltet sich keineswegs schmerzhaft. Wir sollten uns davon freimachen, den Tod mit Leiden in Zusammenhang zu bringen. Aufgrund von Krankheit oder Unfall mag es vor dem Tod Schmerz geben, aber der eigentliche Sterbevorgang verläuft nicht nur schmerzlos, sondern ist gewöhnlich erfüllt von großer Freude und tiefem Frieden. Das physische Elemental lässt den Körper nur widerwillig los, so dass dieser manchmal nach Luft ringt. Der sterbende Mensch selbst ist sich dieses Kampfes nicht bewusst. Er fühlt nur die wunderbare Leichtigkeit und Befreiung von der schweren Last des Fleisches. Im Augenblick des Todes ziehen die Ereignisse des sich neigenden Lebens blitzartig durch das Bewusstsein des Egos. In diesem momentanen Rückblick sieht es das Leben als Ganzes, erkennt seinen Wert und inwieweit es die Möglichkeiten genutzt oder nicht genutzt und sein Schicksal erfüllt hat. Zum ersten Mal vermag es Erfolg und Misserfolg, Siege und Niederlagen, seine weisen und unklugen Handlungen und Aussagen klar zu unterscheiden.

Diejenigen, die sich um das Lager des Sterbenden versammeln, sollten, völlig selbstlos und ihre eigene Trauer vergessend, nur an den scheidenden Freund denken und daran, wie sie ihm auf seinem aufwärts strebenden Weg helfen können. Offen gezeigter Schmerz wird ihn belasten und seinen Geist auf die Ebene zurückrufen, die er im Begriff steht zu verlassen. Sie sollten ihn mit Gedanken des Friedens und Wohlergehens, der stillen, glücklichen Erwartung der Herrlichkeit des neuen Lebens, in das er eintritt, umgeben. Trauernde Verwandte und Freunde, wie zugetan sie ihm auch sein mögen, sind für den Sterbenden oft ein beklagenswertes Hindernis, da sie in ihrer Unwissenheit nur an sich selbst und ihre Gefühle denken. Wären sie besser informiert, würden sie verstehen, dass sich hier eine wunderbare Gelegenheit bietet, ihre Liebe zu zeigen, indem sie ihre Emotionen zügeln und ihre Kräfte darauf konzentrieren, den Reisenden auf seinem Weg zu unterstützen.

Fotografieren und Wiegen des ätherischen Doppels

Dr. Baraduc aus Paris, dem ich persönlich einige Male begegnet bin, hat jahrelang Experimente durchgeführt, um die Auswirkungen menschlicher Emotionen sowie Gedankenformen zu fotografieren. Ich habe eine große Anzahl dieser Fotos gesehen und kann bezeugen, dass sie die beschriebenen Objekte korrekt wiedergeben. Nachdem er mehrfach bewiesen hatte, dass sich Emanationen, die das physische Auge nicht wahrnimmt, fotografieren lassen, beschloss Baraduc, in Abständen einen Körper kurz nach seinem Tod zu fotografieren, um nach Spuren einer eventuellen Emanation zu fahnden.

Er gelangte zu erstaunlichen Resultaten. Unmittelbar nach dem Tod waren drei leuchtende Kugeln direkt über dem Körper zu sehen, die durch Lichtschnüre mit ihm verbunden zu sein schienen. Eine Stunde später waren diese Kugeln zu einer einzigen Kugel verschmolzen. Die Bänder rissen ab, und der Lichtkörper schwebte davon. Diese Fotografien habe ich persönlich nicht gesehen. Ich kenne Baraduc gut genug, um ihm zu vertrauen, obwohl ich seiner Interpretation dieses Phänomens in einigen Fällen nicht zustimmen kann.

Der Versuch, die entweichende Seele zu wiegen, wurde von Dr. MacDougall unternommen. Er stellte das Bett mit dem Sterbenden auf eine höchst sensible Waage, um festzustellen, ob im Augenblick des Todes ein nennenswerter Gewichtsverlust bemerkbar wurde. Mögliche Fehlerquellen schaltete er gewissenhaft aus. Er fand heraus, dass im Augenblick des Todes ein unmissverständlicher Gewichtsverlust eintrat, der von Fall zu Fall zwischen fünfundzwanzig und fünfundvierzig Gramm lag. In seinem Bericht bemerkte er, dass keine der sogenannten normalen Faktoren im Zusammenhang mit dem Tod dafür verantwortlich zu machen seien.

Die wahre Bedeutung der Verdammnis

Nachdem wir den Tod aus theosophischer Sicht betrachtet haben, wollen wir uns den Aussagen der katholischen Kirche zuwenden. Worauf basiert ihre Lehre von der ewigen Verdammnis? Erstens: Beide Wörter sind falsch übersetzt. Die im Neuen Testament überlieferten Aussagen Christi lassen eine Interpretation, wie sie ihnen die meisten Menschen heute zuschreiben, nicht zu. Zweitens: Wird die wirkliche Bedeutung des falsch übersetzten Ausdrucks begriffen, erkennt man seinen eigentlichen Wahrheitsgehalt. Es gibt eine Periode in der menschlichen Entwicklung, wenn auch nicht über Jahrmillionen, in der ein Mensch, der sich beharrlich gegen ein Voranschreiten gestemmt hat, ausscheidet. Er versinkt nicht in eine immerwährende Hölle (der gespenstischen Erfindung eines kranken Hirns irgendeines diabolischen Monsters menschlicher Grausamkeit), sondern verfällt in eine Art Schwebezustand, in dem er auf einen anderen Evolutionsablauf wartet, der ihm in den frühen Stadien eine Möglichkeit bietet, sich innerhalb der Grenzen seiner schwachen Kräfte weiterzuentwickeln.

Er gleicht einem Schüler, der mit seinen Klassenkameraden nicht Schritt halten kann. Da er es nicht schaffen wird, das noch anstehende Klassenpensum zu bewältigen, muss er bis zum Beginn des nächsten Schuljahres warten, wenn eine neue Gruppe von Schülern mit den Lektionen beginnt, in denen er versagt hat. Gemeinsam mit ihnen denselben Stoff nochmals durchzugehen, ermöglicht es ihm, dort erfolgreich zu sein, wo er zuvor an den Schwierigkeiten scheiterte. Anstelle der abscheulichen Lüge von ewiger Verdammnis tritt die barmherzige Wahrheit eines sich über Äonen hinziehenden Aufschubs. Eine entwickelte Seele, die während ihres irdischen Daseins vollständige Kontrolle über ihre niedrige Natur gewonnen hat und Leidenschaft und Verlangen beherrschte, schreitet mit solcher Geschwindigkeit durch das Astralleben, dass sie in die Glorie und Glückseligkeit der himmlischen Welt blickt, sobald sie ihr Bewusstsein wiedererlangt hat.

Dem Durchschnittsmenschen ist es bis zu seinem Tode keineswegs gelungen, sein Verlangen und seine Leidenschaften zu zügeln. Er erwacht auf der Astralebene in einem recht aktiven Wunsch-Körper, den er sich während seines irdischen Daseins geschaffen hat und in dem er leben muss, bis dessen Desintegrationsprozess abgeschlossen ist. Er zerfällt in dem Maße, in dem das Verlangen, sein Begierde-Leben, erstirbt. Dieser oft schmerzhafte Prozess wird durchaus zutreffend als Fegefeuer bezeichnet.

Das Fegefeuer

Die oft zitierte Darstellung eines Alkoholikers, natürlich ein Extremfall, zeigt deutlich die Wirkungsweise des Fegefeuers. Wenn die Trunksucht einen Menschen erfasst, macht sie jedes Gefühl von Anstand zunichte, so dass er Frau und Kinder verhungern lässt und sogar ihre Kleider veräußert, um sein grässliches Verlangen stillen zu können. Stirbt ein solcher Mensch, bedeutet dies keineswegs eine Änderung seiner Veranlagung. Die schreckliche Gier ist ebenso stark wie zuvor, im Gegenteil, sie zeigt sich sogar noch stärker, weil die Schwingung der Begierde die schwerfällige physische Materie nicht in Bewegung versetzen muss. Da der irdische Körper, über den allein er sein Verlangen zu stillen vermag, nicht mehr existiert, bleibt die Begierde bestehen. Hier haben wir die Elemente eines sehr realen Fegefeuers. Das Symbol des läuternden Feuers ist durchaus angemessen.

Zum Glück handelt es sich um das Fegefeuer, nicht um die Hölle, jene sinnlose, nutzlose ewige Qual, die bloße Genugtuung grausamer Boshaftigkeit eines verantwortungslosen Despoten, an die uns die orthodoxe Theologie glauben macht, sondern um den notwendigen, den einzig effektiven und daher äußerst gnädigen Läuterungsprozess üblen Verlangens. So schrecklich das Leiden auch sein mag, die Begierde findet allmählich ihr Ende und ist schließlich ausgemerzt. Erst dann kann der Mensch in das höhere Leben der himmlischen Welt voranschreiten. Er ist von seiner Gier befreit. Es besteht keine Notwendigkeit mehr, die Last in seiner nächsten Inkarnation erneut auf sich zu nehmen, es sei denn, er will es.

Obwohl das Verlangen selbst ausgestorben ist, bleibt die Charakterschwäche, ihm zu erliegen. In einem nächsten Leben wird dieser Mensch mit einem Astralkörper geboren werden, der die notwendige Substanz enthält, demselben Verlangen Ausdruck zu verleihen, mit anderen Worten, die Möglichkeit, sein vergangenes Leben in dieser Hinsicht zu wiederholen. Diese Materie wird ihm mitgegeben, da er sie in seiner letzten Inkarnation begehrte und sich ihrer bediente, was aber nicht bedeutet, dass er gezwungen ist, sie in der gleichen Weise einzusetzen. Sollte er aufgrund früherer Handlungen das Glück besitzen, in die Obhut Sorge tragender und fähiger Eltern zu gelangen, die ihn lehren, derartige Begierden als Übel zu erkennen, Kontrolle über sie zu gewinnen und sie zu unterdrücken, falls sie auftauchen, dann wird diese Substanz nicht wieder belebt werden und auf Dauer verkümmern, vergleichbar mit einem untrainierten Muskel.

Die Substanz des Astralkörpers verbraucht sich langsam, aber beständig und wird ebenso wie die des physischen Körpers ersetzt. Ist der verkümmerte Teil verschwunden, tritt feinere Materie an seine Stelle, die auf die starke, grobe Schwingung der Begierde nicht zu reagieren vermag, weshalb der Mensch diese Widerwärtigkeit nur ablehnen kann. Er ist ihr entwachsen und hat sie letztendlich besiegt. In der langen Reihe seiner zukünftigen Leben wird er diesen Fehler niemals mehr begehen, da er im Hinblick auf dieses Laster die entgegengesetzte Eigenschaft in sein Ego eingebaut hat, die absolute Selbstkontrolle.

Nach einem lebenslangen erfolgreichen Kampf gegen diese Begierde hat er gesiegt. Er wird nicht mehr kämpfen müssen, denn er erkennt den wahren Charakter des Lasters, das nicht die geringste Anziehungskraft mehr auf ihn ausübt. Bei seinem einst grausamen Leiden auf der Astralebene handelt es sich in Wirklichkeit um einen verborgenen Segen, da es ihn befähigt hat, diesen ungeheuren moralischen Sieg zu erringen, einen entscheidenden Schritt auf seinem Entwicklungsweg zu nehmen. Soweit erkennbar, kann dies nur durch Leid geschehen.

Die Lehre vom Fegefeuer basiert demnach auf einer realen Wahrheit. Als während der Reformation vieles aus dem Kirchensystem gefegt wurde, verwarf man auch vieles Schöne, Wahre und Nützliche.

Gebete für die Verstorbenen

Der größte Verlust jener Zeit war der Brauch, für die Verstorbenen zu beten. Die Torheit jener Völker, die diese Möglichkeit, ihren Mitbrüdern zu helfen, achtlos verwarfen, hatten ihre Verstorbenen zu büßen. Sie mussten sich ohne Unterstützung durch die Astralwelt kämpfen, da sich ihre Freunde eingeredet hatten, dass der Versuch, ihnen beizustehen, gottlos sei. Gegen Dummheit sind selbst die Götter machtlos.

Mit dem Gebet für die Verstorbenen bringt man sein aufrichtiges und liebevolles Gedenken an jene zum Ausdruck, die vor uns hinübergingen. Der Theosoph weiß, dass solche Wünsche und Gedanken im irdischen Leben reale, objektive Dinge sind – Speicherbatterien geistiger Kraft, die sich nur dann entladen, wenn sie die Personen, auf die sie gerichtet sind, erreichen. Warum sollten sie sich in Bezug auf jemanden, der nicht mehr über einen physischen Körper verfügt, anders verhalten? Das Gebet oder der starke, liebevolle Wunsch für einen bestimmten Verstorbenen wird ihn immer erreichen, ihm helfen und niemals scheitern, solange das erhabene Gesetz von Ursache und Wirkung im Universum gilt. Selbst das aufrichtige allgemeine Gebet oder die guten Wünsche für alle Verstorbenen, wenn auch vager und weniger kraftvoll, üben insgesamt eine beachtliche Wirkung aus. Europa ist sich wohl kaum bewusst, was es jenen religiösen Orden verdankt, die sich Tag und Nacht dem immerwährenden Gebet für die Verstorbenen widmen.

In den meisten Fällen weiß man nur wenig über den Zustand und die Bedürfnisse des Dahingeschiedenen und mag befürchten, eine fehlgelenkte Kraft in Bewegung zu setzen. Fragt man sich nach einer angemessenen Fürbitte, geht man niemals fehl, sich des Antiphons der katholischen Kirche zu bedienen: „Herr gib ihm die ewige Ruhe, und das ewige Licht leuchte ihm." Sind keine besonderen Bedürfnisse erkennbar, auf die man seine Gedankenkraft richten kann, gibt es keine bessere Fürbitte als diese segensreichen Worte, die jahrhundertelang eine tiefempfundene Zuneigung zum Ausdruck brachten und manches Leiden erleichterte.

Beobachtet man die Wirkung dieser Fürbitte auf einen kürzlich Verstorbenen, wird man erkennen, dass wer immer diese Antiphon formuliert haben mag, genau Bescheid wusste oder von oben geführt wurde, etwas zu schreiben, das er kaum verstand. Die beiden Satzteile bringen die für den Verstorbenen wichtigsten Notwendigkeiten zum Ausdruck. Erstens: Von der irdischen Denkweise und Sorge auszuruhen, um ungestört in die himmlische Welt voranschreiten zu können. Zweitens: Das ewige Licht göttlicher Liebe, das durch den höheren, geistigen Teil seiner Natur auf ihn leuchtet, zu sich emporzuziehen, um seinen Aufstieg zu beschleunigen. Die Erde hat wohl kaum mehr Unterstützung zu bieten als diese aufrichtige und immerwährende Fürbitte.

Die Religion hat viel zur Unterstützung der Verstorbenen beigetragen und wäre eine große Hilfe, den gängigen falschen Eindruck in Bezug auf den Tod zu korrigieren, würde sie in der Tiefe begriffen. Anderseits trägt sie auch die Verantwortung für ganz bestimmte Missverständnisse.

Eine verblüffende Theorie

Eine seltsame Form des Irrglaubens, dass über die Umstände nach dem Tod nichts mit Gewissheit gesagt werden kann, ist die Ansicht (die absurderweise selbst von frommen, aufrichtigen Leuten vertreten wird), dass der Mensch nichts über die andere Welt wissen sollte, da deren Geheimnisse ein heiliges Mysterium sind, das Gott dem Menschen bewusst vorenthält, und darin herumzuschnüffeln an Gottlosigkeit grenze. Ein törichteres Argument ist gewiss noch nicht vorgebracht worden. Wenn wir die Fähigkeit besitzen, in diese Welt hineinblicken zu dürfen, kann man dann annehmen, dass wir uns ihr verschließen sollen? Wenn wir überall auf Beweise für ihre Existenz und ein fortgesetztes Leben unserer Freunde dort stoßen, sollen wir darüber hinwegsehen und den Kopf in den Sand stecken? Alle uns bekannten großen Heiligen haben von dieser unsichtbaren Welt gesprochen und über ihre Visionen und Erfahrungen berichtet. Sollte man sie gotteslästerlicher Neugier beschuldigen, weil sie jene Welt erforschten, oder der Untreue und des Verrats, weil sie die Wahrheiten dieses höheren Lebens beschrieben? Anderseits wäre es völlig sinnlos, einer solch lächerlichen Vorstellung mit einem Gegenargument zu begegnen.

Wenn wir feststellen, dass viele unter uns diese innere Welt wahrzunehmen vermögen – und dies sogar einen gewissen Entwicklungsschritt kennzeichnet – wissen wir, dass es sich bei dieser Fähigkeit um das Erbe aller Menschen handelt. Eines Tages wird sie die gesamte Menschheit erschauen. Zu schauen, gehört einfach zum Evolutionspfad des Menschen und ist Bestandteil im erhabenen Plan des Universums – eine Entwicklung, die begrüßt und genutzt, nicht als anormal und gottlos betrachtet werden sollte. Diese Tatsache wird umso gewisser, wenn wir die Auswirkungen sehen, die mit dieser Fähigkeit einhergehen. Die Wahrheit zu erkennen bedeutet, weder den eigenen Tod zu fürchten noch sich um den Zustand der verstorbenen Freunde zu sorgen. Mehr noch, im Gegensatz zu dem Unwissenden vermag der Wissende den Verstorbenen von unendlich größerem Nutzen zu sein. Das umfassendere Wissen und die größere Hoffnung, die uns die höhere Schau schenkt, bringt stets Gutes, niemals irgendetwas Böses hervor. An dem, was uns der ewigen Wahrheit, die hinter all diesen Manifestationsformen liegt, näher bringt, kann nichts falsch sein.

Der Schrecken des Todes

Unmittelbar mit diesem Irrtum verknüpft, dass die jenseitige Welt unbekannt bleibt, und in erheblichem Maße aus ihr entstehend, ist die Angst vor dem Tod, die bei vielen Menschen eine wesentliche Rolle spielt. Im Allgemeinen spricht man nicht darüber, aber jeder, dem sich viele Menschen anvertrauen, wie etwa einem Priester, muss erkennen, dass es Leute gibt, für die diese Angst zur schrecklichen Realität geworden ist, die sie ständig verfolgt, ein allgegenwärtiges Schreckgespenst, das sie nur selten zur Ruhe kommen lässt.

Jemand, der sich vor seinem eigenen Tod fürchtet, fürchtet natürlich auch den seiner Freunde. Verlassen sie ihn, schmerzt ihn nicht nur die Trennung, sondern es erfüllen ihn Kummer und Sorge angesichts ihres möglichen Schicksals. Das Wissen um die wahren Hintergründe des Todes vernichtet augenblicklich Schrecken und Furcht. Jemand, der um die geistige Realität weiß, betrachtet den Tod lediglich als ein Ereignis im Ablauf des Lebens und erkennt, dass die Existenz im Jenseits nicht furchterregender ist als die im Diesseits. Die Angst wird weniger durch die definitive Erwartung von etwas Entsetzlichem geschürt als vielmehr durch ein Gefühl der Ungewissheit, des Grauens vor einer abgrundtiefen Leere. Wird diese Leere durch konkrete Kenntnisse über die Astralwelt ersetzt, gewinnt der Mensch sein Vertrauen wieder und ist bereit, seinem Schicksal gelassen ins Antlitz zu blicken. Die Erkenntnis, dass die höheren Welten nach denselben Gesetzen regiert werden wie das, was wir kennen, bringt sie uns näher, und wir fühlen uns heimischer. Mit anderen Worten, es ist die Gewissheit, dass wir auf allen Ebenen in den Händen derselben göttlichen Kraft ruhen und es für uns und unsere Lieben eine gleichbleibende Sicherheit gibt.

Der Tod, das Tor zum Leben

So gesehen, ist der Tod nicht das Ende des Lebens, sondern nur ein Ereignis in ihm – ein Abstreifen des äußeren Gewandes, dem sich der Mensch viele Male zuvor unterzogen hat. Jemand, der sich mit dieser Tatsache auseinandersetzt, fürchtet diese Veränderung, den sogenannten Tod, nicht. Er erkennt die erhabene Wahrheit der Reinkarnation. Er weiß, dass er seinen physischen Körper bereits oft abgelegt hat und diese Trennung nicht mehr als Schlafen bedeutet, vergleichbar mit dem Schlaf, der unsere Arbeitstage voneinander trennt, um Ruhe und Erquickung zu finden. Zwischen den Tagen der Mühe und Arbeit hier auf Erden, die wir Leben nennen, schiebt sich eine lange Nacht astralen und himmlischen Daseins. Sie schenkt uns Ruhe und Erfrischung und unterstützt uns auf unserem Weg.

Für den Schüler auf dem Pfad bedeutet der Tod nur das vorübergehende Ablegen der fleischlichen Hülle. Er weiß um seine Pflicht, das irdische Gewand möglichst lange zu bewahren, um über diese Hülle alle Erfahrungen zu sammeln, die er sammeln kann. Wenn die Zeit kommt, dieses

Gewand abzulegen, wird er es dankbar abstreifen, denn er weiß, dass die nächste Stufe sehr viel angenehmer sein wird. Dieser Abschied wird ihn nicht ängstigen, obwohl ihm bewusst ist, dass er sein Leben bis zu seinem festgesetzten Ende leben muss, denn der Sinn seines Erdendaseins besteht allein in seinem Fortschritt. Er wird weder sein eigenes Ableben noch das seiner Lieben beklagen. Sie haben es viele Male durchlebt, und es ist ihnen vertraut. Er betrachtet es als einen Aufstieg von einem mehr als halb physischen zu einem völlig höheren Leben, das er ehrlich willkommen heißt. Wenn dieses Ableben seinen Lieben widerfährt, wird er sofort den Vorteil für sie erkennen, auch wenn ihn die physische Trennung momentan treffen mag. Er weiß, dass ihm die sogenannten Verstorbenen nahe sind und er ihnen begegnen kann, sobald er seinen schlafenden physischen Körper verlässt.

Es handelt sich für ihn nicht um einen religiösen Glauben, sondern um sachgerechte Gewissheit – nicht Spekulation, sondern Beobachtung und Erfahrung. Der Mensch muss nicht blind vertrauen. Er trägt latente Kräfte in sich, die, werden sie erst einmal geweckt, ihn befähigen, selbstständig zu sehen und zu erforschen. Auf diese Weise gelangt er zu einer Gewissheit und Gedankenklarheit, die in lebendigem Widerspruch zu der Unbestimmtheit und oft Unzumutbarkeit steht, die uns verschiedene Religionen mit ihren Theorien anbieten. Der Schüler weiß genau, was die Römer mit ihrem Ausspruch meinten: *Mors janua vitae* – „Der Tod ist das Tor zum Leben." Für ihn ist der Tod nicht mehr der Sensenmann, der den Lebensfaden durchtrennt, sondern eher ein Engel mit einem goldenen Schlüssel, der das Tor zu einer umfassenderen, erfüllteren und glücklicheren Existenz öffnet.

Kapitel 2
Der Beweis für ein immerwährendes Leben

Die Arroganz der Ignoranz

Es ist wirklich seltsam, dass diese irrige Ansicht bezüglich des Todes als „das unentdeckte Land, dessen Grenzen der Wanderer niemals mehr verlässt", eine solch weite und fest eingewurzelte Verbreitung gefunden haben soll. Wenn wir bedenken, dass Reisende zu allen Zeiten und in jedem Land fortwährend zurückkehrten, fällt es besonders schwer, für diesen ungemein populären Irrglauben eine Erklärung zu finden.

Diese durchaus befremdenden Missverständnisse sind eines der Produkte jener merkwürdigen Zivilisationsform, auf die wir gewöhnlich so stolz sind. Da Europa das Vaterland jener späteren Völker ist, die die Erde mittels militärischer Macht, kommerziellen Wohlstands, wissenschaftlicher Entdeckungen und technischer Errungenschaften beherrscht, mag es nicht verwundern, wenn sich dieses Europa hinsichtlich der Meinungen und Lehren als allein der Beachtung wert erachtet. Andererseits stellt Europa nur einen kleinen Winkel dieser Erde dar, voller jugendlicher Kraft, aber mit Arroganz und Derbheit. Nur allzu oft suchen wir unsere eigene Unwissenheit in bestimmten Dingen mit der überzeugten Behauptung zu überdecken, dass sie jenseits allen Wissens liegen. Unser Umgang mit der Frage hinsichtlich eines Lebens nach dem Tod gehört zu den schlimmsten Beispielen dieser Angewohnheit.

Hätte die Volkstheologie den Blick für die Reinkarnationslehre nicht vollkommen verloren, sähe sie das Thema Tod in einem völlig anderen Licht. Ein Mensch, der erkennt, dass er bereits viele Male zuvor gestorben ist, betrachtet den Vorgang philosophischer als jemand, der glaubt, es handele sich um eine absolut neue Erfahrung voller ungewisser und schrecklicher Möglichkeiten. In dieser Hinsicht trifft es zu, dass alle Reisenden aus jenem Land zurückkehren, obwohl die fortgeschrittenen unter ihnen erst nach sieben- bis zwölfhundert Jahren diese Erde erneut betreten. Andererseits sind Reisende, die sogenannten *Erscheinungen*, innerhalb einer kurzen Zeitperiode aus unterschiedlichen Gründen ständig zurückgekehrt.

Erscheinungen

Vor noch nicht allzu langer Zeit war es üblich, jemanden auszulachen, der einen Bewohner der sogenannten unsichtbaren Welt von Angesicht zu Angesicht gesehen hatte. Obwohl solche Erfahrungen nicht weniger häufig als heute gemacht wurden, schwieg man darüber, wollte man als Mitglied einer modernen Gesellschaft nicht als geisteskrank gelten. Innerhalb der letzten Jahre fand diesbezüglich ein begrüßenswerter Wandel in der öffentlichen Meinung statt. Übersinnliche Phänomene spöttisch zu belächeln, betrachtet man heute nicht als ein Zeichen intellektueller Stärke, sondern als Ignoranz und Überheblichkeit. Wenn die „Gesellschaft zur Erforschung des Übersinnlichen" unzählige Berichte solcher Vorkommnisse einer sorgfältigen und eingehenden Untersuchung unterzieht, kann man wohl kaum noch von „Aberglauben" sprechen.

Unparteiische Untersuchungen haben ergeben, dass es in allen Teilen der Welt exakt belegte Berichte über die gelegentliche Rückkehr eines Verstorbenen gibt. Diese Besucher haben selten viel über die Welt, aus der sie kamen, berichtet, obwohl sich einiges aus dem Vergleich der unterschiedlichen Erzählungen folgern lässt. Für den aufrichtig Forschenden findet die bloße Tatsache, dass der Mensch den sogenannten Todesvorgang überlebt, ihren Beweis in diesen Berichten allein.

In *Real Ghost Stories* schreibt Stead in der Einführung:
„Von den allgemein üblichen abergläubischen Vorstellungen des Halbgebildeten hält sich keine hartnäckiger als der absurde Irrtum, dass es keine Geister gibt. Jeder spirituell, literarisch oder wissenschaftlich ausgerichtete Sachkundige sowie alle Nicht-Experten, die sich ernsthaft mit diesem Thema auseinandersetzen, wissen, dass es sie gibt. Die Meinungen zu der Frage, was ein Geist sein mag, gehen weit auseinander, aber in Bezug auf seine Existenz ist man sich einig. Sollte jemand daran zweifeln, möge er selbst nachforschen. In sechs Monaten, möglicherweise in sechs Wochen oder sogar sechs Tagen, wird er die Existenz dieses sogenannten Geisterhaften nicht mehr leugnen können. Er mag hundert scharfsinnige Erklärungen für den Ursprung und die Natur des Geistes finden, an der Existenz des Wesens selbst aber keine Zweifel mehr hegen."

Spiritismus

Der moderne Spiritismus hat zahlreichen Wanderern zwischen den Welten die Möglichkeit geboten zurückzukehren. Ich bin mir durchaus bewusst, dass es in dieser Beziehung viel Betrug und Täuschung gegeben hat. Andererseits haben meine persönlichen Nachforschungen ergeben, dass der geduldige und unermüdlich Suchende in dieser Richtung Wahrheit findet. Solange der Fragende nicht speziell in der Fähigkeit höheren Hellsehens geschult wurde, ist er der Maskerade unterschiedlichster Wesen ausgeliefert, die ihm Fallstricke legen, über die der Unbesonnene bei seinen Nachforschungen leicht stolpern kann. Im späteren Verlauf dieser Abhandlung werde ich eine sorgfältige Analyse einiger dieser Phänomene des Spiritismus darlegen. An dieser Stelle möchte ich nur darauf hinweisen, dass er eine weitere Quelle bietet, aus der diejenigen, die bereit sind und sich der Mühe unterziehen, Informationen über ein Leben nach dem Tode schöpfen können.

Jeder echte Wert, den eine spiritistische Aussage besitzen mag, wird weitgehend durch die Tatsache beeinträchtigt, dass sie nicht immer stimmig ist, denn die von den Geistern zu unterschiedlichen Zeiten und an verschiedenen Orten gegebenen Berichte weichen beachtlich voneinander ab. Obwohl nicht alle Aussagen es wert sind, geglaubt zu werden, spricht in vielen Fällen das sich mitteilende Wesen die Wahrheit. Der Unterschied zwischen Berichten von zwei solchen Wesen liegt häufig daran, dass jeder Geist die Dinge aus seiner Sicht betrachtet, nicht weil er willentlich zu täuschen versucht.

Die meisten jener, die in England oder Amerika durch ein Medium sprechen, beschreiben den Zustand nach dem Tod als ein fortlaufendes Leben in einem „Land des ewigen Sommers", wobei es sich im Grunde genommen nur um eine glorifizierte Reproduktion der Erde handelt. Die Erwähnung einer Religionslehre läuft stets auf eine Art Christentum hinaus – gewiss umfassender und weniger starr als die orthodoxe Vorstellung, wenn auch gewöhnlich vager, so doch mit eindeutig christlicher Prägung. Man gewöhnt sich so sehr daran, dass es mich überraschte, als ich bei meiner ersten Séance, der ich auf Ceylon beiwohnte, feststellen musste, dass es sich bei allen kommunizierenden Wesen um Buddhisten handelte. Auch sie hatten jenseits des Grabes ihre vorgefasste religiöse Meinung bestätigt gefunden, genauso wie die Mitglieder unterschiedlicher christlicher Glaubensgemeinschaften in Europa und Amerika. Solche Unterschiede werden verständlich, bedenkt man, dass Gleiches Gleiches anzieht, nach dem Tod wie vorher, und Menschen derselben Völkergruppe, Religion oder Kaste zusammenhalten und sich in jener wie in dieser Welt vom Rest der Menschheit absondern.

Eine sichere Methode

Obwohl man zweifellos vieles über den Zustand nach dem Tod erfährt, indem man die Informationen verschiedener Geister oder die Aussagen über ein spiritistisches Medium zusammenträgt, gibt es eine eindeutigere und befriedigendere Methode, durch die wir uns mit allen Einzelheiten des Lebens dieser anderen Welt vertraut machen können. Es besteht die Möglichkeit, sie zu verstehen, während wir noch auf der physischen Ebene weilen. Der sogenannte lebendige Mensch besitzt die Fähigkeit, in jene andere Welt vorzudringen, sie nach Belieben zu erforschen, mit ihren Bewohnern zu kommunizieren und auf seine gegenwärtige Existenzebene zurückzukehren und zu beschreiben, was er gesehen hat.

Der physische Körper, der uns so vertraut zu sein scheint, ist nicht der einzige Träger, durch den sich die Seele des Menschen zum Ausdruck bringen kann, und seine Sinne sind nicht die einzigen Wege, über die ihn von außen kommende Informationen erreichen. Wie bereits erwähnt, sprach Paulus von „einem natürlichen und einem geistigen Körper". Obwohl er sich auf einen sehr viel höheren Bereich im Menschen bezogen haben mag als jenen, den die Theosophen als Astralkörper bezeichnen, beschreiben seine Worte auch diese niedrigere Stufe. Neben seinem physischen trägt jeder Mensch in seinem Inneren einen subtilen Körper. Eine genaue Untersuchung zeigt sogar, dass die Seele mehrere aufeinanderfolgende Hüllen besitzt, von denen jede, entsprechend der jeweiligen Stoffebene, mit der sie korrespondiert, über ihre eigenen Sinne oder Wege der Wahrnehmung verfügt.

Jemand, der sich zum ersten Mal der Weisheitslehre zuwendet, sollte klar erkennen, dass es innerhalb unseres Sonnensystems eine Reihe von genau definierten, sich durchdringenden Ebenen oder Welten unterschiedlicher Stoffdichte gibt. Die physische Welt nehmen wir gewöhnlich nur als eine von ihnen, die niedrigste, wahr. Der Mensch trägt verschiedene Materiearten in sich, die aus den jeweiligen Ebenen, auf denen er sich momentan entwickelt, angezogen wurden. Ebenso wie es ihm seine physischen Sinnesorgane ermöglichen, Eindrücke aus der physischen Welt aufzufangen, erlauben es ihm seine feineren Sinne, wenn sie erwacht sind, Eindrücke aus den feinstofflichen Welten, die ihn umgeben, aufzunehmen.

Werden beim Tod das wahre Ego oder die Seele und der physische Körper schließlich voneinander getrennt, passt sich der Mensch seinem neuen Zustand an und lernt, die Sinne seines nächsten Trägers, des sogenannten Astralkörpers, zu benutzen, was ihn befähigt, die Astralwelt zu erkennen, die unmittelbar über oder eher innerhalb der physischen liegt und dieser in Bezug auf die Dichte am nächsten kommt. Um diese frühe Lebensstufe jenseits des Grabes sehen und an ihr teilhaben zu können, sollten wir lernen, unsere Astralsinne während unseres Erdendaseins zu schulen.

Die Fähigkeit objektiver Wahrnehmung aller Ebenen ruht zweifellos in jedem Menschen, aber für die meisten von uns wird es einer langsamen Entwicklung bedürfen, ehe unser Bewusstsein in den höheren Körpern aktiv sein kann. Was den Astralkörper betrifft, verhält sich die Sache etwas anders. Das Bewusstsein der fortgeschrittenen Kulturvölker dieser Welt vermag nicht nur auf die Schwingungen, die ihm über die Astralmaterie übermittelt werden, zu reagieren, sondern ist auch in der Lage, sich des Astralkörpers als Träger und Werkzeug zu bedienen.

Unser Zustand während des Schlafens

Nicht nur beim Tod trennt sich der Mensch von seiner physischen Hülle. Diese Erfahrung macht er jedes Mal, wenn er in den Schlaf sinkt, obgleich in diesem Fall die Verbindung zwischen beiden Körpern bestehen bleibt, so dass er jederzeit auf die irdische Ebene zurückgerufen werden kann. Im Allgemeinen bedeutet Schlaf der Rückzug des Astralkörpers aus der physischen Hülle, denn nicht der Mensch schläft, sondern nur sein Körper. Gegenwärtig haben die Kulturvölker ihre Astralsinne bereits so weit entwickelt, dass sie die Wirklichkeiten, von denen sie im Schlaf umgeben werden, beobachten und von ihnen lernen könnten, wären sie ausreichend erwacht, diese zu erforschen. In den meisten Fällen fehlt die erforderliche Wachheit. Die Menschen verbringen den größten Teil ihrer Nächte in einer Art Gedankenverlorenheit und sinnen über das nach, was sie vor dem Eischlafen am stärksten beschäftigte. Ihre astralen Fähigkeiten sind vorhanden, aber sie nutzen sie kaum. Sie sind zwar *auf der*, aber nicht im Geringsten *für die* Astralebene wach, weshalb sie sich ihres Umfeldes nur verschwommen bewusst werden, falls überhaupt.

Hinter ihnen liegen unzählige Leben, in denen die Astralsinne nicht genutzt wurden. Vergleichbar mit einem Küken, das innerhalb der Eierschale heranwächst, haben sich diese Fähigkeiten allmählich in einer Hülle entwickelt, die sich aus der gewaltigen Fülle ichbezogener Gedanken zusammensetzt, in der sich der Durchschnittsmensch hoffnungslos verloren hat. Diese Mauer, die er selbst erbaute, ist so dick, dass er praktisch nicht weiß, was außerhalb von ihr vor sich geht. In seltenen Fällen kann es geschehen, dass ein heftiger Stoß von außen oder ein starkes inneres Verlangen diesen Schleier vorübergehend auseinanderreißt und es ihm erlaubt, einige klare Eindrücke zu gewinnen. Aber selbst dann umfängt ihn der Nebel unvermittelt erneut, und er träumt ebenso unaufmerksam weiter wie zuvor. In ferner Zukunft wird sich im Zuge der langsamen, aber gewissen Evolution des Menschen dieser Nebel allmählich lichten, so dass sich der Mensch der fast unendlichen Welt höchst aktiven Lebens, das ihn umgibt, nach und nach bewusst werden wird. Andererseits kann er durch beharrliches Bemühen den Dunstschleier von innen her beseitigen und langsam die Trägheit, eine Folge äonenlanger Inaktivität, überwinden. Diese Beschleunigung des natürlichen Prozesses wirkt sich keineswegs schädigend auf den Menschen aus, wenn seine sonstige Entwicklung Schritt hält. Sollte er das Astralbewusstsein erlangen, ohne das entsprechende Wissen und die erforderliche moralische Stärke zu besitzen, ist er einer doppelten Gefahr ausgesetzt, zum einen, die erlangten Kräfte zu missbrauchen, und zum anderen, von Mächten überwältigt zu werden, die er weder verstehen noch kontrollieren kann.

Üben zu beobachten

Jemand, der sich einer bestimmten esoterischen Schulung unterzieht, lernt gewöhnlich bereits in einem sehr frühen Stadium, die Gedankengewohnheiten abzuschütteln und die neue und schöne Welt, die ihn umgibt, zu sehen, um sinnvoll darin wirken zu können. Dies bedeutet nicht unbedingt, dass er sich im Wachzustand an seine Astralerlebnisse erinnern kann. Die Frage der Erinnerung hängt von der Kraft ab, das Bewusstsein ungebrochen von einer Ebene auf die andere zu tragen, was mit der Kraft, ungehindert auf der höheren Ebene zu wirken, in keinerlei Zusammenhang steht. Im Laufe seiner Entwicklung wird dies ebenfalls eintreten. Der Mensch beginnt, sein Astralbewusstsein zur selben Zeit wie das physische zu nutzen und besitzt somit den Vorteil, im Wach- und im Schlafzustand die astralen Sinne und Kräfte einzusetzen. Auf dieser Stufe kann er die sogenannten Verstorbenen wahrnehmen und in Muße ihre Lebensumstände studieren. So ist er in der Lage, die Existenz jenseits des Grabes genau und in allen Einzelheiten zu schildern. Es sind diese Beobachtungen, aus denen man eine umfassende und zufriedenstellende Vorstellung von der anderen Welt gewinnen kann.

Obwohl die Beobachtungen nur dem Beobachtenden selbst den unmittelbaren Beweis liefern, bedeuten die Aussagen für die anderen insoweit eine Gewissheit, als sie aus erster Hand stammen und auf direkter persönlicher Beobachtung beruhen. Wenn unabhängige Nachforschungen in allen wesentlichen Punkten weitgehend übereinstimmen, wird diese Gewissheit beachtlich untermauert. Falls die Untersuchungen die Lehren der alten Weltreligionen zu diesem Thema bestätigen und in einigen Fällen sogar erklären, spricht dies nur für sie, und es wäre töricht, sie einfach abzulehnen. Ihre Theorie ist die einzige, die die verschiedenen übersinnlichen Phänomene mit einschließt und einleuchtend erklärt. Es gibt nichts in den älteren Überlieferungen des Christentums, das mit dieser Lehre in irgendeiner Weise in Konflikt stehen könnte.

Jene Theosophen, die fortwährend auf der Astralebene tätig sind, betrachten deren Existenz ebenso sachlich und zum Alltag gehörend wie die physische Welt. Für zunehmend mehr Schüler handelt es sich nicht mehr um eine Frage der Spekulation, sondern um Wissen. Der Tod bedeutet nichts weiter als den Eintritt in ein unsterbliches Leben, ein Geschehen, das weder beklagenswert ist noch gefürchtet werden muss. Im Gegenteil, man sollte ihn als den Übergang in eine höhere, lichtere Existenz begrüßen.

Kapitel 3

Religionsirrtümer

Die Ordnung der Natur

Wenden wir uns einer Klasse von Missverständnissen über den Tod zu, die man speziell der Religion zuschreiben mag. Sie sind keineswegs auf das eigentliche Christentum zurückzuführen, sondern auf dessen lächerliche Veranschaulichung. Ich habe bereits auf die primitive Lehre einiger undurchsichtiger Sekten hingewiesen, der zufolge der Verstorbene schnurstracks in den Himmel oder in die Hölle wandert, eine Vorstellung, die in vieler Hinsicht großen Schaden angerichtet und aufgrund der offensichtlichen Absurdität zu praktischem Unglauben geführt hat. Diejenigen, die sich zu ihr bekannten, sahen sich zwei Möglichkeiten gegenüber. Entweder das Ganze rutschte ins Nebelhafte und Bedeutungslose ab, und man vertraute in beklemmender Ungewissheit auf die höhere Barmherzigkeit, was die vage Hoffnung bedeutete, die Gottheit möge letztlich freundlicher sein, als die Dogmen erlauben, oder man übernahm die unphilosophische Vorstellung von einem plötzlichen und vollständigen Wandel im Augenblick des Todes, demzufolge der Dahingeschiedene augenblicklich alle seine negativen Eigenschaften verlor und zum Engel wurde, was ihn für den Himmel qualifizierte. Oder (worüber gewöhnlich kaum gesprochen wurde), er streifte den einzigen Aspekt des Guten, das an ihm haftete, ab und erblühte zum ausgewachsenen Dämon.

Es erübrigt sich wohl, den törichten Irrtum dieser Lehre hervorzuheben. Die Natur setzt keine Zaubertricks ein. Sie arbeitet schrittweise. Soll das Unerwünschte beseitigt oder die Schwäche zur Stärke werden, geschieht dies Schritt für Schritt, Stufe um Stufe – natürlich (wie es richtig heißt) und durch normales Wachstum, nicht durch ein Wunder oder übernatürliche Intervention. Das Wesen des Menschen wird durch den Tod nicht verändert. Genau das, was er einen Tag vor seinem Tod war, wird er einen Tag danach sein, nicht mehr und nicht weniger. War er während seines Lebens spirituell ausgerichtet und voller Hingabe oder besaß einen ausgezeichneten Verstand, wird er diese Eigenschaften auch nach seinem Tod besitzen. Hat er sich hingegen niederträchtig und engstirnig, voll schäbiger Gedanken und Sinnenlust auf dieser Ebene gezeigt, wird er keine dieser schlechten Eigenschaften beim Durchschreiten der Todespforten verlieren.

Tatsache ist, dass der Tod den wahren Menschen nicht im Geringsten beeinflusst. Das Abstreifen des physischen Körpers verändert seine Natur ebenso wenig wie das Ablegen seines Mantels. Wenn der Mensch dies begreift, erkennt er sofort, dass der Tod mit allen anderen Naturprozessen auf einer Linie liegt. Er spürt die Sinnlosigkeit, irgendeine übernatürliche Metamorphose zu erwarten, und weiß, dass er langsam und stetig an sich selbst arbeiten muss, um zu werden, was er sein möchte. Er arbeitet unter einem ewigen, unwandelbaren Gesetz, das, obwohl es einerseits nichts ohne Anstrengung gibt, andererseits niemals fehlt, Bemühungen mit mathematischer Genauigkeit zu belohnen. Er hat seine unsichtbare Welt aus der eingebildeten Domäne der Launenhaftigkeit in das klar erkannte Reich des universellen Gesetzes gehoben und weiß genau, worauf er sich verlassen muss.

Vorbereitung auf den Tod

Unsere Religion hat uns unbewusst ein weiteres Übel beschert, indem sie einer speziellen Vorbereitung auf den Tod eine solch übertriebene Bedeutung beimisst. Die Kirche zeigt sich weiser und toleranter als die Konfessionen. Sie empfiehlt zwar mit Nachdruck die Verabreichung von Sakramenten, verurteilt einen Menschen aber nicht, wenn er ohne sie sterben muss. Viele Religionsgemeinschaften hingegen machen das ewige Wohlergehen des Menschen einzig und allein von seiner geistigen Verfassung im Augenblick des Todes abhängig. Ist er in diesem Moment „erlöst" oder befindet sich im „Zustand der Gnade", darf er in die himmlischen Gefilde eintreten – was ansonsten geschieht, bleibt besser ungesagt. Bei dieser seltsamen Erlösungstheorie – das Gefühl, „gerettet" zu sein – handelt es sich wohl um den erstaunlichsten Irrweg des menschlichen Intellekts, falls man bei einem solchen Aberglauben überhaupt von Intellekt reden kann.

Diese seltsame Irreführung zeigt besonders grausame Auswirkungen. Stirbt ein Mensch plötzlich fern der Heimat (ein Soldat auf dem Schlachtfeld), können sich die Angehörigen seiner geistigen Verfassung in diesem Moment nicht sicher sein, was völlig unnötige Furcht und Sorge in ihnen auslöst. Wie jedem Aberglauben, liegt auch dieser merkwürdigen Vorstellung ein Körnchen Wahrheit zugrunde, was aber den gewaltigen Überbau in keiner Weise rechtfertigt.

Die einzig sinnvolle Vorbereitung auf den Tod ist ein gut gelebtes Leben. Wenn ein Mensch darauf zurückblicken kann, spielt es kaum eine Rolle, was er gerade denkt, wenn ihn eine Kugel trifft. Fehlt ihm diese Grundlage für die Zukunft, kann er nicht darauf hoffen, sie durch eine krampfhafte Reue auf dem Totenbett zu verwandeln. Natürlich sollte jemand, der den falschen Weg beschritten hat, irgendwann umkehren, und wenn ihn der nahende Tod zu dieser Umkehr bewegt, umso besser. Aber sein Karma wird bleiben. Hält er in der nächsten Welt beharrlich an seinen guten Vorsätzen fest, wird dies den Umgang mit seinem Karma entscheidend beeinflussen.

Es wäre falsch zu behaupten, der letzte Gedanke vor dem Tode besitze keinerlei Bedeutung. Im Gegenteil, im Falle einer unentwickelten Person mag er besonders wichtig sein. In der Theosophie wird dem letzten Gedanken vor dem Einschlafen großes Gewicht beigelegt, da wir uns auf unserer augenblicklichen Entwicklungsstufe fast die ganze Nacht mit ihm beschäftigen. Für eine Person, die die Astralwelt voll bewusst erlebt, ist es weitgehend unerheblich, worüber sie vor dem Einschlafen nachdenkt, da sie die Kraft besitzt, sich anderen Gedanken zuzuwenden. In ihrem Fall kommt es auf die allgemeine Gedankenrichtung an. Ihr Geist bewegt sich Tag und Nacht in seiner gewohnten Weise.

Bei einem Durchschnittsmenschen gibt die Geisteshaltung, die er in seinem irdischen Leben zeigt, Aufschluss über sein späteres Astralleben. Was ihn im Augenblick seines Übergangs beschäftigt, fällt nicht ins Gewicht. Anders verhält es sich mit einem unentwickelten Ego, dessen Astralbewusstsein noch unscharf ist. Jener letzte Gedanke mag von größter Bedeutung sein, da er seinen Geist lange beschäftigen wird, ehe er allmählich verblasst. Er lässt die Grundnote für sein Astralleben anklingen und sollte daher möglichst positiv sein.

Der Tod eines Soldaten

Was das Schicksal eines Menschen betrifft, der bei der selbstlosen Erfüllung seiner Pflicht stirbt, gibt es keine Ungewissheit. Seine Zukunft wird ebenfalls von seinem Leben, nicht vom Umstand seines Todes abhängen. Dennoch übt dieser Tod einen wesentlichen Einfluss auf seine Entwicklung aus. Allein die Tatsache, dass er den Mut aufbringt, für einen für ihn abstrakten Begriff zu sterben, bringt ihn einen großen Schritt weiter. Ob er für eine gerechte oder ungerechte Sache kämpft, besitzt keine Auswirkung. Er hält sie für gerecht. Er kommt seiner Verpflichtung nach, folgt dem Ruf seines Landes, schiebt alle egoistischen Überlegungen bereitwillig beiseite und gehorcht selbst angesichts des gewissen Todes. Auf diesem Aspekt gründet die Überlegung des moslemischen Fanatikers, dass der Mann, der für den Glauben kämpft, in der nächsten Welt geradewegs in ein gutes Leben eintritt.

Obwohl der Tod auf dem Schlachtfeld in bestimmten Fällen für die Entwicklung eines Menschen nützlicher sein kann als die Fortführung seines Lebens, gibt es einen Grund für die Bitte der Kirche: „Vor plötzlichem Tod, Herr, bewahre uns." Lebt ein Mensch bis ins hohe Alter, sind die meisten seiner niedrigen Wünsche erloschen oder abgelegt, bevor er die physische Ebene verlässt, weshalb auf der Astralebene weniger Läuterungsarbeit anfällt. Eine lange Krankheit bewirkt oft das Gleiche. Ein Mensch, der in der Blüte seiner Jugend dahingerafft wird, sieht sich einer völlig anderen Situation gegenüber. Das Verlangen in ihm ist stark und lebendig, was wahrscheinlich zu einem längeren Astralleben führen wird. Lernt er, dieses Leben gut zu nutzen, kann dies mehr gutes Karma hervorbringen, als er in derselben Zeit auf der physischen Ebene hätte erwerben können.

In einigen Fällen verweilt der Mensch, der plötzlich aus dem physischen Leben gerissen wurde, auf der Astralebene lange Zeit in einem unbewussten, von schönen Träumen eingehüllten Schlaf. In anderen Fällen ist er sofort bewusst und bleibt es auch. Es ist nicht immer einfach, die Wirkungsweise der Gesetze im Einzelnen nachzuverfolgen. Als allgemeine Regel gilt, dass sein Zustand weitgehend von der Richtung seiner Bewusstseinstätigkeit abhängt. Nehmen wir ein Beispiel. Ein großer Teil des Astralkörpers der meisten jungen Menschen besteht aus niedriger Astralmaterie. Lernen sie mit der Zeit, die sinnliche Begierde in Schach zu halten, wird sie ihre Bewusstseinstätigkeit nicht dauerhaft bestimmen. In dem neu geordneten Astralkörper liegt diese Materie außerhalb. Der Mensch, der es nicht gewohnt ist, auf ihre Schwingung zu reagieren, kann eine solche Fähigkeit nicht plötzlich entwickeln und wird sich daher all der negativen Aspekte der niedrigen Unterebene nicht bewusst sein.

Eine andere Unterstützung findet das Opfer eines plötzlichen Todes in dem Beistand der unsichtbaren Helfer. In früheren Zeiten soll diese Arbeit ausschließlich von hohen, nicht menschlichen Wesen ausgeführt worden sein. Seit geraumer Zeit dürfen jene Menschen, die bewusst auf der Astralebene zu wirken vermögen, diesen Liebesdienst erweisen. Eine solche Hilfe ist nicht nur vonnöten, weil die Opfer einen starken Astralkörper besitzen, sondern weil sie bestürzt und nicht selten höchst alarmiert sind. Die Arbeit der Helfer besteht darin, sie zu beruhigen und zu trösten und ihnen ihren Zustand und die nächsten Schritte zu erklären.

Alle Erfahrungen auf den höheren Ebenen zeigen, dass die Natur stets Sorge trägt. Trotz der scheinbaren Schwierigkeiten, die unseren Fortschritt begleiten, ist alles auf Unterstützung, nicht auf Behinderung ausgelegt. Die erhabenen Gesetze wirken in einer Weise, dass sie unser Voranschreiten erleichtern, nicht verzögern. Taucht ein Hindernis auf, ist es mit Sicherheit darauf zurückzuführen, dass der Mensch mit dem göttlichen Plan in Konflikt gerät oder ihn missversteht. Sobald wir die vorübergehende Verwirrung dieser niedrigen Ebenen hinter uns lassen, werden wir erkennen, dass alles gut wird für den, der Ihn liebt.

KAPITEL 4
Unsere Einstellung zum Tod

Seelenreise

Aus theosophischer Sicht ist der Tod für die Seele weniger bedeutsam als allgemein angenommen wird. In den Augen des westlichen Durchschnittsmenschen nimmt das Leben, das unvermittelt mit der Geburt beginnt und jäh mit dem Tod endet, einen geradlinigen Verlauf. Für den Theosophen erscheint die physische Existenz, selbst wenn man nur eine einzige Inkarnation betrachtet, eher als ein winziger Kreisausschnitt. Geburt und Tod bilden die Punkte, an denen der Kreisumfang eine gerade Linie, die die Grenze zwischen der physischen und der Astralebene markiert, durchkreuzt.

Unsere Kenntnisse über die vorgeburtliche Reise der Seele im Laufe ihres Abstiegs in die Inkarnation reichen wohl kaum aus, um ein genaues Diagramm ihres Weges zu erstellen. Man könnte ihn durch einen geschlossenen Bogen wiedergeben der, vom Ego ausgehend, durch die niedrigen Welten zu diesem zurückführt. Das Ego in seinem Kausalträger wird als Punkt oder Stern im höheren Mentalbereich dargestellt. Der Bogen, der den Verlauf der teilweise losgelösten Persönlichkeit wiedergibt, führt zunächst in den unteren Mentalbereich, überquert die Linie, die die obere Grenze der Astralebene kennzeichnet, durchläuft alle Unterabteilungen dieser Welt und reicht ein kurzes Stück unterhalb der Trennlinie zwischen dem Astralen und Physischen, um dann durch die verschiedenen

Ebenen und Unterebenen zu seinem Ausgangspunkt wieder aufzusteigen. Durch einen Kreis lässt sich diese Bewegung nicht exakt festhalten (also gleiche Peripherieabschnitte zur Darstellung gleicher Zeitperioden), da der Abstieg in eine Inkarnation gewöhnlich sehr viel rascher zu erfolgen scheint als der anschließende Aufstieg. Es handelt sich stets um einen Bogen, der einen wohlgeordneten Verlauf, ohne abrupten Richtungswechsel, symbolisiert.

Zur Betrachtung der Frage nach dem durchschnittlichen Abstand zwischen den Erdenleben, was von den einzelnen Menschentypen abhängt, möchte ich auf das Kapitel „Die Intervalle zwischen den Leben" in meinem Buch *Das Innere Leben* verweisen.

Der wirklich wichtige Aspekt

Es gibt keinen Grund, jenen beiden Peripheriepunkten größere Bedeutung beizumessen als anderen. Im Gegenteil, der zwischen ihnen liegende, der vom Ego am weitesten entfernte Punkt, an dem der Bogen wieder aufwärts führt, ist der wichtigste. Er kennzeichnet die Zeit im Leben eines Menschen, in der ihn die weltlichen Angelegenheiten nicht länger in Anspruch nehmen und er seine Gedanken höheren Dingen zuwendet. Hierbei handelt es sich um einen weitaus wesentlicheren Einschnitt in seinem Lebenszyklus als Geburt und Tod auf physischer Ebene, da er die Grenze der nach außen gerichteten Energie des Egos markiert, den Übergang vom Aus- zum Einatmen.

Bei einer regelmäßigen Kurve findet dieser Wechsel in der Mitte irdischen Lebens statt. Der Mensch nähert sich ihm fast unmerklich, vergleichbar mit einem Planeten, der sein Aphel erreicht. Dabei sollte dieser Punkt von Geburt und Tod gleich weit entfernt liegen, was mit den weisen Vorkehrungen der Alten des Orients übereinstimmt. Nach dieser Regel verwendete der Mann die ersten einundzwanzig Jahre seines Lebens für seine Erziehung. Während der nächsten einundzwanzig Jahre erfüllte er seine Pflicht als Familienoberhaupt und gab mit Erreichen seiner Lebensmitte sein weltliches Interesse auf, überließ dem Sohn Haus und Eigentum und zog sich mit seiner Frau in eine nahe gelegene Hütte zurück. Dort widmete er sich die nächsten einundzwanzig Jahre der Ruhe, geistigen Zwiesprache und Meditation. In der vierten Stufe zog er sich, falls er wollte, in den Dschungel zur Kontemplation zurück. Den eigentlichen Wendepunkt bildete die Lebensmitte. Im alten Peru wurde ein Mann im Alter von fünfundvierzig Jahren von allen weltlichen Verpflichtungen entbunden. Er konnte fortan frei über seine Zeit verfügen und sich den Studien widmen, zu denen er sich am stärksten hingezogen fühlte.

Im Westen ist das Leben so unnatürlich geworden, dass sich der Mensch bis ins hohe Alter der Unruhe weltlicher Geschäftigkeit aussetzt, was sein physisches Leben aus der rhythmischen Bahn wirft. Der Läuterungs- und Loslösungsprozess, der in der Lebensmitte beginnen sollte, wird bis zum Tod hinausgezögert und vollzieht sich daher auf der Astralebene anstatt auf der physischen, was eine unnötige Verzögerung mit sich bringt. Da der Mensch die wahre Bedeutung des Lebens nicht begreift, schreitet er langsamer voran, als er sollte.

Der Vorteil von Wissen

So groß der Schaden sein mag, den die Unwissenheit über diese Tatsachen im Leben anrichtet, schwerwiegender wirkt sie sich nach dem Tod aus. Allein das rein intellektuelle Verständnis bringt bereits gewaltige Vorteile mit sich. Der Mensch misst dem irdischen Dasein die angemessene Bedeutung bei. Er vergeudet seine Zeit nicht damit, nur für diesen kurzen Moment zu arbeiten und das übrige Leben völlig zu vernachlässigen, sondern betrachtet sein Leben als Ganzes und lebt es weise. Betritt er die Astralebene, ist er weder beunruhigt noch verwirrt. Er versteht seine Umgebung und weiß aus den Gegebenheiten, die er vorfindet, das Beste zu machen. Dieses Wissen schenkt ihm Mut und Vertrauen anstatt Bestürzung und Furcht. Es befähigt ihn, sich geschickt in einer Welt zurechtzufinden, in der er ansonsten hilflos umhertreiben würde.

Es hat sich gezeigt, dass selbst ein Mensch, der nur von dieser Wahrheit gehört hat, ohne sich eingehend mit ihr zu beschäftigen, davon profitiert.

Die Erinnerung an das Gehörte wird wach, dessen Richtigkeit er nun bestätigen kann. Auf diese Weise wurde zumindest ein Beziehungspunkt hergestellt, was ihm etwas von dem Unbehagen erspart, das jene empfinden, die sich dem völlig Unbekannten ausgesetzt sehen, aus dem jeden Moment unaussprechliches Grauen hervortreten mag.

Dieses Wissen vermittelt nicht nur ein Gefühl der Sicherheit und des Vertrauens. Der Mensch, der sich seines eigenen Platzes sicher ist, kann anderen helfend die Hand reichen und zu einem Pol des Friedens und des Glücks für Hunderte von jenen werden, die erst vor Kurzem die Grenze überschritten haben und in die unsichtbare Welt eingetreten sind. Auf diese Weise bewirkt er zusätzlich gutes Karma für sich, was seine eigene Entwicklung beschleunigt.

Trauer und Leid

Wurden diese Missverständnisse in Bezug auf den Tod zugunsten der tatsächlichen Fakten ausgeräumt, erkennt man die Unsinnigkeit des damit einhergehenden Trauergehabes. Die grotesken und gespenstischen Begleitumstände gleichen nicht nur einem unwürdigen Überbleibsel mittelalterlichen Aberglaubens, sondern die übertriebene Totenklage selbst ist ein fataler Irrtum, geboren aus Unwissenheit und Unglauben. Ein wirklich gläubiger Christ, der seinen Freund in der Gegenwart des Herrn weiß, wird seines Heimgangs ebenso wenig in schwarzer, mit Trauerflor geschmückter Kleidung gedenken wie der wahre Theosoph, der weiß, dass der geliebte Mensch in ein höheres und glücklicheres Leben auf der Astralebene eingetreten ist und einer noch herrlicheren Existenz in den Himmelswelten entgegenblickt.

Damit nicht genug. Die unkontrollierte Trauer über den Tod eines Freundes, die auf einer völlig irrigen Auffassung basiert und die Ansammlung unnötigen Leids widerspiegelt, birgt noch ernstere Folgen. Die ungestümen Ausbrüche, das langanhaltende unversöhnliche Wehklagen, wirken sich höchst schmerzlich auf den Freund aus. Wenn er friedlich in die Bewusstlosigkeit sinkt, die dem Erwachen inmitten der Herrlichkeit der himmlischen Gefilde vorausgeht, wird er nur allzu oft aus seiner träumerischen Glückseligkeit gerissen. Die Erinnerung an sein Erdendasein erwacht, das er unlängst, begleitet von der leidenschaftlichen Trauer und den Wünschen seiner Freunde, verlassen hat, was entsprechende Schwingungen in seinem eigenen Wunschkörper weckt und ihm heftiges Unbehagen bereitet, anhaltende Depression verursacht und seinen Fortschritt ernsthaft verzögert. Die mangelnde Selbstbeherrschung seitens der überlebenden Freunde gehört zu den größten Hindernissen für jene, die den Verstorbenen zu helfen suchen, und erfordert oft nutzlos lange Stunden geduldigen Bemühens. Mitunter erkennt der Verstorbene selbst diese Behinderung, die der hemmungslose Schmerz unwissender, obgleich wohlmeinender Angehöriger ihm aufbürdet, wie manche Volkserzählungen zeigen.

Daraus darf man keineswegs schließen, dass der Esoteriker keine Sympathie für jene empfindet, die er geliebt und (wie fälschlich angenommen wird) verloren hat, oder dass seine Lehre rät, diejenigen, die uns vorangegangen sind, zu vergessen. Das Gedenken sollte eine Form annehmen, die unterstützend, nicht schädigend wirkt. Anstelle selbstsüchtiger, nutzloser Klage sollten aufrichtige gute Wünsche treten. Der Hinterbliebene muss seine Gedanken auf eine höhere Ebene schwingen, um sich selbst und den scheinbaren Verlust zu vergessen und die Gewissheit eines wunderbaren Gewinns für seinen Freund zu stärken.

Eine andere weit verbreitete Vorstellung geht davon aus, dass der Tod an sich stets schmerzvoll ist, was in den Schauergeschichten über Todeskampf und Todesröcheln reiche Nahrung findet. Auch sie gehören wohl zu den überlieferten Missverständnissen. Bei diesen unangenehmen Symptomen handelt es sich gewöhnlich um letzte krampfartige Bewegungen des physischen Körpers, nachdem das bewusste Ego ihn bereits verlassen hat. In fast allen Fällen scheint der Todesmoment völlig schmerzlos zu verlaufen, selbst wenn eine lange körperliche Leidensgeschichte vorausging. Der friedliche Gesichtsausdruck des Toten scheint dies ebenso zu bestätigen wie die Aussage jener, die sich unmittelbar nach dem Geschehen dazu äußerten.

Höhere Wirklichkeit

Auch wenn uns bewusst wird, wie klein der Anteil jedes unserer Lebenszyklen ist, die wir auf der physischen Ebene verbringen, können wir das Verhältnis zum Ganzen nicht annähernd abschätzen, ziehen wir die sehr viel größere Realität des Lebens in den höheren Welten nicht in Betracht. Die Mehrheit der Menschen wird in einem solchen Maß von den physischen Sinnen beherrscht, dass für sie nur das Unwirkliche zu zählen scheint, während alles, was sich der wahren Realität nähert, unwirklicher und unverständlicher wird.

Aus verständlichen Gründen bezeichnet man die Astralwelt als die Welt der Illusionen. Doch sie liegt eine Stufe höher als die physische und damit näher an der Realität. Vieles in dieser Welt mag trügerisch sein, aber je weiter man in die dichte physische Materie eintaucht, desto größer wird die Täuschung, nicht geringer. Von der klaren, alles erfassenden Vision der Seele auf ihrer eigenen Ebene ist der Astralblick natürlich weit entfernt, aber immerhin schärfer und verlässlicher als jeder physische Sinn. Wie das Astrale zum Physischen, so verhält sich das Mentale zum Astralen, nur auf einer höheren Dimension. Im Vergleich zum irdischen Leben verbringen wir nicht nur mehr Zeit auf diesen Ebenen, sondern jeder einzelne Augenblick, nutzen wir ihn richtig, mag fruchtbarer sein, als dieselbe Zeitspanne auf physischer Ebene jemals sein könnte.

Warum wir das irdische Leben benötigen

Obwohl das irdische Leben angesichts dieser Tatsache unwichtig und entbehrlich zu sein scheint, gibt es auf unserer gegenwärtigen Entwicklungsstufe sehr viele Erfahrungen, die wir nur durch die langsamen Schwingungen der groben und schweren Materie gewinnen können, was ein Erdendasein unverzichtbar macht.

Da der Tod lediglich den Eintritt in ein besseres Leben bedeutet und es sich insgesamt gesehen um eine schöne und wünschenswerte Angelegenheit handelt, neigen manche Menschen zu der Annahme, dass es sich erübrigt, ihn zu vermeiden oder sich der Mühe zu unterziehen, das physische Leben zu bewahren. Tatsächlich mag jemand denken, je früher er stirbt, umso besser, ein Gedanke, der dem Selbstmord geradezu Vorschub zu leisten scheint. Denkt man ausschließlich an sich selbst und sein Vergnügen, dann könnte dem so sein. Aber wenn man seine Pflicht gegenüber dem Logos und den Mitmenschen bedenkt, wird man die Fehlüberlegung sofort erkennen.

Obwohl es zutrifft, dass jeden, der hier ein gutes und sinnvolles Leben gelebt hat, eine glückliche und erfüllte Existenz auf der Astralebene erwartet, dürfen wir nicht vergessen, dass wir aus einem bestimmten Grund hier sind und ein Ziel verfolgen, dass nur auf der physischen Ebene erreicht werden kann. Der Selbsterhaltungstrieb besitzt seinen Wert und wurde uns absichtlich mitgegeben. Wir haben die Pflicht, das Beste aus diesem Erdendasein zu machen und es so lange zu erhalten, wie es die Umstände zulassen. Es gibt Lektionen, die können nur auf dieser Ebene gelernt werden. Je schneller wir sie lernen, desto rascher werden wir von der Notwendigkeit einer Rückkehr in dieses begrenzte Leben befreit sein. Gegenwärtig ist die physische Ebene der Hauptschauplatz unserer Evolution. Ein großer Teil des notwendigen Fortschritts lässt sich nur unter ihren groben und unangenehmen Bedingungen erreichen.

Um unsere latenten Eigenschaften zu entwickeln, müssen wir lernen, auf die von außen kommenden Einwirkungen zu reagieren. Auf der Seelenebene sind die Schwingungen zu zart und schnell, um diese Reaktion auszulösen. Der Mensch muss mit den groben und starken Schwingungen beginnen. Ist sein schlummerndes Empfindungsvermögen erwacht, wird sein Feingefühl zunehmend ausgeprägt, bis er auf alle Wellenlängen zu reagieren vermag. Mit anderen Worten, Anteilnahme und Mitgefühl sind zur Vollkommenheit gereift. Um dieses strahlende Ziel zu erreichen, muss er auf der physischen Ebene beginnen. Jede Inkarnation bedeutet für das Ego eine nicht zu unterschätzende Vorbereitung und die mühevolle Periode der frühen Kindheit, in der es allmählich und mit viel Anstrengung die Kontrolle über seine neuen Träger gewinnt. Hat es seine Aufgabe erfüllt und sich in verhältnismäßig geeignete Körper gehüllt, liegt ihm daran und ist es seine Pflicht, das Beste aus ihnen zu machen und sie möglichst lange zu erhalten. Es darf sie auf keinen Fall früher aufgeben, als bis das erhabene Gesetz es verlangt. Das Gebot einer höheren zwingenden Pflicht, wie die des Soldaten seinem Land gegenüber, bildet eine Ausnahme.

Niemand sollte es wagen zu sterben, bevor seine Zeit gekommen ist, obwohl er in diesem Moment jubeln mag, weil er im Begriff steht, von der Mühsal in die Ruhe zu gleiten – aus der Dunkelheit ins Licht, aus der Begrenzung in die Freiheit.

Angesichts des Lebens in der himmlischen Welt, das nun folgt, verliert alles andere an Bedeutung. Dies ist die Glückseligkeit, von der Mönche geträumt und Dichter geschrieben haben. Es ist kein Traum, sondern lebendige, wunderbare Wirklichkeit. Entsprechend den Vorbereitungen, die sie getroffen haben, mag das Astralleben für die einen glücklich verlaufen, für die anderen unglücklich. Aber was danach folgt, gestaltet sich, ihren Bedürfnissen entsprechend, für alle glücklich. Wir werden in einem späteren Kapitel darauf eingehen.

Bei den meisten von uns hat sich das Bewusstsein noch nicht genügend entwickelt, um uneingeschränkt in den höheren Körpern aktiv sein zu können. In bestimmten Richtungen vermag es nur über die physischen Sinne erreicht zu werden. Erwacht es auf diese Weise hier unten, kann es die Arbeit in anderen und höheren Welten fortsetzen. So unwirklich das physische Leben sein mag, es dient als Saatperiode, denn in dieser Zeit können wir Kräfte mobilisieren, die unter den weitaus günstigeren Bedingungen der höheren Sphären Ernte tragen werden.

Dies ändert nichts an der Tatsache der eigentlichen *Realität*. Wir dürfen unseren Blick nicht für die ewige Wahrheit verschließen, dass der Tod in ein strahlendes Leben führt und sich die Schönheit, die wir kennen, mit der Herrlichkeit dieser Welten nicht vergleichen lässt. Wenn wir das Tor des Todes durchschreiten, fällt der schwerste und dunkelste Schleier vor dem Angesicht des Herrn über Leben und Tod von uns.

Wenn wir diese Wahrheit begreifen, haben wir uns von dem verschwommenen, düsteren Empfinden befreit, das viele Menschen bei allem Nicht-Physischen befällt. Nichts steht dem Verständnis der wahren

Bedeutung und Sinnhaftigkeit des Lebens feindlicher gegenüber, und es gibt keine mächtigere Waffe in den Händen boshafter Menschen als die hilflose Unsicherheit in Bezug auf alles höhere Leben, die das Denken des westlichen Menschen so lange beherrscht hat.

Kapitel 5

Gewissheit

Glaube und Unglaube

Wenn jemand die theosophische Erklärung für das Leben nach dem Tod zum ersten Mal hört, fühlt er sich einerseits zu ihr hingezogen, stutzt aber andererseits über die kühnen und definitiven Behauptungen, was ihn zu der Frage nach einem Beweis für diese Überzeugung veranlasst und wie er selbst dazu gelangen kann. Solchen Menschen bin ich jederzeit bereit zu helfen; dem aggressiven und lärmenden Skeptiker gehe ich jedoch lieber aus dem Weg. Falls jemand glaubt, mir einen Gefallen zu tun, wenn er meint: „Überzeugen sie mich doch", bin ich geneigt zu erwidern: „Warum um alles in der Welt *sollte* ich sie überzeugen? Ihr Glaube oder Unglaube bedeutet mir nichts. Ich gebe nur die Fakten wieder. Hunderte von Personen haben zu verschiedenen Zeiten und an verschiedenen Orten Ähnliches gesehen. Sie können dies glauben oder nicht. Es kann weder die Tatsachen noch mich beeinflussen. Für sie mag es einen Unterschied machen. Aber das ist *ihre* Angelegenheit, nicht meine."

Jemand, der sich aufrichtig darum bemüht, die Dinge zu begreifen und nach einer soliden Basis sucht, findet stets ein offenes Ohr. Ihm widme ich dieses Kapitel. Vielleicht ist es sinnvoll, in diesem Zusammenhang darüber zu sprechen, wie ich selbst zu meiner Überzeugung gelangte, um anderen Menschen den Weg zu ebnen.

Eine persönliche Erfahrung

Als ich der theosophischen Lehre zum ersten Mal begegnete, war ich Geistlicher der Kirche von England. Vielleicht wäre ich es heute noch, hätte ich nicht begonnen, über bestimmte Dinge nachzudenken, mit denen man sich nicht befassen sollte, will man orthodox bleiben. Zu meinen Pflichten als Geistlicher gehörte die Vorbereitung junger Männer auf die Konfirmation. Manchmal hatten diese jungen Menschen Einwände und Fragen, die gewöhnlich um die Schriften von Thomas Paine oder Charles Bradlaugh kreisten. Die meisten Fragen konnte ich zu ihrer Zufriedenheit beantworten, nicht aber zu meiner eigenen. Wenn ich einige der Argumente, die ich vorbrachte – die allgemein gängigen Aussagen – nochmals kritisch überdachte, sah ich mich gezwungen einzugestehen, dass sie lückenhaft waren. Hätte mir jemand für irgendein historisches Ereignis eine solche Beweisführung geboten wie im Falle der biblischen Geschichten, hätte ich sie als völlig unzureichend zurückgewiesen. Aber da die gesamte Erlösungstheorie auf dieser Überlieferung zu basieren scheint, blieb eine Ungewissheit, die das unangenehme Gefühl in mir hinterließ, möglicherweise nicht die Wahrheit zu lehren. In jener Zeit war es mir vergönnt, einige hervorragende Vorträge von Annie Besant zu hören, die weitere Fragen aufwarfen, für die ich keine Lösung fand. Die einzige Möglichkeit schien mir die intensive Auseinandersetzung mit dem Thema zu sein und zu sehen, was die weisen Kirchenmänner dazu zu sagen hatten.

Das Ergebnis war enttäuschend, denn sie sagten praktisch nichts – nichts von Wert für den Suchenden. Es gibt eindringliche Beteuerungen und die heftige Anprangerung der Verderbtheit jener, die zu zweifeln wagen, aber nichts, dass in irgendeiner Weise als Beweis oder Argument Billigung findet. Es fehlte jede Klarheit. Sobald die kritische Aufmerksamkeit in einem Menschen geweckt wird, erkennt er sofort, dass das gesamte Lehrgebäude der Orthodoxie unhaltbar ist und nichts zu seinen Gunsten spricht. Die angeblichen Beweise bröckeln, werden sie eingehend untersucht. Er muss feststellen, dass es für nichts eine Gewissheit gibt – eine schreckliche Entdeckung für einen Menschen im Hinblick auf die Religion, in der er aufwuchs. Alle seine Überzeugungen sind null und nichtig. Nichts ist ihm geblieben.

Ich persönlich befand mich in jenem Moment nicht in einer solch schlimmen Lage, da ich mich bereits mit dem Spiritismus auseinandergesetzt hatte und daher *wusste*, dass einige Dinge zutreffen. Dennoch, im kalten, ruhigen Licht der Vernunft betrachtet, erschienen die Schöpfungsgeschichte, der unerbittliche Zorn des himmlischen Vaters und die angeblich notwendige Erlösung von diesem Zorn durch die zweckdienliche Sühne seltsam und vernunftwidrig, beraubte man sie der Heiligmäßigkeit des schwachen religiösen Lichtes altehrwürdiger Überlieferung. Dieses fantastische Durcheinander „überlieferter Glaubensfragmente" konnte mich, wie viele andere, nicht wirklich zufriedenstellen.

Wie das Licht kam

Kurze Zeit später fiel mir zufällig – obwohl ich nicht an Zufälle glaube – ein Buch von A.P. Sinnett mit dem Titel *Die esoterische Welt* in die Hände, in dem ich eine Weltanschauung fand, die augenblicklich mein Interesse weckte. In einem zweiten Buch wurde sie näher ausgeführt. In einigen Punkten unterschied sie sich grundlegend von allem, was mir bislang begegnet war. Mir waren zwei Theorien vertraut, die materialistische Vorstellung, nach der alles durch blinden Zufall regiert wird, und die orthodoxe Theorie, der zufolge der Mensch, je nach Laune der Gottheit, Glück oder Elend vorfindet, Zivilisation oder Barbarei, ein kriminelles oder ein angesehenes Umfeld.

Beide höchst unzulängliche Theorien schienen nicht logisch durchdacht zu sein und boten überdies keinerlei Erklärung für viele Phänomene. Nun war ich auf eine dritte Hypothese gestoßen, die offensichtlich den großen Vorteil besaß, alle Schwierigkeiten zu erläutern, die bislang keine Erklärung fanden. Sie lieferte eine rationale Begründung für die Zustände, die uns umgeben, ein einleuchtendes Entwicklungsschema, das Vergangenheit, Gegenwart und Zukunft des Menschen mit in Betracht zog. Gleichzeitig stimmte es mit dem allgemeinen Trend wissenschaftlicher

Denkweise überein. Mir begegnete zum ersten Mal eine vernünftige Philosophie, die die Möglichkeit bot, an einen all-mächtigen, all-liebenden Gott zu glauben, ohne die Augen vor den Gegebenheiten des Lebens zu verschließen.

Diese Theorie nahm mich sofort gefangen, und ich wollte tiefer in sie eindringen. Sinnett ermöglichte es mir, der Theosophischen Gesellschaft beizutreten. In jenen frühen Tagen gab es fast keine theosophische Literatur. Wir besaßen nicht die vielen kleinen Schriften mit ihren detaillierten Ausführungen, die das Studium heute so sehr erleichtern. Außer den beiden bereits erwähnten Büchern besaßen wir nur *Isis entschleiert* und *The Perfect Way*.

Dieses Wissen stammte von einigen orientalischen Meistern und war über Madame Blavatsky in den Westen gelangt. Wir erkannten, dass die indische Philosophie allen orthodoxen Lehren, abgesehen von den frühen christlichen Lehren der Gnostiker, weit voraus war. Seit die dominierende Ignoranz der frühen Kirche die großen Gnostiker verbannte, hat ihre Religion dem denkenden Menschen nichts mehr zu bieten. Jede Religion sollte die Bedürfnisse aller Schichten befriedigen, die der armen und unwissenden ebenso wie die der gebildeten und philosophisch denkenden Menschen. Die Religionen sind stets darauf bedacht gewesen, beiden Ebenen zu begegnen. Neben ihrer einfachen ethischen Lehre für diejenigen, die nicht mehr begriffen, gab es die metaphysische Belehrung derer, die tiefer in die Dinge einzudringen vermochten. Ursprünglich stand das Christentum den anderen Religionen in dieser Hinsicht nicht nach. Es verfügte über eine Geheimlehre, in die jene Einblicke gewannen, die ihrer würdig waren. In der heutigen degenerierten Zeit hat die Kirche ihr Geburtsrecht weitgehend vergessen.

Möglicher Fortschritt

Madame Blavatsky gab uns zu verstehen, dass es schon immer eine Gruppe von Menschen gegeben hat, die um diese großen Wahrheiten des Lebens wussten und sie daher vermitteln konnten. Sie führte weiter aus, dass diese Wahrheiten so alt wie die Welt selbst sind. War es möglich, mehr zu lernen? Vielleicht, denn jene erhabenen Meister der Weisheit nahmen manchmal Schüler an. Jeder, der sein Leben dem Dienst an der Menschheit weihte, durfte hoffen, eines Tages dazu zu gehören. Madame Blavatsky konnte nichts versprechen, weil es ausschließlich in den Händen der Meister lag. Da bereits Schüler angenommen worden *waren*, bestand für denjenigen, der bereitwillig die Mühsal höherer Entwicklung auf sich nehmen wollte, stets Hoffnung. Ich nahm an, dass es ein gewöhnlicher Mensch wie ich in dieser Inkarnation wohl kaum wagen durfte, auf eine solche Ehre zu hoffen. In der Zwischenzeit gab es viel zu lernen. Zumindest konnte ich mich für diese Sache, die mir alles andere zu übertreffen schien, einsetzen. Ich gab meine Anstellung in der Kirche auf und ging mit Madame Blavatsky nach Indien, um dort im Büro der Hauptniederlassung der Gesellschaft zu arbeiten. Ich erwartete nichts und hatte damals keine Vorstellung von der Möglichkeit, mich in diesem Leben weiterzuentwickeln.

In Indien durfte ich einigen der erhabenen Lehrer begegnen und von ihnen und ihren Schülern lernen, was mein Verständnis für die Lehre vertiefte. Bald erhielt ich Hinweise, wie ich mein Bewusstsein auf höhere Ebenen erheben konnte. Bisher hatte ich angenommen, dass man mit diesen speziellen Fähigkeiten geboren werden muss, um erfolgreich zu sein. Man erklärte mir, dass diese Kräfte in jedem Menschen schlummern und ich sie entfalten könne, wenn ich mit der erforderlichen Energie daran arbeitete. Ich begann sofort und musste mit der Zeit feststellen, dass es tatsächlich möglich war, den astralen und mentalen Blick zu entfalten und mit seiner Hilfe die Hauptlehren der Theosophie zu bestätigen.

Jeder, der bereit ist, ebenso daran zu arbeiten, wird erkennen, dass es sich bei den Lebensebenen um eindeutige Fakten handelt. Er weiß, dass die Lehren über die Gegebenheiten nach dem Tod zutreffen, denn er wird die sogenannten Toten sehen und mit ihnen reden und ihnen auf ihrer eigenen Ebene begegnen. Er wird es begrüßen, sich auf ihre Ebene zu erheben, anstatt sie zu sich herunterzuziehen. Er wird die Gesetze der Reinkarnation erkennen, da er vielleicht lernt, in seine eigenen vergangenen

Leben zu blicken, die sich vor ihm ausbreiten. Dann wird er nicht mehr an den mächtigen Evolutionsgesetzen und der göttlichen Gerechtigkeit zweifeln. Ich persönlich weiß um diese Dinge, weil ich sie selbst beobachtet habe. Jeder wird dazu in der Lage sein, wenn er sich der Mühe unterzieht, den Pfad zu betreten. Es wird nicht einfach werden und auch nicht rasch geschehen. Aber viele sind bereits vor ihm den Weg gegangen. Da die Kräfte in jedem Menschen schlummern, kann er ebenfalls erfolgreich sein, wenn er will.

Keine Halluzination

Man mag einwenden, dass ich in dem Moment, in dem ich denke, etwas zu wissen, einer Sinnestäuschung erliege. Theoretisch mag dies zutreffen. Vielleicht täusche ich mich, wenn ich denke, ich schreibe, so wie meine Leser unter Halluzination leiden mögen, wenn sie glauben, mein Buch vor Augen zu haben. Einige Philosophen stellen sogar die Behauptung auf, dass wir selbst nichts weiter als eine Halluzination sind. Falls wir tatsächlich existieren, falls ich geschrieben habe und der Leser es liest, dann ist es auch wahr, dass ich diese Dinge gesehen habe und sie kenne. Ich habe sie nicht nur einmal gesehen, sondert hunderte Male. Ich erlebe sie tagtäglich. Viele von uns kennen diese anderen Ebenen genauso gut wie jemand die Straßen seiner Stadt kennt. Wir können sie ebenso wenig leugnen wie jemand die Existenz der Stadt leugnen kann, in der er lebt. Sollte die Theosophie eine Illusion sein, wurde sie von vielen der größten Geister dieser Welt geteilt, von Menschen wie Buddha, Sri Shankaracharya und Pythagoras. Es wäre wohl äußerst anmaßend, sie der Halluzination zu bezichtigen. Obwohl ich persönlich Gewissheit gewonnen habe, bin ich mir durchaus bewusst, dass meine Behauptung anderen nicht als Beweis dient, obgleich sie als solche mit einbezogen werden kann.

Mancher mag sich brennend für das Studium der Theosophie interessieren, besitzt aber nicht die Möglichkeit, nach Indien zu reisen. Andererseits kann jemand ein Leben lang in Indien weilen, ohne die Erfahrungen zu machen, die mir zuteil wurden. Gibt es einen Beweis, wenn die unmittelbare Erfahrung fehlt? Meiner Meinung nach kann es keinen direkten Beweis ohne die persönliche Erfahrung geben, wohl aber jede Menge Bekundungen. Mit diesen Dingen verhält es sich ebenso wie mit wissenschaftlichen Fakten, die wir annehmen, ohne sie in Frage zu stellen. Die Beweisführung einer Behauptung muss der Natur der Behauptung entsprechen. Der endgültige Beweis für die höheren theosophischen Lehren liegt stets in der unmittelbaren Erfahrung der entwickelten Seele. Dennoch gibt es eine Reihe von bestätigenden Indizien.

Beweise für die Orthodoxie

Diejenigen, die das Kongruenzgesetz ignorieren, verlangen bei psychologischen Problemen und Theorien eine genaue mathematische Beweisführung. Vielleicht genügt auch ein handfester Nachweis, damit sie ihre ererbten Glaubensüberzeugungen überdenken, falls sie überhaupt den Mut dazu besitzen. Auf welchen Beweisen baut die Orthodoxie ihre Theorie vom Leben auf? Es gibt keine. Im Allgemeinen behauptet niemand, der sich zu diesem Glauben bekennt, es gäbe welche, sondern weist eher darauf hin, dass es gottlos sei, die Dinge zu hinterfragen, und bezeichnet etwaige Zweifel als eine Versuchung des Teufels.

Die Orthodoxie hat die Vernunft stets verdammt und die Menschen gezwungen, ihre Schlussfolgerungen zu übernehmen. Sie kennt nur ihren eigenen Weg und zieht die Möglichkeit nicht einmal in Betracht, dass sie sich irrt oder auch andere etwas wissen. Ich möchte damit die Gefühle des loyalen Gläubigen keineswegs verletzen, aber diese Tatsache, die sich in den christlichen Kirchen immer wieder bestätigte, ist unumstritten. Ihre Theorie basiert auf einem Buch, das in sich selbst widersprüchlich ist. Jeder Gelehrte weiß um seine Fehlerhaftigkeit. In vielen Fällen mag man annehmen, dass das Motto der Professoren lautet: *Credo quia impossibile* – ich glaube es, *weil* es undenkbar ist! Mit dieser Aussage werden Dinge beteuert, die sie nicht kennen, und Vieles, das sie unmöglich wissen können, was für den Menschen ohnehin keine greifbare Bedeutung besäße.

Über die wirklich wichtigen Fragen, die jeden von uns betreffen, wird kein Wort verloren. Kein Priester wird den Gläubigen erzählen, dass er im Himmel oder in der Hölle gewesen ist und aus eigener Erfahrung weiß, dass diese Orte so existieren, wie er sie beschreibt. Er wird lediglich erklären: „Die Kirche lehrt dies" oder „So steht es in der Bibel geschrieben." Solche Aussagen dienen wohl kaum der Untermauerung eines Glaubens, der angeblich die Frage unserer ewigen Erlösung klären soll, einer Angelegenheit, die zu wichtig ist, um auf solch unsicherem Boden zu stehen. Im Gegensatz dazu lehrt die Theosophie nichts, das nicht aufgrund unmittelbarer persönlicher Beobachtung als wahr erkannt wurde.

Besitzt die Theologie eine vernünftige Erklärung für alles, was geschieht? Bietet sie eine klare, einleuchtende Antwort auf die Fragen, die jeden denkenden Geist im Hinblick auf die Probleme des Lebens bewegen? Sie unternimmt nicht einmal den Versuch, eine Antwort vorzuschlagen. Sie redet nur vom Willen Gottes, dem man sich fraglos zu unterwerfen hat. Wenn das alles ist, befinden wir uns in der Tat in einem prekären Zustand. Die materialistische Hypothese bietet noch weniger, da sie nicht einmal nach einer Erklärung sucht, sondern uns eher zynisch auf den blinden Zufall hinweist. Zumindest beschwört sie uns, anständig zu leben, nicht um eines späteren Gewinns für uns selbst willen, sondern zum Wohle der Allgemeinheit – ein edles und selbstloses Ziel.

Die Theosophie erwartet von niemandem, blind zu glauben. Sie bietet eine in sich schlüssige Theorie, die eine Erklärung für das gibt, was wir um uns herum sehen. Sie basiert auf einer jahrhundertealten Überlieferung und Lehre sowie den Berichten über persönliche Erfahrungen. Es stehen drei Theorien zur Auswahl. Welche kann man akzeptieren? Vielleicht sollte man vorläufig die plausibelste wählen, sie als Arbeitshypothese nutzen und sehen, inwieweit sie sich bestätigt.

Nicht-physische Fakten

Es gibt viele sogenannte mysteriöse Vorkommnisse, die entweder ignoriert oder geleugnet werden. Die Theosophie begrüßt sie als Tatsachen, ordnet sie ein und liefert eine rationale Erklärung. Zu diesen Fakten gehören der Spiritismus, die Erscheinungen, der Mesmerismus und die Telepathie. Da sich die Dinge aus materialistischer Sicht nicht erklären lassen, wird ihre Existenz gerne geleugnet, eine törichte und unaufrichtige Vorgehensweise. Erachtet man es als nicht der Mühe wert, den Dingen auf den Grund zu gehen, hat man auch nicht das Recht, diejenigen, die die Fakten untersuchen und deren Realität bezeugen, des Betrugs und Irrtums zu bezichtigen. Eine solche Haltung bedeutet, den Kopf in den Sand zu stecken. Alle ernsthaft Suchenden wissen, dass solche Dinge geschehen, obwohl sie hundert verschiedene Erklärungen dafür haben mögen.

Die christliche Lehre hat wenig dazu zu sagen. Manchmal bestreitet sie die Fakten, manchmal lässt sie sie gelten und schreibt sie dem Teufel zu, wie sie ihm stets alles zugeschrieben hat, das sich ihrem Verständnis entzog. In den Ländern, in denen das Christentum seit jeher existiert, werden Naturwunder fast ausnahmslos diabolischen Einflüssen zugeordnet. So nennt man in Hampshire das kreisrunde Bett eines prähistorischen Sees die *Punschbowle des Teufels*. In Yorkshire sind bestimmte alleinstehende Felsspitzen unter dem Namen *Teufelspfeile* bekannt. In vieler Hinsicht wuchert die mittelalterliche Ignoranz immer noch in unserer Mitte. Welchen Beweis haben wir denn für die Existenz des Teufels, der in aller Munde ist? Wer hat ihn jemals gesehen? Die Orthodoxie entzieht sich einer Beantwortung dieser Frage.

Der unmittelbare Beweis für viele solcher Fakten lässt sich – ebenso wie in der Wissenschaft – nur über die persönliche Erfahrung erbringen. Fast alles, was wir glauben, haben wir nicht selbst erfahren. Wir verlassen uns auf das Zeugnis der Experten. Dies ist unvermeidlich, denn das Leben währt nicht lange genug, um sich auf allen Ebenen zu spezialisieren. Wir übernehmen die Schlussfolgerungen anderer, wenn sie den generellen Evolutionsprinzipien entsprechen und mit den Fakten, die wir bereits kennen, in Einklang stehen.

Ein philosophisches Lehrgebäude

Zahlreiche Fakten finden in der theosophischen Lehre ihre Bestätigung. Zum Zwecke der Untersuchung wollen wir ihre Unterweisungen in zwei Bereiche teilen und diese getrennt betrachten. Wenden wir uns dem philosophischen Gedankengebäude zu und lassen die praktische Seite für den Moment außer Acht, wird klar, dass, ebenso wie bei anderen Philosophien, ein direkter oder physischer Beweis kaum zu erwarten ist. Philosophie lässt sich nicht wie ein rechnerisches Problem darlegen. Sie wird nach ihren inhärenten Wahrscheinlichkeiten und dem Maß beurteilt, in dem sie eine rationale Erklärung für bekannte Gegebenheiten liefert. Angesichts dieser Kriterien muss der unvoreingenommene Betrachter zugeben, dass die Theosophie anderen Lehren weit voraus ist.

Bedenken wir ihre Darlegung des wunderbaren Evolutionsplans unter einem unerbittlichen Gesetz göttlicher Gerechtigkeit, ihre Lehre, dass das sogenannte Leben nur ein Tag in einem größeren Leben und dieses größere Leben Teil eines zusammenhängenden Ganzen ist, das unablässig seiner Bestimmung zustrebt. Dies ist gewiss größer als die Vorstellung von blinder Zufälligkeit, die uns ins Nichts wirbelt, oder das Konzept der „Erlösung", das so jämmerlich versagt, dass neun Zehntel der Menschheit in die ewige Verdammnis geschleudert werden. Unter jenen, die der Psychologie eher ängstlich gegenübertreten oder es zumindest vorziehen, sich nicht näher mit ihr zu befassen, mag es viele geben, die bereit sind, diese Philosophie zu akzeptieren. Die Theosophie besitzt kein Credo. Sie fordert niemanden auf zu glauben. Sie bietet dem Suchenden ein Lehrgebäude und stellt ihm frei, mit welchen Aspekten er sich eingehend befasst und sie akzeptiert oder welche er beiseite legt.

Theosophische Psychologie

Manche akzeptieren unsere Psychologie auf derselben Grundlage wie die Philosophie, da sie eine einfache Erklärung für viele ständig auftretende Phänomene bietet. Andere hingegen wollen selbst nachforschen. Wie können sie vorgehen? Entweder sie überprüfen den unmittelbaren Beweis und versuchen, möglichst selbst zu sehen, oder sie besuchen eine spiritistische Séance beziehungsweise nehmen Kontakt zu Menschen auf, die von ungewöhnlichen Erfahrungen im Zusammenhang mit der unsichtbaren Welt zu berichten wissen. Außerdem gibt es eine umfangreiche Literatur über die Themen Spiritismus und Erscheinungen, anhand derer eine Beweisführung aus zweiter Hand möglich wird, vergleichbar mit anderen Wissenschaftsbereichen. Um Geographie zu studieren, muss man nicht alle Länder, von denen man hört, selbst bereisen.

Unsere Angewohnheit, die Aussagen anderer über Dinge, die wir angeblich wissen, zu übernehmen, wird uns kaum bewusst. Das beste Beispiel ist die Frage der Erdrotation. Man betrachtet sie als Tatsache. In Wahrheit steht das, was sich unseren Sinnen präsentiert, in völligem Gegensatz zur Theorie. Wir sitzen oder stehen auf dieser Erde. Es scheint offensichtlich zu sein, dass sie sich in absolutem Ruhezustand befindet. *Terra firma* bedeutet für uns Stabilität. Sonne und Sterne scheinen sich um uns zu drehen, und die natürliche Schlussfolgerung wäre, dass sie sich bewegen. Wir wissen also nicht, dass sich die Erde bewegt. Wir glauben es nur, es sei denn wir sehen die Versuche mit dem Foucaultschen Pendel oder dem Gyroskop. Wer sie gesehen hat, *weiß,* dass sich die Erde dreht. Die anderen glauben es nur.

Im Alltag gibt es viele Dinge, von denen wir behaupten, sie zu kennen. In Wirklichkeit glauben wir sie nur. Es gibt mehr Zeugen für die Existenz der Astralebene als für die Existenz von Spitzbergen oder die Pygmäen, die Stanley in Zentralafrika entdeckte. Du Chaillu hatte dieses Volk bereits ein Vierteljahrhundert vor Stanley gesehen und beschrieben. Jeder belächelte damals seinen Bericht als Reisemärchen, obwohl er exakt zutraf. Niemand war gezwungen, selbst nach Zentralafrika zu reisen, um sich zu vergewissern, aber solange man nicht dazu gewillt war, besaß man nicht das Recht, Du Chaillu zu misstrauen oder ihn sogar der Unwahrheit zu bezichtigen. Das Gleiche gilt für die Theosophie. Niemand wird gezwungen, ihre Aussagen zu hinterfragen, wenn ihm das Interesse fehlt. Andererseits sollte er sie weder einfach ablehnen noch

Beweise fordern, die er in Zusammenhang mit ähnlichen Studienobjekten nicht erwartet.

Ein theosophischer Wissenschaftler

Die Wissenschaft nähert sich zweifellos den theosophischen Theorien, wie folgender Auszug aus einer Rede zeigt.

„Wäre der Himmel ständig bewölkt, besäßen wir keine genauen Kenntnisse über die Sonne. Ebenso verhält es sich mit der Möglichkeit anderer Existenzen im Universum, die wir nicht sehen, weil es unseren Sinnen an Schärfe fehlt und vieles unseren Blick trübt. Bei dem, was wir sehen und wissen, handelt es sich wahrscheinlich um einen winzigen Bruchteil dessen, was es zu sehen und zu wissen gibt. Wo immer Leben möglich ist, haben wir es gefunden. Könnte es nicht auch Leben auf Planeten geben, für deren Existenzmöglichkeit uns jeder Beweis fehlt? Einige Leute denken, die Wissenschaft negiere die Möglichkeit höherer Existenzen. Es ist nicht Sache der Wissenschaft, irgendetwas dieser Art zu bestreiten. Wenn jemand etwas nicht weiß, hat er nicht das Recht, eine negative oder positive Behauptung aufzustellen. Der Ursprung des Lebens auf der Erde ist für die Wissenschaft bislang noch ein Rätsel, was aber nicht so bleiben muss. Der Evolutionsprozess schließt die Vorstellung von einer göttlichen Aktivität weder aus noch negiert er sie. Er ist vielmehr eine Offenbarung göttlicher Aktivität. Wie konnte ohne eine lenkende Intelligenz Ordnung aus dem Chaos entstehen? Die Wissenschaft geht davon aus, dass sich das göttliche Wirken stets als stufenweiser Prozess zum Ausdruck bringt und nicht als gelegentliche unmittelbare Intervention. Es ist nicht anzunehmen, dass sich der Evolutionsprozess in irgendeinem Stadium von dem unterscheidet, was er heute ist. Die Wissenschaftler sollten nicht nur in der Vergangenheit nach der göttlichen Aktivität suchen, sondern sich von dem leiten lassen, was sie heute in Erfahrung bringen und erkennen, dass sie ein intelligenter, hilfreicher und aktiver Teil des kosmischen Plans sind. Sie gehören zu den Mitarbeitern des Schöpfers und könnten sich nützlicher machen, indem sie kooperieren und einander helfen und ihre

Existenz als ein Privileg erkennen. Angesichts des vielen Leids ist es bedauerlich, dass sie sich nicht mit Freundlichkeit begegnen."

Vieles in den jüngsten Erklärungen der Wissenschaft steht im Einklang mit der theosophischen Lehre.

Kein blinder Glaube

Es mag den Anschein haben, dass für die meisten Schüler, denen das innere Schauen noch fehlt, die theosophische Lehre auf Glauben basieren muss, wie im Fall der orthodoxen Lehrmeinung. Obwohl dies in gewisser Weise zutrifft, besteht ein großer Unterschied. Wenn der Schüler gewisse Dinge, die er nicht gesehen hat, als wahr akzeptiert, handelt es sich nicht um einen blinden, sondern um einen vernunftbegründeten Glauben. Er basiert nicht nur auf einer Schrift, obwohl zur Untermauerung unserer Sichtweise Schriften zur Verfügung stehen, die älter als das jüdische Schrifttum sind. Die Veden und Upanishaden stammen aus einem Land, das sich auf der Höhe der Zivilisation befand, als der junge Stamm der Hebräer noch unbedeutend war. Unsere Lehre gründet sich nicht allein auf die alten Schriften, sondern auf das Wissen und die Lehre erhabener Adepten der Gegenwart – Menschen, die im Glanz ihrer Macht und Weisheit fast Übermenschen sind. Lehrer, die einige von uns persönlich kennen.

Der Grund für die starke Überzeugung der Mitglieder der Theosophischen Gesellschaft beruht nicht allein auf den aussagekräftigen Beweisen, so wichtig sie auch sein mögen, sondern auf der Tatsache, dass das Lehrgebäude in sich schlüssig und einleuchtend ist. Die beste Hypothese behauptet sich in allen wissenschaftlichen Studien, bis sich eine bessere findet. Aus dieser Sicht betrachtet, erachten wir unsere Auffassung für überzeugend. Eine logischere Lehre wird es wohl kaum geben. Je tiefer wir in sie eindringen, desto größere Klarheit bietet sie. Viele Menschen entwickeln bereits mehr oder weniger ihre spirituellen Fähigkeiten oder sammeln Erfahrungen außerhalb des rein physischen Daseins. Die Theosophie vermag sie zu erklären und ihnen den richtigen Stellenwert zuzuordnen.

Dem aufrichtig Suchenden möchte ich vorschlagen, zunächst die Beweise für die Ebenen jenseits des Physischen und jener Kräfte zu untersuchen, die bislang noch nicht von der Wissenschaft anerkannt wurden. Zu diesem Zweck kann er sich mit der Telepathie oder dem Mesmerismus befassen und sie mittels persönlicher Experimente ergründen oder die entsprechende Literatur studieren.

Im nächsten Schritt sollte er die verschiedenen Existenzebenen in Erwägung ziehen und nach Beweisen für die unsichtbare Welt, von der wir umgeben sind, suchen. Er wird sich bemühen, sich selbst die Astralwelt zu beweisen.

Da diese Welt im Normalfall unsichtbar für uns ist, wird er damit beginnen müssen, die seltenen Augenblicke zu untersuchen, in denen sie sich kundtut, das heißt, das Grenzgebiet zwischen zwei Welten zu ergründen. Er muss sich mit den Erscheinungen und dem Spiritismus auseinandersetzen, entweder persönlich oder durch die Augen jener, die gesehen und darüber berichtet haben.

Solche Nachforschungen halten ihn aber in keiner Weise davon ab, sich selbst zu schulen, so dass er zur gegebenen Zeit das normale Astralleben zu schätzen und sich mit dessen von der Norm abweichenden Manifestationen auseinanderzusetzen weiß.

Kapitel 6

Wie Hellsehen entwickelt werden kann

Der erste Schritt

Wenn sich jemand mit der Fähigkeit des Hellsehens eingehend auseinandergesetzt hat und von seiner Wirklichkeit überzeugt ist, wird seine erste Frage gewöhnlich lauten: „Wie kann ich selbst diese Fähigkeit entwickeln, die latent in jedem Menschen liegen soll?" Es gibt viele Methoden, durch die diese Kraft entfaltet werden mag, von denen aber nur eine vorbehaltlos allen Menschen empfohlen werden kann. Um den Zustand des Hellsehens zu verstehen und mögliche Gefahren zu erkennen, werden wir Schritt für Schritt vorgehen.

In den Kulturvölkern sind die Fähigkeiten des Astralkörpers bereits voll entwickelt, die wir aber nicht zu nutzen wissen. Im Laufe der Jahrhunderte haben sie sich langsam in unserem Inneren entfaltet, ohne dass wir uns ihrer bewusst geworden sind. Sie liegen wie unerprobte Waffen in unseren Händen. Die uns vertrauten physischen Kräfte überschatten die feineren und verbergen ihre Existenz, vergleichbar mit dem Sonnenlicht, in dem das Leuchten weit entfernter Sterne unseren Augen verborgen bleibt. Es gibt also zwei Dinge zu beachten. Wir müssen die vordergründigen physischen Fähigkeiten vorübergehend ausschalten und lernen, uns daran zu gewöhnen, jene anderen, weitgehend ungewohnten Kräfte einzusetzen.

Um dieses Ziel zu erreichen, gibt es mehrere Möglichkeiten, die sich in zwei Hauptgruppen einordnen lassen. Die Sinne werden entweder gewaltsam unterdrückt oder man gewinnt dauerhaft Kontrolle über sie, was zwar langsamer greift, aber dafür sicherer ist. Die meisten gewaltsamen Methoden wirken sich mehr oder weniger schädigend auf den physischen Körper aus. Ihnen allen sind gewisse negative Merkmale gemeinsam. Unter anderem versetzen sie den Menschen in einen passiven Zustand. Er ist zwar fähig, seine höheren Sinne zu benutzen, hat aber kaum die Wahl, wie er sie einsetzt, und ist weitgehend ungeschützt vor unangenehmen oder bösen Einflüssen, denen er begegnen mag.

Eine durch solche Methoden gewonnene Kraft bleibt oftmals auf den kurzen Zeitraum ihres Wirkens beschränkt. Selbst die beste vermag den Menschen nur für ein einziges Leben mit bestimmten Fähigkeiten auszustatten. Im Orient teilt man die Entwicklungsmethoden in zwei Klassen, die man *laukika* und *lokothra* nennt. Die durch die erste, die „weltliche" oder vorübergehende Methode, gewonnenen Ergebnisse haften der Persönlichkeit an und überdauern nur dieses eine physische Leben. Das über den zweiten Prozess Erreichte wird durch das Ego, die Seele, den wahren Menschen, gewonnen, bleibt für immer erhalten und wird von einem Erdendasein in das andere übertragen. Die meisten Methoden der ersten Klasse erfordern wenig Übung, da sie sich nur auf die gegenwärtigen Körper auswirken. Kehrt die Person mit neuen Körpern in einer späteren Inkarnation zurück, war all ihre Mühe vergebens. Bei der zweiten Methode wird die Seele selbst geschult. Sie lernt, ihre Körper zu beherrschen, weshalb sie in einem nächsten Leben die auf diese Weise gewonnene Kraft und das Wissen auf ihre neuen Träger übertragen kann.

Nicht wünschenswerte Methoden

Bei einigen Stämmen Indiens wird der Zustand des Hellsehens durch berauschende Mittel hervorgerufen. Sie wirken wie ein Anästhetikum auf den Körper und setzen den Menschen in seinem Astralkörper frei. Im Gegensatz zum Schlaf besteht kaum die Möglichkeit, ihn wachzurütteln. Bevor er die Drogen nimmt, konzentriert sich der Mann auf die Aktivierung seiner Astralsinne. Sobald er frei ist, versucht er, seine Fähigkeiten zu nutzen, was ihm mit Übung bis zu einem gewissen Ausmaß auch gelingt. Erwacht er in seinem physischen Körper, erinnert er sich mehr oder weniger an seine Visionen, die er zu interpretieren sucht. Auf diese Weise erlangt er oft den Ruf eines Hellsehers und Vorhersagers. Während er sich in Trance befindet, spricht bisweilen irgendein Verstorbener durch ihn. Bei anderen wird dieser Zustand durch das Einatmen betäubender Dämpfe hervorgerufen, die gewöhnlich durch das Abbrennen bestimmter Kräutermischungen entstehen. Wahrscheinlich ist die Hellsichtigkeit der pythischen Priesterinnen des Altertums darauf zurückzuführen. Im Falle eines der berühmtesten Orakel jener Tage saß die Priesterin auf einem Dreifuß über einem Felsspalt, aus dem Dämpfe aufstiegen. Nachdem sie diese eine Weile eingeatmet hatte, fiel sie in Trance, und jemand sprach durch sie, wie es bei einer Séance geschieht. Einer wirklichen Entwicklung hellseherischer Fähigkeiten dienen solche Methoden nicht.

Die Derwische drehen sich in einem wilden, inbrünstigen religiösen Tanz, bis sich Schwindel und Unempfindlichkeit einstellen und sie schließlich zu Boden fallen. In dieser Trance haben sie oft ungewöhnliche Visionen und können bis zu einem gewissen Grad die niedrigen Astralebenen erleben und sich daran erinnern. Die Praktiken des Voodoo-Kultus sind meistens mit abscheulichen, entsetzlichen magischen Riten verbunden, mit denen sich niemand von uns abgeben würde, gleichgültig welche Ergebnisse sich erzielen lassen. Derartige Methoden sind in unserer Kultur glücklicherweise nicht gebräuchlich.

Aber auch im Westen gibt es nicht wünschenswerte Praktiken – Methoden der Selbsthypnose, die von allen, die Reinheit und Sicherheit entwickeln möchten, tunlichst vermieden werden sollten. Eine Person mag aufgefordert werden, eine Zeit lang auf einen Lichtfleck zu starren, bis einige Gehirnzentren erlahmen und sie in einen Zustand der Passivität fällt, in dem sich die niedrigen Astralsinne zu regen beginnen. Unter solchen Umständen besitzt sie natürlich nicht die Kraft der Selektion und sieht sich dem unterworfen, was kommt, gut oder schlecht. In den meisten Fällen ist es eher schlecht als gut. Manchmal wird dasselbe Resultat durch die

Rezitation gewisser Formeln erzielt, eine Wiederholung, die auf die Dauer die Mentalkraft abstumpft, so als starre man auf eine Metallscheibe.

Tennysons Methode

Der Dichter Tennyson berichtete, dass es ihm gelang, durch eine rasche Wiederholung seines eigenen Namens in einen anderen Bewusstseinszustand zu gleiten. In einem Brief an einen Herrn, der ihm von seltsamen Erlebnissen unter der Einwirkung von Anästhetika erzählt hatte, schrieb er:

„Offenbarungen aufgrund von Anästhetika sind mir nicht bekannt. Aber eine Art Wach-Trance (in Ermangelung eines besseren Ausdrucks) ist mir seit Jugendtagen geläufig. Wenn ich alleine war, habe ich meinen Namen in rascher Abfolge still für mich wiederholt, bis sich plötzlich aus dem starken Bewusstsein meiner Individualität die Individualität aufzulösen und in ein grenzenloses Sein dahinzuschwinden schien. Es ist kein verwirrender Zustand, sondern ein unsagbar klares, sicheres Empfinden, der Tod eine fast lächerliche Unmöglichkeit. Der Verlust der Persönlichkeit bedeutet nicht Auslöschung, sondern das einzig wahre Leben. Es ist ein Zustand jenseits aller Beschreibung, der Übergang in eine andere Existenzebene."

Zweifellos hat er das höhere Leben berührt. Er scheint positivere Erfahrungen gemacht zu haben als die meisten Leute, die sich nur oberflächlich und ohne die entsprechende Belehrung oder das erforderliche Wissen mit diesen Dingen befassen. Ihm wurde die wertvolle Gewissheit von der Existenz der Seele außerhalb des Körpers zuteil. Dennoch kann seine Methode nicht als gut und sicher empfohlen werden.

Atemübungen

Gelegentlich wird behauptet, die Fähigkeit des Hellsehens durch die Anwendung eines der indischen Systeme der Regulierung des Atems zu erreichen. Obwohl auf diese Weise eine gewisse Art des Hellsehens entwickelt werden mag, geschieht dies auf Kosten der physischen und mentalen Substanz. Aus persönlicher Erfahrung weiß ich, dass solche Versuche in Europa und Amerika unternommen wurden. Viele, die ihre Konstitution auf diese Weise schwächten und sich in einigen Fällen an den Rand des Wahnsinns brachten, suchten mich auf, um sich nach Heilungsmöglichkeiten zu erkundigen. Einige hatten ihren Astralblick so weit geöffnet, dass sie sich fortwährend verfolgt fühlten. Andere waren nicht einmal bis zu diesem Punkt gelangt, hatten ihre Gesundheit aber so ruiniert und ihren Geist so geschwächt, dass sie völlig verzweifelt waren. Ein oder zwei erklärten, durch die Übungen gewonnen zu haben.

In Indien werden solche Übungen von den Hatha Yogis praktiziert, die ihre Entwicklung auf physischem Wege voranzutreiben suchen, nicht durch mentales und spirituelles Wachstum. Aber selbst bei ihnen unterstehen solche Praktiken den unmittelbaren Anweisungen verantwortungsbewusster Lehrer, die die Auswirkungen auf den Schüler beobachten und die Übungen sofort einstellen, sollten sie sich als nicht tragbar erweisen. Für den Unwissenden bergen sie Gefahren, denn was dem einen nützt, kann sich auf den anderen verheerend auswirken. Ohne die Anweisungen eines kompetenten Lehrers, der wirklich versteht, was sie zu erreichen beabsichtigen, kann ich niemandem zu diesen Praktiken raten. Man mag Glück haben, aber die Wahrscheinlichkeit, sich zu schaden, spricht dagegen. Nimmt man wahllos Medikamente zu sich, mag das Richtige darunter sein, vielleicht aber auch nicht.

Mesmerismus

Eine andere Methode, die Fähigkeit des Hellsehens zu entwickeln, ist der Mesmerismus, das heißt, wenn sich jemand durch einen anderen mesmerisieren lässt, besteht in dieser Trance die Möglichkeit astralen Schauens. Der Magnetiseur beherrscht den Willen des Magnetisierten vollständig. Die physischen Fähigkeiten kommen zum Erliegen, und der Hypnotiseur kann die Astralsinne stimulieren, indem er Energie in den Astralkörper fließen lässt. Es sind gute Ergebnisse auf diese Art erzielt worden, aber es erfordert eine ungewöhnliche Kombination von Umständen. In dem Magnetisierten und dem Magnetiseur muss eine vollkommene Reinheit der Gedanken, des Gemüts und der Absicht herrschen. Letzterer gewinnt einen größeren Einfluss auf das Subjekt als allgemein bekannt ist. Er mag unbewusst ausgeübt werden. Jede Herzens- oder Geistesqualität des Magnetiseurs wird leicht übertragen. Ist sie nicht völlig rein, wird sie zur Gefahrenquelle. Sich in Trance versetzen zu lassen bedeutet, seine Individualität aufzugeben, was sich bei übersinnlichen Experimenten niemals auszahlt. Ich selbst würde mich niemals einem solchen Vorgang unterziehen und niemandem raten, sich als Versuchsperson dazu herzugeben.

Gegen den Heilmagnetismus ist nichts einzuwenden, wenn seine Anwendung verstanden wird. In diesem Fall erübrigt sich der Trancezustand. Es ist durchaus möglich, den Patienten von Schmerzen zu befreien, seine Krankheit zu heilen oder ihm durch magnetische Striche Lebenskraft zuzuführen, ohne ihn „in Schlaf zu versetzen". Aber auch in diesem Fall sollte man sich vorher eingehend mit dem Thema befassen, denn es bleibt immer ein gewisses Gefahrenmoment bestehen. Keine dieser Methoden kann ohne Vorbehalt empfohlen werden, nur um vage Experimente in einer für die meisten unbekannten Welt durchführen.

Der bessere Weg

Welche, wird man fragen, sind die richtigen Methoden? Generell sind es jene, die anstatt den physischen Körper gewaltsam zu unterdrücken, die Seele schulen, ihn zu beherrschen. Der sicherste und beste Weg ist, sich in die Hände eines erfahrenen Lehrers zu begeben und nur unter seiner Anweisung zu praktizieren. Aber wo ist der erfahrene Lehrer zu finden? Sicherlich nicht unter denen, die sich als solche präsentieren, Geld für ihre Unterweisungen nehmen und die Mysterien des Universums für so und so viel Pfund oder Dollar verkaufen. Wissen ist dort zu finden, wo es immer zu finden war – in den Händen der Großen Bruderschaft der Adepten, die heute wie eh und je bereit sind, ihr Wissen zu lehren, um dem Menschen führend und helfend zur Seite zu stehen. Wie kann man

Sie erreichen? Wir können nicht in unserem physischen Körper zu Ihnen gelangen und wir mögen Sie nicht einmal kennen, wenn wir Ihnen begegnen sollten. Aber Sie können uns erreichen, was mit Sicherheit geschieht, wenn Sie erkennen, dass wir uns für die Arbeit eignen, der Welt zu helfen. Ihr Hauptanliegen ist die Unterstützung der menschlichen Evolution. Sie halten stets Ausschau nach Menschen, die sich dieser Aufgabe hingeben. Niemand, der sich dafür eignet, muss fürchten, übersehen zu werden. Bloßer Neugier werden Sie niemals entgegenkommen. Sie werden niemanden unterstützen, der die Kräfte für sich selbst gewinnen will. Aber wenn ein Mensch nach sorgfältiger Selbstschulung und durch den selbstlosen Einsatz der Kräfte, die er bereits besitzt, bewiesen hat, dass er stark und sein Herz rein genug ist, seinen Teil zum göttlichen Plan beizutragen, dann mag er sich Ihrer Gegenwart und Ihrer Hilfe bewusst werden, wenn er es am wenigsten erwartet.

Es ist zutreffend, dass Sie die Theosophische Gesellschaft gründeten. Die Mitgliedschaft allein wird nicht ausreichen, mit Ihnen in Kontakt zu treten – nicht einmal als Mitglied jener Inneren Schule, durch die die Gesellschaft dem ernsthaft Suchenden ein intensives Training bietet. Einige aus den Reihen der Gesellschaft wurden ausgewählt, in engen Kontakt zu Ihnen zu treten. Die Wahl liegt bei Ihnen allein, denn Sie blicken tiefer in die Herzen der Menschen als wir. Eines ist gewiss, jede aufrichtige Anstrengung eines Menschen, dessen Herz sich nach dem höheren Leben sehnt, nach etwas Größerem als diese niedrige Welt zu bieten hat, werden Sie nicht übersehen, sondern sie anerkennen und ihm die auf seiner Stufe angemessene Unterweisung und Hilfe über Ihre Schüler zukommen lassen.

Während wir den mühevollen Pfad der Selbstentwicklung beschreiten, können wir, wenn wir wollen, die Fähigkeit des Hellsehens entwickeln. Sie ist kein Zeichen besonderen Fortschritts, sondern nur eines von vielen, die unseren Weg begleiten, ehe wir Vollkommenheit erreichen. Ein hochentwickelter wissenschaftlicher Intellekt bedeutet nicht unbedingt, gleichzeitig die wundervolle Kraft der Hingabe zu besitzen. Andererseits mag einen großen Heiligen irgendeiner Kirche oder Religion tiefste Hingabe erfüllen und er trotz des Fortschritts auf dieser Ebene kaum über die göttliche Kraft des Intellekts verfügen. Jeder benötigt, was der andere besitzt. Jeder wird die Fähigkeit des anderen entwickeln müssen, ehe er vollkommen ist.

Gegenwärtig sind wir unterschiedlich entwickelt. Einige haben mehr in der einen, einige mehr in der anderen Richtung vorzuweisen, je nachdem woran sie in vergangenen Leben gearbeitet haben. Wenn wir uns nach einer stärkeren Hingabefähigkeit unseres Charakters sehnen und hart daran arbeiten, mögen wir in diesem Leben viel erreichen und sie zur Haupteigenschaft im nächsten Leben machen. Ebenso verhält es sich mit dem Intellekt und allen anderen Qualitäten, auch mit der Fähigkeit des Hellsehens. Will man seine Kraft in ihre Entwicklung setzen, gibt es viele Wege, sie zu aktivieren. Ich spreche nicht von einer vagen Möglichkeit, sondern einer definitiven Tatsache, denn einige Mitglieder unserer Gesellschaft sind den Weg unbeirrt gegangen und haben eindeutige Erfolge erzielt. Manche haben ihre Fähigkeiten voll entfaltet, andere nur teilweise. In allen Fällen haben sich ihre Bemühungen, sich selbst in die Hand zu nehmen und ihren Geist und ihre Emotionen zu beherrschen, gelohnt.

Wie man anfängt

Um die Kraft des Hellsehens zu entfalten, bedarf es zunächst der geistigen und charakterlichen Entwicklung. Ohne diese Qualifikationen zuvor erworben zu haben, wäre jene Fähigkeit wahrhaft ein Fluch, nicht ein Segen. Der Mensch würde sie missbrauchen und in einen elenden Zustand stürzen. Sollte sich jemand vollkommen sicher sein, unter allen Umständen und völlig selbstlos stets das Richtige um des Richtigen willen zu tun, selbst entgegen seiner irdischen Interessen, gibt es zwei sichere Methoden, die ihn zur Hellsichtigkeit führen können und ihm nicht schaden, selbst wenn er erfolglos bleiben sollte. Während sich die erste nicht für jeden eignet, findet die zweite allgemeine Anwendung. Beide führen zum Erfolg.

Die vierte Dimension

Bei der zweiten, einer rein intellektuellen Methode, handelt es sich um das Studium der vierten Dimension des Raumes. Das physische Gehirn ist nicht daran gewöhnt, sich auf dieser Ebene zu betätigen, und weiß nichts mit ihr anzufangen. Ebenso wie jedes andere physische Organ, kann aber auch das Gehirn durch beharrliche, schrittweise, sorgsame Anstrengung Leistungen erbringen, die ursprünglich jenseits seines Vermögens zu liegen schienen, und dazu veranlasst werden, die Formen einer Welt, ungleich der eigenen, zu verstehen und klar wahrzunehmen.

Es ist möglich, astrales Schauen zu entwickeln, indem man die Kapazität des physischen Gehirns beständig bis zu der Möglichkeit steigert, die Astralform zu erfassen, und somit den schlummernden Astralsinn weckt. Die Aufnahmefähigkeit wird so weit ausgedehnt, bis sie die Astralmaterie mit einschließt. Wenn auch nur wenigen Erfolg beschieden sein mag, einen mathematischen Geist werden die Beobachtungen faszinieren. In jedem Fall führt diese Methode zu einem größeren Verständnis und einem umfassenderen Blick für die Welt, lässt das Auftreten von Astralobjekten begreifen und vermittelt eine klare Vorstellung von dem, was die Astralwelt wirklich ist.

Ein anderer Weg

Unsere zweite Methode eignet sich für jeden. Sie ist ebenfalls nicht einfach, führt den Menschen aber zu jenen Kräften, die er sich brennend wünscht. Wie rasch er sie gewinnt, hängt davon ab, inwieweit er sich in früheren Leben auf diesem Weg bereits entwickelt hat. Daher kann ihm niemand ein bestimmtes Ergebnis zu einem bestimmten Zeitpunkt garantieren. Dennoch bedeutet jeder Schritt auf diesem Weg einen Fortschritt. Selbst wenn er sein ganzes Leben daran arbeitet, ohne den Astralblick zu gewinnen, kommt ihm sein Bemühen geistig, moralisch und sogar körperlich zugute. In den verschiedenen Religionen bezeichnet man diesen Weg als Meditation. Zum besseren Verständnis werde ich ihn in drei aufeinanderfolgende Schritte einteilen – Konzentration, Meditation und Kontemplation – und erklären, was darunter zu verstehen ist.

Um erfolgreich zu sein, bedarf es stets der ganzheitlichen Entwicklung. Für jemanden, der in die Geheimnisse eindringen möchte, ist es Voraussetzung, ein reines, selbstloses Leben zu führen. Die Regeln des Fortschritts sind kein Mysterium. Die Schritte des inneren Weges sind der Welt seit alters her bekannt. In *Zu Füßen des Meisters* und *Die Meister und der Pfad* werden sie klar und einfach dargelegt. Die Schwierigkeit besteht nicht darin zu wissen, was man zu tun hat, sondern die Richtung einzuschlagen, die alle Religionen vorgegeben haben.

Konzentration

Der erste Schritt auf dem Weg zum höheren Hellsehen ist die Konzentration – nicht bis zur Bewusstlosigkeit auf einen Lichtfleck zu starren, sondern den Geist so zu beherrschen, dass er sich dem Willen unterordnet und man ihn genau und so lange auf das Gewünschte zu konzentrieren vermag, wie man will. Dies ist keine leichte Aufgabe. Es ist das schwierigste und anstrengendste Unterfangen, das der Mensch kennt. Aber es kann erreicht werden, denn es ist erreicht worden – nicht einmal, sondern hunderte Male von jenen, die einen starken, unerschütterlichen Willen besitzen. Einigen von uns mag es bisher nicht bewusst geworden sein, wie wenig wir unseren Geist beherrschen. Wenn du die Straße entlang gehst, halte plötzlich inne und siehe, was du denkst und warum. Versuche, den Gedanken auf seinen Ursprung zurückzuführen. Wahrscheinlich werden dich die vielen flüchtigen Gedanken, die in den vorangegangenen fünf Minuten durch dein Gehirn wanderten, überraschen. Sie kamen und gingen und hinterließen kaum einen Eindruck. Allmählich wirst du erkennen, dass es sich in Wirklichkeit nicht um deine eigenen Gedanken handelt, sondern um Gedankenfragmente anderer Leute.

Der Gedanke ist eine Kraft, deren Ausübung einen Eindruck hinterlässt. Ein starker Gedanke, der eine andere Person betrifft, geht zu dieser Person. Ein starker Gedanke, der ihn selbst betrifft, bleibt an dem

Denkenden haften. Viele Gedanken sind weder stark noch verfolgen sie irgendeine Richtung. Die Formen, die sie erschaffen, gleiten vage umher und sind vergänglich. Solange sie bestehen, können sie in jeden Geist eindringen, der ihnen begegnet. Während wir die Straße entlanggehen, hinterlassen wir eine Spur schwacher Gedanken. Die wertlosen Gedankenfetzen dringen dann in das Bewusstsein dessen, der als Nächster diesen Weg geht. Sie wandern also in seinen Geist, falls dieser nicht mit etwas Bestimmtem beschäftigt ist, und verlassen ihn in den meisten Fällen wieder, ohne sich dem Gehirn besonders eingeprägt zu haben. Hier und da begegnet er einem Gedanken, der ihn interessiert oder der ihm gefällt. Er nimmt ihn auf, befasst sich mit ihm und fügt etwas von seiner Denkkraft hinzu, bis er, durch ihn in gewisser Weise gestärkt, weiterzieht. Er hat ihn einen Augenblick lang zu seinem eigenen Gedanken gemacht und ihn dadurch mit seiner Persönlichkeit gefärbt. Jedes Mal, wenn wir einen Raum betreten, empfängt uns eine Ansammlung von Gedanken, gute, schlechte oder gleichgültige. In den meisten Fällen handelt es sich um einen trüben, verschwommenen Nebel, den man wohl kaum als Gedanken bezeichnen kann.

Voraussetzung für die Entwicklung irgendeiner höheren Fähigkeit ist die Gedankenbeherrschung. Wir müssen daran arbeiten und dürfen nicht zulassen, dass unser Geist einfach nur so dahingleitet und fremde Gedanken aufnimmt, die wir nicht wollen. Er muss unser Diener, nicht unser Herr sein, ehe wir beginnen, die Fähigkeit des Hellsehens zu entwickeln. Er dient uns als Werkzeug. Wir gebieten ihm und beherrschen ihn.

Für den Durchschnittsmenschen bedeutet die Konzentration eine der schwierigsten Aufgaben. Er hat keine Übung darin. Ihre Notwendigkeit ist ihm kaum bewusst. Stelle dir vor, du würdest deine Hand ebenso wenig beherrschen wie deinen Geist. Wenn sie dir nicht gehorcht, kommt sie dir wie gelähmt und nutzlos vor. Aber wenn du den Geist nicht zu beherrschen weißt, gleicht dies einer Mentalparalyse. Glücklicherweise lässt sich im Alltag die Konzentration fortwährend praktizieren. Konzentriere dich auf deine Arbeit und erledige sie sorgfältig. Schreibst du einen Brief, denke nur an den Brief und an nichts anderes, bis du fertig bist. Umso besser wirst du ihn schreiben. Liest du ein Buch, konzentriere deinen Geist darauf und versuche, das Anliegen des Autors zu erfassen. Sei dir stets bewusst, über was du nachdenkst und warum. Lasse deinen Geist nicht müßig umherschweifen, denn solchen untätigen Momenten entspringt alles Übel.

Ein angeregter Geist kann sich in jedem Augenblick vollkommen konzentrieren und das, was um ihn herum vor sich geht, nicht einmal bemerken.

Die Höflinge und die Wasserkrüge

Im Orient erzählt man die Geschichte von einigen skeptischen Höflingen, die nicht glauben wollten, dass sich ein Asket so sehr in seine Meditation vertiefen konnte, dass er die Armee nicht bemerkte, die an ihm vorbeizog, während er gedankenversunken unter einem Baum saß. Der anwesende Sultan versicherte ihnen, dies beweisen zu können, und ging in echt orientalischer und autokratischer Weise vor. Er befahl, einige bis zum Rand gefüllte Wasserkrüge zu bringen. Jeder Höfling sollte einen Krug durch die Hauptstraßen der Stadt tragen, umgeben von Wachen mit gezogenem Schwert. Wenn einer der Höflinge auch nur einen Tropfen von seinem Wasser verschüttete, sollte er auf der Stelle enthauptet werden. Voller Furcht machten sie sich auf den Weg, kehrten aber alle unbeschadet zurück. Der Sultan empfing sie lächelnd und bat jeden Einzelnen, zu berichten, was unterwegs geschehen war, und die Personen zu beschreiben, die ihm begegneten. Niemand konnte eine einzige Person nennen. Sie mussten eingestehen, dass sie sich so stark auf den gefüllten Wasserkrug konzentriert hatten, dass ihnen alles andere entgangen war. „Nun, meine Herrn", meinte der Sultan, „sie sehen, wenn das Interesse ausreicht, ist Konzentration möglich."

Meditation

Wenn es gelingt, sich nicht aus Todesangst, sondern durch Einsatz seines Willens zu konzentrieren, mag man sich der nächsten Stufe zuwenden. Es ist nicht einfach. Im Gegenteil, es ist sehr schwierig, aber es kann bewerkstelligt werden. Viele von uns haben es geschafft. Ist dein Geist auf diese Weise zum Instrument geworden, versuche dich in der sogenannten Meditation. Wähle einen bestimmten Zeitraum, in dem du ungestört sein kannst. Die frühen Morgenstunden eignen sich in vieler Hinsicht am besten, falls es sich einrichten lässt. In der heutigen Zeit wird unser Alltag oft so durcheinandergewirbelt, dass die Mittagsstunde nicht mehr den Tagesmittelpunkt ausmacht, wie es eigentlich sein sollte. Wir liegen noch nach Sonnenaufgang im Bett und verlängern den Tag durch künstliches Licht. Dennoch, wähle deine Stunde und halte sie täglich ein. Lasse keinen Tag ohne diese Übung verstreichen. Regelmäßiges Körpertraining ist wirkungsvoller als hin und wieder eine einmalige Anstrengung. Ebenso verhält es sich mit der Meditation. Es kommt auf die Regelmäßigkeit an.

Lasse dich an einem ungestörten Platz bequem nieder. Richte deinen Geist mit all seiner neu erworbenen Konzentrationskraft auf ein anspruchsvolles und nützliches Thema. In der Theosophie gibt es viele solche Themen, die tiefes Interesse und großen Gewinn miteinander verbinden. Man kann auch eine Tugend wählen, wie es von der katholischen Kirche vorgeschlagen wird. In diesem Fall sinnt man über die Tugend nach, betrachtet ihren Stellenwert innerhalb der göttlichen Ordnung, wie sie sich in der Natur manifestiert, wie sie bei den Großen der Vergangenheit zutage trat, wie man sie in seinem eigenen Alltag verwirklichen kann oder wo man (vielleicht) in dieser Hinsicht versagt hat und so fort. Über hohe moralische Grundsätze zu meditieren, schärft nicht nur den Geist, sondern hält diesen Gedanken ständig gegenwärtig. Aber zunächst sollte man sich mit konkreten Themen befassen. Fällt es leicht, kann man zu abstrakteren Dingen übergehen.

Ist die tägliche Meditation zur ungestörten Gewohnheit geworden, die anstrengungslos ihren Gang nimmt, ohne dass auch nur ein einziger Gedanke abschweift, mag man sich der dritten Stufe, der Kontemplation, zuwenden. Man wird nur erfolgreich sein, wenn man die Gedanken vollkommen beherrscht. Zu Beginn der Meditationsübung wird man plötzlich feststellen müssen, dass die Gedanken fortwährend und unbemerkt umherwandern. Diese allgemein übliche Erfahrung darf nicht entmutigen. Man muss den Gedanken unermüdlich zurückholen, um letztlich erfolgreich zu sein. Ist es über einen längeren Zeitraum hin gelungen, den Geist zu beherrschen, mag man sich der letzten Stufe zuwenden. Die beiden ersten, so sinnvoll sie an sich auch sein mögen, dienen lediglich der Vorbereitung.

Kontemplation

Anstatt eine Eigenschaft zu betrachten, befasse man sich mit dem höchsten spirituellen Ideal, das man kennt. Worum es sich dabei handelt, spielt keine Rolle. Für den Theosophen wird es wahrscheinlich ein erhabener Eingeweihter sein, einer aus den Reihen der Adepten der Großen Bruderschaft, die wir Meister nennen, vor allem, wenn er mit Ihm in unmittelbaren Kontakt treten durfte. Der Katholik mag sich die Jungfrau Maria oder irgendeinen Heiligen vor Augen führen, der Christ wahrscheinlich den Christus. Der Hindu wählt vielleicht Sri Krishna und der Buddhist mit aller Wahrscheinlichkeit den Buddha. Namen spielen keine Rolle, da es um geistige Realitäten geht. In jedem Fall sollte es sich um das höchste Ideal handeln, dass die tiefste Ehrerbietung, Liebe und Hingabe, zu der man fähig ist, zu erwecken vermag. Anstelle der vorangegangenen Meditation versuche man, sich ein möglichst lebendiges Bild von diesem Ideal vor Augen zu führen, sein Herz zu öffnen und sich mit all seiner Kraft zu Ihm emporzuheben. Man versuche, eins mit Ihm zu werden, in seiner Herrlichkeit und Größe zu sein und sie zu werden. Wenn man sein Bewusstsein immer wieder zu Ihm erhebt, wird man sich eines Tages eins mit Ihm fühlen, Ihn erkennen und Ihn verstehen, denn ein neues, wunderbares Licht beginnt zu dämmern. Die ganze Welt hat sich verändert. Zum ersten Mal weiß man, was es heißt zu leben. Alles, was vorher war, erscheint wie Dunkelheit und Tod.

Dann wird alles wieder entgleiten. Man wird zurückkehren in das Licht seines Alltags, der vergleichsweise dunkel erscheint. Vertieft man sich weiterhin in die Kontemplation, wird sich dieser glorreiche Augenblick immer wieder einstellen und jedes Mal ein wenig länger anhalten, bis eines Tages dieses höhere Leben nicht nur ein kurzer Blick ins Paradies sein wird, sondern ein immerwährendes Leuchten, ein ungekanntes, unablässiges Staunen. Tag und Nacht werden ein einziges ununterbrochenes Bewusstsein sein, ein einziges wunderbares, glückliches Wirken für den Mitmenschen. Dieser unbeschreibliche, einzigartige Zustand ist nur der Beginn, sein Erbe anzutreten, das in jedem Menschenkind verborgen liegt. Aus dieser höheren Sicht wird man Dinge entdecken, die man niemals vermutet hat, es sei denn, man hat sich mit den Entdeckungen seiner Vorgänger auf dem geistigen Pfad vertraut gemacht.

Setze deine Bemühungen fort. Mit der Zeit wird sich dir eine Welt eröffnen, die erhabener als die Astralwelt ist, ein Leben, das du bislang nicht gekannt hast, denn du näherst dich immer mehr dem einen Leben, der einen vollkommenen Wahrheit und Schönheit.

Diese Entwicklung wird wahrscheinlich Jahre dauern, da man in ein Leben hineinzupressen versucht, was sich normalerweise über viele Leben hinzieht. Aber die Anstrengung und der Zeitaufwand lohnen sich. Wie lange es sich im Einzelfall hinziehen mag, lässt sich nicht bestimmen, da die Entwicklung von zwei Faktoren abhängt: Erstens der bestehenden Verkrustung, die durchbrochen werden muss, und zweitens der Energie und Entschlossenheit, die man einbringt. Alle großen Meister der Weisheit sind einmal Menschen auf unserer Stufe gewesen. Ebenso wie Sie, müssen auch wir aufsteigen. Viele von uns haben einen bescheidenen Versuch gewagt und sind mehr oder weniger erfolgreich gewesen. Keiner von ihnen hat es jemals bereut, denn was immer er gewonnen haben mag, es bleibt tief in seiner Seele, die den Tod überlebt. Alles, was wir auf diese Weise gewinnen, steht uns jederzeit zur Verfügung, da es sich dabei nicht um einen medialen oder Trance-Zustand handelt, sondern um eine Lebenskraft, die der gesamten Menschheit eines Tages zu eigen sein wird.

Voraussetzungen

Jemand, der diese Fähigkeiten entwickeln möchte, muss sich in erster Linie um die vollkommene Reinheit von Herz und Seele bemühen, also um eine mentale, astrale und physische Läuterung. Er muss seine schlechten Angewohnheiten und physischen Laster ausmerzen. Er muss aufhören, seinen Körper mit Fleisch, Alkohol und Tabak zu verunreinigen und sich bemühen, diese und die höheren Ebenen zu reinigen. Wenn er es nicht für nötig hält, kleine Unreinheiten zugunsten eines höheren Lebens aufzugeben, ist dies seine Sache. Aber es heißt, man kann Gott und dem Mammon nicht gleichzeitig dienen. Dies soll nicht bedeuten, dass schlechte Angewohnheiten auf physischer Ebene eine Entwicklung übersinnlicher Fähigkeiten verhindert. Es soll aber ausdrücklich darauf hingewiesen werden, dass jemand, der unsauber bleibt, stets in Gefahr schwebt. Wer heilige Dinge mit unreinen Händen berührt, geht ein großes Risiko ein.

Jemand, der sich dem Höheren zuwenden will, muss seinen Geist von Ängsten und Sorgen befreien. Er erfüllt seine Pflicht um der Sache willen und überlässt das Ergebnis höheren Kräften. Auf diese Weise wird er sich mit reinen, hilfreichen Wesen umgeben und Sonnenlicht auf die Leidenden und Trauernden ausstrahlen. Er wird Herr seiner selbst sein, rein, sauber und selbstlos, und seine neu gewonnenen Kräfte niemals für persönliche Zwecke einsetzen, sondern stets, um seinen Brüdern zu helfen, sich ebenfalls aus den Nebeln der Ignoranz und Selbstsucht in das Sonnenlicht und den Frieden Gottes zu erheben.

Das Studium der Theosophie dient nicht dazu, blind zu glauben – blinder Glaube hat bereits genügend Schaden in der Welt angerichtet, sondern um der Untersuchung willen, was niemals schaden kann. Lebe und handele der Lehre entsprechend und achte auf die Auswirkungen. Bemühe dich um Gedankenkontrolle. Versuche, Einheit und Brüderlichkeit zu verinnerlichen und Selbstlosigkeit zu praktizieren. Es hat schon immer gegolten, dass diejenigen, die den Willen des himmlischen Vaters erfüllen, die Wahrheit Seiner Lehre erkennen werden.

Der sicherste Weg, um die Wahrheit zu finden, besteht darin, ein aufrichtiges Leben zu leben. Bemühe dich um Selbstlosigkeit und aufmerksame Hilfsbereitschaft und gehe allmählich zu anderen Bereichen der Lehre über. Sie werden ihre Wahrheit beweisen. Die Welt könnte völlig anders aussehen, wenn sich jeder an der Lehre über den einen Gott und die Brüderlichkeit der Menschen orientierte. Wäre sie besser oder schlechter, wenn alle Menschen die Einheit als Tatsache und die Selbstlosigkeit als Pflicht betrachteten? Wir stehen erst am Anfang. Jeder, der sich mit den theosophischen Lehren auseinandersetzt, wird Frieden und Zuversicht finden und ein glücklicheres und für seine Mitmenschen sinnvolleres Leben leben.

Teil II
Das Leben nach dem Tod

Kapitel 7
Die Fakten

Erdendasein und Astralleben

Die latenten Fähigkeiten, die es ermöglichen, die unsichtbare Welt direkt wahrzunehmen und das jenseitige Leben ebenso klar und deutlich zu sehen wie das physische, erwähnte ich bereits. Einige Schüler der Theosophie haben diese inneren Sinne entwickelt und können definitive Angaben zu einem der interessantesten Themen machen. Ich bin mir des gewaltigen Anspruchs, den ich hiermit erhebe, durchaus bewusst, einer Behauptung, die die westliche Orthodoxie niemals aufstellen würde. Was die Gegebenheiten nach dem Tode betrifft, wird uns jeder Geistlicher jeder Kirche seine eigene Version unterbreiten und sie anhand der jeweiligen Kirchenlehre und irgendwelcher Bibelstellen untermauern. Er wird niemals sagen: „Ich, der ich zu euch spreche, bin in diesem Himmel oder in dieser Hölle, die ich beschreibe, gewesen. Ich habe diese Dinge mit eigenen Augen gesehen und weiß daher, dass sie wahr sind." Schüler der Theosophie, die jene Sphären selbst erforscht haben, wissen, wovon sie reden, und sprechen daher mit der Autorität und Überzeugung, die unmittelbarem Wissen entspringt. Sie fügen allerdings stets hinzu: „Gebt euch niemals mit unseren Behauptungen zufrieden, wenn sie euch nicht annehmbar erscheinen. Untersucht die Dinge selbst, dann werdet auch ihr in der Lage sein, maßgebend zu anderen zu sprechen." Welche Fakten ergeben sich aus solchen Untersuchungen?

Die Sachlage zeigt sich nüchterner, als die meisten gängigen Theorien sie darlegen. Im Augenblick seines Todes findet im Menschen weder ein plötzlicher Wandel statt noch wird er in irgendeinen Himmel jenseits der Sterne katapultiert. Im Gegenteil, der Mensch bleibt nach seinem Tod genau derselbe, der er vorher war. Das Gleiche gilt für seinen Intellekt, seine Eigenschaften und Kräfte. Die Gegebenheiten, die er vorfindet, sind genau diejenigen, die er sich selbst erschaffen hat. Die Gedanken und Wünsche, die er während seines Erdendaseins hegte, nehmen Gestalt an, umschweben ihn als lebendige Wesen und wirken so lange auf ihn ein, bis sich die Energie, mit der er sie einst auflud, erschöpft hat. Waren diese Gedanken und Wünsche meist boshafter Natur, können sich die aus ihnen erwachsenen Gefährten als grauenvoll entpuppen. Glücklicherweise handelt es sich bei solchen Fällen um eine kleine Minderheit unter den Bewohnern der Astralsphäre. Den schlimmsten Zustand, den sich der Durchschnittsmensch gewöhnlich schafft, ist ein nutzloses, unbeschreiblich langweiliges Dasein – die natürliche Folge eines mit Müßiggang, Trivialitäten und Geschwätz vergeudeten Erdenlebens.

Es gibt keine von außen kommende Belohnung oder Bestrafung, sondern nur das Ergebnis dessen, was der Mensch im Laufe seines irdischen Lebens getan, gesagt und gedacht hat. In diesem Zeitraum bereitet er das Bett, in dem er später liegen muss.

Andererseits darf man dieses neue Leben nicht nur als ein Leben von Auswirkungen betrachten. Für einige Menschen mag es kaum mehr sein, aber das haben sie sich selbst zuzuschreiben. Da die Astralebene eine Stufe höher als die physische liegt, bietet sie in jeder Hinsicht mehr Möglichkeiten der Freude und des Fortschritts. Diese Möglichkeiten besitzen höhere Wesensmerkmale und erfordern daher einen gewissen Grad an Intelligenz und Empfindungsvermögen, um sie wahrnehmen zu können. Falls jemand in seiner irdischen Lebensphase seine Gedanken und seine Energie mangels intellektueller Entwicklung ausschließlich auf materielle Dinge gerichtet hat, wird es ihm wahrscheinlich nicht möglich sein, sich auf die höher entwickelten Verhältnisse einzustellen. Da er die geringeren Gelegenheiten, die ihm die physische Ebene bot, versäumte oder sie nicht erkannte, wird sein halb verkümmerter Geist wohl kaum die umfangreicheren Möglichkeiten dieses größeren Lebens begreifen.

Hat sich der Mensch jedoch während seines irdischen Lebens sinnvoll betätigt und über die grobe Materie hinausgeblickt, wird er sich neuen interessanten Bereichen gegenübersehen, die es zu erforschen gilt. Wenn er in diesem frühen Stadium gelernt hat, zum Wohle anderer zu wirken, wird ihm das Astralleben Freude bereiten und er rasch voranschreiten. Dem intelligenten, hilfreichen Menschen, der die Gegebenheiten der nicht-physischen Existenz versteht, sich auf sie einzustellen bemüht und das Beste daraus zu machen versucht, werden sich zahlreiche Möglichkeiten eröffnen, neue Kenntnisse zu erwerben und sich nutzbringend zu betätigen.

Er wird entdecken, dass ein Leben, fern des dichten Körpers und im Gegensatz zu irdischen Freuden, Leben und Leuchtkraft besitzt. Da er weiß und still vertraut, strahlt diese Kraft auf alle aus, die ihn umgeben. Für unzählige Mitmenschen mag er zum Brennpunkt von Frieden und Freude werden und in wenigen Jahren astraler Existenz mehr Gutes vollbringen, als es ihm in einem langen irdischen Leben möglich gewesen wäre.

Kein neues Leben

Es ist wichtig zu erkennen, dass es nach dem Tod kein fremdes, neues Leben gibt, sondern eine Fortsetzung des bisherigen Erdendaseins, nur unter anderen Voraussetzungen. Wir sind nicht getrennt von unseren Verstorbenen, denn sie umgeben uns ständig. Das Empfinden von Trennung ist auf unser begrenztes Bewusstsein zurückzuführen. Nicht unsere Lieben haben wir verloren, sondern die Kraft, sie zu sehen. Es besteht durchaus die Möglichkeit, unser Bewusstsein zu heben, sie zu sehen und mit ihnen zu sprechen, obwohl wir uns kaum daran erinnern. Man kann lernen, im physischen Wachzustand sein Bewusstsein auf die Astralebene zu konzentrieren. Dies bedarf einer speziellen Schulung, die bei einem Durchschnittsmenschen geraume Zeit in Anspruch nehmen mag. Andererseits kann jeder Mensch seinen astralen Träger mehr oder weniger nutzen und täglich mit seinen verstorbenen Freunden zusammen sein, während sein physischer Körper schläft. Manchmal erinnern wir uns bruchstückhaft an solche Begegnungen und sprechen von einem Traum. In den meisten Fällen fehlt die Erinnerung. Wir wissen nichts von einer Begegnung. Die Bande der Zueignung sind nach wie vor so stark, dass der von den Fesseln seiner irdischen Hülle befreite Mensch augenblicklich die Gesellschaft seiner Lieben sucht. Der einzige Unterschied besteht darin, dass er die Nacht, nicht den Tag mit ihnen verbringt und sich ihrer astral, nicht physisch bewusst ist.

In einem Bericht von L. Mariller über die Gefühle und Überzeugungen der bretonischen Landbevölkerung in Bezug auf den Tod und das Jenseits heißt es:

„Für die Bretonen sind sowohl die Lebenden als auch die Toten Bewohner dieser Welt, die ständig miteinander verkehren. „L'Anaon" (wie sie die Ahnen nennen) mögen gefürchtet werden wie der Sturm und das Unwetter, aber es überrascht ebenso wenig, wenn entkörperte Geister die Dornbüsche und das Schilf durchstreifen, als wenn die Vögel unbekümmert darin trällern. Der Bretone sieht die Welt der Wunder und die sichtbare Welt miteinander verwoben, so wie das Geißblatt sich um die Hecke windet. Er achtet die Toten. Seine Empfindungen für „L'Anaon" sind tief und stark, halb Furcht, halb zärtliches Mitgefühl.

Die Toten mischen sich unter die Lebenden. Sie nehmen teil an ihrem täglichen und stündlichen Dasein. Des Nachts wandern sie die Landstraßen und einsamen Feldwege entlang. Sie streifen durch die Felder und auf den Ebenen umher, kehren in die Häuser zurück, in denen sie einmal in einem sterblichen Körper gelebt haben, und bringen Botschaften aus dem Jenseits. Als strafende oder segnende Boten gleiten sie um Mitternacht durch die stillen Heimstätten, mitunter schwach wahrgenommen, wenn sie über der in der Feuerstelle verlöschenden Glut kauern. Sie kommen als Schutzgeister des Hauses, um über jene zu wachen, die sie, den Fallstricken und den Gefahren des Lebens ausgesetzt, zurückließen. Mütter liebkosen ihre schlafenden Kinder, wiegen sie und trocknen ihre Tränen. In manchen Fällen ist es die Erinnerung an ihren Besitz, an ihren Hof, die Rinderherde und die im Sonnenlicht wogenden Kornfelder, die die Toten aus ihren Gräbern lockt. Der Landarbeiter wird zu seinem Pflug zurückkehren und ihn mit kräftiger Hand durch den fruchtbaren Boden führen. Die Sehnsucht nach den alten Verbindungen wird ihn aus dem schweigenden Reich entkörperter Seelen ziehen.

Nicht alle Toten sind freundlich. Einige können sich den Lebenden gegenüber grausam verhalten. Man sollte ihnen besser nicht zu nahe kommen. Für die meisten Leute gehen die flüsternden Stimmen der Toten im Lärm der materiellen Welt unter. Die Bretonen glauben, dass wir fast alles, was sich jenseits des Grabes abspielt, miterleben könnten, wenn uns unsere Geschäftigkeit und unsere Vergnügungen weniger gefangenhielten."

Sich auf der physischen Ebene an die Astralwelt zu erinnern, beeinflusst weder unser Bewusstsein noch unsere Handlungsfreiheit in jener anderen Welt. Unser Erinnerungsvermögen spielt keine Rolle. Die Toten leben in unserer Nähe. Sie haben lediglich ihre körperliche Hülle abgestreift, was sie ebenso wenig verändert wie sich unsere Persönlichkeit wandelt, sobald wir unseren Mantel ablegen. Wir fühlen uns höchstens befreiter, da wir weniger Gewicht tragen. Die Toten empfinden genauso. Die Leidenschaften, Zueignungen und Emotionen sowie der Intellekt sind keine Attribute des physischen Körpers und werden daher nicht im Geringsten beeinflusst, wenn wir diesen beiseite legen. Obwohl der Mensch die irdische Hülle abgestreift hat und in einer anderen lebt, kann er immer noch denken und fühlen wie zuvor.

Die Wirklichkeit des Unsichtbaren

Es fällt nicht leicht, etwas als Wirklichkeit zu betrachten, was man mit den physischen Augen nicht sehen kann. Wir geben nur ungern zu, dass unser Wahrnehmungsvermögen höchst einseitig ist und wir in einer Welt leben, von der wir nur einen geringen Teil sehen. Andererseits beschreibt die Wissenschaft winzigste Welten, die unseren Sinnen verborgen bleiben. Die darin existierenden Kreaturen sind für uns teilweise lebenswichtig. Die Luft, die uns umgibt, können wir nicht sehen. Dass es sie gibt, bemerken wir erst, wenn sie sich bewegt. Sie besitzt eine Kraft, die unsere mächtigsten Schiffe und größten Bauwerke zu zerstören vermag. Überall herrschen gewaltige Kräfte, die sich dennoch unseren Sinnen entziehen. Wir sollten uns vor dem allgemeinen Irrtum hüten zu glauben, dass wir alles sehen, was es zu sehen gibt.

Wir befinden uns sozusagen in einem Turm, dessen winzige Fenster, unsere Sinne, sich jeweils nach einer bestimmten Richtung hin öffnen. Andere Perspektiven bleiben uns verschlossen. Die Fähigkeit des Hellsehens öffnet uns ein oder zwei weitere Fenster, erweitert den Blick und breitet eine neue und umfassendere Welt vor uns aus, die zwar zu der alten gehört, von der wir aber nichts wussten.

Was man sieht

Was sehen wir zuerst, wenn wir in diese neue Welt blicken? Nehmen wir an, jemand erhebt sein Bewusstsein auf die Astralebene, auf welche Veränderungen wird er zuerst stoßen? Auf den ersten Blick wird er wahrscheinlich kaum einen Unterschied bemerken und glauben, auf dieselbe Welt zu schauen wie vorher. Worauf ist dies zurückzuführen? Ebenso wie auf der Erde unterschiedliche Materieformen existieren, der feste, flüssige und gasförmige Zustand, gibt es unterschiedliche Dichtegrade der Astralmaterie. Jeder Dichtegrad wird von seiner Entsprechung auf der physischen Ebene angezogen. Dies bedeutet, dass unser Freund immer noch die ihm vertrauten Wände und Möbel sieht. Die physische Materie, aus der sie bestehen, ist nicht mehr sichtbar, wohl aber die dichteste Astralmaterie, die sie umreißt. Bei genauer Untersuchung der Gegenstände könnte er feststellen, dass sich die einzelnen Partikel rasend schnell bewegen. Aber kaum jemand schaut näher hin, weshalb ihm die Veränderung erst einmal nicht auffällt, wenn er stirbt.

Er blickt sich um und sieht die ihm vertrauten Räume, in denen die Menschen leben, die er gekannt und geliebt hat. Sie besitzen ebenfalls einen Astralkörper, den er nun wahrzunehmen vermag. Erst nach und nach entdeckt er, dass sich etwas verändert hat. Es gibt keinen Schmerz und keine Müdigkeit mehr. Wenn man sich dies vergegenwärtigt, mag man erahnen, was es bedeutet, in ein höheres Leben einzutreten. Der schmerz- und stressgeplagte Mensch kann sich wohl kaum vorstellen, frei von Müdigkeit und Mühsal zu sein. Im Westen wurde die Lehre über die Unsterblichkeit derartig verbogen, dass der Tote kaum glauben mag, dass er tot ist, weil er noch hören, denken und fühlen kann. „Ich bin nicht tot", wird er oft sagen. „Ich bin genauso lebendig wie immer und fühle mich besser, als jemals zuvor." Diesen Zustand hätte er erwarten sollen. Leider wurde er falsch unterrichtet.

Vielleicht beginnt er ihn zu erkennen, wenn er feststellt, dass er seine Freunde zwar sieht, er aber nicht immer mit ihnen in Kontakt treten kann. Manchmal spricht er zu ihnen, aber sie scheinen ihn nicht zu hören. Er versucht, sie zu berühren, und muss feststellen, dass sie es nicht spüren. Eine Zeit lang wird er sich einreden, zu träumen und bald aufzuwachen, da ihn seine Freunde manchmal (wenn sie schlafen) erkennen und sie sich wie früher unterhalten. Allmählich wird ihm bewusst werden, dass er tatsächlich gestorben ist, was ihn gewöhnlich beunruhigt. Warum? Er wurde lückenhaft unterrichtet. Er versteht nicht, wo er sich befindet oder was geschehen ist, da er seine Situation, vom orthodoxen Standpunkt aus gesehen, nicht erwartet hat. Ein englischer General bemerkte nach seinem Tod: „Wenn ich tot bin, wo bin ich denn dann? Wenn das der Himmel sein soll, halte ich nicht viel davon. Wenn es die Hölle ist, dann ist sie besser, als ich erwartet habe!"

Anstatt den gesunden Menschenverstand zu benutzen, werden weiterhin Ammenmärchen verbreitet, was zu unnötiger Beklommenheit und sogar heftigen Schmerzen führt. Die völlig aus der Luft gegriffene und frevelhafte Höllenfeuer-Theorie hat ungeahnten Schaden angerichtet, da sie diesseits und jenseits des Grabes viel Elend verursacht. Der Neuankömmling wird bald anderen Verstorbenen begegnen, die besser aufgeklärt sind, und von ihnen lernen, dass es keinen Grund zur Furcht gibt und in dieser neuen Welt ein ebenso sinnvolles Leben gelebt werden kann wie in jener, die nun hinter ihm liegt.

Er wird viel Neues vorfinden und manches, das sich als Gegenstück zu dem entpuppt, das er bereits kennt. Gedanken und Wünsche bringen sich in der Astralwelt als sichtbare Formen zum Ausdruck. In der Regel bestehen sie aus der feineren Materie dieser Ebene und gleiten wie Wolken dahin. Dennoch werden die Leute weitgehend das sehen, was sie sehen wollen. Sie konzentrieren sich auf jene Dinge, von denen sie sich angezogen fühlen, und ignorieren nahezu alles Übrige. Jemand, der sich hauptsächlich für die irdischen Dinge interessiert, wird kurz nach seinem Tod deren Gegenstück sehen. Sie beherrschen sein Bewusstsein. Die verschwommenen Gedankenformen lassen ihn praktisch nur das wahrnehmen, an das er gewöhnt ist. Im Laufe seines Astraldaseins schleifen sich die materiellen Partikel allmählich ab, seine irdischen Interessen verlieren sich, und die Gedankenformen treten in den Vordergrund, da er sich immer stärker in sich selbst zurückzieht. Die gesamte Zeitspanne einer Inkarnation wird vom Ego in Anspruch genommen. Es steigt zunächst in die Materie hinab, um sich dann mit den Ergebnissen seiner Mühe wieder zurückzuziehen.

Bereits während seines physischen Lebens sollte der Mensch seine Gedanken nach oben richten und sich immer weniger um rein irdische Angelegenheiten kümmern, bis schließlich der Augenblick kommt, in dem er seinen groben Körper vollkommen ablegt. Dann beginnt sein Astralleben, in dessen Verlauf sich der Rückzugsprozess fortsetzt. Der niedrigen Materie, aus der sich die Gegenstücke der physischen Objekte zusammensetzen, wird er zunehmend weniger Aufmerksamkeit schenken und sich eingehender mit der höheren Materie befassen, aus der die Gedankenformen bestehen, falls überhaupt Gedankenformen auf der Astralebene erscheinen. Er wird immer stärker in einer Welt der Gedanken leben, während das Gegenstück zu jener Welt, die er verlassen hat, vor seinem Blick verblasst. Räumlich hat er sich nicht verändert. Nur der Brennpunkt seines Interesses hat sich verschoben. Seine Wünsche bestehen nach wie vor, die sich in den Formen, die ihn umgeben, weitgehend zum Ausdruck bringen. Ob er ein glückliches oder unbehagliches Leben führt, hängt in erster Linie vom Wesen dieser Wünsche ab.

Eine eingehende Betrachtung des Astrallebens erklärt die Ursache für zahlreiche ethische Prinzipien. Die meisten Menschen erkennen, dass Vergehen, die anderen schaden, offensichtlich von Übel sind. Andererseits fragen sie sich, warum Eifersucht, Hass oder Ehrgeiz falsch sind, solange sie diese Gefühle nicht in Form von Worten oder Taten nach außen tragen. Ein kurzer Blick in die jenseitige Welt zeigt, wie stark sie demjenigen, der sie hegt, schaden und ihm nach dem Tod heftige Schmerzen bereiten. Zum besseren Verständnis dieser Tatsache wollen wir einige typische Fälle astralen Daseins beleuchten und ihre Hauptmerkmale herausarbeiten.

Kapitel 8

Einige Beispiele astralen Daseins

Der Durchschnittsmensch

Ein farbloser Durchschnittsmensch, der weder besonders schlecht noch besonders gut ist, wird durch den Tod keineswegs verwandelt – er bleibt farblos. Er wird weder sonderlich leiden noch große Freude empfinden. Das Leben mag ihm eher fade erscheinen, denn da er in seinem Erdendasein keine speziellen Interessen gepflegt hat, werden sie auch auf der Astralebene ausbleiben. Haben ihn nur Klatsch, Sport, Geschäft oder Kleidung interessiert, wird er sich in der Astralwelt, in der es Derartiges nicht gibt, langweilen.

In diesem Zusammenhang möchte ich die Beschreibung einer solchen Person wiedergeben. Der Verfasser, ein Christ, dem die Theosophie und der Spiritismus offensichtlich unbekannt waren, besaß bereits während seines irdischen Lebens die Fähigkeit, jene, die ihren Körper verlassen hatten, zu sehen und sich mit ihnen zu unterhalten.

„Auf meinem Weg, der mich im letzten Jahr an einem bestimmten Haus vorbeiführte, bin ich fast täglich seinem früheren Besitzer begegnet. Der ehemalige Arzt war sehr bekannt und ein willkommener Gast in vielen Häusern gewesen. Nun fühlte er sich einsam und unglücklich, obwohl er sich in Gesellschaft befand, die ihm aber nichts bedeutete. Er zog es vor, in seinem früheren Zuhause umherzustreifen und seinen gewohnten Umgang zu pflegen, obgleich es ihn schmerzte, dass seine Frau ihn glücklich in einem fernen Himmel wähnte und er sich ihr nicht bemerkbar machen konnte. Ich drängte ihn, die Erdsphäre zu verlassen und sich auf eine höhere Ebene emporzuschwingen, um dort dringend erforderliche Arbeit zu leisten. Er erwiderte, dass es in einer Welt ohne körperliche Gebrechen für einen Arzt keine Arbeit gebe.

Zutiefst enttäuscht musste er feststellen, dass das Leben in einer Weise weiterging, die seinen Erwartungen nicht entsprach, und nahm an, dass er erst am Tag des Jüngsten Gerichts erfahren werde, ob er zu den Erlösten oder den Verlorenen zählte. Wenn möglich, war er stets in die Kirche gegangen, teils aus Gewohnheit, teils weil es sich so gehörte. Aber er hatte sich niemals ernsthaft mit religiösen Themen befasst und dem gesellschaftlichen Leben und den schönen Dinge des Alltags den Vorrang gegeben. Als er starb, hatte er sich zwar zu seinem Erlöser bekannt, aber nun schienen die Dinge auf dem Kopf zu stehen. Jene, die er für Ungläubige gehalten hatte, strahlten ein solch helles Licht aus, dass er ihre Gegenwart nicht zu ertragen vermochte, während viele gute Kirchgänger das genaue Gegenteil zeigten.

Ich versuchte, ihm zu erklären, dass jeder Tag der Tag des Jüngsten Gerichts ist. Nach eigenen Angaben hatte er ein rein irdisches Leben gelebt. Seine geistige Natur war jedoch verkümmert. Ich wies ihn darauf hin, dass nicht ein stellvertretendes Sühneopfer, sondern ein tugendhaftes Leben uns rettet. Christus und seine wahren Jünger leben und wirken um der Gerechtigkeit willen. Selbst wenn er als Arzt im irdischen Sinne nicht mehr tätig sein konnte, vermochte er Seelen zu retten. Dieser Vorschlag kränkte ihn. Er beabsichtigte nicht, Geistlicher zu werden. Leider konnte ich ihm nicht das Gefühl vermitteln, dass wir alle Geistliche sind, wenn es darum geht, anderen zu helfen."

Dieser Bericht spiegelt das durchschnittliche Astralleben wider. Er zeigt nicht nur, wie dumpf und unbehaglich ein Leben ohne höhere Interessen verläuft, sondern ebenfalls die üble Auswirkung falscher und bruchstückhafter religiöser Lehren. Der Verfasser berichtet weiter, dass der unglückliche Doktor nach zahlreichen Unterhaltungen und Erklärungen und viel Leid zu begreifen begann und in eine höhere Astralebene aufsteigen durfte. Es ist durchaus nicht ungewöhnlich, dass jemand, der gedankenlos ein unbekümmertes, selbstsüchtiges und weltliches Leben gelebt hat, sich dessen aus astraler Sicht allmählich bewusst wird. Er sieht sich zum ersten Mal, wie er wirklich ist, und wird oft von anhaltender quälender Reue heimgesucht. In seiner Rückschau erkennt er die verpassten Gelegenheiten, seine Unvollkommenheiten und das Gute, das er hätte bewirken können. Häufig fühlt er sich ausgestoßen oder verdammt. Einer der zahlreichen Helfer, die auf der Astralebene wirken, wird sich seiner annehmen und ihm erklären, dass es niemals zu spät ist, sich zu bessern. Wenn er jetzt beginnt, höhere Eigenschaften in sich zu entwickeln, wird er diese in seine nächste Inkarnation mitnehmen. Es kommt allerdings vor, dass ein solcher Mensch in einen Zustand apathischer Verzweiflung verfällt und sich mit einer schwer auf ihm lastenden schwarzen Wolke der Depression umgibt, die sich kaum auflösen lässt. Da er während seines irdischen Lebens die geistige Kraft weder bedacht noch sie erfahren hat, steht er den wunderbaren Möglichkeiten, die sich ihm jetzt bieten, verständnislos gegenüber und versinkt in einen Zustand dumpfer Hoffnungslosigkeit, die sich den wohlmeinenden Bemühungen seiner Freunde und Helfer oft lange Zeit widersetzt. Wie jener Arzt, der ein durchschnittliches, eher egoistisches Erdendasein führte, leben Tausende auf der Astralebene in dieser Not. Andererseits gibt es viele Tausende, die besser dastehen, weil sie weniger egoistisch lebten.

Ungewöhnliche Fälle

Es stellt sich die Frage, inwieweit sich die in der physischen Existenz erworbenen Eigenschaften auf das Astralleben auswirken. Die Zwangslage, in der sich der Trunkenbold nach seinem Tod befindet, wurde bereits angesprochen. Dabei handelt es sich um ein einfaches Beispiel dafür, welche Folgen ein starkes Verlangen niedriger materieller Natur hervorruft, das nur auf physischer Ebene befriedigt werden kann. Derartig starke Gelüste bleiben nach dem Tod unvermindert bestehen. Sie sind sogar noch stärker ausgeprägt, da die trägen physischen Partikel nicht in Bewegung versetzt werden müssen. Für den Lüstling mag es sich noch schlimmer gestalten. In der Antike waren diese Dinge allgemein bekannt. Mythen und Überlieferungen versinnbildlichen diesen Zustand. Tantalus, der unter brennendem Durst litt, musste zusehen, wie der Wasserspiegel sank, kurz bevor das Wasser seine Lippen berührte. Manchmal leiden diese Menschen unter quälenden Gewissensbissen, verschlimmern aber ihre Lage, wenn sie keine Reue zeigen und sich verzweifelt darum bemühen, selbst in dem neuen Leben ihren Ausschweifungen zu frönen. Personen mit gleichen Vorlieben und Wünschen ziehen sich gegenseitig an. Auch nach ihrem Tod werden sich Menschen mit verderbten und zügellosen Neigungen zusammenrotten und jene Orte aufsuchen, die sie mit ihrer Lasterhaftigkeit besudelten, und werden die ohnehin schon vergiftete Atmosphäre mit den Ausdünstungen ihrer lüsternen Gedanken und Begierden noch mehr verpesten. In diesem untersten und niedrigsten Astralbereich scheinen sie der Erde oft nahe genug zu sein, um bestimmte Gerüche wahrzunehmen, was ihre Gier noch mehr anstachelt. Obwohl solche armen Kreaturen Tantalusqualen leiden, scheinen sie unfähig zu sein, sich von ihrem Laster loszureißen, dessen bösem Zauber sie sich leichtsinnig hingaben, als sie noch einen physischen Körper besaßen.

In dieser Situation bietet sich ihnen bisweilen die Möglichkeit einer indirekten Befriedigung ihrer Gier, ein verabscheuungswürdiges Verbrechen, das später qualvoll gesühnt werden muss. Wenn jemand, der noch in dieser physischen Welt lebt, seinen Willen und seinen Körper schwächt, hat das Ego seine Träger bald nicht mehr im Griff. Während dieser Mensch seinen unkontrollierten Leidenschaften frönt, läuft er Gefahr, Opfer des boshaften Toten zu werden, der die Sucht verstärkt und schließlich vollends Besitz von ihm ergreift, um über dessen physischen Körper seine Gier zu stillen. Diese Obsession schadet beiden. Allein der Gedanke würde jemanden, der um die Auswirkungen weiß, davon abschrecken, ein zügelloses Leben zu führen.

In seltenen Fällen mag eine solch unglückliche Kreatur den Fängen der schlechten Gesellschaft, zu der sie sich hingezogen fühlt, entrissen werden. Ihre Gewissensbisse sind grauenvoll mit anzusehen. Ebenso wie auf der physischen Ebene, kann der Mensch in der Astralwelt in tiefste Verzweiflung stürzen. Aufgrund der unzulänglichen und geradezu gotteslästerlichen Lehre der modernen Theologie glaubt er, unverzeihliche Sünden begangen zu haben. Geduldige, einfühlsame Aufklärung mag ihn von seiner Hoffnungslosigkeit befreien und dazu bringen, die Gewohnheiten, denen er verfallen war, mit Abscheu zu betrachten.

Habgier und Eifersucht

Zahlreiche andere Vergehen wirken sich ebenso grausam aus wie Trunkenheit oder Wollust, obgleich jeweils in ihrer eigenen Art. Man kann sich gut vorstellen, wie der Geizhals leidet, wenn er sein Geld nicht länger horten kann oder sogar weiß, dass fremde Hände es ausgeben. Der eifersüchtige Mensch wird auch weiterhin, sogar noch stärker, unter seiner Eifersucht leiden, da er auf physischer Ebene nicht mehr einzugreifen vermag.

Aufgrund der verhängnisvollen Faszination, die ihr Laster auf sie ausübt, klammern sich solche Menschen oft verzweifelt an das physische Leben. Jemand, der in seinem irdischen Leben die Torheit beging, auf die gegenseitige Zuneigung zweier Menschen eifersüchtig zu reagieren, wird nach seinem Tode selten weiser sein. Obwohl er nicht mehr eingreifen und die auf der physischen Ebene zum Ausdruck gebrachte Zuneigung selbst empfangen kann, bleibt sein Groll. Er lässt sich nicht davon abbringen, sich selbst zu quälen, indem er beobachtet, was er am meisten hasst. Eifersucht ist immer selbstsüchtig und irrational. Nach dem Tod wallt sie oft noch stärker auf, und das unglückliche Opfer scheint weiter denn je vom geringsten Anflug gesunden Menschenverstandes entfernt zu sein.

Menschen, die Geld gehortet haben, scheinen sich immer noch mehr oder weniger darum zu sorgen, obwohl ihre Ängstlichkeit unterschiedliche Formen annimmt. Einige fühlen sich als alleinige Besitzer, auch wenn sie für ihren Schatz keinerlei Verwendung mehr haben. Sie fürchten, dass er gefunden und vergeudet wird, was sie zu verhindern suchen, indem sie jeden, der dem Versteck zu nahe kommt, erschrecken und zu vertreiben suchen. Andere hingegen, die sehen, dass ihre Freunde oder Kinder in Not sind, bemühen sich, dass ihr Geld gefunden und genutzt wird.

Vergeltung

Einer der seltsamsten Fälle von jenseitiger Rache, die mir begegnet sind, wird in folgendem Bericht beschrieben.

„Ein Freund besaß einen Dolch, dem man die makabere Eigenschaft nachsagte, dass er in jedem, der ihn in die Hand nahm, den Wunsch weckte, eine Frau zu töten. Mein Freund war skeptisch, beäugte den Dolch aber ein wenig unsicher. Als er ihn einmal in die Hand nahm, fühlte er sich so „eigenartig", dass er ihn rasch wieder hinlegte. Es bestand kein Zweifel. Mindestens zwei Frauen waren mit diesem Dolch ermordet worden. Ich nahm ihn und setze mich still hin. Irgendetwas begann an mir zu ziehen, als ob mich jemand dazu veranlassen wollte, fortzugehen. Ich rührte mich nicht und sah einen wild aussehenden Mann, einen Afghanen, glaube ich, der sehr ärgerlich zu sein schien, dass ich seinem Drängen nicht nachgab. Er versuchte, in meinen Körper einzudringen, ein Versuch, dem ich mich natürlich widersetzte. Ich fragte ihn, was er vorhabe. Er verstand mich nicht. Aus höherer Sicht betrachtet, erkannte ich, dass seine Frau ihn wegen eines anderen Mannes verlassen hatte. Als er die beiden fand, erstach er sie mit dem Dolch, den ich in der Hand hielt. Er schwor sich, an allem Weiblichen Rache zu nehmen, und tötete seine Schwägerin und eine andere Frau, ehe er selbst erdolcht wurde. Er hatte sich an den Dolch gehängt, dessen verschiedene Besitzer besetzt und sie dazu getrieben, Frauen zu ermorden. Zu seiner grausamen Freude gelang ihm dies mit großem Erfolg. Er schäumte vor Wut über meinen unerwarteten Widerstand. Da ich mich ihm nicht verständlich machen konnte, übergab ich ihn einem indischen Freund, der ihn nach und nach zu einer besseren Lebenseinstellung führte, so dass er der Vernichtung seines Dolches zustimmte. Ich zerbrach und vergrub ihn. Ich hätte ihn auch ohne die Erlaubnis des Afghanen zerstört, obwohl es besser für ihn war, dass er zustimmte."

Ein ähnlich gelagerter Fall spielte sich in einem etwas zivilisierteren

Umfeld ab. Ein alter Mann hatte mit seiner Spielsucht und zügellosen Lebensführung ein Vermögen durchgebracht. Als seine Freunde nach wiederholten Ausschreitungen begannen, sich von ihm abzuwenden, beging er Selbstmord und erklärte, die Welt habe ihn mit ihrer Kaltherzigkeit und Undankbarkeit dazu gezwungen. Er wolle sich an ihr rächen und möglichst viele Leben zerstören. Als Vergeltung für das angeblich erlittene Unrecht suchte er jahrzehntelang den Schauplatz seines eigenen Todes auf und bemühte sich, jeden mit der entsprechenden Gemütsverfassung in den Selbstmord zu treiben. War er erfolgreich, verspottete und verhöhnte er das Opfer. In einem noch dramatischeren Fall kehrte ein Maschinist von den Toten zurück, um seinen erfolgreichen Rivalen zu töten. Früher oder später wird ein solcher Mensch seine Boshaftigkeit erkennen und sie zutiefst bereuen.

Sisyphus war dazu verdammt, einen schweren Felsen bergauf zu stoßen, der immer wieder zurückrollte. Dieses Beispiel versinnbildlicht das jenseitige Leben eines Menschen mit weltlichen Ambitionen. Da sich in seinem Erdendasein alles um ihn selbst drehte, wird er auch in der Astralwelt nur an sich denken und weiterhin sorgfältig planen. Schließlich wird er feststellen, dass ihm der physische Körper fehlt, um sein Vorhaben auszuführen. Obwohl seine Hoffnung schwindet, ist seine Gewohnheit so stark in ihm verwurzelt, dass er denselben Felsen so lange denselben Berg des Ehrgeizes hinauf stößt, bis er die Sinnlosigkeit erkennt und den Stein am Fuß des Hügels liegen lässt.

Während des Krieges konnte man viele Fälle von Rache beobachten, die über den Tod hinausgingen, was nicht verwunderte. Rache ist in jedem Fall der völlig falsche Weg, der sich fürchterlich auswirkt. Jene Männer, die mit ansehen mussten, wie ihre Häuser zerstört und ihre Frauen und Kinder vergewaltigt wurden, und nicht auf Vergeltung sannen, hätten Übermenschen sein müssen. Es war daher nicht einfach, ihnen nahezulegen, den brennenden Wunsch, ihren brutalen Feinden zu schaden, aufzugeben und ihnen die Bedeutung der Worte einer höheren Macht verständlich zu machen: „Mein ist die Rache, ich werde vergelten." Nach den ewigen Naturgesetzen haben jene, die anderen Unrecht zufügen, dafür zu büßen. Wir müssen nur unsere Pflicht erfüllen, aber Ärger, Hass und Vergeltung meiden.

Astrale Gedankenformen

Jeder höhere oder egoistische Gedanke eines Menschen umgibt sich augenblicklich mit Astral- und Mentalmaterie und umschwebt ihn. Die häufige Wiederholung solcher Gedanken bringt starke Gedankenformen hervor, die durch ein Wiederaufleben der entsprechenden Gefühle genährt und gekräftigt werden. Während seines irdischen Lebens vermag der Mensch sie nicht zu sehen, obwohl sie fortwährend auf ihn einwirken und den Gedanken, der sie schuf, in ihm zu reproduzieren suchen. Nach seinem Tod werden diese Formen sichtbar und verfolgen ihn. Er kann ihnen nicht entfliehen, da er sie anzieht. Auf diese Weise erkennt der Mensch oft zum ersten Mal, wie abscheulich und hässlich einige seiner Gedanken sind, und lernt, sie strenger zu kontrollieren.

Manchmal wird er von Gedanken umgeben, die nicht seine eigenen sind. Richtet jemand ein starkes Gefühl von Liebe, Hass, Freude oder Trauer auf ihn, wird ihn die entsprechende Gedankenform umschweben und er innerlich die Auswirkung ihrer Schwingung spüren. Die liebevollen Gedanken und wohlwollenden Wünsche, die jede Erinnerung an den Verstorbenen begleiten sollten, üben einen Einfluss auf ihn aus. Den „verlorenen" Freund können wir mit einer rosa Wolke der Zuneigung umgeben, durch die er alles rosarot sieht, was wie ein Schutzschild gegen unangenehme Einflüsse wirken mag und vielleicht Mitgefühl in ihm weckt und ihn beruhigt. In *Der sichtbare und der unsichtbare Mensch* zeigt die Abbildung 9 die Gedankenform der Zuneigung im Astralkörper eines Denkers. In *Gedankenformen* wird auf den Tafeln 10 und 12 das Gedankenbild dargestellt, das auf sein Objekt zueilt.

Andere Gedankenformen zeigen sich weniger angenehm. Jemand, der während seines irdischen Lebens seine Mitmenschen grob behandelt hat, sieht sich nach seinem Tod oft den Gedankenformen jener gegenüber, die er verletzte, und spürt die ausstrahlenden Schwingungen. Einen allgemein beliebten Menschen richten die auf ihn gelenkten Gedankenschwingungen auf. Königin Viktoria verdankte ihren raschen Übergang in die himmlische Sphäre zweifellos den unzähligen liebevollen und dankbaren Gedankenformen, die man ihr sandte, sowie ihrer eigenen angeborenen Güte.

Leider gibt es Leute, die eher das Misstrauen oder den Zorn ihrer Mitmenschen verdienten als deren Liebe. Manche, deren finanzielle Machenschaften Hunderte von Menschen herzlos zerstörten, sahen sich von drohenden Formen umzingelt, die sie mit Grauen erfüllten und peinigende Gewissensbisse verursachten. Die Gedankenform besitzt keine eigene Intelligenz und existiert nur vorübergehend, was von der Energie abhängt, die ursprünglich in den Gedanken hineingelegt wurde. Dennoch kann der Mensch, auf den sie gerichtet ist, ihr nicht entfliehen, da ihre Existenz, die Essenz ihres Seins, auf der Anziehungskraft beruht. Um ihre Schwingungen abzuwehren, kann er sich mit einer Schutzhülle umgeben oder die Gedankenform unter Einsatz seines Willens zerbrechen und auflösen. Solange sie existiert, wird sie an ihm haften bleiben. Gedankenformen, die von mehreren Personen herrühren, behalten gewöhnlich ihre Individualität bei und üben ihren jeweiligen Einfluss aus. Unter gewissen Umständen kann es geschehen, dass die von vielen Personen erzeugten Gedankenformen sich zu einem gigantischen Phantom verbinden, das sich schrecklich auswirken kann, sollte es unangenehmer Natur sein.

Das Schicksal von Coquette

Ein solcher Fall möge als Beispiel und Warnung dienen. Es handelte sich um eine junge, in ihrem physischen Leben wohl recht attraktive Künstlerin. Eitel und herzlos, hatte sie mit boshafter Freude törichten und zügellosen jungen Männern ihre Macht zu spüren gegeben. Sie brüstete sich, die Ursache für zwei Duelle und einen Selbstmord gewesen zu sein, ganz zu schweigen von einer langen Liste von Eroberungen und gebrochenen Herzen. Ihre Karriere erlebte ein abruptes und tragisches Ende. Auf der Astralebene sah sie sich dem Zorn und Hass all jener gegenüber, die sich von ihr betrogen und ruiniert fühlten. Die konzentrierte Wut und Abscheu vieler hatten sich zu einer einzigen schrecklichen Form zusammengeballt, die äußerlich einem riesigen verzerrten Gorilla glich. Diese unangenehme Gestalt schien erfüllt zu sein von boshaftem Grimm und versetzte sie in höchsten Schrecken. Sie floh vor ihm, konnte ihm aber nicht entfliehen. Helfer, die auf diesen Fall stießen, zerstörten augenblicklich jene boshafte Erscheinung. Die junge Frau selbst war eine solch wertlose Kreatur, dass es unmöglich zu sein schien, ihr zu helfen. Auf der Astral- wie auf der physischen Ebene wäre es natürlich ein Verbrechen, ein Leben zu nehmen. Bei einer solchen Gedankenform, so aktiv und brutal sie auch sein mag, handelt sich um eine vorübergehende Schöpfung bösartiger Leidenschaft und in keiner Weise um ein sich entwickelndes Wesen. Sie aufzulösen, gleicht dem Zerstören einer Leidener Flasche und ist somit keine kriminelle Handlung.

Die Auswirkung eines Verbrechens

Die Auswirkung eines im irdischen Dasein begangenen Verbrechens auf das zukünftige Leben hängt von den jeweiligen Umständen ab. In vielen Fällen werden die Gedanken des Mörders fortwährend um seine Untat kreisen und er im Laufe dieser halb boshaften, halb von Entsetzen gepackten Betrachtung den Schauplatz seiner Gewalttat heimsuchen.

Es besteht kein Zweifel, dass er unter solchen Umständen leidet, aber vielleicht leidet derjenige, der ständig verfolgt wird, umso heftiger. Bei der Untersuchung der Gesetzmäßigkeit der Reinkarnation stießen wir auf einen derartigen Fall. Zwei befreundete Mitglieder eines Araber-Stammes waren eng miteinander verbunden, bis sich unglücklicherweise beide in dieselbe junge Frau verliebten. Der eine entwickelte einen unbändigen Zorn und rasende Eifersucht. Da er befürchtete, die Frau gebe dem Freund den Vorzug, wollte er den Rivalen aus dem Weg räumen. Er selbst tötete ihn nicht, sondern lieferte ihn aufgrund falscher Informationen an einen feindlichen Stamm aus. Kurze Zeit später gab die junge Frau, der beide Männer nicht viel bedeuteten, einem dritten ihre Hand. Entsetzt musste der Mörder feststellen, wie wenig ihm seine Tat gebracht hatte, und beging Selbstmord.

Beide Freunde waren fast gleichzeitig aus der Blüte ihrer Jugend gerissen und auf die untersten Stufen der Astralebene geworfen worden, auf der sie ungewöhnlich lange, aber unter sehr verschiedenen Bedingungen verweilen sollten. Obwohl die materielle Zusammensetzung seines Astralkörpers den Ermordeten auf die niedrigste Astralebene zwang, war er sich seiner Umgebung nicht bewusst, da er im Leben seinen Gefühlen und Emotionen nicht über diese niedrige Materie hinaus Ausdruck verliehen hatte. Der Mörder war gröberer Natur. Die niedrigste Stufe der Astralmaterie war in ihm so lebendig, dass er das unangenehme Umfeld, das dort vorherrschte, bewusst wahrnahm.

Das Zusammenspiel der Umstände auferlegte ihm eine der fürchterlichsten Strafen für sein Verbrechen, die mir jemals begegnet sind. Was die Sache verschärfte, war die Tatsache, dass die Auswirkungen exakt den Handlungen und Voraussetzungen der Betreffenden entsprachen. Jemand, der etwas von der Astralwelt versteht, hätte den Verlauf der Ereignisse genau vorhersagen können. Da der Ermordete gestorben war, ohne von der Niedertracht seines Freundes zu wissen, war er ihm immer noch liebevoll zugetan. Obwohl er sich seines neuen Lebens nicht bewusst war, zog ihn die Kraft seiner Liebe fortwährend in die Nähe seines Mörders.

Entsetzt und bestürzt entfloh dieser seinem Opfer, versteckte sich an den abscheulichsten Orten und mischte sich unter die widerlichsten Gestalten, in der Hoffnung, nicht entdeckt zu werden. Aber in dem Moment, in dem er sich in Sicherheit wähnte, tauchte die unbewusste Form des Ermordeten hinter ihm auf, ohne die ekelhafte Umgebung oder das blanke Entsetzen zu bemerken, das seinen ehemaligen Freund erfasste, sobald er sich ihm näherte, da er sich in liebevoller Verbundenheit unaufhörlich zu ihm hingezogen fühlte. Diese völlige Bewusstlosigkeit und das Wohlwollen der dahingleitenden Erscheinung schien das Grauen, das ihre Anwesenheit auslöste, noch zu verstärken. Es lag eine seltsam grausame Ironie in der Tatsache, dass sich ein Mann, getrieben von liebevollen Gefühlen und wohlwollenden Absichten, ohne es zu wissen an seinem Mörder rächte. Diese Flucht und Verfolgung wird sich jahrelang fortsetzen, für den Mörder eine Ewigkeit vergeblicher Reue, bis sich die äußere Hülle schließlich verbraucht hat und eine Zeit gegenseitiger Erklärung beginnt.

Der intelligente Mensch

Nachdem wir den farblosen Durchschnittsmenschen sowie einige aufgrund ihrer groben und selbstsüchtigen Wünsche oder ihrer Kriminalität weit darunter liegende Personen betrachtet haben, wollen wir uns dem Vernunftmenschen zuwenden.

In den meisten Fällen geht der Mensch hier auf der Erde einer Arbeit nach, in die er keinesfalls seine ganze Kraft hineinsteckte, wenn er sich nicht gezwungen sähe, den Lebensunterhalt zu verdienen oder jene zu unterstützen, die von ihm abhängig sind. Wenn die mühselige Plackerei wegfällt und der Lebensunterhalt nicht mehr verdient werden muss, weil der Astralkörper weder Nahrung noch Kleidung noch Unterkunft benötigt, kann er sich den Dingen widmen, die ihm wirklich Freude bereiten und sich ohne physische Materie verwirklichen lassen.

Nehmen wir an, er liebt die Musik. Auf der Astralebene bietet sich ihm die Möglichkeit, der wunderbarsten Musik zu lauschen, die die Erde hervorzubringen vermag. Unter den neuen Gegebenheiten kann er sogar ihre Harmoniefülle wahrnehmen, die seinen physischen Ohren verborgen blieb. Eine andere Person, die die Kunst liebt und sich an der Schönheit von Form und Farbe erfreut, mag aus der überirdischen Anmut dieser Welt wählen. Einem Naturliebhaber eröffnen sich unzählige Möglichkeiten, da er sich rasch von einem Ort zum nächsten bewegen, die Wunder der Natur bestaunen und in ihr schwelgen kann. Auf der Erde hätte er Jahre benötigt, um all die Plätze aufzusuchen. Sollte die Vorliebe eines Menschen der Wissenschaft oder Geschichte gelten, stehen ihm Bibliotheken und Laboratorien zur Verfügung. Die chemischen und biologischen Prozesse wird er weitaus besser verstehen als vorher, da er jetzt den inneren und äußeren Ablauf sowie zahlreiche Ursachen und Wirkungen zu erkennen vermag. Er wird keine Müdigkeit mehr kennen. Auf der physischen Ebene sind wir gezwungen auszuruhen, da die Belastbarkeit unseres Gehirns begrenzt ist. Außerhalb des physischen Körpers scheint es keine Müdigkeit zu geben, denn es ist das Gehirn, das ermüdet, nicht der Geist.

Mancher Wissenschaftler hat sich in der Astralwelt seinen Studien und Forschungen mit größerer Leidenschaft gewidmet als auf der Erde, da ihm mehr Möglichkeiten zur Verfügung stehen. Ein kürzlich verstorbener Mathematiker suchte unter unseren hellsehenden Mitgliedern jemanden auf und berichtete voller Begeisterung von einigen höheren und komplizierten Berechnungen, die ihm (nach seinem Tod) auf seinem Fachgebiet gelungen waren und die er unverzüglich veröffentlichen wollte. Ich erinnere mich an seine Empörung über jenes Mitglied, dessen physisches Gehirn nicht in der Lage war, diese wundervollen neuen Erkenntnisse zu erfassen oder zum Ausdruck zu bringen, da sie sich wahrscheinlich nur im vierdimensionalen Raum erklären ließen.

Der selbstlose Arbeiter

Manchen Menschen genügt es, wenn sie ihren persönlichen, praktischen oder auch intellektuellen Vorlieben nachgehen können. Andere sehen ihre größte Freude darin, ihren Mitmenschen zu dienen. Was hält das Astralleben für sie in dieser Hinsicht bereit? Die besseren Bedingungen ermöglichen es ihnen, intensiver zu wirken als auf der physischen Ebene. Es gibt Tausende, denen sie wirklich helfen können. Einige sind bereit, allgemein Gutes zu bewirken. Manche befassen sich mit Familienmitgliedern oder Freunden, lebenden oder toten. Es ist eine seltsame Verkehrung der Worte „lebendig" und „tot". Im Grunde genommen sind *wir* die Toten, begraben in einem groben, verkrampften physischen Körper, während sie die Lebenden sind, frei und ungehindert. Oft wacht die Mutter, die in jenes höhere Leben eintrat, immer noch über ihr Kind und beschützt es. Häufig hält sich der „tote" Ehemann in der Nähe seiner betrübten Frau auf, dankbar, dass er sie hin und wieder seine Liebe spüren lassen kann.

Vor einigen Jahren begegnete mir ein solcher Fall. Die Ehefrau vermochte die Gegenwart ihres verstorbenen Mannes wahrzunehmen. Seine Mitteilungen schrieb sie mit eigener Hand automatisch nieder. Als sie nach Jahren mit der Theosophie in Berührung kam und erfuhr, dass es nicht ratsam sei, eine Seele daran zu hindern, sich nach dem Tode zurückzuziehen, fühlte sie sich unsicher und fragte ihren Mann, ob sie ihm mit ihrem Gedankenaustausch in irgendeiner Weise schade. Er verneinte. Da sie sich nicht sicher war, empfahl er ihr, mit mir darüber zu sprechen.

Ich führte mehrere Gespräche mit diesem höchst intelligenten Mann, der aus seiner Sicht selbstlos handelte. Er war sich durchaus bewusst, dass er Gefahr lief, seine eigene Entwicklung zu verzögern, wenn er die Verbindung zu der unteren Astralmaterie so lange Zeit aufrechterhielt, um mit seiner Frau in Kontakt bleiben zu können. Er hatte das Gefühl, dass er sie mit seiner Nähe tröstete, ein Liebesdienst, den er selbst auf Kosten seines eigenen Fortschritts beibehalten wollte. Es stand mir nicht zu, ihn deswegen zu tadeln. Er ging einen ungewöhnlichen und dem Gesetz nicht entsprechenden Weg, aber es geschah selbstlos. Er handelte, nicht ohne sich der Konsequenzen bewusst zu sein. Da er nicht nur seiner Frau, sondern vielen einen guten Dienst erwies, neutralisierte er wahrscheinlich jedes Hindernis, das seinem Fortschritt im Wege stand.

Sonderfälle

Meistens handelt es sich um die Opfer eines plötzlichen Todes, sei es Unfall oder Selbstmord. Wie wirkt sich dies auf die Seele in der Astralwelt aus? Sie wird vielleicht weniger beeinflusst, als man allgemein annehmen mag, wohl aber in gewisser Weise gewandelt. Die Kirche betrachtet den plötzlichen Tod als ein Übel, was sie in der Litanei mit den Worten zum Ausdruck bringt: „Vor unerwartetem Tod, oh Herr, bewahre uns!" Sie begründet dies damit, dass der Mensch auf den Tod vorbereitet sein und über ihn nachdenken sollte, ehe er seinen Körper abstreift. In ihren Augen besitzen die Sterbesakramente, die den Eintritt in das höhere Leben angeblich erleichtern, einen hohen Stellenwert. Jenen, die unerwartet sterben, gehen sie verloren.

Dies trifft zweifellos zu, aber es gibt einen weiteren Grund. Wie lange jemand auf der Astralebene verbringt, hängt von den zum Zeitpunkt des Todes verbleibenden Emotionen und Leidenschaften ab. Stirbt jemand nach langer Krankheit, hat er in ihrem Verlauf bereits vieles von dem abgetragen, was er während seines Lebens verursacht hat. Wird er aber unerwartet in die Astralwelt geschleudert, müssen oft niedrige Emotionen und Leidenschaften verarbeitet werden, was ihn für einige Zeit auf der untersten Astralebene in einem wenig erfreulichen Zustand, den es möglichst zu vermeiden gilt, festhält.

Ein plötzlicher Tod gleicht oft einem Schock, der sich in der Astral- wie in der physischen Welt äußerst unangenehm auswirkt. Der Betroffene benötigt lange Zeit, um sich davon zu erholen. Der Schock verankert den Menschen in einer starren Zusammenballung von Gedankenformen, bis jemand sie für ihn aufbricht. Angesichts eines gewaltsamen Todes erfüllen Angst und Schrecken den Geist des Menschen, kurz bevor er hinübergeht. Im Fall von Mord kann grimmiger Hass aufsteigen.

Was widerfährt oder *sollte* dem Verstorbenen widerfahren? Die Seele zieht sich stetig zurück. Im Idealfall wird dieser Rückzug auf allen Ebenen vollständig abgeschlossen, was allerdings selten geschieht. Mit Beendigung des Astrallebens stößt sich der zerfallende Astralleib ab, vergleichbar mit der irdischen Hülle nach dem physischen Tod. Hat sich jemand während seines physischen Lebens von den irdischen Begierden befreit und seine Energien in Kanäle selbstlosen Strebens gelenkt, wird seine Seele den gesamten niedrigen Geist, den sie in die Inkarnation entsandte, in sich zurückziehen und den Astralleib auf der Astralebene als leere Hülle zurücklassen.

Jemand, der ein weniger vollkommenes Leben geführt hat, wird so lange auf den Unterebenen zubringen müssen, bis sich die Kräfte der niedrigen Wünsche ausgewirkt haben. Die meisten Menschen bemühen sich nur halbherzig, die niedrigen Impulse ihrer Natur in ihrem irdischen Leben zu überwinden und verdammen sich selbst nicht nur zu einem erheblich längeren Aufenthalt in der Zwischenwelt, sondern verlieren einen Teil des niederen Denkens.

Das *Manas*-Prinzip entsendet in jeder Inkarnation einen Teil seiner selbst in die grobe physische Welt, in der er unterschiedliche Erfahrungen sammelt, und zieht ihn am Ende des Lebens wieder zurück. Da sich der Durchschnittsmensch von einer Vielzahl niedriger Wünsche versklaven lässt, verbindet sich ein Teil seines niedrigen Geistes mit dem Wunschkörper. Nach Beendigung des Astrallebens muss das Mentalprinzip auseinandergerissen werden. Der degradierte Teil verbleibt in dem zerfallenden Astralkörper.

Dieser Körper besteht aus den Astralpartikeln, von denen sich der niedrige Geist nicht zu lösen vermochte. Sie halten ihn gefangen. Gelangt der Mensch in den Himmel, klammern sich diese anhaftenden Fragmente an einen Teil seines Geistes und reißen ihn sozusagen heraus. Der Materieanteil jeder der in dem zerfallenden Astralträger vorhandenen Ebenen hängt von dem Ausmaß ab, in dem sich der Geist in den niedrigen Leidenschaften unentwirrbar verfangen hat. Während dieser von Ebene zu Ebene schreitet, ist es ihm unmöglich, sich vollständig von der jeweiligen Materie zu befreien, was sich in der übriggebliebenen Astralhülle niederschlägt.

Auf diese Weise entsteht der sogenannte „Schatten", der nicht mit dem wahren Individuum verwechselt werden darf, das in das Devachan vorangeschritten ist. Da er dessen genaues Erscheinungsbild trägt, sein Gedächtnis sowie verschiedene seiner Eigenarten besitzt, wird er oft fälschlicherweise für das Wesen selbst gehalten, was häufig bei Séancen geschieht. Der Schatten ist sich keiner Nachahmung bewusst. Es fehlt ihm an der Intelligenz, die der Mensch während seines physischen Lebens zeigte. Man kann sich das Entsetzen der Angehörigen vorstellen, wenn sie erkennen, dass sie von einem seelenlosen Klumpen der niedrigsten Eigenschaften des Verstorbenen getäuscht wurden.

Die Lebensdauer eines Schattens hängt von dem Anteil des niederen Denkens ab, das ihn belebt. Obwohl sich der intellektuelle Faktor zunehmend abschwächt, mag ihm eine gewisse animalische Gerissenheit zu eigen sein, dank derer er sich bis zu seinem Erlöschen zu verständigen weiß, indem er sich vorübergehend der Intelligenz eines Mediums bedient. Er zeigt sich ausgesprochen anfällig für negative Einflüsse. Da keine Verbindung zu dem höheren Ego besteht, fehlt ihm die Fähigkeit, auf gute

Eindrücke zu reagieren. Die in ihm vorhandene Mentalmaterie löst sich mit der Zeit auf und kehrt zu ihrer eigenen Ebene zurück, aber nicht zu irgendeinem individuellen Geist. Dem Ego geht der in dem Schatten verfangene Kapitalanteil, den es in die soeben abgeschlossene Inkarnation einbrachte, verloren. Aber in den seltensten Fällen übersteigt der Verlust den Gewinn.

Der Schatten wird kaum wahrnehmbar zur Schale, bei der es sich nur um den astralen Leichnam handelt, aus dem jeder geistige Aspekt gewichen ist. Sie besitzt weder Bewusstsein noch Intelligenz und treibt passiv auf den Astralströmungen dahin. Gerät sie in den Einflussbereich der Aura eines Mediums, kann sie sich für einige Augenblicke schlagartig in eine lächerliche Nachbildung des verstorbenen Individuums verwandeln und bis zu einem gewissen Ausmaß dessen Mimik und sogar Handschrift übernehmen. Die Anregung der Zellen, aus denen sich die Schale zusammensetzt, lässt diese die ihnen geläufigsten Bewegungen automatisch wiederholen. Die scheinbare Intellektualität einer solchen Manifestation hat keinerlei Bezug zu dem ursprünglichen Menschen. Sie wird ihr von dem Medium oder dessen „Führer" vorübergehend geliehen. Wahrscheinlich ist sie sich dessen nicht bewusst oder glaubt, einer armen Seele zur Manifestation zu verhelfen. Bisweilen belebt ein launischer Naturgeist die Schale, dem es großes Vergnügen bereitet, sich kurzfristig als Mensch auszugeben. Er ergreift Besitz von ihr und spielt die schelmischen Streiche, die manchmal bei Séancen auftreten.

Wie wirkt sich Selbstmord in der jenseitigen Welt aus? Selbstmord zu begehen, ist frevelhaft. Niemand sollte seinem Leben vor der Zeit ein Ende setzen, es sei denn, es handelt sich um eine heroische Tat zum Wohle anderer. Gewisse Umstände, wie etwa im Fall von Sokrates, haben Menschen in den Selbstmord getrieben, da es in ihrem Land und zu ihrer Zeit üblich war. Einige haben Selbstmord begangen, um einer unerträglichen Lage zu entfliehen. Zur Zeit der Meuterei der Sepoys haben Männer ihre Frauen und Töchter und dann sich selbst erschossen, um nicht in die Hände eines wilden, blutdurstigen und erregten Mobs zu fallen. Von moralischem Unrecht kann man in diesen Fällen wohl kaum sprechen.

Andererseits haben sich Menschen aus Feigheit das Leben genommen, aus Angst, sich den Konsequenzen ihrer eigenen Handlungen zu stellen. Dies ist fraglos moralisch falsch. Ein solcher Mensch begibt sich bewusst in den niedrigsten und unangenehmsten Teil der Astralwelt und wird leiden müssen. Auch wenn er sofort erkennt, dass er einen Fehler begangen hat, muss er die Folgen seiner übereilten Tat tragen.

Seltener tritt der sogenannte Vampir auf. Das Ego ist nicht in der Lage, seinen Anteil, den es in die Inkarnation entsandte, zurückzuziehen. Dieser wird ihm entrissen und existiert eine Zeit lang als getrenntes Wesen. Er klammert sich verzweifelt an das irdische Leben, hängt sich an den physischen Körper anderer Menschen, entzieht ihnen die Lebenskraft und verlängert auf diese Weise seine Existenz. Solche Erscheinungsformen sind heute äußerst selten. Sie gehörten in die Zeit von Atlantis und traten gelegentlich in Ungarn und Russland auf.

Fortgeschrittene Menschen

Manche Menschen beschreiten nicht den üblichen Weg des allmählichen Aufstiegs. Sie können sich freiwillig reinkarnieren, wenn sich ihnen das geeignete Erdenleben bietet. Der unentwickelte Mensch wird rasch wiedergeboren. Sein geringer geistiger Fortschritt ermöglicht ihm kein Leben im Devachan. Der hoch entwickelte Mensch strebt manchmal eine rasche Wiedergeburt an, um für die Evolution tätig sein zu können. Solche Wiedergeburten unterscheiden sich gewaltig von denen einer unterentwickelten Person. Letztere durchlebt das Astralleben, um ihren Astralkörper abzustreifen. Der sich rasch reinkarnierende, höher entwickelte Mensch befreit sich nicht von seinem Astralkörper, sondern bedient sich seiner im nächsten Leben. Die Umstände des ersten Weltkrieges haben in vielen Fällen eine baldige Rückkehr verlangt. Zahlreiche Kriegsopfer wurden in ihrem Land wiedergeboren, besonders in Amerika und Australien, um dort für die Entwicklung der neuen Unterrasse zu wirken. Einige fortgeschrittene Theosophen kehrten als Schüler der Meister ebenfalls rasch in diese Welt zurück.

Die in diesem Kapitel erwähnten unangenehmen und schmerzvollen Aspekte jenseitigen Lebens bilden nur eine verschwindend geringe Minderheit. Wenn manche Menschen den Tod als schrecklich empfinden, liegt es daran, dass sie seine Bedeutung nicht kennen. Der Tod ist das Beste, was einem Menschen passieren kann. Hinter allem steht ein erhabener Plan. Manchmal geschieht Böses, aber am Ende wird es sich zum Guten wenden. Wir sehen einer glorreichen Zukunft entgegen. Auch wenn wir nicht immer den Grund für die Dinge erkennen mögen, dürfen wir gewiss sein, dass Er, der hinter allem steht, *weiß*.

Der göttliche Plan ist erhabener als das Maß menschlichen Geistes, und das Herz des Ewigen ist gütig.

Kapitel 9

Astrales Umfeld

Astrale Verbindung

Über die Szenerie, die allgemeinen Gegebenheiten und die Bewohner der Astralwelt habe ich in meinem Buch *Die Astralebene* bereits ausführlich berichtet. Trotz der Allgemeingültigkeit astralen Daseins gestaltet sich dieses aufgrund der individuellen Eigenarten recht unterschiedlich. Die Welt der Gedankenformen, in der der Mensch den letzten Teil seines Aufenthalts verbringt, zeigt sich unendlich vielseitig. Dennoch wählt jeder die Formen, die ihn am stärksten interessieren, und lässt die übrigen weitgehend unbeachtet, vergleichbar mit einer Gruppe von Leuten, die in der physischen Welt auf einem Hügel steht und ins Tal blickt. Der Künstler wird die Farben und das Landschaftsbild eingehend betrachten und sich an die Schönheit des Anblicks erinnern. Der Bauer wird später die Acker- und Weideflächen genau angeben können. Ein Geologe wird sich vielleicht Notizen machen von der Felsbeschaffenheit und der Gestaltung des Tals. Der Ingenieur wird sich wohl mit den Bäumen und der Wasserkraft befassen, vielleicht auch mit der Frage, ob man eine Brücke über den Wasserlauf schlagen soll. Jeder einzelne Betrachter wird die Dinge bemerken, die ihn interessieren. Das Gleiche gilt in noch stärkerem Maße für die Astralwelt. Der Mensch nimmt nur die Dinge wahr, die auf seiner Bewusstseinsebene liegen. Alles andere existiert für ihn nicht.

Astrale Gedankengebäude sind für den Menschen dort ebenso Wirklichkeit wie für uns Häuser und Brücken auf physischer Ebene. Sie entstehen durch Imagination. Da die Astralmaterie rasch reagiert, vermag der Gedanke sie leicht zu verändern und ein Gebäude zu errichten oder eine Straße zu pflastern. Die Dinge, die Tausende von toten Menschen für sich gestalten, sind Wirklichkeit für sie. Wenn die Person auf diesen Ebenen ankommt, findet sie eine bereits existierende Welt vor, die von ihren Vorgängern aufgebaut wurde und der sie nun ihre eigene Gestaltung hinzufügt. Auf die meisten Dinge kann verzichtet werden. Nahrung und Unterkunft werden nur gewünscht, weil man *denkt*, man benötige sie, da man die Gedanken- und Lebensgewohnheiten der irdischen Existenz beibehält. Obwohl es in jener Welt keine Grenzen gibt, rotten sich Menschen derselben Nationalität, Religion und Interessengebiete zusammen und bestärken ihre vorgefassten Meinungen. Sie stoßen nicht nur auf ihre eigenen Gedankenformen, sondern auch auf die anderer, die oft seit Generationen von Tausenden gleichgesinnter Menschen hervorgebracht wurden.

Die Sprachbarrieren bilden einen weiteren Grund dafür, dass sich in der Astralsphäre Angehörige derselben Nationalität zusammenfinden. In der Mentalwelt wird Sprache überflüssig, da hier die Gedanken einfach und klar übermittelbar sind. Die Astralwelt liegt zwischen der physischen und der Mentalwelt, was sich auf ihre charakteristischen Merkmale auswirkt. Der Astralsinn umfasst alle Sinne, die wir auf der Erde einzeln benutzen. Da auf der Astralebene der Gedanke nicht unmittelbar mitgeteilt werden kann, bedarf es der Sprache. Die gegenseitige Verständigung kann mitunter schwierig sein. Aufgrund der unterschiedlichen Sprachregionen mit ihrer lokalen Färbung mag es nicht verwundern, dass sich Botschaften aus dem Jenseits gewaltig voneinander unterscheiden. Oft wird angenommen, dass sich nach dem Tod die jenseitige Welt offenbart. Aber der Tote weiß nicht mehr als der Lebende, obwohl ihm die Gelegenheit geboten wird, sich eingehend mit seinem neuen Umfeld zu befassen und es näher kennenzulernen. Mir sind Menschen begegnet, deren Tod über zwanzig Jahre zurücklag, und die kaum mehr wussten als in ihrem irdischen Leben.

Interessante Schöpfungen

Auf der Astralebene existiert eine Vielzahl von verhältnismäßig dauerhaften Gedankenformen, was häufig auf die Arbeit von mehreren Generationen zurückzuführen ist. Viele beziehen sich auf angeblich religiöse Geschehnisse, die von empfindsamen Menschen wahrgenommen wurden. Da es sich um vorwiegend unwissende Leute handelte, sind diese Formen meistens irreführend. Gewöhnlich besitzt jede Nation ihre eigene Darstellung mit Figuren, die in der jeweiligen Landestracht gekleidet sind. So erscheinen Christus und seine Jünger im Gewand deutscher Bauern oder neapolitanischer Bettler. Joseph und seine Brüder werden als englische oder amerikanische Bauernjungen dargestellt. Medial veranlagte Personen haben solche Gedankenformen oft fälschlicherweise für Aufzeichnungen oder Offenbarungen der tatsächlichen Geschehnisse gehalten.

Man findet hervorragende und lebensnahe Gedankenbilder von Personen wie Robinson Crusoe, dem Nikolaus oder Aladdin und Ali Baba, die Generationen von phantasievollen, Geschichten liebenden Kindern erschufen. Ein medial veranlagtes Kind mag solche Gedankenbilder für tatsächlich existierende Personen halten. Derartige Täuschungen sind keine Seltenheit. Auch Erwachsene fallen ihnen zum Opfer. Hierzu gehört die Erfindung des Teufels. Da es mit Sicherheit ein solches Wesen nicht gibt, kann es sich nur um eine Gedankenform handeln, die häufig gesehen wurde. Die krankhafte Vorstellung des mittelalterlichen Mönchs, der nach jeder Gelegenheit Ausschau hielt, seine Glaubensinhalte auf groteske Weise zu verzerren, um seiner ignoranten Gemeinde Furcht einzujagen und zu mehr Abgaben für die Mutter Kirche zu bewegen, machte aus dem einfachen Gedanken der Läuterung und Reinigung die „ewige Verdammnis". Seither haben die unglücklichen und irregeführten Verfechter eines Höllenfeuers den Raum mit grauenhaften Gedankenformen von einem zornigen Gott, einem persönlichen Teufel, Feuermeeren und verlorenen Seelen, die unsagbare Qualen leiden, erfüllt. Die Wahrnehmung solcher Gedankenformen hat dazu beigetragen, diesen kirchlichen Terror aufrechtzuerhalten. Man kann sich die Gefühle des armen Opfers eines solch grässlichen Kults vorstellen, das sich nach seinem Tod diesen schrecklichen Gedankenformen zum ersten Mal gegenübersieht. Der Schaden, den diese wohl bösartigste aller Lehren, die einem Fluch gleicht, angerichtet hat, lässt sich kaum abschätzen. Sie führt zu Leid, Schmerz und Depressionen, nicht nur bei den Lebenden, sondern auch bei den Toten, da sie Furcht schürt und die Vorstellung von Gott auf das tiefste Niveau drückt.

Künstliche Szenerien

Astrale Szenen lassen sich in derselben Weise hervorbringen wie astrale Figuren. Es gibt Dantes Fegefeuer und „Himmel und Hölle" von Swedenborg. Bei beiden Sehern scheinen sich Symbolik und Vision vermischt zu haben. Tote oder nicht menschliche Wesen können in ein solches Gedankenbild eindringen und es beleben. Ein niederträchtiger Mensch oder ein mutwilliger Naturgeist hat manchmal ein unwissentlich geschaffenes Gedankenbild von einem Teufel arglistig mit einem gespaltenen Schwanz oder riesigen Feueraugen versehen. Andererseits werden von unschuldigen Kindern geschaffene Bilder von Heiligen und Engeln von lebenden Helfern oder den erhabenen Devas selbst beseelt.

In den Visionen aufrichtiger Hellseher finden sich mitunter Beschreibungen von gegenstandslosen abergläubischen Vorstellungen. Daher werden bisweilen immer noch geflügelte Engel gesehen, obwohl allein die Vorstellung von einem Flügelschlag die Poesie einer sanft schwingenden Astralwelt völlig zerstören würde. Der Tote bewegt sich also in dieser unendlich weiten Welt der Gedankenformen. Um sie zu verstehen und den bestmöglichen Nutzen aus seinem Aufenthalt zu ziehen, muss er lernen, die Gedankenform, auch die belebte, von den lebendigen Wesen und die auffallenden Wirklichkeiten der Astralwelt von den vorübergehenden Formen zu unterscheiden, in die sich diese kleiden. Es lohnt sich also, sich bereits während seines irdischen Lebens mit den Dingen eingehend zu befassen. Der Tote, der sich genau auskennt, wird ebenso wie der noch auf der Erde weilende Helfer Freude daran finden, seine weniger glücklichen Brüder zu trösten und zu beruhigen und ihnen manches, das ihnen seltsam und schrecklich erscheint, erklären.

Ein irdischer Himmel

Besonders starke und dauerhafte Gedankenszenen dieser Art, die unwissende und rein irdisch denkende orthodoxe Gläubige schufen, finden ihren Niederschlag in den Kirchen und Schulen, den Häusern des „Sommerlandes" und der himmlischen Stadt mit ihren Bewohnern. Im Laufe der Jahrhunderte haben Tausende von Menschen ihren seltsam derben Vorstellungen von goldenen Straßen und perlengeschmückten Toren, funkelndem Glas, Kronen und Harfen, von Propheten im mittelalterlichen Mönchsgewand, Aposteln und Heiligen in Chormänteln und Messgewändern sowie von Cherubim und Seraphim mit wuchtigen gefiederten Schwingen auf menschlichen Schultern Gestalt verliehen. Stirbt ein solcher Mann, durchlebt er die untersten Astralebenen (die er oft als Fegefeuer oder „Vorhölle" betrachtet), bis er im Laufe seines Rückzugsprozesses die zweite Unterebene (abwärts gezählt) erreicht, aus deren Materie jene irdisch-himmlischen Formen, die hauptsächlich dort existieren, gebildet wurden. In den meisten Fällen begrüßt er sie als den Himmel seiner Träume. Manchmal wundert er sich: „Ich hätte nicht gedacht, dass es genau so zutrifft" – oder er fühlt sich irgendwie enttäuscht.

Der stete Rückzug der Seele setzt sich fort. Das Interesse des Menschen an diesen Gedankenformen schwindet allmählich. Nach und nach beginnt er zu erahnen, dass es etwas unendlich viel Größeres gibt und die Wirklichkeit, die ihn erwartet, eine Erhabenheit und Strahlkraft besitzt, die weit jenseits der Astralsphäre liegt. Dennoch kann selbst diese derbe Stofflichkeit zu etwas dienen. Der Helfer, der sich im Laufe seines Wirkens einigen dieser unentwickelten Seelen gezeigt hat, wurde bislang als Engel oder Heiliger betrachtet. In Notfällen irgendwelcher Art mag es an der Zeit fehlen, die armen Seelen eines Besseren zu belehren, was sie weder glauben noch verstehen könnten. So wird manchem Heiligen Anerkennung gezollt, die ihm streng genommen nicht gebührt, was aber unerheblich ist, da es dem Helfer bei seiner Arbeit niemals um Anerkennung geht. Es ist bedeutungslos, von wem die Hilfe kommt. Wichtig ist nur, dass sie gewährt wird.

Wissenschaftliche Menschen

Die höchste Unterstufe der Astralsphäre unterscheidet sich von allen anderen Stufen. In dieser atomaren Zone entstehen keine Gedankenbilder, wie es auf den niedrigen Stufen der Fall ist. Hier befassen sich die Denker und Wissenschaftler mit ihren Studien und bedienen sich zu diesem Zweck nahezu aller Kräfte der gesamten Ebene, da sie entlang bestimmter Bahnen fast bis auf die physische Ebene hinabsteigen können. Weit entfernt vom gewöhnlichen Erdenleben, sind sie in der Lage, sich auf dem astralen Gegenstück eines Buches, das ihr Interesse weckt, abwärts zu schwingen und ihm die nötigen Informationen zu entnehmen. Es fällt ihnen nicht schwer, mit dem Geist eines Schriftstellers in Berührung zu kommen, der ein neues Werk verfasst, dessen Thema sie anzieht. Es findet ein geistiger Austausch statt. Mit der Begierde, mit der sie auf der Astralebene ihre Studien verfolgen und experimentieren, verzögern sie oft erheblich ihr Weiterschreiten in die Himmelswelt. Das Astralleben ist so interessant und beglückend für sie, dass sie nach nichts Höherem streben. Aber auch sie werden den Punkt erreichen, an dem sie erkennen, dass die Astralsphäre die physische Welt zwar übertrifft, aber im Vergleich zur Mentalwelt weit unterlegen ist.

Sind die Toten erkennbar?

Häufig wird die Frage nach dem Erscheinungsbild und der Erkennbarkeit der Astralform des Verstorbenen gestellt. Man kann die Gestalt in jedem Fall erkennen, obwohl die Umrisse bei einer unentwickelten Person verschwommen und nicht klar umrissen sind. Der Hellseher sieht den auf der Erde weilenden Menschen von einem fluoreszierenden Dunstring umgeben, der häufig als Aura bezeichnet wird. Diese dehnt sich bis zu etwa fünfundvierzig Zentimeter von der Körperoberfläche in alle Richtungen aus. Die Aura ist sehr komplex, da sie die Materie von verschiedenen Ebenen enthält.

An dieser Stelle interessiert uns nur die Astralmaterie. Sie umgibt den physischen Körper nicht nur, sondern durchdringt ihn auch. Innerhalb der äußeren Körperbegrenzung ist sie dichter als außerhalb. Beide Schichten bilden den menschlichen Astralkörper. Die dichtere Zusammenballung innerhalb des Körpers beruht auf der Anziehungskraft der physischen Partikel. Aus astraler Sicht ist der physische Körper unsichtbar. Das Erscheinungsbild hat sich hingegen kaum verändert, da die dichtere Astralmaterie die Form innerhalb des Dunstrings deutlich umreißt. Wenn jemand im Schlaf vorübergehend oder mit dem Tod dauerhaft seinen physischen Körper verlässt, bleibt die Anordnung der Partikel erhalten. Obwohl sich die Form aus Astralmaterie aufbaut, ist sie genau erkennbar.

Während des irdischen Lebens befinden sich diese Partikel in rascher Bewegung. Bei gewissen Menschen oder wenn plötzlich Emotionen aufwallen, werden Bänder und Linien sichtbar, wie die Farbtafeln in *Der sichtbare und der unsichtbare Mensch* zeigen. Unter gewöhnlichen Umständen gehen die Farbwolken im Astralkörper nicht nur ineinander über, sondern weisen eine wellenförmige Bewegung auf. Die Oberfläche dieses leuchtenden Farbdunstes ähnelt brodelndem Wasser, bei dem die Wassermoleküle aufsteigen und wieder nach unten sinken. Im irdischen Alltag strömen die Astralpartikel innerhalb der physischen Körperoberfläche aus und ein. Die generelle Form bleibt erhalten. Das Gleiche geschieht, wenn sich der Mensch im Schlaf von seinem physischen Körper entfernt, und sollte auch nach dem Tode bestehen bleiben, was gewöhnlich nicht der Fall ist. Im Normalfall tritt eine Veränderung ein.

KAPITEL 10

Das Wunsch-Elemental

Die Welt des Egos

Jede Inkarnation der Seele gleicht einem Ausatmen. Das Ego entsendet einen Teil seiner selbst in die niedrigen Ebenen und strebt danach, ihn wieder zurückzugewinnen, vergleichbar mit einer verzinsbaren Kapitalanlage. Es erwartet zusätzliche Erfahrungen, die neue Qualitäten in ihm entwickelt haben.

Zwischen den Inkarnationen weilt das Ego auf seiner eigenen Ebene, auf der es bereits vor Beginn seiner Entwicklung beheimatet war, nur dass es inzwischen beachtlich gewachsen ist, da es mit der Zeit bestimmte Eigenschaften entfaltet hat. Sein Lebensraum ist die höhere Mentalebene. Das Bewusstsein des Durchschnittsmenschen während dieses Intervalls der Nicht-Manifestation zentriert sich auf der dritten Unterebene (von oben gezählt). Die Zeit, die er hier (nach seinem Leben im Devachan und vor seinem nächsten Abstieg in die irdische Inkarnation) verbringt, wird in den meisten Fällen kurz sein. Auf dieser Stufe ist sich der ungeschulte Mensch seiner Umgebung kaum bewusst und daher unfähig, von ihr zu lernen. Für den entwickelten Menschen, der sein Umfeld wach erkennt, wird es der wichtigste Abschnitt seines Lebens sein. Später wird er sich auf die zweite dieser Ebenen einstellen und schließlich auf die höchste, was bedeutet, dass er sich dem Status eines Adepten nähert. Den Durchschnittsmenschen, der sich der dritten Ebene, auf der er sich aufhält, nur schwach bewusst ist, können von außen kommende Einflüsse kaum berühren. Dennoch vermögen die Gegenwart und der Magnetismus eines Meisters bis zu einem gewissen Grad auf ihn einzuwirken, vergleichbar mit einer Blütenknospe, die durch das lebensspendende Sonnenlicht angeregt wird, sich zu öffnen.

Abstieg des Egos

Um Erfahrungen zu sammeln und sich weiterzuentwickeln, muss sich das Ego inkarnieren. Im Orient heißt es, dass *trishna* (in Pali *tanha*), Durst oder Begierde, das Ego zwingt, hinabzusteigen. Erstens, um sich selbst zum Ausdruck zu bringen, und zweitens, um Eindrücke von außen aufzunehmen, durch die allein es fähig wird, sich lebendig zu fühlen. Auf diesem Evolutionsgesetz basiert seine Entwicklung. Zunächst steigt es auf die seiner Welt am nächsten gelegene niedere Mentalebene.

Um Missverständnissen zuvorzukommen, sollten zwei Aspekte beachtet werden. Erstens: Es bewegt sich nicht räumlich, sondern strebt danach, sein Bewusstsein auf eine niedrige Ebene zu konzentrieren – sich durch eine dichtere Materievielfalt Ausdruck zu verleihen. Zweitens: Es kann sich dabei nur um eine partielle Äußerung handeln, da jede Ebene mit der unter ihr gelegenen Ebenen dieselbe Beziehung aufweist, wie eine höhere Dimension zu einer niedrigen. Ebenso wie nicht irgendeine Anzahl von Linien ein Quadrat und irgendeine Anzahl von Quadraten einen Kubus bilden, ist es unmöglich, dass mehrere gleichzeitig auf den unteren Ebenen verlaufende Inkarnationen jemals in der Lage sein werden, die Seele vollkommen zum Ausdruck zu bringen. Sie dehnt sich in eine Richtung aus, die auf diesen niedrigen Stufen jenseits aller Vorstellungskraft liegt. Die irdische Sprache reicht nicht aus, den Abstieg des Egos auch nur annähernd in Worte zu fassen. Solange wir nicht die Fähigkeit besitzen, unser Bewusstsein auf jene Ebenen zu erheben und zu sehen, was tatsächlich geschieht, mag die Vorstellung genügen, dass das Ego einen Teil seiner selbst wie Feuerzungen in Ebenen senkt, die gröber sind als seine eigene.

In dem Augenblick, in dem es die niedermentale Welt betritt, muss es sich in irgendeiner Form zum Ausdruck bringen, soweit dies auf der niedrigen Stufe möglich ist. Zu diesem Zweck benötigt es die entsprechende Mentalmaterie, mit der es sich umhüllt, vergleichbar mit dem Verstorbenen, der sich bei einer Séance mit physischer Materie umgibt, um sichtbar werden und physische Objekte bewegen zu können.

Dieses Konzept zeigt, wie unvollständig wir den wahren Menschen sehen, da wir ihn stets aus irdischer Sicht betrachten. Selbst von der Mentalebene aus kann man nur so viel von ihm wahrnehmen, wie sich im Geistkörper, der Manifestation seines intellektuellen Aspekts, zum Ausdruck bringt. Betrachten wir ihn von der Astralebene aus, müssen wir feststellen, dass sich ein weiterer Schleier dazwischen geschoben hat. Nur der niedrige Teil wird sichtbar, der sich durch den Wunschkörper zum Ausdruck bringt. Auf der physischen Ebene verbirgt sich der wahre Mensch noch wirkungsvoller. Wir sehen lediglich einen Bruchteil von ihm, den schlimmsten Aspekt. Man sollte niemals vergessen, dass die Seele grenzenlose Fähigkeiten besitzt, die weit jenseits ihrer äußerst begrenzten Verkörperung liegen, die wir hier auf der Erde wahrnehmen.

Aus der Mentalmaterie, mit der sich das Ego umgibt, wird sein Mentalkörper geformt, der genau die geistige Entwicklung widerspiegelt, die er mit Beendigung seines letzten Devachan-Lebens gewonnen hat. In dieser Hinsicht beginnt der Mensch an dem Punkt, an dem er aufhörte. Die Beschaffenheit des Mentalkörpers wird weitgehend davon abhängen, welches Umfeld er in seinem neuen Erdenleben vorfindet und welche Erziehung ihm zuteil wird. Er gestaltet seinen Mentalkörper während seines gesamten Lebens, verändert ihn, fügt hinzu, pflegt oder vernachlässigt ihn.

Das Mental-Elemental

Die Mentalmaterie, mit der sich die Seele umhüllt, ist nicht leblos. Es gibt keine „tote Materie". Die erste Ausgießung des Dritten Aspekts des Logos hat alles belebt. Die zweite Ausgießung, die sogenannte *monadische*

Essenz, beseelt im Herabsteigen die höchsten oder atomaren Ebenen. Auf den anderen Unterebenen spricht man von Elementaressenz. Auf diese Weise werden die drei großen Elementarreiche gebildet – das erste auf der höheren, das zweite auf der unteren Mentalebene und das dritte auf der Astralebene.

Neben der Mentalmaterie zieht die Seele Elementaressenz des zweiten Elementarreichs an. Diese verfolgt ihre eigene Evolution. Instinktiv sucht sie alles, was ihre Entwicklung fördert. Dazu benötigt sie Schwingungen, um zu lernen, auf äußere Einflüsse zu reagieren. Aus diesem Grund strebt sie ständig nach einer Vielfalt von Vibrationen und wehrt sich heftig dagegen, längere Zeit auf eine bestimmte Frequenz festgelegt zu werden.

Wahrscheinlich hat dies fast jeder bei seinen Bemühungen um Konzentration zu spüren bekommen. Irgendetwas in uns nötigt die Gedanken abzuschweifen und widersetzt sich heftig unserem Bestreben, einen einzigen Gedankengang zu verfolgen. Mit dieser Kraft und mit unserer eigenen geistigen Trägheit haben wir zu kämpfen in dem Bemühen, unseren Geist vollständig zu beherrschen und ihn als Werkzeug einzusetzen, anstatt ihn nach seinem eigenen Gutdünken umherirren zu lassen.

Astralform

Die Seele, die sich mit der erforderlichen Mentalmaterie umhüllt hat, steigt zur Astralebene hinab und wiederholt den gleichen Prozess. Die sie umgebende Astralmaterie dient dazu, sich zum Ausdruck zu bringen, so weit dies möglich ist, und gleicht in ihrer Zusammensetzung dem Astralkörper, der nach der letzten Inkarnation beim Eintritt in die Himmelswelt abgestoßen wurde. Auf jeder dieser Ebenen manifestiert sich ein bestimmter Teil des Menschen. Dieser greift dessen Entwicklung an der Stelle wieder auf, an der er sie mit Beendigung seiner vorangegangenen Erfahrungen auf der jeweiligen Ebene abgebrochen hat. Der neue Astralkörper enthält demnach Materieanteile, die genau darauf abgestimmt sind, alle jene Leidenschaften und Emotionen zum Ausdruck zu bringen, die er in seinem letzten Leben besaß und die er gegebenenfalls erneut ausleben kann, was weitgehend von seinem neuen Umfeld auf physischer Ebene abhängt.

Er trägt die Keime seiner Begierden in sich, was nicht notwendigerweise bedeutet, dass sie alle wachsen und Früchte tragen. Es besteht durchaus die Möglichkeit, aus den guten Anlagen das Beste zu machen und die üblen unbelebt zu lassen und ihnen keinerlei Chance zu geben, sich zu entwickeln. Werden diese Aspekte von Kindheit an beachtet, kann der Mensch am Ende seiner Inkarnation auf die Entwicklung und Vermehrung guter Eigenschaften blicken, während die schlechten Anlagen im Keim erstickten, da er sie nicht förderte.

Sie wurden ihrer Vitalität beraubt und ausgestoßen, um Raum für Materie zu schaffen, durch die der Mensch wirksam tätig sein kann. In seiner nächsten Inkarnation werden jene Veranlagungen nicht mehr auftreten. Sie sind für immer besiegt. Die Seele hat die entgegengesetzten Tugenden in sich entwickelt, die solche Übel nicht mehr zulassen.

Lebendige Essenz

Die Astralmaterie wird ebenso wie die Mentalmaterie von Elementaressenz durchdrungen. Der Mensch nimmt einen großen Teil dieser Kraft in sich auf. Diese Essenz gehört zum Leben des Logos auf seinem Abstieg in die Materie. Als nächste Entwicklungsstufe wird sie das Mineralreich beseelen und zur sogenannten Mineral-Monade werden. In diesem Zusammenhang stoßen wir auf einige Merkmale, die uns fremd sind. Für uns bedeutet Fortschritt der Aufstieg von der groben Materie zu den höheren Ebenen. Für die sich auf dem Abwärtsbogen befindende Essenz bedeutet Fortschritt größere Stofflichkeit. Sie strebt nach den stärksten und gröbsten Schwingungen. Der Mensch benötigt für seine Weiterentwicklung das entgegengesetzte Umfeld, um sich möglichst weit von den materiellen Gegebenheiten zu entfernen und nur auf die feineren Schwingungen höherer Bestrebungen zu reagieren.

Die Elementaressenz bewohnt den chaotischen Astralkörper, mit dem sich die Seele umhüllt hat. Diese steigt in die Inkarnation hinab und nimmt den physischen Körper in Besitz, der für sie entsprechend der Verdienste des vergangenen Lebens geschaffen wurde. Während der physische Körper allmählich heranwächst, gewinnt die Seele in zunehmendem Maße Kontrolle über die Mental- und Astralmaterie und beginnt, ihre Träger zu gestalten, durch die sie sich während dieser Inkarnation Ausdruck verleiht. Das Material, für das sie aufgrund ihrer Handlungen in einer früheren Inkarnation selbst gesorgt hat, wird ihr zur Verfügung gestellt. Wie sie damit umgeht, bleibt ihre Entscheidung. Sie kann es teilweise oder voll einsetzen, ihre Fähigkeiten sorgfältig entfalten und sie durch ständigen Einsatz stärken oder sie verkümmern lassen. Mit der Zeit beginnen sich die Begierden zu entwickeln und bestimmte Emotionen zu rühren, um die chaotische Astralmaterie in einen klar strukturierten, farbig vibrierenden Astralkörper zu gestalten.

Ein vorübergehendes Wesen

Die lebendige Essenz, die der Mensch eingesogen hat, ist vorübergehend vom Meer des Lebens, dem sie entstammt, getrennt und führt eine Existenz als gesondertes Wesen in einem Körper – dem Astralkörper des Menschen. Die Elementaressenz besitzt keine Intelligenz, da sie noch nicht einmal die Mineralebene erreicht hat, der wir keinen Aspekt zuordnen, den man als Intelligenz bezeichnen könnte. Dennoch besitzt sie die ungewöhnliche Fähigkeit, sich an ihr Umfeld anzupassen und ihm das zu entziehen, was sie benötigt, was bisweilen durchaus einer Art Intelligenz oder einem wachen Instinkt gleicht. Sie entwickelt sich mittels Schwingung. Schwingungen im Astralkörper sind stets auf irgendwelche Leidenschaften oder Emotionen zurückzuführen. Die in der Atmosphäre schwebende Essenz benötigt für ihre Entwicklung aufwallende Leidenschaften und Emotionen, die ihr die verschiedenen Lebewesen liefern, die genügend entwickelt sind, um solche Gefühle zu äußern. Dazu gehören nicht nur die Menschen, sondern auch Tiere und Naturgeister sowie die unterste Stufe der Deva-Evolution. Angesichts der unendlichen Fülle von Elementaressenz kann ein bestimmtes Teilchen nur rein zufällig in die

Reichweite der Schwingungen geraten, die von irgendeinem dieser Lebewesen ausgesendet werden. Diejenigen Partikel, die in den menschlichen Astralkörper hineingezogen werden und an seiner Gestaltung mitwirken, haben vorübergehend ihren Sitz in einem der Zentren, die eine solche Schwingung aussenden. Sie erfahren diese fortlaufend und unmittelbarer, als wenn sie in der außerhalb liegenden Essenzwolke verblieben wären. Das merkwürdige instinktive Bewusstsein der Essenz scheint zu genügen, damit sich diese Partikel dessen bewusst sind. Irgendwie erkennen sie ihre angenehme Position und vereinigen sich zu einer Art Wesen. Sie sind entschlossen, ihre Vorteilslage zu bewahren. Die Partikel der Astralhülle werden ebenso wie die des physischen Körpers laufend abgestoßen und verändert. Das Individualitätsgefühl überträgt sich auf die neu eintretenden Teilchen. Die im menschlichen Astralkörper eingeschlossene Essenz empfindet sich zweifellos als eine Art Wesen und handelt entsprechend „ihrer Interessen".

Gegensätzliche Interessen

Gewöhnlich bilden diese Interessen das genaue Gegenteil von denjenigen der Seele. Die aufwärts strebende Seele wünscht die höchsten und reinsten Schwingungen. Das Wunsch-Elemental hingegen giert nach zunehmend stärkeren und gröberen Schwingungen und taucht immer tiefer in die Materie ein. Es herrscht ein ewiger Kampf zwischen beiden. „Der Geist ist willig, das Fleisch ist schwach." Das Elemental trägt etwas von der feineren Mentalmaterie des Menschen in sich. Schwingt sie synchron mit seiner eigenen, steht ihm eine sehr viel lebendigere und kraftvollere Schwingung zur Verfügung. Es lernt, diese feinere Materie in Gleichklang mit sich zu bringen, das heißt, wenn es ihm gelingt, uns davon zu überzeugen, dass wir das Gefühl wünschen, nach dem es verlangt, wird es davon profitieren. Mit anderen Worten, es entwickelt sich für uns zu einer Art Versucher, indem es sich bemüht, das Verlangen nach allen möglichen Sinnesempfindungen zu verursachen. Zweifellos hat jeder von uns die Erfahrung gemacht, dass sich diese beiden Pole bekriegen, und genau entgegengesetzt zu dem gehandelt, wie er handeln sollte.

Bei Paulus heißt es: „Nicht ich tat dies, sondern die Sünde in mir." Auf welcher Tatsache gründet sich diese Aussage? Das Christentum spricht von der Erbsünde. Als Nachkommen Adams haben wir seine Sünden übernommen. Angeblich soll vor langer Zeit eine Schlange Eva in Versuchung geführt haben, einen bestimmten Apfel zu essen, den sie mit Adam teilte. Seither ist die gesamte Menschheit zu ewiger Verdammnis verurteilt. Nur der Glauben an das Evangelium mag ein mildes Urteil gewähren.

Diese primitive Vorstellung kann mit Sicherheit nicht als Erklärung dienen. Jeder Mensch trägt ein Wunsch-Elemental in sich, das sich mitunter gegen ihn und seinen höheren Willen erhebt und ihn zu Handlungen treibt, die er später bereut. Der Gedanke von Erbsünde oder Verderbtheit hat in vielen guten Leuten unnötiges Leid verursacht. Sie fühlen sich von Natur aus schlecht und glauben, sich von diesem Makel nicht selbst befreien zu können.

Häufig heißt es, der Versucher bringe den Menschen zu Fall. Obwohl sich des Übels bewusst, verfällt der Mensch der verführerischen Suggestion und „sündigt". Auf diese durchaus reale Erfahrung gründen sich die beiden Lehren, dass der Mensch aufgrund der Erbsünde unrein ist und Dämonen danach trachten, ihn vom Pfad der Gerechtigkeit abzulenken. Keine der beiden Erklärungen für dieses Phänomen trifft zu.

Wir dürfen nicht dem alten theologischen Irrglauben verfallen, dass es sich bei dem Wunsch-Elemental um ein böses Wesen handelt, einen Teufel, der uns absichtlich dazu treibt, eine Sünde zu begehen. Es entwickelt sich nicht als Wesen und besitzt nicht die Kraft, sich als Ganzes zu reinkarnieren. Nur die Essenz, aus der es besteht, entwickelt sich. Dieses schemenhafte Wesen hegt uns gegenüber keinerlei böse Absichten. In sich selbst versunken, weiß es nichts von dem Menschen, zu dem es vorübergehend gehört. Es könnte ihn unmöglich begreifen oder irgendetwas über seinen Evolutionsweg wissen. Falls es sein Aufwärtsstreben unbewusst spüren sollte, könnte es dieses seinerseits als Versuchung empfinden, es von seinem abwärts gerichteten Entwicklungsweg zurückzuzerren.

Das Elemental weiß nichts über den Menschen. Es erkennt nur, dass es hier Bedingungen vorfindet, die es mit Gefühlen versorgen, je lebendiger desto erfreulicher. Es ist ihm völlig gleichgültig, ob es sich dabei um ein für den Menschen schmerzliches oder angenehmes Empfinden handelt. Es verfolgt seinen eigenen Weg und ist sich nicht bewusst, dass es eine höhere Art von Fortschritt negativ beeinflussen kann, den es eher als Rückschritt betrachten würde. Es stellt also keineswegs einen zu fürchtenden Dämon dar. Es gehört ebenso zum göttlichen Leben wie der Mensch selbst, nur auf einer anderen Entwicklungsstufe.

Aus unserer Sicht gleicht sein Wirken oft einer „Versuchung". Wir denken, unsere Begierden streben abwärts und bereiten uns große Schwierigkeiten. In Wirklichkeit sind es nicht unsere Begierden, sondern die des Elementals. Wir sind es, die sein Leben in uns gestaltet haben. Es ist Ausdruck unserer selbst. Hätten wir in einem früheren Leben unsere Begierden beherrscht und geläutert, sähen wir uns einem erfreulicheren Wunsch-Elemental gegenüber, ohne niedrige sinnliche Schwingungen, die den Bemühungen, ein spirituelles Leben zu führen, abträglich sind. Obwohl wir das Elemental selbst geschaffen haben, besteht kein Grund, sein Sklave zu werden, im Gegenteil. Wir müssen lernen, es zu beherrschen und als von uns getrennt zu betrachten.

Wie gehen wir damit um?

Gleichgültig, um welche Auseinandersetzung es sich handelt, wir müssen uns stets mit dem höheren, niemals mit dem niedrigen Aspekt identifizieren. Wir können nicht sagen oder denken: „Ich möchte diesen oder jenen Wunsch erfüllt sehen", sondern „Ich möchte das, was meine Entwicklung als Seele fördert und mir und anderen hilft, eine höhere Ebene zu erreichen." Wenn heftige Schwingungen durch seinen Astralkörper fegen, eine Woge des Zorns in ihm aufsteigt oder ihn wilde Sinnlichkeit erfasst, darf der Mensch nicht denken: „Ich will zornig werden", oder „Ich möchte jemanden verletzen", sondern „Ich möchte ruhig bleiben, um mich aus dieser Erregung herauszuhalten." Das Wunsch-Elemental bemüht sich, mich in Wut zu versetzen, um sich daran zu erfreuen oder mich der Sinnlichkeit zu ergeben, um die damit verbundenen heftigen Schwingungen aufzunehmen. Ich werde ihm diesen Gefallen nicht erweisen. Als Seele werde ich mich um meine eigenen Angelegenheiten kümmern. Nicht ich will all diese niedrigen, schrecklichen Dinge – nicht ich verlange nach ihnen. Warum sollte ich mich so tief erniedrigen, Sklave von etwas zu sein, das nicht einmal auf der Ebene eines Minerals steht?"

Der Mensch muss erkennen, dass er die höhere Kraft ist, die stets für das Gute kämpft. Mit jener niedrigen Kraft hat er nichts gemein. Sie ist lediglich ein unkontrolliertes Fragment eines seiner niedrigen Körper, das es in jeder Hinsicht zu beherrschen und in Ordnung zu halten gilt. Er sollte es daher nicht als etwas Böses betrachten, sondern als eine Ausgießung der göttlichen Kraft, deren Weg nicht aufwärts, sondern abwärts in die Materie führt.

Unangebrachte Empfindsamkeit

Manche Theosophen sind so zart besaitet und haben den Gedanken der Selbstlosigkeit bis zu einem Ausmaß entwickelt, dass sie zu glauben scheinen, man müsse die Gefühle des armen Elementals berücksichtigen und ihm seine Wünsche teilweise erfüllen. Ein solches Empfinden ist schätzenswert, aber unvernünftig. Sollte unser Astralkörper eine Essenz beherbergen, die nach grober Sinnlichkeit verlangt, ist diese Essenz eindeutig fehl am Platz. Im Astralkörper eines Hundes oder eines noch weniger entwickelten Tieres könnte es seine Wünsche wirksamer befriedigen. Je eher wir es aus unserem Astralkörper verbannen und durch eine höhere Art ersetzen, desto besser für uns und die Essenz.

Wir sind der höheren Elementaressenz gegenüber verpflichtet, die entsprechenden Träger bereitzustellen, damit sie sich entwickeln kann. Unsere weniger fortgeschrittenen Mitmenschen und das gesamte Tierreich bieten für die Entwicklung der niedrigen Art ein riesiges Betätigungsfeld.

Unser vorrangiges Ziel sollte es sein, unsere eigene höhere Aufgabe zu erfüllen. Indem wir uns weigern, die niedrigen Wünsche zu befriedigen, verändern wir allmählich die Essenz in uns und schaffen eine andere Kreatur, da die niedrigen Partikel abgestoßen und durch höhere und feinere ersetzt wurden. Wenn wir unsere Wünsche beherrschen und uns an die theosophischen Lebensregeln halten, werden wir diese Inkarnation mit einem besseren Wunsch-Elemental beenden, als wir es bei der Geburt mit eingebracht haben.

Strukturwandel

Wird der physische Körper zum Zeitpunkt des Todes abgestreift, beginnt die Anordnung der Hüllen, die die Persönlichkeit ausmachen, aufzubrechen, angefangen mit dem Zerfall des Astralkörpers. Das Wunsch-Elemental spürt diesen Vorgang instinktiv und fürchtet, seinen Lebensraum zu verlieren, der es ihm ermöglicht, getrennt von der übrigen Essenz, die ungewöhnliche Gelegenheit zu nutzen, voranzuschreiten. Daher ergreift es unverzüglich Schutzmaßnahmen. Zu diesem Zweck ordnet es die Substanz des Astralkörpers neu an, damit sie einem Zerfall möglichst lange widersteht. Da eine Auflösung der Astralsubstanz das Ende des Elementals als gesondertes Wesen bedeutet, kämpft es sozusagen um sein Leben.

Aufgrund dieser Neugestaltung des Astralkörpers steht der Mensch noch weitgehend in seiner Macht, obwohl es nichts davon weiß. Es ordnet die dichtere Astralsubstanz in konzentrischen Materieschichten an, deren gröbste den äußeren Rand bildet und der Reibung ausgesetzt ist. Die Neugestaltung der Astralhülle findet über der Oberfläche des physischen Körpers statt, nicht über der Eiform, die ihn umgibt. Das Elemental verschanzt sich in der dichten, innerhalb der früheren physischen Gestalt gelegenen Astralmaterie. Für das Wohlbefinden und den Fortschritt der Seele, die sich möglichst rasch in sich selbst zurückziehen will, erweisen sich die Folgen als weniger erfreulich. Eine Verlängerung des Astrallebens ist nicht wünschenswert.

Der Mensch reagiert nur noch auf solche Schwingungen, die über die äußere Schicht aufgenommen werden. Er sieht ausschließlich Dinge der niedrigsten und gröbsten Ebene. Die Existenz der höheren und schöneren Aspekte der Ebene nimmt er nicht wahr. Er ist auf eine bestimmte Unterebene begrenzt, was nicht bedeutet, dass er in seiner Bewegungsfreiheit eingeschränkt ist, sondern dass er ihre Eindrücke nur durch eine einzige Materieart aufnimmt, was seinen Blick für die Welt, in der er sich aufhält, ungemein einengt. Die lichten Aspekte bleiben ihm verborgen. Die höheren Einflüsse dieser Ebene vermögen den dichten Materieschleier nicht zu durchdringen. Er bleibt der Erdsphäre verhaftet und vermag seine Freunde, die bereits die höheren Ebenen erreicht haben, nicht zu finden.

Negative Auswirkungen

Die Neugestaltung des Astralkörpers wirkt sich in jeder Hinsicht störend aus. Sie verschleiert den Blick des Menschen für seine Freunde auf allen Ebenen, es sei denn, sie verlassen die Erde fast gleichzeitig. Eine Person, die sich nach dem Tod auf einer der niedrigen Unterebenen wiederfindet, möchte einen Freund wiedersehen, der fünfzehn oder zwanzig Jahre früher verstarb. Wahrscheinlich hat dieser Freund inzwischen sein Bewusstsein auf eine höhere Ebene verlagert, so dass der Neuankömmling (der nur die Materie im Astralkörper des Freundes wahrnimmt, die zu seiner eigenen Unterebene gehört) ihn halb-bewusst vorfinden wird – verträumt und zerstreut und in Gedanken zu den höheren Dingen hingezogen, die ihn wirklich interessieren.

Wenn die Menschen sich allmählich zurückziehen und ihr Bewusstsein auf die höheren Unterebenen konzentrieren, sind sie nur auf diesen Ebenen als aktiv lebendige Wesen sichtbar. Auf den unteren Ebenen erscheinen sie gewöhnlich als unbewusste Schalen. Da noch ein kleiner Rest der niedrigen Materie an ihnen haftet, kann das Bewusstsein vorübergehend in sie zurückgerufen werden, falls der Anreiz stark genug ist. Die große Trauer der Hinterbliebenen und ihr Versuch, über ein Medium mit dem Verstorbenen in Kontakt zu treten, reichen aus. Die Zuneigung eines in den unteren Ebenen gefangenen Toten zu seinem Freund, der auf einer höheren Ebene weilt, mag genügen, für einige flüchtige Augenblicke dessen volles Bewusstsein auf diese niedrige Stufe zurückzurufen. Auch wenn die beiden dann in der Astralwelt Seite an Seite stehen, wird die Aufmerksamkeit des Freundes hauptsächlich den Gedankenformen gelten, während sich der Neuankömmling mit dem Gegenstück physischer Gegenstände befasst. Für jeden wird der Andere undeutlich und unwirklich erscheinen und wie in einer Schattenwelt leben. Für den älteren Bewohner der Astralwelt sind die Gedankenformen die lebendigen Wirklichkeiten. Obwohl der Astralkörper des Neuankömmlings Materie der höheren Unterebenen enthält, liegt sein Brennpunkt nicht in dem Teil, den der höhere Mensch deutlich sieht. Eine tiefe, echte Zuneigung zueinander könnte es beiden ermöglichen, das Wunsch-Elemental für einen Moment auszuschalten und sich gegenseitig fast vollkommen zu sehen. Aber die Anordnung der konzentrischen Hüllen wird sich bald behaupten und jeder für den anderen wieder einem Schatten gleichen.

Ablehnung

Jemand, der sich der Neugestaltung in konzentrische Hüllen widersetzt, erspart sich Schwierigkeiten und Enttäuschungen. Ungeachtet der Ebene, auf der das Bewusstsein des Freundes aktiv sein mag, kann er sich mit ihm treffen und unterhalten. Da er sich dem Bann des Wunsch-Elementals entzogen hat, mag er in vielen Fällen seinem Freund sogar helfen, sich ebenfalls davon zu befreien, was für beide ein glücklicheres und sinnvolleres Astralleben bedeutet.

Der Durchschnittsmensch, der nichts von diesen Dingen weiß, akzeptiert die Umgestaltung des Wunsch-Elementals als Teil der seltsamen neuen Umgebung und glaubt, die gesamte Welt zu sehen, die sich ihm *post mortem* eröffnet. In Wirklichkeit handelt es sich lediglich um einen winzigen Ausschnitt einer ihrer Unterebenen. Es gibt keinen Grund, warum sich der Schüler auf dem Pfad, der den Sachverhalt versteht, nach dem Tod der Macht dieses Elementals unterwerfen sollte. Er wird sich natürlich der Verhärtung, die ihn auf eine einzige Unterebene zwingt, widersetzen und darauf bestehen, sich die Kommunikation mit den höheren Astralebenen ebenfalls offenzuhalten. Auf diese Weise wird er sich in derselben Lage befinden, in der er sich befand, als er in seinem irdischen Leben während des Schlafes in die Astralwelt hinüberglitt, und daher freier und sinnvoller tätig sein können, als wenn er sich von seinen niedrigen Begierden versklaven lässt.

Das Bemühen, sich der Neugestaltung zu widersetzen und den früheren Zustand des Astralkörpers wiederherzustellen, entspricht genau dem Bestreben, während des irdischen Lebens einer starken Begierde zu widerstehen. In seiner seltsamen halb-bewussten Art ängstigt sich das Elemental und will seine Furcht auf den Menschen übertragen, der instinktiv ein Empfinden von unbeschreiblicher Gefahr in sich emporkriechen fühlt, das nur vermieden werden kann, wenn er die Neugestaltung erlaubt. Widersetzt er sich diesem unbegründeten Angstgefühl, wird er mit der Zeit den Widerstand des Elementals brechen, vergleichbar mit den vielen Gelegenheiten während seines physischen Lebens, in denen er dem Reiz der Begierde widerstand. Auf diese Weise wird er in seinem Astralleben zu einer lebendigen Kraft werden und seine Arbeit, anderen zu helfen, fortsetzen. Genaue Kenntnisse hinsichtlich der Gegebenheiten nach dem Tod erweisen sich als äußerst vorteilhaft.

Kapitel 11

Bewusstseinserweiterung

Raumdimensionen

Eine der Eigenarten der höheren Welt besteht darin, dass eine der Begrenzungen unseres Bewusstseins wegfällt. In unserem irdischen Leben sind wir uns nur drei Raumdimensionen bewusst, da unser physisches Gehirn normalerweise keine weiteren erfasst. In Wirklichkeit leben wir in vielen Dimensionen. Die einzelnen Begrenzungen liegen in unserem eigenen Bewusstsein und sind daher subjektiver Natur. Wir sehen, was wir sehen können, aber es gibt unendlich viel mehr, das wir sehen könnten. Auf der Astralebene sind wir noch weit von der vollen Erkenntnis der im Menschen schlummernden göttlichen Fähigkeiten entfernt, aber zumindest sind wir ihr eine Stufe näher gerückt, da eine der Begrenzungen entfällt.

Diese Veränderung, so winzig sie im Vergleich zu dem, was noch vor uns liegt, sein mag, erweist sich aus irdischer Sicht als so gewaltig, dass es uns schwerfällt, ihre Bedeutung auch nur im Geringsten zu erfassen. Selbst die sorgfältigste Beschreibung vermag den Zustand nicht mit Worten auszudrücken. Es bleibt nur, auf die Hauptpunkte hinzuweisen, um auf den Rest schließen oder ihn zumindest teilweise begreifen zu können.

Betrachten wir ein Landschaftsbild, können wir uns vielleicht vorstellen, wie die Gegend in Wirklichkeit aussieht. Dies liegt daran, dass wir andere Landschaften gesehen haben, uns die üblichen Merkmale geläufig sind und wir das Fehlende ergänzen können. Wenn wir das Bild jemandem zeigen, der noch niemals eine wirkliche Landschaft gesehen hat, vermag er ihm das tatsächliche Erscheinungsbild nicht zu entnehmen. Ein Bild ist fast in jeder Hinsicht irreführend. Bei seinen Linien und Winkeln handelt es sich nicht um eine genaue Wiedergabe der Landschaft. Es zeigt nur, wie sie von einem bestimmten Standpunkt aus in Erscheinung tritt. Lassen wir die Perspektive und die einzelnen Proportionen unberücksichtigt, gewinnen wir keine richtige Vorstellung von den darin abgebildeten Objekten. Ebenso verhält es sich mit den höheren Naturebenen, von denen wir uns anhand von Beschreibungen oft ein völlig falsches Bild machen, was weder auf einem Fehler unsererseits noch einer unzulänglichen Beschreibung beruht, sondern in der Natur der Sache liegt.

Der beste Weg zu verstehen

Wenn die Fähigkeit des astralen Schauens fehlt, erweist sich das Studium der vierten Dimension als die beste Methode, eine Idee von den auf der Astralebene vorherrschenden Gegebenheiten zu gewinnen. Auf diese Weise vermag das physische Gehirn sich einige der einfachsten Formen der höheren Raumordnung vorzustellen. Dazu bedarf es zweifellos einer beachtlichen Anstrengung des Gehirns, denn allein der Versuch wirft es völlig aus seinen gewohnten Bahnen und fordert es heraus, neue Kräfte zu entwickeln. Das gesunde Gehirn wird auf diese Herausforderung reagieren und uns ermöglichen, etwas von der Wirklichkeit der Astralformen zu erhaschen und dadurch die wahre Bedeutung des Lebens im Raum besser zu verstehen. Diese Methode fällt nicht allen leicht. Einige empfinden sie als faszinierend und erfassen rasch ihre allgemeinen Prinzipien, während sie anderen unverständlich und kaum erlernbar zu sein scheint.

In *Scientific Romances* befasst sich Hinton mit diesem Thema, allerdings ohne Bezug auf die Astralebene. Für ihn handelt es sich um ein höheres Konzept des physischen Raumes, eine Wirklichkeit der physischen Welt, die diejenigen erkennen werden, die sich eingehend damit beschäftigen.

Der physische Raum beinhaltet mehr Dimensionen als uns bekannt sind. Da die Astralwelt die physische durchdringt, können wir etwas über sie erfahren. Obwohl das Studium der vierten Dimension nicht notwendigerweise die Kraft astralen Schauens entwickelt, vermittelt sie ein klareres Bild der Gegebenheiten.

Grenzen

Unser Raumkonzept schließt die Vorstellung von Begrenzung mit ein, eine Tatsache, die von den Schriftstellern des Orients klar erkannt wurde, wenn sie wiederholt von einem Bewusstsein sprechen, das Raum und Zeit überschreitet. Sie betrachten diese beiden Begriffe als Begrenzung unseres Bewusstseins, nicht als tatsächlich existent. Für jemanden, der niemals bewusst die Grenzen der physischen Ebene überschritten hat, ist dieser Gedanke unvorstellbar. Jeder, der sein Bewusstsein in die höheren Welten zu erheben vermochte, weiß, dass es jenseits einer bestimmten Ebene Zeit und Raum, wie wir sie kennen, nicht gibt. Auf physischer Ebene existiert der Raum als dreidimensionale Größe. Wir kennen nur Länge, Breite und Höhe und sind unfähig, in eine Richtung zu denken, die nicht mittels dieser drei Dimensionen ausgedrückt werden kann.

Jede von uns wahrnehmbare Bewegung wird in drei Unterbewegungen zergliedert. Wollen wir einen Gegenstand von irgendeinem Punkt im Raum zu einem anderen verschieben, kann dies durch eine Kombination von drei geradlinigen, rechtwinklig zueinander verlaufenden Bewegungen in drei Richtungen geschehen. Nehmen wir an, der Gegenstand liegt auf dem Boden. Durch zwei rechtwinklig zueinander verlaufende Bewegungen können wir diesen Gegenstand direkt unterhalb des gewünschten Punktes bringen, auf den wir ihn legen möchten, indem wir ihn im rechten Winkel senkrecht nach oben führen.

In unserem normalen physischen Bewusstsein können wir uns keine weitere jeweils senkrecht zu den anderen verlaufende Linie vorstellen, was nicht bedeutet, dass sie nicht existiert. Für unseren Intellekt ist sie unvorstellbar. Wir müssen lernen, in Entsprechungen zu denken. Nehmen wir an, es gibt ein Wesen, das nicht, wie wir, über eine dreidimensionale Wahrnehmung verfügt, sondern nur über eine zweidimensionale. Möglicherweise besitzen einige Mikroben ein zweidimensionales Bewusstsein. Wir wissen es nicht.

Ein zweidimensionales Leben

Stellen wir uns eine Mikrobe vor, die auf einem Blatt Papier lebt. Für sie bedeutet diese Papieroberfläche, der sie nicht entrinnen kann, die ganze Welt. Sie kann sich weder über sie erheben noch in ihr vergraben. Die Bedeutung unserer Begriffe „Auf" und „Ab" sind ihr fremd. Obwohl sie auf der Oberfläche lebt, ist sie sich nicht bewusst, dass es sich nur um eine Oberfläche handelt. Diese Außenseite von der Dicke eines Atoms ist die Welt, in der sie lebt. Nehmen wir an, diese Kreatur könnte logisch denken. Wäre es ihr in irgendeiner Weise möglich, das Konzept einer dritten Dimension zu erfassen, die Bedeutung von Auf und Ab oder die Bewegungsrichtungen, die sie weder sieht noch jemals erfahren hat?

Größenordnungen spielen bei dieser Frage keine Rolle. Das Papier könnte unendlich lang und die Mikrobe beliebig groß sein. Eine auf das Papier gezeichnete Linie stellt für die Mikrobe ein unüberwindbares Hindernis dar. Eine quer über das Papier gezogene Linie würde ihre Welt in zwei Teile trennen. Sie sähe keine Möglichkeit, von der einen in die andere zu gelangen. Ihre Welt, die nur die Dicke eines Atoms ausmacht, wäre durch die Linie auf dem Papier (die sich aus Tinten- oder Graphitatomen zusammensetzt) von der unmittelbar neben ihr liegenden Welt gleicher Natur völlig abgeschnitten.

Wir blicken aus unserem dreidimensionalen Raum auf ihre Welt und können Phänomene bewirken, die sie vielleicht als Wunder betrachtet. Nehmen wir irgendein Objekt aus der benachbarten Welt, heben es über die Linie und lassen es in ihre Welt fallen, mag die Mikrobe darin eine Erscheinung sehen, für die sie keine Erklärung findet. Ziehen wir ein Viereck um die winzige Kreatur, sitzt sie in einem begrenzten Raum, der in allen ihr bekannten Richtungen versperrt ist. Sie kann sich nicht vorstellen, dass irgendeine andere Kreatur Eintritt findet, ohne eine der Seiten zu durchdringen. Ein kleineres Viereck oder eine andere geometrische Figur mag für sie ein geschlossener Kasten sein. Für uns bleibt er offen, da wir von oben, aus einer ihr fremden Richtung, auf die Mikrobe schauen.

Ohne viel Mühe können wir ihre Vorstellung von Entfernung zunichtemachen, indem wir an zwei entgegengesetzten Rändern des Blattes jeweils einen Punkt setzen. Für die Mikrobe gibt es keinen anderen Weg, um von einem zum anderen zu gelangen, als quer über das Papier zu laufen. Aus dreidimensionaler Sicht kann man das Papier biegen, so dass sich die Punkte einander nähern oder sogar berühren. Die Kreatur weiß nicht, dass sich ihre Welt biegen lässt, weil sie sich die räumliche Möglichkeit nicht vorstellen kann, und geht von einem Wunder aus, da der Vorgang die ihr bekannte Gesetzmäßigkeit übersteigt. Vom dreidimensionalen Standpunkt aus betrachtet, könnte man diesem Wesen, das nur zwei Dimensionen kennt, allerlei Streiche spielen.

Und genau das geschieht mit uns. Jeder, der sich mit dem Spiritismus und seinen Phänomenen beschäftigt hat, weiß, dass sich bei Séancen derartige Dinge laufend abspielen. Oft wird etwas aus einer geschlossenen Schachtel genommen, oder ein Wesen liest einen darin verschlossenen Brief. Mitunter erscheint jemand an unserer Seite und verschwindet auf unerklärliche Weise wieder. Angesichts solcher Phänomene könnte man von einer vierten Dimension ausgehen, vergleichbar mit der dritten in Bezug auf die zweite. Sollte eine solche Dimension tatsächlich existieren, könnte jedes Wesen, das in ihr beheimatet ist und ihre Gesetze versteht, uns genauso behandeln wie wir auf die zweidimensionale Mikrobe einwirken und Wunder bewirken, ohne gegen die Naturgesetze zu verstoßen.

Mathematisch betrachtet

Nehmen wir eine zwei Zentimeter lange gerade Linie. Wenn der Zentimeter unser Längenmaß darstellt, können wie die Linie mit der Zahl 2 belegen. Geometrisch betrachtet, entsteht die Linie durch die Bewegung eines Punktes in eine bestimmte Richtung. Die rechtwinklige Bewegung dieser Line führt zu einer Oberfläche, mathematisch dargestellt durch den

Zahlenwert 2^2. Wird diese rechtwinkelig zu sich selbst bewegt, entsteht ein Würfel – 2^3. Wir haben also drei durch Bewegung entstandene Figuren. Der Punkt führt zur Linie, die Linie zum Quadrat und das Quadrat zum Würfel, mathematisch dargestellt durch die Zahlen 2, 2^2 und 2^3.

Geometrisch lässt sich dieser Vorgang nicht weiterführen, wohl aber mathematisch, indem wir ihn in eine vierte oder höhere Potenz erheben. Diese mathematischen Begriffe finden in etwa ihre Entsprechung in der Geometrie des Raumes. Welche Form nimmt ein Festkörper der vierten Potenz an? Da er sich stofflich nicht darstellen lässt, müssen wir die vierte Dimension hinzuziehen und sehen, wie sich die drei (bereits bekannten) Figuren voneinander ableiten.

Obwohl das Quadrat durch die Zahl 2^2 dargestellt wird, unterscheidet sich die Maßeinheit des Quadrats von der der Linie. Es handelt sich nicht um Zentimeter, sondern um Quadratzentimeter. Eine Linie besitzt eine Dimension – die Länge. Eine Oberfläche besitzt zwei Dimensionen – Länge und Breite. Daraus folgt, dass eine Linie für uns unsichtbar bleibt, da ihr die Breite fehlt. Eine auf Papier gezogene Linie repräsentiert nicht die mathematische Vorstellung von einer Linie.

Das Gleiche gilt für ein Quadrat, das durch rechtwinklige Bewegung einen Würfel entstehen lässt. Es besitzt Länge und Breite, aber keine Dicke. Wollen wir es messen, müssen wir Figur 2 zweimal mit sich selbst multiplizieren. Jede Dimension besitzt ihre eigene Maßeinheit und kann nicht durch die Maßeinheit der unter ihr liegenden Dimension bestimmt werden.

Bewegen wir eine dieser Figuren, um eine andere hervorzubringen, muss jeder Punkt in ihr seine entsprechende Linie zeichnen. Wenn durch rechtwinklige Bewegung einer Linie ein Quadrat entsteht, bewegt sich jeder Punkt auf der Gesamtlänge der Linie und zieht dabei eine neue Linie. Ebenso verhält es sich bei der Bewegung eines Quadrats zu einem Würfel. Ein Quadrat besteht aus den vier Grenzlinien und der innerhalb gelegenen Oberfläche. Um einen Würfel zu bilden, muss sich jeder Punkt dieser Oberfläche rechtwinklig zu sich selbst bewegen. Von einer höheren Dimension aus betrachtet, bleibt uns kein im Inneren der niedrigeren Figur liegender Punkt verborgen, da kein Punkt einen anderen überdecken kann.

Welche Figur entsteht durch die rechtwinklige, in eine neue Richtung verlaufende Bewegung eines Festkörpers? In jedem Fall kann diese neue Form nicht mit den bislang bekannten Maßen gemessen werden. Sie benötigt eine vierte Maßeinheit.

Tesserakt

Hinton nennt diese neue Figur *Tesserakt*. Er geht davon aus, dass sie sechzehn Punkte, zweiunddreißig Linien und vierundzwanzig Oberflächen besitzt, umrandet von acht Würfeln, vergleichbar mit der Linie, die durch zwei Punkte begrenzt ist, das Quadrat durch vier Linien und der Würfel durch sechs Oberflächen, der außerdem zwölf Linien und acht Punkte aufweist.

Nehmen wir an, eine solche Figur existiere tatsächlich und wir könnten sie sehen. Welchen Eindruck würden unsere Sinne von ihr gewinnen? Zum besseren Verständnis wenden wir uns nochmals unserer Kreatur in der zweidimensionalen Welt zu. Nehmen wir an, wir setzen einen Würfel auf die Oberfläche ihrer Welt, der auf sie wie eine mysteriöse Erscheinung wirken muss. Aufgrund ihres begrenzten Bewusstseins vermag sie nur jenen Teil zu sehen, der die Oberfläche ihrer Welt berührt – also ein Quadrat. Vergleichsweise erscheint der Tesserakt für uns als Würfel.

Es stellt sich die Frage, wie wir uns mit unserem begrenzten Bewusstsein das tatsächliche Erscheinungsbild eines Tesseraktes vorstellen sollen. Der Embryologe schneidet Eier unterschiedlicher Inkubationsstufen in hauchdünne Scheiben und untersucht sie unter dem Mikroskop. Jede Probe enthält einen winzigen Teil der embryonalen Form, die im Grunde genommen so dünn ist, dass sie fast als zweidimensional gelten könnte. Indem er die verschiedenen Abschnitte gedanklich kombiniert, gelangt er von den zweidimensionalen Bildern zu einer Vorstellung von der dreidimensionalen embryonalen Form. Wenn wir einem zweidimensionalen Wesen eine Vorstellung von einem dreidimensionalen Gegenstand vermitteln wollen, sollte dies mittels einer Reihe von zweidimensionalen Ausschnitten geschehen, um etwas zu verstehen, was das normale Begriffsvermögen übersteigt. In gleicher Weise müssen wir vorgehen, wenn wir uns die einfachsten vierdimensionalen Formen vorstellen wollen. Wir denken an eine Reihe von Ausschnitten und versuchen, sie in unserem Geist zu kombinieren. Bei diesen Ausschnitten wird es sich immer um dreidimensionale Formen handeln.

Wir sind scheinbar von dreidimensionalen Objekten umgeben. Falls es einen vierdimensionalen Raum gibt, könnten einige dieser Objekte vier Dimensionen besitzen, obwohl wir nur das von ihnen sehen, was unser begrenzter Blick erlaubt. Vielleicht sind alle unsere Mitgeschöpfe vierdimensionale Wesen, und es liegt mehr in ihnen, als wir wahrnehmen. Eine Person mag auf dieser Ebene recht durchschnittlich erscheinen. Für jemanden, der in den anderen Dimensionen den unbekannten Aspekt, die sogenannte Seele, zu sehen vermag, wird sich vielleicht eine höhere Entwicklungsstufe zeigen. In diesem Zusammenhang möchte ich ein Beispiel Hintons für die Möglichkeiten der vierdimensionalen Welt wiedergeben.

Eine Analogie

Kehren wir zu unserer Mikrobe in ihrer zweidimensionalen Welt zurück, die dieses Mal anstatt auf einem Blatt Papier auf einer dünnen Wachsschicht lebt. Senkrecht zu dieser Wachsschicht ziehen wir einen Faden, dessen Enden wir zwischen unseren Händen halten, eine Hand oberhalb, die andere unterhalb. Ob wir den Faden von oben nach unten oder von unten nach oben durchziehen, bleibt der Mikrobe verborgen. Seine Bewegung versteht sie nicht. Sie kann nur das Loch in der Oberfläche und das Fadenteilchen, das in dem Moment das Loch füllt, sehen. Unterschiedliche Teilchen, dicker oder verschieden gefärbt, könnte sie erkennen, nicht aber den Faden als Ganzes. Stoßen wir einen Tannenzapfen durch die Wachsschicht, erscheint dieser Vorgang dem auf ihr lebenden Wesen wie ein immer größer werdender Kreis, der schließlich ebenso plötzlich und unerklärlicherweise verschwindet wie er kam. Die Mikrobe vermag nicht zu erkennen, dass die einzelnen Kreise, die sich ihr in zeitlicher Abfolge zeigen, den gesamten Zapfen ausmachen.

Nehmen wir an, wir ziehen den Faden nicht senkrecht, sondern in einem Winkel von fünfundvierzig Grad durch das Wachsblatt. Es entsteht kein Loch, sondern ein Schlitz. Schließt sich das Wachs hinter dem sich bewegenden Faden, entsteht ein sich bewegendes Loch. Je größer die Neigung des Fadens zur Senkrechten, desto rascher seine Bewegung. Die Mikrobe sieht nur das sich bewegende Loch oder eher das darin steckende Fadenteilchen, dessen seitliche Bewegung sie als die wirkliche und einzige Bewegung in ihrer Welt betrachtet. Ihre Vorstellung ist trügerisch, da sich der Faden auf- oder abwärtsbewegt.

Stellen wir uns vor, wir bewegen anstelle eines einzigen Fadens viele in einen Holzrahmen gespannte, kreuz und quer verlaufende Fäden langsam und stetig aufwärts. Für unsere Mikrobe werden sich unzählige völlig voneinander getrennte Punkte in alle möglichen Richtungen und unterschiedlich rasch bewegen, was ihr als wahrhaftes Chaos erscheinen mag. Sie ist sich nur dieses verwirrenden Durcheinanders von für sie zufällig aufeinandertreffenden Atomen bewusst. Blickt man aus einer höheren Dimension auf die Szene, erkennt man, dass diese Täuschung auf das begrenzte Wahrnehmungsvermögen der Mikrobe zurückzuführen ist. Die einzige Bewegung, die tatsächlich stattfindet, ist das langsame und gleichmäßige Aufwärtsführen der eingerahmten Fäden, von denen sie nichts weiß.

Alle Bewegungen, die wir wahrnehmen, alle scheinbare Unordnung und Verwirrung im Leben unserer Mitgeschöpfe sind in Wirklichkeit nichts anderes als ein Teil der einen kraftvollen Aufwärtsbewegung der Evolution im Rahmen des göttlichen Gesetzes. Wir sollten lernen, das Geschehen aus höherer Sicht zu betrachten. Viele der Wissenschaft bekannte Phänomene ließen sich aus diesem Blickwinkel erklären. Im Hinblick auf die Anordnung der Fäden müssten bestimmte Bedingungen postuliert werden, die den inhärenten Eigenschaften der Materie, wie wir sie kennen, genau entsprechen.

Weitere Überlegungen

Es gibt zahlreiche wissenschaftliche Phänomene, die sich auf diese Weise erklären lassen. Eine auf eine Oberfläche gegossene Flüssigkeit breitet sich gewöhnlich in zwei Dimensionen aus und wird in der dritten sehr dünn. Ein Gas neigt dazu, sich in drei Dimensionen auszudehnen, wobei es in der vierten weniger werden kann.

Manche Gegenstände spiegeln sich gegenseitig wider. Die linke und die rechte Hand gleichen sich zwar, lassen sich aber nicht so drehen, dass die eine den Platz der anderen einnehmen kann. Anders verhält es sich mit einem Paar Handschuhe. Die Innenseite des einen Handschuhs und die Außenseite des anderen sind deckungsgleich. Zeichnet man zwei gegenüberliegende rechtwinklige Dreiecke auf ein Blatt Papier, schneidet sie aus und verschiebt sie auf einer Tischplatte, lässt sich dasselbe Erscheinungsbild erst dann herstellen, wenn man ein Dreieck hochhebt und umdreht. Diese Überlegungen lassen sich auf einige Phänomene der Elektrizität anwenden. Hinton geht sogar so weit, allgemein anerkannte Gesetze der Ethik von der Theorie einer vierten Dimension abzuleiten.

Das Selbst hinausstoßen

Die erste Stufe auf dem Weg zu wahrem Fortschritt besteht darin, sich von seinem Selbst und von der Illusion des Getrenntseins zu befreien und vollkommene Selbstlosigkeit zu entwickeln, um zum Wohle der Menschheit tätig sein zu können. Als Voraussetzung für ein erfolgreiches Studium der vierten Dimension muss man „das Selbst hinausstoßen", wie Hinton es bezeichnet. Wir müssen das Selbst in unserer Denkweise auslöschen und die vierte Dimension nicht von einem einzigen Gesichtspunkt, sondern von allen Seiten gleichzeitig betrachten. Der eigene oder besondere Gesichtspunkt muss transzendiert und durch die allgemeine und selbstlose Sichtweise ersetzt werden. Den meisten Menschen fällt es schwer, diese Lektion sowie die Selbstlosigkeit auf höheren Ebenen zu lernen. Für den Fortschritt sind beide Aspekte unerlässlich.

Obwohl es einigen eher zusagen mag, das astrale Schauen auf dem Weg der Konzentration, Meditation und Kontemplation zu entwickeln, als sich dem Problem auf mathematischem Wege zu nähern, kann sich die Auseinandersetzung mit diesem Annäherungsversuch nur positiv auswirken. Selbst wenn sie das astrale Schauen nicht entwickeln oder keine klare Vorstellung von einem Tesserakt gewinnen, vermittelt sie ihnen eine neue Sichtweise, die ihr Wahrnehmungsvermögen beachtlich fördert.

Kapitel 12

Unsichtbare Helfer

Vorbereitung auf den Tod

Die beste Vorbereitung auf den Tod ist eine gute Lebensführung, alles Weitere ergibt sich von selbst. Dennoch sollte man sich mit der Thematik vertraut machen, nicht nur, um das Geschehen besser zu verstehen, sondern um auf unvorhergesehene Ereignisse vorbereitet zu sein, die uns selbst oder jenen widerfahren, denen wir beistehen möchten. Wir müssen uns daran gewöhnen, dass es sich beim Tod um einen völlig natürlichen und normalen Vorgang handelt, und lernen, ihm nicht besorgt, sondern mit Freude entgegenzublicken. Er setzt der mühevollen irdischen Existenz ein Ende. Wir treten in ein höheres Leben ein, das unzählige Gelegenheiten bietet, sinnvoller als auf dieser Ebene zu wirken

Je genauer wir das Astralleben und seine Gegebenheiten kennen, desto erfolgreicher werden wir diejenigen führen, begleiten und trösten können, die nicht den Vorteil besaßen, sich auf die Veränderung vorzubereiten. Betrachten wir die unterschiedlichen Fälle, denen wir möglicherweise in jener anderen Welt begegnen und die der Hilfe bedürfen. Denken wir darüber nach, wie wir ihnen entgegentreten. Selbst jetzt, während des Schlafes, halten wir vielleicht nach Verstorbenen Ausschau, die unsere Unterstützung benötigen, und üben in den Perioden irdischen Daseins, was vielleicht einmal unsere Hauptaufgabe sein wird, wenn wir diesen Körper abgestreift haben.

Ein vertrautes Feld

Die Stunde des Todes wird für uns nichts Befremdendes oder Beängstigendes in sich tragen. Wir werden nur die Astralebene betreten und uns auf vertrautem Boden mitten unter Freunden befinden. Diejenigen, um die wir uns während des Schlafes (leider mit Unterbrechungen, da wir immer wieder aufwachten, das heißt, auf die physische Ebene zurückkehren mussten) bemüht haben, werden uns freudig begrüßen. Wir werden unsere Arbeit fortsetzen und unsere astralen Tätigkeiten ausdehnen, da uns hier mehr „Zeit" zur Verfügung steht.

Äußerste Notwendigkeit

Das Unwissen jener armen Seelen, die das neue Umfeld verblüfft und verwirrt, beruht auf der skandalösen Verhaltensweise ihrer Kirchen und Geistlichen, die es versäumen, sie über das wirkliche Leben nach dem Tod aufzuklären. Einige Neuankömmlinge klammern sich verzweifelt an das irdische Leben, an alles, was sie noch sehen und fühlen können. Da ihre Gedanken oder Interessen bisher nur den irdischen Dingen galten, erscheint ihnen alles andere leer und unwirklich. Sie fürchten sich. Sie können und wollen nicht glauben, dass sie „gestorben" sind, und wehren sich verzweifelt gegen die immer stärker werdende innere Gewissheit.

Zunächst muss man sie beruhigen und ihnen ein Gefühl der Sicherheit vermitteln. Später gibt man ihnen gütig, aber bestimmt zu verstehen, dass sie unter diesen neuen Umständen, ohne eine völlige Umkehr ihrer Gedankenwelt und Lebensziele, kein wahres Glück finden können. Ein solcher Prozess verläuft langsam und mühselig. Oft schrecken sie vor ihm zurück und fallen in eine unzufriedene, untätige Existenz zurück. Eifersüchtige und geizige Menschen binden sich ebenfalls an die Erde und benötigen dringend Hilfe. Da sie Vernunftgründen gewöhnlich nicht aufgeschlossen sind, kann ihnen selten geholfen werden.

Andere verharren aus Verantwortungsgefühl in Erdnähe, sei es wegen unerledigter Aufgaben oder nicht beglichener Schulden. Viele Personen, die aus astraler Sicht erkennen, dass sie ihr Testament ungerecht verfasst haben, vergeuden unnötig Zeit, den Folgen entgegenzuwirken.

Einige leiden unter dem Druck zweifelhafter Geheimnisse, die ihr Gewissen während ihres irdischen Lebens kaum belasteten. Manchmal fehlen wichtige Papiere, deren Aufbewahrungsort nur der Verstorbene kennt. Bisweilen liegt bitter benötigtes Geld an einem unbekannten Platz, und er sehnt sich danach, die Erben dorthin zu führen. Mitunter ermöglichen es gewisse Umstände dem Helfer, auf physischer Ebene einzugreifen und den Verstorbenen bis zu einem gewissen Grad zu beruhigen und von seiner Bürde zu befreien. In den meisten Fällen erweist es sich als besser, den Toten auf die Sinnlosigkeit seines Kummers hinzuweisen und ihn zu überzeugen, sich von seiner irdischen Gedankenwelt zu lösen und sein neues Leben sinnvoll zu nutzen.

Manchmal erkennt jemand, der im Zorn gestorben ist, seinen Fehler. Seine Gefühle und Handlungen der anderen Person gegenüber bekümmern ihn zutiefst. Er sehnt sich nach Wiedergutmachung. In anderen Fällen gehen Hass- und Rachegefühle über das Grab hinaus. Ängstlich verharrt der Tote in Erdnähe, nicht um zu helfen, sondern um zu verletzen.

Außer Hass dringen manchmal auch andere starke Gefühle durch die Todespforte. Beim Brand eines Schiffes verlor eine Frau ihr Leben. Es war ihr nicht gelungen, aus ihrer Kabine zu flüchten. Sie fürchtete sich entsetzlich, obwohl sie nicht unter körperlichen Schmerzen litt, da sie erstickte, lange bevor das Feuer ihre Kabine erreichte. Stunden nach ihrem Tod befand sie sich noch in demselben Zustand panischer Angst. Sie wusste nicht, dass sie bereits tot war, sondern wähnte sich immer noch in ihrer brennenden Kabine. Auch wenn ein solcher Fall von Hysterie eher selten auftritt, begegnet man auf Unwissenheit beruhender Furcht und Nervosität leider allzu häufig. Die Hauptarbeit der Helfer besteht darin, die Neuankömmlinge zu beruhigen, zu trösten und aufzuklären.

Selbstlose Verzögerung

Manche Seelen verlängern aus völlig selbstlosen Beweggründen ihren Aufenthalt in den unteren Astralregionen und in möglichst enger Beziehung zum irdischen Geschehen. Das Erdendasein einer bekannten Persönlichkeit war mit Gewalt und Verbrechen befleckt. Erst nach ihrem Tod erkannte sie ihre abscheulichen Taten. Voller Schuldgefühle suchte sie nach Möglichkeiten, diese zu sühnen. Sie kam auf den Gedanken, oder vielleicht war es der Vorschlag eines fortgeschrittenen Helfers, den langen Aufenthalt auf den niedrigen Astralebenen, zu dem sie aufgrund ihrer üblen Lebensführung verdammt war, zu nutzen, um anderen zu helfen und um auf diese Weise ihren Fluch in einen Segen zu verwandeln. Mit unermüdlicher Geduld bemühte sie sich, die Wirklichkeit und Gewissheit eines Lebens nach dem Tode zu beweisen. Zweifellos hat sie Hunderte von trauernden Herzen überzeugt.

Die Pflicht zu helfen

Für das Wirken der Helfer besteht großer Bedarf. Wir sollten uns dieser barmherzigen Beschäftigung während des Schlafes und nach dem Tod möglichst ganz widmen. Es gibt Raum und Arbeit für alle. Jeder, der denken kann, kann auch helfen. Wir sollten die Helfer nicht nur unterstützen, sondern dazu beitragen, Hindernisse aus ihrem Weg zu räumen. Die größten Schwierigkeiten werden durch die Einstellung der Toten verursacht – durch ihre Selbstsucht und ihr Anhaften an das irdische Leben. Es gilt, jede Gelegenheit zu nutzen, die theosophischen Lehren weiterzugeben.

Ein anderes großes Hindernis auf dem Pfad jener, die versuchen, den Toten zu helfen, bildet der törichte Glaube an religiöse Aspekte, unter denen so viele leiden. Eine weitere Quelle unnötiger Schwierigkeiten liegt in der selbstsüchtigen und unbeherrschten Trauer der Hinterbliebenen. Der Weg der Heilung ist in jedem Fall derselbe. Wissen wird den Lebenden vor Kummer und den Toten vor Verzweiflung bewahren. Für uns, die wir jene Wahrheiten kennen, bedeutet es eine heilige Pflicht, dieses Wissen zu verbreiten.

Diese Pflicht muss man allerdings mit Feingefühl erfüllen. Die theosophische Lehre darf niemals aufgezwungen werden. Der Zuhörer wäre eher empört als interessiert, wie wir wohl aus eigener Erfahrung wissen, wenn ein aufdringlicher Fremder uns auf der Straße nach unserem Seelenheil fragte. Dennoch ist es die Pflicht eines jeden, an sich zu arbeiten, um das Licht, das er erkannt hat, an andere weiterleiten zu können.

Er sollte sich eingehend mit diesen Themen befassen, um sie bei Bedarf erklären und jede intelligente Frage in Bezug auf den philosophischen Aspekt beantworten zu können. Wahrscheinlich wird ihn früher oder später jemand aufsuchen, der einen Freund oder Angehörigen „verloren" hat und um Trost und Unterweisung bitten. Er sollte in der Lage sein, alle Fragen erschöpfend und zufriedenstellend zu beantworten und ihm die richtige Einstellung zum Tod und dem Leben danach zu vermitteln. Mit abnehmender Trauer und zunehmendem Wissen wird er ihn davor bewahren, die Arbeit der Helfer zu behindern und ihn darauf vorbereiten, den eigenen Tod zu verstehen. Die Theosophie bringt die Wahrheit von Leben und Unsterblichkeit ans Licht und lehrt, dass es keinen Tod gibt. Eine Botschaft, die es wert ist, sie zu verkünden.

Umfassendere Möglichkeiten

Obwohl sich das Leben nach dem Tod weitgehend durch das vorangegangene Erdenleben bedingt, wäre es ein großer Fehler, es ausschließlich als ein Leben der Auswirkungen zu betrachten. Dies mag in gewisser Weise für jemanden zutreffen, der die Neugestaltung und sein Umfeld blind akzeptiert. Anders verhält es sich mit einem Menschen, der die Ebene und ihre Gegebenheiten versteht. Er besitzt die Möglichkeit, Gutes oder Schlechtes zu bewirken, vielseitige Kenntnisse zu erwerben und aktiv tätig zu sein. Der Durchschnittsmensch wird davon Abstand nehmen, da seine Gedanken in seinem Erdendasein hauptsächlich um ihn selbst kreisten und er diese Tendenz wahrscheinlich beibehalten wird. Bisweilen beginnt er, die Dinge in einem neuen Licht zu sehen und zu erkennen, dass er seine Zeit bisher vergeudet hat. In diesem Fall wird er wahrscheinlich den aufrichtigen Versuch unternehmen, sie besser zu nutzen. In manchen Fällen hat der Tod den Menschen positiv verändert.

Ein erfreulicher Fall

Zwei junge Mädchen starben plötzlich im Alter von achtzehn und sechzehn Jahren. Sie waren freundlich, gütig und voller guter Absichten in ihrem irdischen Leben gewesen. Sie liebten es, bewundert zu werden, und putzten sich heraus, wie junge Mädchen eben sind. Mit lebhaftem Interesse blickten sie dem Leben entgegen, das so angenehm vor ihnen zu liegen schien. Ihr plötzlicher Tod verwirrte sie. In ihrer neuen Umgebung fanden sie sich zunächst nicht zurecht. Ihre Begegnung mit den unsichtbaren Helfern begeisterte sie für deren Arbeit. In der Blüte ihrer Jugend aus dem irdischen Dasein gerissen, lag ein langes Astralleben vor ihnen, das sie bestmöglich nutzten.

Unverständige Freunde mögen Mitleid mit ihnen empfunden haben, weil sie die irdische Welt so jung verlassen mussten. In Wirklichkeit konnte ihnen nichts Besseres geschehen, da sie in diesem neuen und höheren Leben in einem Jahr mehr bewirken konnten als in zwanzig Erdenjahren. In der physischen Welt wäre die Zeit zweigeteilt gewesen. Sie hätten sicherlich gelernt, sich guten und sinnvollen Aufgaben zu widmen. Daneben aber wäre viel Zeit für die Trivialitäten dieser niedrigen Ebene vergeudet worden. In der Astralwelt, die weder Müdigkeit noch Schmerz kennt, konnten sie jeden Augenblick nutzen und voranschreiten, da sich ihre Gedanken allein mit jenen beschäftigten, denen sie helfen und die sie trösten wollten.

Das Astralleben bedeutet Fortschritt, denn Fortschritt ist Teil des göttlichen Plans. Der Aufstieg verhält sich proportional zur Entwicklung. Jemand, der Sklave seiner Begierde ist, kann nur voranschreiten, wenn er sie ausmerzt. Mehr Fortschritt ist auf seiner Stufe nicht möglich. Ein freundlicher und hilfreicher Mensch lernt durch seine selbstlose Arbeit auf der Astralebene und wird bei seiner Rückkehr zur Erde viele zusätzliche Kräfte und Eigenschaften mit einbringen.

Begegnung von Freunden

Immer wieder wird die Frage gestellt, ob man seine Freunde im Jenseits wiedersehen wird. Natürlich werden wir ihnen begegnen, denn weder sie noch wir haben uns verändert. Warum sollten wir sie nicht erkennen? Die gegenseitige Zuneigung wird wie ein Magnet wirken. Hat der geliebte Mensch die Erde bereits vor langer Zeit verlassen und hält sich in der Himmelswelt auf, werden wir warten müssen, bis auch wir diese Ebene erreicht haben.

Wenn wir uns daran gewöhnen, den Tod als das Tor in ein umfassenderes und erfüllteres Leben zu betrachten, wird das Dahinscheiden eines Freundes in einem anderen Licht erscheinen. Da wir die Seele des Freundes und nicht seine äußere Erscheinungsform lieben, kann es keine Trennung geben. Wahre Freunde bleiben auf allen Ebenen miteinander verbunden. Der geliebte Mensch nimmt unsere Gefühle und Gedanken wahr. Jede Nacht, wenn wir schlafen, können wir ihm begegnen. Sterben wir kurz nach ihm, werden wir ihn sofort auf der Astralebene wiedersehen. Gegenseitige Zuneigung vereinigt. Die Liebe ist die stärkste Macht im Universum, im Leben wie im Tod.

Die Auseinandersetzung mit diesem Thema nimmt jegliche Furcht und macht das Leben leichter, da wir seinen Sinn und sein Ziel verstehen. Für jemanden, der das wahre, das selbstlose Leben lebt, bringt der Tod nicht Leid, sondern Freude. Er ist das Tor zum Leben, zu einem reicheren und höheren Leben. Diesseits und jenseits des Grabes gilt dasselbe Gesetz göttlicher Gerechtigkeit. Haben wir das unendliche Leben erst einmal erkannt, gibt es keine Missverständnisse mehr, und wir beginnen, die Dinge in ihren wahren Proportionen zu sehen. Dann erscheint uns der Tod nicht mehr als furchterregender König des Schreckens, sondern als strahlender Engel der Evolution.

Kapitel 13
Die Himmelswelt

Irdische Vorstellungen

Alle Religionen sprechen von der Existenz eines Himmels und der Glückseligkeit, die einem sinnvoll geführten irdischen Leben folgt. Das Christentum und der Islam sehen in ihm eine Belohnung, die Gott jenen zuteil werden lässt, die Ihm wohlgefällig sind. Die meisten anderen Glaubensgemeinschaften beschreiben ihn als die zwangsläufige Folge eines guten Lebens, was der theosophischen Sichtweise entspricht. Obwohl alle Religionen den Himmel in schillernden Farben schildern, ist es keiner gelungen, einen Eindruck der Wirklichkeit zu vermitteln. Manche Beschreibungen muten geradezu grotesk an. Wir möchten dies nicht von den uns seit unserer Kindheit vertrauten Legenden behaupten, aber an mancher Geschichte anderer Religionen wird es deutlich. Die Indianer Nordamerikas kehren nach dem Tod in die ewigen Jagdgründe ein. Dies ist der einzige Himmel, den sie verstehen. Der mittelalterliche Christ dachte an goldene Straßen und Tore aus Perlen. Die Natur stellt beiden zur Verfügung, womit sie ihre Astralwelt gestalten möchten. In der buddhistischen und hinduistischen Literatur werden wir wortgewaltige Berichte über grenzenlose Gärten finden, in denen goldene und silberne Bäume mit Früchten aus Edelsteinen stehen, eine Darstellung, die uns ebenso unglaubwürdig erscheinen mag wie dem Buddhisten oder Hindu unsere Erzählungen von Straßen aus Gold und Perlentoren. Solche Dinge existieren in der Astralwelt nach dem Tod, aber keineswegs in den Himmelswelten.

Diesen Berichten wird nur etwas Lächerliches anhaften, wenn wir sie wörtlich nehmen. Jeder Schreiber versucht, die Wirklichkeit, die sich nicht in Worte fassen lässt, aus seiner Sicht darzustellen. Der Hindu zweifelte nicht daran, einen der prächtigen Gärten indischer Könige vor sich zu sehen. Dem jüdischen Schriftgelehrten waren diese Dinge fremd. Er weilte in einer großen, prachtvollen Stadt – wahrscheinlich Alexandria. *Seine* Vorstellung von Pracht war eine überirdische Stadt. Jeder Schreiber versucht, eine Wirklichkeit darzustellen, die jenseits aller Worte liegt, indem er sie mit ihm vertrauten Dingen vergleicht.

Viele haben die Herrlichkeit des Himmels geschaut und ihn in ihrer unzulänglichen Weise zu beschreiben versucht. Theosophische Autoren sprechen nicht mehr von Gold und Silber, Rubinen und Diamanten, wenn sie die Vorstellung größtmöglicher Feinheit und Schönheit von Farbe und Form übermitteln wollen. Sie ziehen Vergleiche zu dem Farbspiel eines Sonnenuntergangs und dem Glanz des Meeres und des Himmels. Jeder, der die Wirklichkeit schauen durfte, weiß, dass ihr keine Beschreibung jemals gerecht zu werden vermag, eine Wirklichkeit, die jeder eines Tages schauen und erkennen wird.

Eine wunderbare Wirklichkeit

Dieser Himmel ist kein Traum, sondern eine strahlende Wirklichkeit. Um sie auch nur annähernd verstehen zu können, müssen wir zuerst unsere alten Vorstellungen von ihm ändern. Der Himmel ist kein Ort, sondern ein Bewusstseinszustand. Wenn sie mich fragen: „Wo ist der Himmel?", dann lautet die Antwort, dass er *hier* ist – sie jetzt, in diesem Moment umgibt, so nahe wie die Luft, die sie atmen. Ihr seid umgeben von Licht. Ihr müsst nur die Binde von den Augen nehmen und schauen, wie Buddha es bereits vor langer Zeit ausdrückte. Was bedeutet das? Es ist eine Frage der Bewusstseinserhöhung. Wir müssen lernen, in einem höheren Träger bewusst zu werden. Es handelt sich dabei um den gleichen Prozess, der bereits in Zusammenhang mit dem Astralbewusstsein angesprochen wurde, nur auf einer höheren Stufe. Das Bewusstsein wird auf die Mentalebene gehoben. Über seinen Mentalkörper kann der Mensch die Schwingungen dieser Ebene, die innerhalb seiner Erkenntnisfähigkeit liegen, aufnehmen und in dem strahlenden Glanz des Himmels weilen, während er noch einen physischen Körper besitzt, obwohl es ihn nach einer solchen Erfahrung kaum zu ihm zurückverlangt.

Der zweite Tod

Der Durchschnittsmensch erreicht den Zustand der Glückseligkeit nur in seltenen Fällen unmittelbar nach dem Tod. Wie bereits erwähnt, zieht sich das Ego nach dem Tod gleichmäßig in sich selbst zurück. Das gesamte Astralleben ist ein einziger Rückzugsprozess. Wenn die Seele die äußere Grenze der Astralwelt erreicht hat, stößt sie ihren Astralkörper ab und strebt einem höheren und reicheren Leben entgegen. Dieser zweite Tod verläuft ohne Schmerz oder Leiden. Der gewöhnliche Mensch kann ihn sogar unmöglich als solchen erkennen.

Zu Beginn seines Astraldaseins nimmt der Mensch eine Reihe von physischen Gegenständen und ein Meer von Gedankenformen wahr. Zunächst konzentriert sich seine Aufmerksamkeit ausschließlich auf das jeweilige Gegenstück der physischen Objekte. Den Gedankenformen schenkt er kaum Beachtung. Später verliert sich sein Interesse an den astralen Objekten, und er wendet sich vermehrt den Gedankenformen zu. Im Laufe der Zeit wird er sich seines Astralkörpers und dessen Umfeld immer weniger bewusst sein, bis nur noch höhere mentale Aspekte einen Eindruck in ihm hinterlassen. Ungeachtet seines Interesses an ihnen, werden sie letztlich verblassen, und er spürt, wie er in eine sehr angenehme Ruhe sinkt. Gewöhnlich tritt eine Phase der Unbewusstheit ein, analog der, die in der Regel auf den physischen Tod folgt, aus der er allmählich erwacht.

Nicht jedes Ego nimmt die Himmelswelt bewusst wahr, und viele Seelen berühren kaum ihre unterste Ebene. Eine arme Näherin lebte in einem der Elendsviertel Londons, in das kaum Licht und Luft drang. Trotz aller Widrigkeiten war sie eine gute, wenngleich ungebildete Frau, deren Leben nur aus harter Arbeit bestand. Jeden, dem sie begegnete, überströmte sie mit Liebe und Herzlichkeit. Obwohl sie wenig Geld besaß, zeigte sie sich stets hilfsbereit. Sie nahm sich die Zeit, das Leid der Nachbarn zu lindern. Oft saß sie nach der täglichen Plackerei die halbe Nacht bei jemandem, um ihn zu pflegen. In vielen Fällen waren die ihr entgegengebrachte Dankbarkeit und Zuneigung die einzigen höheren Gefühle, zu denen diese Menschen in ihrem rauen und erbärmlichen Leben fähig waren.

Unter solch elenden Bedingungen starben viele. Die arme Frau hatte mehr für sie getan, als ihr bewusst wurde, denn durch sie hatten jene Menschen zum ersten Mal die niedrigste Unterebene der Himmelswelt berührt. Wenn es sich auch nur um eine kurze und einfache Erfahrung handelte, besaß sie doch eine größere Bedeutung, als man zunächst annehmen sollte. Wenn die geistige Energie der Selbstlosigkeit erst einmal geweckt wird, wirkt sie sich in der Himmelswelt dahingehend aus, dass sie zu wiederholen versucht, was den Hauch einer Eigenschaft in der Seele hinterlässt, die sich mit Sicherheit im nächsten Leben zum Ausdruck bringt.

Das Reich der Gedanken

Das Reich der Gedanken ist die Sphäre des göttlichen Geistes. Alles, was der Mensch denken *könnte,* wird hier zur lebendigen Wirklichkeit. Wir gehen von einer falschen Vorstellung aus, wenn wir die materiellen Dinge als Realität und die nichtmateriellen als Traumgebilde und deshalb als unwirklich betrachten. In Wirklichkeit ist alles Materielle in diesem Stoff begraben und verborgen und weit weniger wahrnehmbar und erkennbar, als aus höherer Sicht betrachtet. Der Begriff *Gedankenwelt* weckt sofort die Vorstellung von einer Scheinwelt, die „aus dem Stoff besteht, aus dem die Träume sind", wie der Dichter sagt.

Wenn der Mensch seinen physischen Körper verlässt und sich seines astralen Daseins bewusst wird, empfindet er sofort die ungeheure Lebendigkeit und Wirklichkeit dieses Lebens. „Nun weiß ich zum ersten Mal, was es heißt, zu leben. Bisher war ich ein Gefangener, ohne es zu wissen. Ich habe mich für fleißig und klug gehalten, bin aber nichts anderes als eine kriechende Raupe gewesen, die nur ihr kleines Blatt kannte. Jetzt habe ich meine Flügel ausgebreitet und bin wie ein Schmetterling in das Sonnenlicht eines weiten Lebens geschwebt."

Verlässt er dieses Leben für ein höheres, wird sich die Erfahrung wiederholen, da das neue Leben das astrale an Intensität und Fülle bei weitem übertrifft. Und doch gibt es noch ein anderes von unsagbarer Strahlkraft erfülltes Leben. Aber es ist zwecklos, jetzt daran zu denken.

Für viele mag es absurd klingen, dass die Gedankenwelt realer als die physische sein soll, was durchaus verständlich ist, solange sie die höhere nicht kennen. Manchmal genügt die geringste Erfahrung, um in einem Augenblick mehr zu erkennen, als Worte auszudrücken vermögen. Humphry Davy berichtete von seinem durch Lachgas hervorgerufenen Erlebnis. Zunächst vermochte er die äußeren Dinge nicht mehr wahrzunehmen. Mit Worten verbundene lebendige Bilder jagten durch seinen Geist und riefen völlig neue Empfindungen hervor. „Ich lebte in einer Welt neuer Zusammenhänge und Begriffe." Als er sich erholt hatte, rief er aus: „Es existieren nur Gedanken. Das ganze Universum besteht aus Eindrücken, Ideen, Freuden und Schmerzen!" Die unvollkommene Erinnerung an eine schwache Erfahrung der Astralebene ließ ihn bereits diese Erkenntnis gewinnen.

Der Göttliche Geist

Die Mentalwelt ist eine Widerspiegelung der Fülle des Göttlichen Geistes. Jeder Mensch kann aus der Himmelswelt nur in dem Maß schöpfen und erkennen, wie er sich durch seine früheren Anstrengungen darauf vorbereitet hat. Hätte er seine ihm vorgezeichnete Entwicklung bereits abgeschlossen und das Göttliche in sich voll entfaltet und verwirklicht, gäbe es diese Einschränkung nicht. Im Osten heißt es: Jeder Mensch bringt sein Gefäß. Manche Gefäße sind groß, andere klein. Aber ob groß oder klein, jedes Gefäß ist bis zum Rand gefüllt. Das Meer der Glückseligkeit enthält mehr als genug für alle.

Alle Religionen haben von der Glückseligkeit des Himmels gesprochen, aber wenige haben uns mit genügender Klarheit und Präzision die Grundidee dargelegt, die allein auf vernünftige Weise erklärt, wie diese Seligkeit für alle möglich wird, die Tatsache, dass jeder Mensch entsprechend der Kraft seiner Gedanken und seines Strebens seinen eigenen Himmel gestaltet. Die Dauer und Intensität seines himmlischen Lebens legt er aufgrund der Ursachen, die er in seinem irdischen Dasein geschaffen hat, für sich selbst fest. Er wird genau die Freude erfahren, derer sein Bewusstsein fähig ist. Der Widerhall auf sein Streben findet seine Begrenzung nur in seiner Fähigkeit zu streben.

Durch seine Triebe und Leidenschaften hat sich der Mensch in seinem Erdenleben einen Astralkörper aufgebaut, in dem er sein astrales Dasein verbringen muss. Je nach Art des Körpers verläuft es glücklich oder elend. In dieser Zeit des Fegefeuers verbrennt der niedere Teil seines Wesens. Es bleiben ihm nur seine höheren und feineren Gedanken und die edlen und selbstlosen Bestrebungen während seines Erdenlebens. Sie umschließen ihn wie eine Art Schale, über die er auf gewisse Schwingungen jener höheren Materie zu reagieren vermag. Die ihn umgebenden Gedanken sind die Kräfte, durch die er aus dem Reichtum der Himmelswelt schöpft. Er erkennt, dass er aus dieser unbegrenzten Vorratskammer genau jenen Gedanken und Idealen entsprechend schöpfen kann, die er im physischen und astralen Leben schuf. Seine Gefühle tiefster Zuneigung und Hingabe tragen nun Früchte, da ansonsten nichts mehr übrig geblieben ist. Alles Selbstsüchtige und Habgierige hat er auf der Ebene der Begierden zurückgelassen.

Es gibt zwei Arten von Zuneigung. Die eine achtet stets darauf, dass ihre Liebe in gleichem Maße erwidert wird, und verstrickt sich dadurch fortwährend in den Fängen der Eifersucht und des Argwohns, was sich auf der Wunschebene als Zweifel und Elend niederschlagen wird. Die andere Art der Liebe fragt nicht nach Gegenleistung. Sie verströmt sich. Da sie kein Klammern, kein Hinziehen zu sich selbst kennt, ergießt sich eine ungeheure Kraft, die sich weder über die Astralmaterie auszudrücken vermag noch in den Dimensionen der Astralebene existiert. Sie bedarf der feineren Materie und der Weite der Mentalebene, auf der sie beheimatet ist. Ähnlich verhält es sich mit der frommen Hingabe, die hauptsächlich an die Auswirkung des Gebets denkt und die Andacht zur Verhandlungsbasis degradiert, während sich die wahre Hingabe in der Kontemplation der Gottheit völlig verliert.

Wir alle haben die Erfahrung gemacht, dass ein Aspekt unserer tiefsten Hingabe niemals befriedigt oder unser höchstes Streben nicht verwirklicht wurde, dass im Moment selbstloser Liebe unser Gefühl jegliche Ausdrucksmöglichkeit auf physischer Ebene weit übersteigt, dass das tiefste Empfinden, das die edelste Musik oder die vollkommenste Kunst in uns auslöst, Höhen und Tiefen erreicht, die dieser dumpfen Erde verborgen bleiben. Diese wunderbare und unberechenbare Kraft muss irgendwo etwas bewirken, denn das Gesetz von der Erhaltung der Energie gilt auf den höheren Ebenen des Denkens und Strebens ebenso wie in der einfachen Mechanik.

Wenn sich diese Energie nicht in der Materie der begrenzten physischen Ebene auswirken kann, aber auf denjenigen zurückfällt, der sie in Bewegung setzte, wie und wann wird es ihr möglich sein, tätig zu werden? Sie wartet, bis der Mensch ihre Ebene erreicht hat. Solange sein Bewusstsein auf die physische und die astrale Ebene konzentriert ist, kann sie sich nicht auf ihn auswirken. Erst wenn er in der Mentalwelt weilt, überflutet sie ihn. Nichts geht verloren, auch wenn es uns in dieser niedrigen Welt erscheint, als habe es sein Ziel verfehlt oder sei zunichte geworden.

Seelenfenster

Als Grundlage dient das Verständnis für die Art, in der der Mensch seinen eigenen Himmel gestaltet. Unsagbare Schönheit und Pracht erfüllen die Ebene des göttlichen Denkens, aber der Mensch kann sie nur durch jene Fenster sehen, die er selbst geschaffen hat. Jede seiner Gedankenformen bildet ein solches Fenster, durch das die äußeren Kräfte einwirken können. Hat er sich in seinem irdischen Leben hauptsächlich mit weltlichen Dingen befasst, schuf er sich nur wenige Fenster, durch die diese höhere Herrlichkeit auf ihn einwirken kann. Sicherlich hat jeder Mensch irgendwann in seinem Leben den Hauch eines reinen, selbstlosen Gefühls verspürt, was nun zu einem Fenster für ihn wird. Abgesehen von dem unentwickelten Menschen auf einer frühen Entwicklungsstufe wird jeder etwas von dieser wunderbaren Glückseligkeit erfahren. Anstatt wie die Orthodoxen zu erklären, einige kommen in den Himmel, andere in die Hölle (falls wir das niedrigste Astralleben mit einer solchen Bezeichnung belegen wollen), wäre es angebracht zu sagen, dass alle Menschen ihren jeweiligen Anteil an beiden Zuständen haben werden.

Die Seele des Durchschnittsmenschen befindet sich noch auf einer sehr frühen Stufe seiner Entwicklung. Sie hat gelernt, sich ihres physischen Körpers verhältnismäßig leicht zu bedienen, und kann in ihrem Astralkörper ziemlich frei wirken, obwohl es ihr selten gelingt, die Erinnerung an ihre Aktivitäten dem physischen Gehirn weiterzuleiten. Ihr Mentalkörper hat sich noch nicht zu einem wirklichen Träger entwickelt. Sie kann ihn weder wie die niedrigen Körper benutzen noch sich in ihm fortbewegen oder dessen Sinne für den Empfang von Informationen im üblichen Sinne einsetzen.

Wir dürfen daher nicht von einer lebhaften Tätigkeit oder großen Bewegungsfreiheit wie auf der Astralebene ausgehen. Die Seele befindet sich in einem rezeptiven Zustand. Ihre Verbindung zur Außenwelt erfolgt nur durch ihre eigenen Fenster und ist daher äußerst begrenzt. Jemand, der sich auf dieser Ebene in vollem Umfang betätigen kann, steht weit über dem Durchschnitt. Er muss ein verklärter Geist, ein erhabenes, hoch entwickeltes Wesen sein. Jemand, dessen Bewusstsein auf dieser Stufe voll erwacht ist, vermag sich seines Mentalträgers so zu bedienen, wie der gewöhnliche Mensch seinen physischen Körper benutzt, und besitzt Zugang zu der Fülle höheren Wissens.

Betrachten wir zunächst einen weniger entwickelten Menschen, der nur durch seine Fenster blickt. Um seinen Himmel zu verstehen, müssen wir zwei Aspekte berücksichtigen: Sein Verhältnis zur Himmelswelt selbst und die Beziehung zu seinen Freunden.

Was sein Verhältnis zu seiner Umgebung auf dieser Ebene betrifft, sind zwei Punkte zu beachten: Die durch seine Gedanken geprägte Mentalmaterie und die durch seine Bestrebungen hervorgerufenen Mentalkräfte. Wie bereits erwähnt, umgibt sich der Mensch auf der Astralebene mit Gedankenformen. Da die Gedanken auf der Mentalebene beheimatet sind, gewinnen diese Formen eine besondere Bedeutung im Zusammenhang mit jenen beiden Aspekten. Der Mensch ist umgeben von lebenden Kräften, mächtigen, engelgleichen Bewohnern dieser Ebene, von denen viele auf einige seiner Bestrebungen reagieren, die ebenso wie seine Gedanken in den Bahnen verlaufen, die er während seines Erdenlebens bereits gelegt hat.

Man könnte annehmen, dass eine Ebene von solch transzendenter Kraft und Vitalität den Menschen bei seinem Übertritt zu Tätigkeiten in völlig neuen Bereichen anregt, was aber gewöhnlich nicht der Fall ist. Sein Gedankenkörper ist keineswegs in dem Maße ausgebildet wie seine niedrigen Träger und wird noch nicht vollständig von ihm beherrscht. Während vieler Leben war dieser Körper daran gewöhnt, Eindrücke und Anregungen von unten, von den niedrigen Körpern zu empfangen, in erster Linie vom physischen Träger. Da er wenig dazu beigetragen hat, auf seiner eigenen Ebene Mentalschwingungen direkt aufzunehmen, kann er sie nicht plötzlich annehmen und darauf reagieren. Mit anderen Worten, er gibt keinen Anstoß zu irgendwelchen neuen Gedanken. Diejenigen, die ihm bereits zu eigen sind, bilden die Fenster, durch die er in seine neue Welt blickt.

Das Fenster der Musik

Diese Fenster unterscheiden sich in zweifacher Weise voneinander, die Richtung, in der sie geöffnet werden, und die Beschaffenheit ihres Glases. Der höhere Gedanke vermag viele Richtungen einzuschlagen. Einige, wie Zuneigung und Hingabe, sind im Allgemeinen so persönlich gefärbt, dass sie eher dem Bereich gegenseitiger Beziehung zugeordnet werden sollten. Betrachten wir ein Beispiel, in dem dieser Aspekt wegfällt und nur der Einfluss des Umfelds eine Rolle spielt.

Nehmen wir die Musik. Ein Mensch, der ein musikalisches Fenster besitzt, sieht sich einer gewaltigen Macht gegenüber. Die Musik kann einen

Menschen erheben, ihn vorübergehend in einen neuen Menschen in einer neuen Welt verwandeln. Ein Mensch, der keine Musik in seiner Seele trägt, verfügt in dieser Richtung über keinerlei Fenster. Wer aber ein solches Fenster besitzt, kann durch dieses drei verschiedene Eindrücke gewinnen, die wiederum durch drei Faktoren bestimmt werden: Die Größe des Glases, seine Farbe und die Qualität seines Materials. Wenn jemand auf Erden nur eine Art von Musik schätzte, ist er jetzt offensichtlich auf diesen Aspekt begrenzt. Was wird er durch dieses Fenster aufnehmen, falls es ein gutes ist?

Erstens: Er wird die Musik, die die geordneten Kräfte dieser Ebene zum Ausdruck bringt, spüren. Die poetische Vorstellung von der Sphärenmusik birgt eine gewisse Wahrheit, da auf diesen höheren Ebenen alle Bewegungen und alles Tätigsein Harmonien in Klang und Farbe hervorbringen. Alles Denken – sein eigenes wie das der anderen – drückt sich in einer bezaubernden, doch unbeschreiblichen Reihe sich stets verändernder Akkorde wie aus tausend Äolsharfen aus. Diese musikalische Manifestation des leuchtend pulsierenden Lebens in der Himmelswelt bildet den stets gegenwärtigen Hintergrund für alles übrige Erleben.

Zweitens: Unter den Bewohnern der Mentalebene gibt es eine Ordnung von Engeln, die sich besonders der Musik widmen und sich in weit größerem Maße durch sie zum Ausdruck bringen als die übrigen Wesen. Die Hindus bezeichnen sie als Gandharvas. Ein Mensch, der die Musik liebt, wird mit Sicherheit, ihre Aufmerksamkeit auf sich ziehen und mit einigen von ihnen in Berührung kommen, von ihnen lernen und sich der wunderbaren neuen Kombinationen, die sie anwenden, erfreuen.

Drittens: Er wird mit höchster Wertschätzung der Musik seiner Mitmenschen in der Himmelswelt lauschen. Viele große Komponisten – Bach, Beethoven, Mendelssohn, Händel, Mozart, Rossini – sind hier nicht tot, sondern voll pulsierenden Lebens und bringen noch großartigere Musik hervor als die, für die man sie auf Erden kannte. Ein großer Teil der Inspiration irdischer Musiker ist nur ein ferner, schwacher Widerhall der Musik aus jener Sphäre. Was wir vom Genie dieser niedrigen Welt erkennen, ist nur ein Abglanz der ungebundenen Kräfte jener, die uns vorangegangen sind. Häufiger als wir denken, kann der empfängliche Mensch Gedanken von ihnen auffangen und sie in dieser Welt wiedergeben, so weit dies möglich ist. Große Meister der Musik haben berichtet, dass sie manchmal ein ganzes Oratorium, einen prächtigen Marsch oder einen wundervollen Chorgesang in einem einzigen Klang vernahmen, der sie zu ihrer Komposition inspirierte. Hierin zeigt sich der Unterschied zwischen der himmlischen Musik und dem, was wir auf Erden kennen. Ein einziger mächtiger Akkord beinhaltet dort mehr, als was hier in mühevoller Arbeit viel weniger deutlich zum Ausdruck gebracht wird.

Eine ähnliche Erfahrung würde der Mensch machen, dessen Fenster die Kunst der Malerei ist. Er hätte dieselben drei Möglichkeiten, sich zu erfreuen, denn die Beschaffenheit der Ebene erlaubt es, dass sie sich in Farbe und Klang ausdrückt. Er versteht die Farbsprache der Devas, einer Ordnung von Wesen, die sich unter dem Aufleuchten herrlicher Farben untereinander verständigen. Die großen Künstler des Mittelalters arbeiten hier nicht mit Pinsel und Leinwand, sondern sie gestalten die Mentalmaterie mittels Gedankenkraft. Jeder Künstler weiß, dass die beste Darstellung auf der Leinwand seiner geistigen Vorstellung mit Abstand unterlegen ist. In der Himmelswelt wird das Denken zur Wirklichkeit. Enttäuschung ist unmöglich. Das Gleiche gilt für alle Gedankenrichtungen, so dass es unendlich viel zu erfahren und zu lernen gibt, eine Fülle, die unser begrenzter Verstand nicht zu erfassen vermag.

Persönliche Beziehungen

Betrachten wir die Beziehung des Menschen zu Personen, die er liebt oder denen gegenüber er Hingabe und Verehrung empfindet. Immer wieder stellen Leute die Frage, ob sie in jenem höheren Leben ihre Lieben treffen und erkennen oder ob sie in diesem unvorstellbaren Glanz vergeblich nach den vertrauten Gesichtern Ausschau halten werden, ohne die ihnen alles leer erscheinen würde. Die Antwort auf diese Frage ist eindeutig. Die Freunde werden zweifellos da sein, vollkommener und wirklicher, als in den Zeiten, in denen sie noch bei uns waren.

Weiterhin wird oft gefragt: „Wie verhält es sich mit den Freunden, die bereits in den Himmelswelten leben? Können sie uns hier unten sehen? Beobachten und erwarten sie uns?" Wohl kaum. Es gäbe Schwierigkeiten. Wie kann der Hinübergegangene glücklich sein, wenn er zurückblickt und seine Lieben trauern oder leiden sieht oder, schlimmer noch, sie dabei beobachtet, wie jemand eine Sünde begeht? Andererseits verbesserte es die Lage wohl kaum, wenn er sie zwar nicht sieht, aber auf sie wartet. Diese oft Jahre dauernde Wartezeit bedeutete schmerzlichen Stillstand für ihn, wobei der Freund sich in der Zwischenzeit oft so stark verändert haben mag, dass er bei dessen Ankunft keine Sympathie mehr für ihn empfindet. Das System, nach dem die Natur das Leben nach dem Tode geordnet hat, vermeidet derartige Schwierigkeiten. Jene, die der Mensch am meisten liebt, hat er stets bei sich, immer von ihrer edelsten und schönsten Seite. Kein Schatten der Zwietracht oder der Veränderung kann jemals zwischen sie treten, da er von ihnen immer genau das erhält, was er sich wünscht. Das Vorgehen der Natur ist allem, was Verstand oder Phantasie des Menschen stattdessen zu bieten haben, weit überlegen. Der Mensch spekuliert. Die Wahrheit ist Gottes Sache.

Wirkungsweise der Zuneigung

Der Mensch, der einen anderen innig liebt, zeichnet ein klares mentales Bild von ihm, das oft in seinem Geist gegenwärtig ist. Dieses Bild nimmt er naturgemäß mit in die Mentalwelt, da es aus der Materie dieser Ebene besteht. Die Liebe, die ein solches Bild formt und bewahrt, ist eine sehr machtvolle Kraft, mächtig genug, die Seele des betreffenden Freundes zu erreichen und auf sie einzuwirken. Es ist die Seele des Menschen, die geliebt wird, nicht sein Körper. Sie reagiert sofort freudig auf diese Kraft und ergießt sich in die Gedankenform. Der Freund dieses Menschen ist daher lebendiger bei ihm als jemals zuvor.

Ob er tot oder lebendig ist – wie wir zu sagen pflegen – macht nicht den geringsten Unterschied. Das liegt daran, dass nicht jener Teil des Freundes angesprochen wird, der sich auf physischer Ebene manifestiert hat, sondern der wahre Mensch selbst auf seiner eigenen Ebene. Er kann demnach an zwei oder mehreren Orten zugleich sein. Die Seele gehört einer höheren Ebene an. Das Verhältnis zu ihrer Manifestation entspricht einer Dimension zu einer anderen. Keine noch so große Anzahl von Ausdrucksformen vermag die Unendlichkeit der Seele jemals zu erschöpfen. Einen winzigen Anteil von sich selbst lässt sie in einen physischen Körper eintreten, um Erfahrungen zu sammeln, die sie allein auf dieser Ebene gewinnen kann. Sie kann einen solchen Körper nur jeweils einmal bewohnen. So verlangt es das Gesetz. Selbst wenn sie tausend Körper zugleich bewohnte, könnte ihrem wahren Wesen nicht Ausdruck verliehen werden. Erweckt die Seele bei einem Freund eine solche Liebe, dass dieser nach seinem Tod ein starkes Mentalbild von ihr in sich trägt, kann sie auf diese Liebe reagieren, indem sie ihr eigenes Leben in die Gedankenform ergießt und sich auf einer Ebene, die zwei Stufen über der physischen liegt, mit ihren wahren Eigenschaften zum Ausdruck bringt.

Anhand eines einfachen Vergleichs soll dargestellt werden, wie das Bewusstsein eines Menschen gleichzeitig in dieser wie in jener Manifestation tätig sein kann. Sitzt man auf einem Stuhl, gibt es mehrere Kontaktpunkte. Man berührt den Stuhlsitz, die Füße ruhen auf dem Boden, die Hände liegen auf den Armlehnen oder halten ein Buch. Dennoch fällt es dem Gehirn nicht schwer, sich dieser Kontakte gleichzeitig bewusst zu werden. Warum sollte es für die weit über dem physischen Bewusstsein stehende Seele schwieriger sein, sich mehr als einer der Ausdrucksformen auf den unteren Ebenen gleichzeitig bewusst zu sein? Es ist ein und derselbe Mensch, der die verschiedenen Kontakte spürt, die verschiedenen Gedankenformen erfüllt und in allen lebendig und liebevoll zugegen ist. In der himmlischen Welt vermag er sich vollkommener zum Ausdruck zu bringen, als dies selbst unter den besten Voraussetzungen auf der physischen Ebene jemals möglich gewesen wäre.

Es stellt sich die Frage, ob die einem Freund entgegengebrachte Liebe, die ein mentales Abbild hervorruft, zu seiner Entwicklung beiträgt. Besitzt er einen physischen Körper, lernt er durch ihn die irdischen Lektionen. Gleichzeitig ermöglicht es ihm dieses Abbild, auf der Mentalebene die Eigenschaft der Zuneigung rascher zu entwickeln. Die Seele kann sie in zahlreichen, für sie vorbereiteten Gedankenformen ausdrücken. Diese zusätzliche Entwicklungsmöglichkeit ist die unmittelbare Folge liebevoller Zuneigung durch eine Vielzahl von Mitmenschen. Es wird nicht nur Liebe empfangen. Die eigene Liebesfähigkeit wird verstärkt, ungeachtet dessen, ob die Freunde unter den Lebenden oder den Toten weilen.

Zwei Einschränkungen sind zu beachten, der Entwicklungsgrad des Menschen und der Entwicklungsgrad des Freundes. Das Bild, das sich ein unentwickelter Mensch von seinem Freund macht, mag unvollkommen sein. Viele seiner höheren Eigenschaften werden fehlen. Daraus folgt, dass sie keinen Eingang finden und sich durch diese Form nicht Ausdruck verleihen können. Andererseits wurde der Freund vielleicht überschätzt, was dazu führt, dass das Gedankenbild einen Aspekt enthält, der ihm nicht vollkommen gerecht wird. Aber selbst in einem solchen Fall wird man dem Freund helfen. Der junge Liebhaber, der in seiner Angebeteten nur die reinsten und edelsten Tugenden sieht, wird von dem kalten Kritiker, der nicht ihrem Zauber verfällt, oft belächelt. Aus höherer Sicht betrachtet, erweist sich diese Missbilligung als Fehler. Besagte Dame mag jene Eigenschaften zwar nicht zum Ausdruck bringen, sie aber als Keim in sich tragen. Wir alle sind Teil des Logos. Jede Seiner Eigenschaften schlummert auch in uns. Der Liebhaber ist im recht. Sein fester Glaube an die Existenz dieser wertvollen Charakterzüge ist der beste Ansporn für ihre Entfaltung, die beste Methode, sie zu wecken und hervorzulocken. Man sollte stets das Beste von seinem Mitmenschen denken, denn ein solcher Gedanke neigt dazu, sich selbst zu rechtfertigen.

Selbst wenn der Freund überschätzt wurde, würde der Mensch, der das Gedankenbild schuf, weder eine Veränderung noch einen Mangel an ihm feststellen. Da der Freund sich auf der höheren Ebene der Mentalwelt durch ein Gedankenbild ausdrückt, ist er zumindest eher imstande, dem Ideal zu entsprechen, als dies während seines Erdendaseins möglich gewesen wäre. Er ist zwar noch nicht vollkommen, aber besser als zuvor. Der Mensch mag Hunderte von Bildern mit den Eigenschaften ausfüllen, die er besitzt, aber eine unentwickelte Eigenschaft wird sich nicht plötzlich entfalten, weil der Freund davon ausging, dass er sie bereits besaß. Der Theosoph, der in seinem Geist ein Bild des Meisters formt, ist sich dessen bewusst, dass jegliche Unzulänglichkeit auf seiner Seite liegt, denn er schöpft aus einer Liebe und Kraft, die sein Verstand niemals zu ergründen vermag.

Beispiele himmlischen Daseins

Die Mentalebene besitzt, wie alle anderen Ebenen, die wir kennen, sieben Unterebenen von unterschiedlichen Dichtegraden. Sie werden von oben nach unten gezählt, von der feinstofflichsten bis zur dichtesten Stufe, wobei letztere *verhältnismäßig* materiell ist. Die Religionen verfahren genau umgekehrt und bezeichnen die unterste Stufe als den ersten und die höchste als den siebten Himmel.

Zum besseren Verständnis möchte ich aus der theosophischen Schrift *Die Devachan Ebene* einige typische Beispiele für das Leben auf den unterschiedlichen Ebenen anführen.

Die siebte Unterebene der Himmelswelt kennzeichnet als wichtigstes Merkmal die Zuneigung zu Familie und Freunden – selbstlos, aber gewöhnlich ein wenig engstirnig. Dies bedeutet nicht, dass die Liebe sich auf den niedrigsten Himmel beschränkt, sondern vielmehr, dass diese Form der Zuneigung die höchste ist, zu der der Mensch, der sich auf der siebten Stufe befindet, fähig ist. Auf den höheren Stufen findet man eine Liebe von weitaus edlerer und größerer Art.

Das erste Beispiel handelt von einem einfachen, aber durchaus ehrlichen und achtbaren Geschäftsmann, ohne intellektuelle Entwicklung oder religiöses Empfinden. Er war zwar regelmäßig am Sonntag in die Kirche gegangen, aber Religion war für ihn doch eher eine verschwommene Wolke, die er nicht so recht verstand, die mit seinem Alltag nichts zu tun und die er niemals zur Lösung seiner Probleme hinzugezogen hatte. Er empfand zwar somit keinerlei tiefe Verehrung, die ihn vielleicht zur nächsten Unterebene erhoben hätte, wohl aber eine liebevolle, weitgehend selbstlose Zuneigung zu seiner Familie. Er hatte sie ständig vor Augen und arbeitete von morgens bis abends mehr für sie als für sich in seinem kleinen Laden. Nach seinem Aufenthalt auf der Astralebene und der Auflösung seines Astralkörpers fand er sich in dieser untersten Ebene der Himmelswelt wieder, umgeben von seinen Lieben.

Er war genauso wenig ein intellektueller oder hoch geistiger Mensch wie er es auf Erden gewesen war, denn der Tod bringt keine plötzliche Veränderung mit sich. Sein Umfeld, in dem er mit seiner Familie weilte, entsprach seinen eigenen höchsten Idealen nicht-physischer Freuden während seines Erdenlebens. Dennoch war er so glücklich, wie er sein konnte, und entwickelte selbstlose Eigenschaften, die sich als dauerhafte Charakterzüge in seine Seele senkten und die sich in seinen zukünftigen Erdenleben zeigen werden.

Ein anderes typisches Beispiel ist das eines Mannes, der starb, als seine einzige Tochter noch klein war. In seinem Himmel war sie stets bei ihm und zeigte sich von ihrer besten Seite, während er sich ihre Zukunft in den allerschönsten Farben ausmalte. Ein anderer Fall handelt von einem jungen Mädchen, das sich fortwährend mit den perfekten Eigenschaften ihres Vaters beschäftigte und sich immer neue Überraschungen und kleine Freuden für ihn ausdachte. Typisch war auch eine glückliche Griechin, umgeben von ihren drei Kindern, darunter ein hübscher junger Mann, den sie sich als Sieger bei den Olympischen Spielen vorstellte.

Unter den beobachteten Fällen fand sich eine Mutter, deren Tod etwa zwanzig Jahre zurücklag und die zwei Jungen im Alter von fünfzehn und sechzehn Jahren zurückgelassen hatte, mit denen sie eng verbunden war. In ihrem Himmel kreisten ihre Gedanken ausschließlich um diese beiden Kinder, die sie so sah, wie sie sie verlassen hatte. Ihre Liebe, die ununterbrochen in diese Mentalbilder strömte, ergoss sich über die beiden heranwachsenden Männer in der irdischen Welt, wirkte sich aber nicht gleichermaßen aus. Der Unterschied lag in der Vitalität des Mentalbildes selbst, den die Mutter nicht wahrnehmen konnte. Es stellte sich heraus, dass sich der eine Sohn zu einem gewöhnlichen Geschäftsmann entwickelt hatte – keineswegs übel gesinnt, aber in keiner Weise spirituell ausgerichtet. Der andere hingegen, war ein gebildeter, selbstlos strebender

Mann geworden. Seine Seele war bewusster als die seines Bruders, weshalb er das jugendliche Abbild, das seine Mutter in ihrem Himmelsleben geformt hatte, stärker belebte. Er konnte mehr Seele hineinlegen, was das Bild lebendiger werden ließ.

Das vorherrschende Charakteristikum des zweiten Himmels könnte man als anthropomorphe religiöse Frömmigkeit bezeichnen. Eine spanische Nonne war im Alter von neunzehn oder zwanzig Jahren gestorben. In ihrem Himmel stellte sie sich vor, dass sie Christus während seines Erdenlebens, wie es die Evangelien berichten, begleitete und sich nach seiner Kreuzigung der Jungfrau Maria annahm. Ihre Bilder von Landschaft und Kleidung in Palästina waren völlig unzutreffend, denn der Erlöser und seine Jünger trugen die Tracht spanischer Bauern. Sie sah die Hügel um Jerusalem mit rebbedeckten Hängen und die Olivenbäume mit grauem spanischen Moos behangen. Sie malte sich aus, eines Tages als Märtyrin für ihren Glauben zu sterben und in den Himmel aufzusteigen, aber nur, um dieses Leben, das ihr solche Freude bereitete, immer wieder aufs Neue zu durchleben.

Das Hauptmerkmal des dritten Himmels könnte man als Frömmigkeit bezeichnen, die sich durch aktives Tätigsein ausdrückt. Er ist die Ebene, in der große Pläne und Entwürfe ausgearbeitet werden können, die auf der Erde nicht verwirklicht wurden – der großen, von religiöser Hingabe inspirierten Organisationen, die zumeist ein philanthropisches Ziel verfolgen. Ein typisches Beispiel, wenn auch weniger dem Durchschnitt entsprechend, war ein Mann, der an der Verwirklichung seines Plans zur Verbesserung ärmerer Gesellschaftsschichten arbeitete. Selbst tief religiös, war es ihm ein Anliegen gewesen, die Bedingungen für die Armen zu verbessern. Diesen Plan, den er in seinem Erdenleben nicht in die Tat umsetzen konnte, arbeitete er jetzt in seinem devachanischen Leben in allen Einzelheiten liebevoll aus. Dazu gehörten neben der Zusammenfassung kleinerer Gewerbe, um die Wirtschaft anzukurbeln, höhere Löhne, die Bereitstellung schlichter Wohnhäuser und Gärten sowie Gewinnbeteiligung als Altersvorsorge. Er hoffte, auf diese Weise der Welt die praktische Seite des Christentums zu zeigen und aus

Dankbarkeit für die materiellen Vorteile Anhänger für seinen Glauben zu gewinnen.

Die Tätigkeiten des vierten Himmels, der höchsten der Form-Ebenen, sind so vielseitig, dass es schwierig ist, sie unter einem einzigen Charakteristikum zusammenzufassen. Am besten teilt man sie in vier Hauptgruppen ein – selbstloses Streben nach spirituellem Wissen, hohes philosophisches oder wissenschaftliches Denken, selbstlos ausgeübte literarische oder künstlerische Tätigkeiten und Dienen um des Dienens willen.

Auf dieser Ebene überfluten unsere größten Musiker, wie Mozart, Beethoven, Bach oder Wagner, die Himmelswelt mit einer noch großartigeren Harmonie, als sie sie auf Erden hervorzubringen vermochten. Göttliche Musik aus höheren Regionen scheint in sie hineinzuströmen, die sie sich anpassen und zu eigen machen und in einer Flut von Melodien über die gesamte Ebene ergießen, was zur Steigerung der allgemeinen Glückseligkeit beiträgt. Nicht nur jene, die voll bewusst auf dieser Ebene tätig sind, vernehmen sie klar und deutlich, sondern auch die in ihrer eigenen Gedankenwolke eingehüllten entkörperten Wesen werden von der erhebenden Musik tief berührt.

Durch die Gedanken der Maler und Bildhauer, die ihre Kunst stets selbstlos ausgeübt haben, entstehen fortwährend neue künstlerische Elemente in allen möglichen anmutigen Formen zur Freude und Ermutigung ihrer Mitmenschen. Diese Ideen finden mitunter auch Eingang in den Geist von auf der Erde lebenden Künstlern und wirken inspirierend auf sie.

Ein junger Chorknabe war mit vierzehn Jahren gestorben. Seine Seele war erfüllt von Musik und einer kindlichen Hingabe an diese Kunst, durch die er die religiöse Sehnsucht der Gläubigen in der Kathedrale zum Ausdruck zu bringen glaubte. Abgesehen von dem Gesang kannte er wenig. Aber er hatte diese großartige Gabe würdig genutzt, indem er versuchte, die Stimme der Menschen an den Himmel und die Stimme des Himmels an die Menschen zu sein. Er hatte sich stets danach gesehnt, möglichst viele Musikstücke zu erlernen, um sie der Kirche zuliebe noch würdiger zu intonieren. Nun erfüllte sich sein Wunsch. Über ihn neigte sich die

Heilige Cäcilia, die er in Gedanken nach einer Darstellung auf einem Kirchenfenster geformt hatte. Einer der mächtigen Erzengel der himmlischen Hierarchie des Gesangs belebte die kindliche Gedankenform und lehrte den Chorknaben durch sie großartigere Klänge und Töne, als die Erde sie jemals vernommen hat.

Auf dieser Ebene finden sich viele, die während ihres Erdenlebens den Menschen aus einem Gefühl der Brüderlichkeit helfen – die dienen um des Dienstes willen, nicht, um einer bestimmten Gottheit zu gefallen. Wissen und Weisheit lassen sie Pläne erarbeiten, die der Wohltätigkeit und Verbesserung der Welt dienen. Gleichzeitig entwickeln sie Kräfte, die es ihnen ermöglichen, diese Pläne später auf der niedrigen Ebene irdischen Daseins umsetzen zu können.

Entwicklung auf der Devachan-Ebene

Man mag sich fragen, welche Entwicklungsmöglichkeiten die Seele während ihres Aufenthalts im Devachan besitzt. Es gibt drei Hauptgruppen. Erstens: Aufgrund gewisser Eigenschaften hat sich die Seele bestimmte Fenster zu dieser Himmelswelt geöffnet. Durch fortwährenden Einsatz jener Eigenschaften über einen längeren Zeitraum hin wird sie diese stärken und ihre nächste Inkarnation entsprechend bereichert antreten. Gedanken werden durch fortgesetzte Wiederholung intensiviert. Ein Mensch, der tausend Jahre in erster Linie damit verbringt, selbstlose Zuneigung auszuströmen, wird am Ende dieser Zeit fähig sein, stark und tief zu lieben.

Zweitens: Wenn die Seele sich bemüht, durch ihr Fenster mit einer der erhabenen Engelgruppen in Verbindung zu treten, wird sie viele Dinge lernen. Im Bereich der Musik werden es ihr bislang unbekannte Obertöne und auf dem Gebiet der Kunst ihr völlig fremde Kunstformen sein, die sich ihr allmählich einprägen. Bereichert wird sie ihr devachanisches Leben verlassen.

Drittens: Über die von ihr gebildeten Gedankenformen wird die Seele von höher entwickelten Wesen belehrt werden. Der Mensch, der sich ein

Abbild eines Meisters schafft, wird klare Lehren und Hilfe erhalten. In geringerem Maße ist dies bei weniger entwickelten Menschen möglich.

Das wahre Leben der Seele

Als nächste Stufe folgt das Leben der Seele oder des Egos auf ihrer eigenen Ebene, in ihrem Kausalkörper – dem Träger, der sich, abgesehen von seiner allmählichen Entwicklung, niemals verändert. Die Herrlichkeit himmlischen Daseins findet schließlich ihr Ende. Der Mentalkörper fällt ab, wie die anderen Träger vor ihm, und das Leben des Menschen beginnt in seinem Kausalkörper. Die Seele benötigt keine Fenster, denn die Kausalebene ist ihre wahre Heimat, und alle Mauern sind gefallen. Die Mehrheit der Menschen existiert in dieser Höhe kaum bewusst. Sie befindet sich in einem träumerischen Halbschlaf. So begrenzt ihr Blick aufgrund mangelnder Entwicklung sein mag, ihre Vision ist real. Bei jeder Rückkehr werden die Begrenzungen geringer und sie selbst gewachsen sein.

Im Vergleich zu ihrem Aufenthalt auf den niedrigen Ebenen, verbringt der Mensch mit fortschreitender Entwicklung einen zunehmend längeren Zeitraum auf der Kausalebene. Er lernt nicht nur zu empfangen, sondern auch zu geben und, nach dem Vorbild Christi, seinen Mitmenschen zu helfen und das Selbst zugunsten der Allgemeinheit zu opfern. Er erkennt die himmlische Kraft im menschlichen Dienst, die höheren Kräfte, die den Erdensöhnen in ihrem Lebenskampf zur Seite stehen. Dies sind einige Stufen eines Lebens, das selbst wir, die wir noch am Fuße der Goldenen Leiter stehen, vor uns sehen können, um jenen davon zu berichten, die sie noch nicht erblickt haben, damit auch sie ihre Augen für die unvorstellbare Herrlichkeit öffnen, die sie bereits in ihrem trüben Alltag umgibt.

Kapitel 14

Der Tod von Kindern

Das Rätsel des frühen Todes

Die Kindersterblichkeit hat viele Fragen aufgeworfen und das Gefühl von Verlust manches Herz in Verzweiflung gestürzt. „Welchen Sinn kann ein Leben haben, wenn es kaum, da es begonnen hat, wieder beendet wird?" Die orthodoxe Lehre bemüht sich, die Leidtragenden mit der Erklärung zu trösten, dass ein getauftes Kind, das stirbt, ohne vorher eine Sünde begangen zu haben, direkt in die himmlische Glückseligkeit einkehrt. Dadurch besitzt es jenen gegenüber einen gewaltigen Vorteil, die länger leben und mit Sicherheit ihre Chance auf ein unsterbliches Leben aufs Spiel setzen, auch wenn sie dieses nicht unwiederbringlich verlieren mögen.

Sobald der Mensch zu denken beginnt, stellen ihn derartige Aussagen nicht mehr zufrieden. Auch die Theosophen fanden zunächst keine eindeutige Erklärung. Wir suchten Zuflucht in nichtssagenden Phrasen, sprachen von der Verschwendung der Natur und führten als Beispiel die Eiche an, die Tausende von Eicheln hervorbringt, von denen höchstens zwei oder drei die Möglichkeit haben werden, zu einem Eichenbaum heranzuwachsen. Wir unternahmen den vagen Versuch, die hohe Kindersterblichkeitsrate als Phänomen der Artverwandtschaft zu erklären. Gleichzeitig waren wir uns bewusst, dass es in Wirklichkeit keine Parallele gibt. Der Verlust eines Kindes musste zum Karma der Eltern gehören und das nach sich ziehende Leid eine Folge ihrer vergangenen Handlungen sein. Dennoch blieben wir eine Erklärung schuldig für die Beziehung zwischen dem Ereignis und dem Ego, das den Kinderkörper beseelt.

Im Zuge der Nachforschungen ergab es sich, sinnvollerweise eine lange Reihe aufeinanderfolgender Inkarnationen desselben Egos zu untersuchen, um durch Analyse und Vergleich die Wirkungsweise des Gesetzes von Ursache und Wirkung zu erkennen und die Gesetze zu verstehen, die Zeit und Ort der Wiedergeburt bestimmen. Zu diesem Zweck wurde eine Serie parallel verlaufender Leben untersucht, tabellarisch aufgezeichnet und sorgfältig überdacht, was hoch interessante und wichtige Faktoren zutage treten ließ.

Problematische Reinkarnation

Ich denke dabei besonders an zwei Brüder, die im antiken Griechenland lebten. Beide befassten sich ernsthaft mit der pythagoreischen Philosophie. Es verband sie nicht nur ihre gegenseitige tiefe Zuneigung, sondern auch das gemeinsame Interessengebiet. Für den älteren war die Philosophie sein Hauptlebensinhalt. Fast seine gesamte Zeit war dem Studium und der Arbeit in Zusammenhang mit den Mysterien gewidmet, deren Eingeweihter er war. Für den jüngeren Bruder bildete die Philosophie zwar einen zentralen Faktor in seinem Leben, daneben aber entwickelte er ein großes künstlerisches Talent, das ihn zum größten Bildhauer seiner Zeit werden ließ. Da diese Tätigkeit die Hälfte seiner Zeit in Anspruch nahm, blieb ihm weniger Muße, um sich den Studien der Schule des Kleineas zu widmen. Das Leben der Brüder verlief glücklich bis in ihr hohes Alter. Ihre enge Verbundenheit und der gegenseitige Einfluss machten eine gemeinsame Wiedergeburt unerlässlich. Die Schwierigkeit ergab sich aus der Tatsache, dass beide unterschiedlich lange in der Himmelswelt weilten. Zu Beginn des 16. Jahrhunderts war der jüngere Bruder für eine Wiedergeburt bereit, während der ältere noch über drei Jahrhunderte devachanischen Lebens vor sich hatte.

Für die *Herrn des Karma* entsteht dadurch kein Problem. Der Mensch hält sich so lange in der Himmelswelt auf, bis sich sein von ihm selbst angelegter Energievorrat erschöpft hat. Folglich ist es unmöglich, diese Periode zu verkürzen oder zu verlängern, höchstens in sehr engem Rahmen.

Dazu ist eine geringfügige Verdichtung anhand einer Intensivierung der Glückseligkeit jenes höheren Lebens möglich. Diese Maßnahme kommt höchst selten vor und wäre im vorliegenden Fall unangebracht gewesen. Die Schwierigkeit wurde auf einfachste Weise gelöst. Das Leben des jüngeren Bruders in der Himmelswelt hatte sich erschöpft. Er inkarnierte sich in Mitteleuropa. Sein künstlerisches Talent zeigte sich bereits in jungen Jahren, nur diesmal in einer anderen Richtung. Er wurde Kupferstecher, so wie sein Vater. Man sagte ihm eine vielversprechende Laufbahn voraus, als er im Alter von knapp zwanzig Jahren von der Pest hinweggerafft wurde. Viele beklagten diesen frühen Tod und bedauerten den Verlust für die Kunst jener Tage.

Während seines kurzen irdischen Lebens hatte der junge Mann eine verhältnismäßig geringe Energiemenge eingesetzt, was zu einem relativ kurzen Leben in der Himmelswelt führte, obwohl seine Wünsche und Emotionen einen durchschnittlich langen Aufenthalt auf der Astralebene erforderten. Mitte des 19. Jahrhunderts reinkarnierte er sich drei Jahre nach der Geburt seines älteren Bruders aus dem antiken Griechenland.

Der frühe Tod, oft ein Segen

Dieses Beispiel zeigt, dass ein früher Tod, der eine offenbar hervorragende Karriere jäh beendet, ein großer Segen und nicht ein beklagenswerter Verlust sein mag. Obwohl die künstlerischen Fähigkeiten des jüngeren Bruders im 16. Jahrhundert durchaus zum Tragen gekommen wären, hätten seine philosophischen und mystischen Studien nicht den angemessenen Fortschritt gemacht. Seine Tendenz in diese Richtung hatte sich bereits durchgesetzt. Begierig griff er alles auf, was er an Mystik finden konnte. Die Lehren Johannes Taulers beeinflussten ihn sehr, aber er stand auch in Verbindung mit Bewegungen, die Nikolaus von Basel, Christina Margaretha Ebner und Heinrich Seuse ins Leben gerufen hatten. Dennoch ist es offensichtlich, dass diese Seite seines Wesens kaum befriedigt worden wäre, hätte er länger gelebt. Dass beide Brüder in ihrer gegenwärtigen Inkarnation der Theosophischen Gesellschaft seit ihren Anfängen angehören, lässt erkennen, dass der frühe mittelalterliche Tod des jüngeren kein Übel, sondern ein Segen für ihn gewesen ist.

Ausgehend von diesem Beispiel, nahmen wir an, auf andere kurze Leben schließen zu können, aber es bedurfte eines weiteren Falls, um den dahinterliegenden Plan zu erkennen. Diesmal handelte es sich um einen jungen Theosophen, der zweimal in dieselbe Familie geboren wurde. Sein erstes Leben währte nur wenige Wochen. Einige Jahre später wurde er bei denselben Eltern wiedergeboren. Es stellte sich die Frage, warum das erste Leben den Ansprüchen nicht genügte. „Wie wirkte sich die Verzögerung von einigen Jahren auf das Ego aus? In welcher Hinsicht hätte sich jenes Leben von dem jetzigen unterschieden?"

Bei näherer Betrachtung stellte sich heraus, dass die Eltern Freidenker gewesen waren, bevor sie der Theosophie begegneten, die von der ganzen Familie einstimmig angenommen wurde. Wäre der Junge damals am Leben geblieben, hätte er im Pubertätsalter gestanden, als er auf die Theosophie stieß. Da das Freidenkertum wenig bietet, um zu lernen, seine Leidenschaften zu beherrschen, hätte er vielleicht bereits manche negativen Angewohnheiten entwickelt und sein Leben verdorben, ehe er unter den Einfluss der Theosophie kam. Dank jenes frühen Todes war er nun noch sehr jung und konnte sich auf die kommenden Schwierigkeiten vorbereiten.

Es folgten weitere Untersuchungen kindlicher Todesfälle. Alle wiesen dasselbe Merkmal auf. Das spätere Leben erwies sich in gewisser Hinsicht als das höher angesiedelte Leben, das mehr Gelegenheiten bot, bestimmte für das Ego notwendige Aspekte zu entwickeln. Während die Eltern durch den Verlust ihres Kindes gewiss eine Menge Karma tilgen konnten, gereichte es dem Ego, das den kindlichen Körper beseelte, stets zum Vorteil, niemals zum Nachteil. Es mag zahlreiche andere, bis jetzt noch nicht erkannte Gründe für die Kindersterblichkeit geben. In vielen Fällen jedoch dient sie einfach dazu, die Zeit zu überbrücken, bis die bestmögliche Inkarnation vorbereitet werden kann.

Oft geschieht es, dass sich die Kraft eines Egos erschöpft hat, die allein es in der Himmelswelt zu halten vermag, und es sich aus diesem Grunde inkarnieren muss, während andere Egos, denen es begegnen soll, weil sie ihm viel schulden oder das Ego Schuld ihnen gegenüber zu begleichen hat, noch nicht bereit für ein Erdenleben sind. In solchen Fällen wird die Schwierigkeit gleichzeitiger Inkarnationen durch ein kurzes Zwischenleben des Egos gelöst, dessen Auftreten verfrüht wäre, um es ihm zu ermöglichen, ein zweites Mal geboren zu werden, wenn die anderen ebenfalls bereit sein würden. Es gibt Fälle, in denen die Verschiebung von ein bis zwei Jahren bereits einen gewaltigen Unterschied ausmacht. Ein solcher Fall wäre ein Kind, das während einer gewissen Lebensphase unter den starken Einfluss eines bestimmten Lehrers gerät, einen Einfluss, der seine gesamte Zukunft formt. Hätte es die Klasse ein oder zwei Jahre früher erreicht, hätte es einen anderen Lehrer vorgefunden, wodurch die gesamte Inkarnation möglicherweise völlig anders verlaufen wäre. Es geht nicht immer darum, einer bestimmten Person zu begegnen, wodurch das Ego sich gezwungen sieht, sich zu einer bestimmten Zeit zu inkarnieren. Ein Unterschied von zwei oder drei Jahren mag aber die Empfänglichkeit des Individuums für die Einflüsse seines Umfeldes in vieler Hinsicht verändern.

Das Astralleben des Kindes

Ein weiterer Aspekt, der nicht übersehen werden darf, ist die Tatsache, dass das Astralleben der Kinder ausgesprochen glücklich verläuft. Ein Ego, das seinen physischen Körper bereits nach wenigen Monaten abstreift, hat sich kaum an ihn oder einen der anderen Träger gewöhnt, so dass der kurze Aufenthalt auf der Astral- oder der Mentalebene praktisch unbewusst sein wird. Ein Kind, das mehrere Jahre gelebt und ein Alter erreicht hat, in dem es sich am Spiel erfreut, wird viele der Dinge, die es sich wünscht, vorfinden. In dem großen Kinderhort auf der Astralebene herrscht Fröhlichkeit. Einige gute Seelen, die bereits in ihrem Erdenleben Kinder liebten, kümmern sich hier um sie und bewahren sie vor unangenehmen Anblicken der Astralwelt.

Viele Kinder lieben es, sich selbst als die Helden all der wundervollen

Geschichten vorzustellen. Auf der physischen Ebene kostet es einige Anstrengungen, diese Fantasiegebilde zu personifizieren. Man kann sich ihr Entzücken ausmalen, wenn sie feststellen, dass sie in diesem herrlichen neuen Leben mittels ihrer Gedanken die Personen und die Umgebung formen, sich als Robinson Crusoe oder eine andere Person ausgeben und als solche auch gesehen werden können.

Kinder stellen unermüdlich Fragen und sind begierig, alles zu verstehen. Auf der physischen Ebene ist uns ihre Beharrlichkeit oft lästig, da es uns schwerfällt, die geeigneten Worte zu finden, die Dinge für sie verständlich zu erklären. Auf der Astralebene fällt es leichter, da in vielen Fällen mittels Gedankenkraft ein entsprechendes Bild geschaffen werden kann und der Gegenstand nicht nur beschrieben, sondern auch *gezeigt* wird. Die Kinder sind begeistert, und ihr Wissensdurst wird vollends gestillt.

Zu denken, dass viele Kinder trotz all dieser Freuden ihre Eltern, Spielgefährten und Tiere vermissen und darunter leiden, würde bedeuten, einige der wichtigsten Faktoren zu übersehen, die sich im Astralleben auswirken. Obwohl wir manchmal unter dem Eindruck stehen mögen, unsere verstorbenen Freunde „verloren" zu haben, sind wir für sie nicht verlorengegangen. Sie sind uns nahe und sehen unseren Astralkörper. Der einzige Unterschied für sie besteht darin, dass wir uns ihrer in der Nacht, nicht während des Tages bewusst werden. Wenn wir wach sind, nehmen sie zwar unseren Astralkörper wahr, aber wir reagieren nicht auf ihrer Ebene. Schläft unser physischer Körper, erwachen wir für ihre Welt und unterhalten uns mit ihnen. Die Kinder vermissen Vater und Mutter nicht, denn wenn diese schlafen, sind sie bei ihnen. Ihre Beziehung ist sogar noch enger und schöner, da sie mehr in ihnen sehen und sie besser verstehen. In der Zwischenzeit kümmern sich liebevolle Seelen um die Kleinen und achten darauf, dass es ihnen an nichts fehlt und sie glücklich sind.

Ist Wachstum nach dem Tod möglich?

Es wird häufig die Frage gestellt, ob die Kinder im Laufe ihres Astrallebens wachsen. Unsere spiritistischen Freunde lassen an diesem Punkt keinen Zweifel und führen zahllose Fälle an, in denen sich Kinder Jahre nach ihrem Tod ihren Eltern zeigten, die sie nicht wiedererkannten. Da wir wissen, dass sich die Seele, die den Kinderkörper abgestreift hat, verhältnismäßig kurze Zeit später reinkarniert, reagierten die Theosophen oft ungläubig und betrachteten diese Behauptung eher als falsch. Andererseits darf man die Tatsache nicht übersehen, dass sich auf der Astralebene jedes Wesen willentlich einen Träger formen kann und daher so erscheint, wie es von sich denkt. Daraus folgt, dass ein Kind, das bei seinem Tod bereits ein Alter erreicht hat, in dem es über seine Zukunft als junger Mann nachdenkt, sich wahrscheinlich sehr schnell heranwachsen sehen wird, was sich in seinem Astralkörper niederschlägt. Würde man ihm dabei helfen, diesen zu materialisieren, zeigte sich das Phänomen von Wachstum. Bei diesem Wachstum handelt es sich aber nur um eine Erscheinungsform. Es entspricht in keiner Weise dem natürlichen Werdegang des physischen Körpers.

Der größere Anteil der Astralmaterie, der den Astralkörper bildet, nimmt die Form des physischen Körpers an, da sie von der groben Materie angezogen wird. Selbst nach seinem vollständigen Rückzug aus dem Physischen wird der Astralkörper unter Umständen jahrelang dasselbe Erscheinungsbild beibehalten. Der Mensch vermag diese Form mittels Gedankenkraft beliebig auszudehnen, aber sobald der Gedankendruck nachlässt, fällt die Gestalt in ihre alte Form zurück. Während der Junge auf der physischen Ebene langsam heranwächst, verändert sich der Astralkörper, um sich dem physischen anzupassen. Wenn der Junge stirbt, gibt es in der physischen Materie keine Veränderung mehr, die das Wachstum der Astralform anregen könnte. Diese sogenannte natürliche Astralform, die der Junge beim Verlassen des physischen Körpers besaß, wird immer wieder entstehen, sobald er nicht daran denkt, erwachsen zu sein. Dass Kinder herangewachsen zu sein scheinen, seit sie die Erde verlassen haben, ist zweifellos auf das natürliche Empfinden des Kindes zurückzuführen.

Personifikation

Uns sind Fälle begegnet, in denen wohlmeinende Astralwesen verstorbene Kinder personifizierten, um ihre Eltern zu trösten. Ich fragte einen Mann, der sich als ein herangewachsenes Baby ausgab, warum er dies tue. Seine Antwort war denkbar einfach. Vor langer Zeit war er wohl der Liebhaber der Mutter des Kindes gewesen. Obwohl sie jemanden anderen geheiratet hatte, blieb seine tiefe Zuneigung zu ihr unerschüttert. Nun litt sie unter dem Verlust ihres Babys. Das Baby konnte, wie er es ausdrückte, nicht gefunden werden, mit anderen Worten, das Ego hatte die Astralwelt bereits verlassen oder sich schon reinkarniert. Er beobachtete die Sehnsucht der Mutter, ihr Kind zu sehen. Um sie zu trösten, nahm er die Schuld für die Täuschung, das verstorbene Kind zu personifizieren, auf sich. Bei Séancen erschien er immer wieder in einer Gestalt, von der er annahm, dass sie dem herangewachsenen Kind, wäre es am Leben geblieben, gleichen würde und machte die Mutter damit unendlich glücklich. Er glaubte nicht, irgendjemandem, außer sich selbst, damit zu schaden und auch nicht, dass Gott ihn für diese kleine *weiße Lüge* allzu hart bestrafen werde. Seine Haltung der Selbstaufopferung hatte etwas Pathetisches an sich. Obwohl ich seine Verhaltensweise nicht billigen konnte, stand es mir nicht zu, ihn zu verurteilen. Fälle wohlmeinender Personifikationen scheinen häufiger vorzukommen. Bei allen geht es um Wachstum. Einige Spiritisten haben sogar behauptet, dass sich totgeborene Kinder bei Séancen in der gleichen Weise manifestiert und ausgegeben haben, als lebten und wüchsen sie in der anderen Welt, obwohl sie dort überhaupt nicht existierten. Der Theosoph wird sofort erkennen, dass es sich hierbei nur um Personifikationen handeln kann, abgesehen von der Tatsache, dass es bei einem totgeborenen Kind keine Seele gegeben hat, das heißt, der physische Körper hat niemals den Lebensatem geatmet, weil es in diesem Moment kein Ego gab.

In solchen Fällen bietet die theosophische Lehre Trost. Der Tod des geliebten Kindes stürzt die Eltern in tiefe Trauer. Das Gefühl von Verlust auf physischer Ebene ist stets gegenwärtig und real. Aber wenn man begreift, dass das Kind seinen irdischen Körper nur zur Seite legte, um unter Bedingungen wiederzukommen, die seine Entwicklung fördern, wird die Trauer nachlassen. Letztlich wenden sich selbst die scheinbar schmerzhaftesten Dinge zum Guten. Wenn wir dazu neigen, die Natur der Grausamkeit und Gedankenlosigkeit zu bezichtigen, liegt der Fehler bei uns, nicht im Göttlichen Plan.

Teil III
Beweisführung anhand von Erscheinungen

Kapitel 15

Astralbesuche

Untersuchung von Erscheinungen

Da das Thema der Geister-Erscheinungen dank des großen Einflusses der Theosophischen Gesellschaft und der Gesellschaft für Parapsychologie aus der Domäne der ignoranten Spötter in den Bereich ernsthafter Untersuchung und Nachforschung gehoben wurde, mag es zum Verständnis der jenseitigen Gegebenheiten beitragen, wenn wir versuchen, diese Phänomene zu klassifizieren und zu ordnen. Aufgrund der Erregung oder des Schreckens seitens des Zeugen lassen sich manche Erscheinungen anzweifeln, während andere durchaus glaubwürdig sind. Bisher scheint wenig unternommen worden zu sein, dieses Chaos zu ordnen oder aus den zahlreichen Indizien eine schlüssige Theorie zu entwickeln.

Da der Mensch die Möglichkeit besitzt, während seines Erdenlebens die unsichtbaren Reiche zu erforschen, mag eine aufschlussreiche Aufgabe vor uns liegen. Um die bereits angesprochenen Gegebenheiten jenseits des Grabes zu illustrieren und zu zeigen, wie leicht sie sich erklären lassen, wenn man diese Welt kennt, werden wir einige Berichte von Erscheinungen wiedergeben.

Eine Analyse und der sorgfältige Vergleich solcher Erzählungen könnte eine Schlussfolgerung dessen zulassen, was wir anderweitig bereits herausgefunden haben. Jeder, der sich mit Hinduismus oder Buddhismus beschäftigt, wird kaum übersehen, dass die beobachteten Fakten eher mit diesen Lehren in Einklang stehen als mit den Jenseitstheorien moderner Theologien. Die Beweislage der meisten Berichte, die einer Sammlung derartiger Erzählungen entnommen wurden, ist eindeutig und über jeden Zweifel erhaben. In einigen Fällen hat es den Anschein, dass die Zeugen nicht nach Einzelheiten befragt wurden. Aussagen, die möglicherweise wertvoll gewesen wären, sind heute nicht mehr erhältlich.

Der Schüler des „Okkultismus" lernt bald, durch innere Gewissheit die Wahrheit in solchen Berichten von Übertreibungen und die Fakten von Fiktion zu unterscheiden. Die Plumpheit und absolute Unglaubwürdigkeit solcher Geistergeschichten, die in irgendwelchen Zeitschriften im Umlauf sind, widern ihn geradezu an. Leider machen sich die Autoren nicht mit den Grundprinzipien vertraut, ehe sie zu schreiben beginnen, um zu lernen, was möglich und was unmöglich ist. Ein paar grundlegende Kenntnisse könnten ihre Geschichten wirkungsvoller und schauerlicher werden lassen, da sie den Wahrscheinlichkeitsaspekt mit einbauen, an dem es ihnen momentan bedauerlicherweise fehlt.

Eventuelle Ungenauigkeiten, die sich in einige der hier wiedergegebenen Erzählungen eingeschlichen haben mögen, beeinträchtigen in keiner Weise das grundlegende Argument. Selbst wenn weitere Untersuchungen ergeben sollten, dass sich eine Geschichte als nicht verifizierbar erweist, mag sie auf jeden Fall wahr sein, da viele mit ihnen vergleichbare Fälle wahr sind. Da unsere Grundsätze ausschließlich auf Vernunft basieren, bestätigt durch unzählige Beobachtungen, werden die Genauigkeit oder Ungenauigkeit eines Einzelfalls sie nicht beeinträchtigen. Es sollte vielleicht hinzugefügt werden, dass viele Geschichten erheblich gekürzt wurden, damit unnötige Einzelheiten das Wesentliche nicht verschleiern.

Die Schwierigkeit besteht keineswegs darin, Fälle zur Veranschaulichung zu finden, sondern vielmehr in der Fülle und Komplexität der zu untersuchenden Phänomene. Bei der Gründung der Gesellschaft für Parapsychologie beklagte Professor Sidgwick, dass solche wichtigen Fakten nicht viel früher sorgfältig erforscht wurden. Die unzähligen verschiedenen Möglichkeiten dieses höheren Lebens erschweren die Klassifikation. Obwohl einige typische Arten mit beachtlicher Regelmäßigkeit auftreten, besitzt jeder Fall seine Eigenarten. Außerdem tauchen laufend Ausnahmen auf, die sich kaum einfügen lassen.

Die Beobachter der Fälle, die wir untersuchen, sind nicht selten nervös und denken mehr an den persönlichen als an den wissenschaftlichen Aspekt der Erscheinung, so dass ihnen Einzelheiten, die für unsere Zielsetzung wichtig wären, entgehen. Nur wenige Leute wissen, was sie beobachten sollen, es sei denn, sie haben sich mit dieser Art von Phänomenen speziell auseinandergesetzt. Der Person, die ängstlich darauf wartet, mit ihm zu sprechen, zeigt sich der Geist höchst selten. Es kommt vor, dass sich die Geschehnisse der anderen Welt in ihrem Kopf hoffnungslos miteinander vermischen und die Leute sich nicht darum bemühen, zwischen der wirklichen Erscheinung und dem Doppel, der Gedankenform und der astralen Impression, zu unterscheiden.

Betrachten wir zunächst einige Fälle vorübergehender Trennung zwischen dem lebenden Menschen und seinem Träger, um besser zu verstehen, was es bedeutet, wenn der physische Körper für immer abgelegt wird. Ein gutes Beispiel finden wir in der Autobiographie *Shadowland* des bekannten Mediums Madame d´Espérance, die darin ihr Empfinden beschreibt, als sie das erste Mal bewusst ihren Körper verließ:

Der erste Einblick in ein höheres Leben

„Es war Sonntagmorgen, ein strahlender Sommertag. Ich hatte mich mit einem Buch auf das Sofa zurückgezogen, schenkte dem Inhalt aber kaum Beachtung, da meine Gedanken anderweitig beschäftigt waren. Es überkam mich ein seltsam flaues Gefühl. Die bedruckten Seiten verschwammen vor meinen Augen. War ich im Begriff, in Ohnmacht zu fallen? Alles wurde dunkel, und ich war sicher, wieder krank zu werden. Ich wollte jemanden rufen, erinnerte mich aber daran, dass auf dieser Seite des Hauses niemand war. Der Schwächeanfall ging rasch vorüber. Gut, dass ich niemanden gestört hatte. Ich schaute auf mein Buch, das seltsam weit entfernt und undeutlich schien. Ich war vom Sofa aufgestanden. Jemand anderer saß dort und hielt das Buch. Wer konnte es sein? Wie wunderbar leicht und stark ich mich fühlte! Statt der Schwäche empfand ich mich so gesund und kraftvoll, wie ich es niemals zuvor gekannt hatte.

Sprühendes Leben erwachte in mir und durchströmte meine Adern. Mein ganzer Körper strahlte vor neuer Energie und war erfüllt von einem Gefühl absoluter Freiheit. Zum ersten Mal wusste ich, was es bedeutet zu leben. Wie seltsam das Zimmer aussah, so klein, so beengt, so dunkel. Und diese undeutliche Gestalt auf dem Sofa – wer war sie? Ich schien etwas in ihr wiederzuerkennen, eine schwache Erinnerung, sie gekannt zu haben, aber dieses unwiderstehliche Gefühl von Freiheit musste ausgekostet werden. Ich konnte nicht bleiben. Wo sollte ich hin? Ich bewegte mich auf das Fenster zu. Seltsam, diese verschwommene Umgebung! Die Wände schienen auf mich zuzukommen, zu verschwinden oder zu schrumpfen. Ich wusste es nicht."

Dieses wunderbare Gefühl von Wohlbefinden, Freiheit, Leichtigkeit und Kraft, das einen beim Verlassen des Körpers überkommt, kann ich nur bestätigen. Für jemanden, dessen physischer Träger schwach und leidend ist, muss der Kontrast besonders groß sein. Auch wenn diese Erfahrung zum Alltag gehören mag, verliert sie nichts von dem erstaunten Entzücken, aus dem Gefängnis in den Sonnenschein zu gleiten, aus der Kraftlosigkeit und Begrenzung in die Stärke und Leistungsfähigkeit dieses höheren Lebens.

Astralbesuch

In einem anderen Fall wird die Erinnerung einer Person an ihre astrale Erfahrung durch den Bericht der von ihr aufgesuchten Person bestätigt. Die Dame muss wohl etwas von der Äthersubstanz ihres physischen Körpers mitgenommen haben, denn sie konnte auf ihn hinunterblicken. Zunächst nahm sie an, sie sei tot, wurde aber vom Gegenteil überzeugt, als sie am nächsten Morgen aufwachte. Zu ihrer großen Überraschung glitt sie durch die Wand und befand sich in einiger Entfernung im Schlafzimmer ihrer Freundin, die sich an die Unterhaltung, die sie führten, erinnerte. Die Besucherin wusste nicht, wie und wann sie in ihre irdische Hülle zurückgekehrt war.

Ein Steinmetz erzählte folgende Geschichte:
„Als ich vor wenigen Tagen abends gegen zehn Uhr nach Hause kam, überfiel mich eine seltsame Mattigkeit, die ich mir nicht erklären konnte. Ich zündete eine Zigarre an, nahm ein, zwei Züge und streckte mich auf dem Sofa aus. In diesem Moment begannen sich die Gegenstände, die mich umgaben, zu drehen. Mir wurde plötzlich schwindelig, und ich fühlte mich in die Mitte des Zimmers versetzt. Überrascht blickte ich mich um.

Ich sah mich entspannt auf dem Sofa liegen, in der linken Hand eine brennende Zigarre. Zuerst dachte ich, ich sei eingeschlafen und träumte. Aber es war kein Traum, dafür war es zu real. Ich spürte, dass ich der Wirklichkeit noch niemals so nahe gewesen war. Dann dachte ich, ich sei tot. Gleichzeitig erinnerte ich mich daran, dass es angeblich Geister geben soll, und glaubte, selbst ein Geist geworden zu sein. Alles, was ich über dieses Thema wusste, lief vor meinen geistigen Augen ab. Ich erinnere mich, dass mich bei dem Gedanken an unerledigte Aufgaben ein gewisses Bedauern erfasste.

Ich ging auf meinen Körper oder Leichnam, wie ich glaubte, zu. Ich sah mich atmen, blickte in meinen Brustkorb und sah mein Herz schlagen, langsam und schwach, aber regelmäßig. Dann bemerkte ich, dass ich bewusstlos war und fürchtete, mich an nichts erinnern zu können, wenn ich daraus erwachte. Die Flamme der Lampe, die ich angezündet hatte, brannte still und ruhig. Da sie meiner Ansicht nach zu nahe am Vorhang stand, wollte ich sie auslöschen, was mir nicht gelang.

Ich untersuchte mich selbst. Obwohl ich die Hand durch meinen Körper führen konnte, spürte ich ihn. Soweit ich mich erinnere, war er weiß gekleidet. Ich schaute in den Spiegel. Anstatt mein eigenes Spiegelbild zu sehen, konnte ich meine Sicht willentlich ausdehnen. Zuerst erschienen die Wand, dann die Rückseite der Bilder und Möbel im Zimmer meines Nachbarn und schließlich das Innere seiner Wohnung. Trotz der Dunkelheit in den Zimmern konnte ich sehen und nahm deutlich eine Art Lichtstrahl wahr, der von meiner Magengegend ausging und die Gegenstände beleuchtete.

Es kam mir der Gedanke, in das Zimmer meines Nachbarn einzudringen, den ich nicht kannte und der in Paris weilte. Kaum war diese Idee geboren, befand ich mich auch schon dort. Wie, weiß ich nicht, aber ich schien einfach durch die Wand gegangen zu sein. Ich inspizierte das Zimmer und bewegte mich auf die Bücherwand zu. Mein Augenmerk fiel auf einige Buchtitel in Augenhöhe. Um den Ort zu wechseln, musste ich es nur wollen. Mühelos fand ich mich dort wieder, wo ich sein wollte.

Von diesem Zeitpunkt an verwirren sich die Erinnerungen. Ich muss weit gereist sein, bis Italien, glaube ich, weiß aber nicht, womit ich die Zeit verbrachte. Ohne mich unter Kontrolle zu haben oder Herr meiner Gedanken zu sein, trugen diese mich von Ort zu Ort.

Gegen fünf Uhr morgens erwachte ich auf dem Sofa, steif und kalt, die Zigarre noch in der Hand. Die Lampe war verloschen. Ich legte mich ins Bett, konnte aber nicht schlafen. Es schüttelte mich. Schließlich schlief ich ein. Als ich aufwachte, war es heller Tag. Es gelang mir, den Hausmeister davon zu überzeugen, dass ich in der Wohnung meines Nachbarn nach dem Rechten sehen musste. Gemeinsam betraten wir das Zimmer. Ich erkannte die Bilder und die Möbel, die ich in der Nacht zuvor gesehen, sowie die Buchtitel, die ich mir besonders gemerkt hatte."

In diesen beiden Berichten scheint es keinen besonderen Grund für die Astralwanderung gegeben zu haben. In vielen Fällen wird ein bestimmtes Ziel verfolgt, das sich nachvollziehen lässt. Im folgenden Fall wird der Körper bewusst verlassen, um ihn vor dem Tode zu bewahren.

„Die Säuredämpfe, die bei meiner Arbeit anfielen, hatten meine Atemwege angegriffen. Ich war ernsthaft krank und wachte nachts mehrmals auf. Um die Krämpfe zu lindern, atmete ich Chloroform ein. Dazu beugte ich mich über den Schwamm neben dem Bett, den ich zu Boden gleiten ließ, wenn ich bewusstlos zurück ins Bett fiel. Eines Nachts lag ich auf dem Rücken, den Schwamm noch vor dem Mund. In dem Raum über mir schlief Frau Varley, die ein krankes Kind pflegte. Nach wenigen Augenblicken wurde ich mir meiner Situation bewusst. Ich sah mich auf dem

Bett liegen, den Schwamm vor dem Mund, unfähig, mich zu bewegen. Ich bot meine ganze Willenskraft auf, Frau Varleys Geist auf die Gefahr aufmerksam zu machen. Sie wachte auf, kam nach unten, entfernte den Schwamm und war äußerst beunruhigt. Ich bemühte mich zu sprechen: „Ich werde alles vergessen, wenn Sie mich am Morgen nicht daran erinnern. Vergessen Sie nicht, mir zu sagen, was Sie veranlasste, herunterzukommen." Als sie mir am nächsten Morgen erzählte, was geschehen war, konnte ich mich zunächst an nichts erinnern. Im Laufe des Tages wurde mir bewusst, dass mein Geist bei Frau Varley war, als ich auf die Gefahr hinwies.

Aufgrund dieses Vorfalls begann ich, die Kommunikationsweise von Geistern zu verstehen. Frau Varley sah, was mein Geist wollte und erlebte die gleichen Gefühle. Im Zustand der Trance sagte sie einmal zu mir: „Es sind nicht Geister, die zu Ihnen sprechen, ich bin es. Ich benutze meinen Körper wie es die Geister tun, die durch meinen Mund sprechen."

In einem anderen Fall musste ich an einem Morgen früh aufstehen. Abends zuvor programmierte ich meinen Geist darauf. Am nächsten Morgen sah ich mich tief schlafend in meinem Bett liegen und konnte mich nicht wecken. Da bemerkte ich einen Hof, in dem ein Holzstapel lag, auf den zwei Männer zugingen. Sie kletterten hinauf und entfernten eine schwere Planke. Es kam mir der Gedanke, mich träumen zu lassen, dass in dem Moment, in dem die Männer die Planke zu Boden fallen ließen, eine Granate auf mich geschossen wurde und mich im Gesicht verletzte. Das weckte mich. Zwei Eindrücke waren geblieben: Erstens, dass der intellektuelle Aspekt meinem Gehirn befahl, an die Realität einer Illusion zu glauben, die die Willenskraft meiner Intelligenz ihm eingeflößt hatte. Zweitens, ich sprang aus dem Bett, öffnete das Fenster und vergewisserte mich, dass der Hof, der Holzstapel und die beiden Männer tatsächlich dort waren. Da ich am Vorabend im Dunkeln angekommen war und nichts von der Umgebung wusste, musste mein Geist diese Dinge gesehen haben, während der Körper schlief. Ohne das Fenster zu öffnen, hätte ich nichts sehen können."

Mohnblumen

„Vater und Mutter waren für eine Woche verreist. Eines Tages fühlte sich meine jüngere Schwester nicht wohl. In der Nacht wachte sie fröstelnd auf und bemerkte, dass die Bettlaken säuberlich zurückgeschlagen waren. Dies wiederholte sich in drei Nächten. Als sie in der dritten Nacht aufwachte, sah sie Mutter am Fußende ihres Bettes sitzen, sich erheben und das Zimmer verlassen. In jener Nacht hatte es einen heftigen Sturm gegeben, in der einige der Mohnpflanzen, die Vater im Vorgarten gesät hatte, niedergewalzt worden waren. Bei ihrer Rückkehr erzählte Mutter von ihrem Traum, in dem sie in drei aufeinanderfolgenden Nächten die Bettlaken zurückgeschlagen und in der dritten Nacht gedacht hatte: „Schade, dass der schöne Mohn daniederliegt!" Außerdem bemerkte sie, dass sich die Eingangstür in entgegengesetzter Richtung öffnete."

Die abwesende Mutter fühlte intuitiv, dass es ihrem Kind nicht gut ging und hielt sich in seiner Nähe auf, obwohl nicht klar ist, warum sie die Bettlaken zurückschlug. In der dritten Nacht muss sie sich schwach materialisiert oder etwas Äthermaterie mitgenommen haben, denn das Kind konnte sie deutlich sehen. Es handelte sich um einen Astralbesuch, nicht um einen Fall von Hellsehen, was daraus hervorgeht, dass ihr die niedergedrückten Blumen auffielen. Die Bemerkung über die Eingangstür ist ein Zeichen für die Verwirrung, die häufig bei dem noch unerfahrenen Seher auftritt, ehe er sich an das astrale Schauen gewöhnt hat, bei dem beide Seiten gleichzeitig wahrgenommen werden und die Dinge oft umgekehrt erscheinen. In beiden Fällen war die übersinnliche Fähigkeit wohl so weit entwickelt, dass sie nicht besonders angeregt werden musste. Bei vielen Menschen liegt sie oft tief verborgen, obwohl drohende Gefahr oder ein großes Verlangen sie wachzurütteln vermögen.

Hilferuf

Dieser Fall handelt von zwei Geistlichen, W. und P., die etwa achtzehn Meilen voneinander entfernt wohnten. Eines Nachts sah W. seinen Freund P. im Traum vor sich stehen, der angstvoll ausrief, dass man ihn beerdigen wolle. Als er am nächsten Morgen in seinem Sessel saß, vernahm er ein Klopfen an der Tür. Er rief: „Herein!" und hörte, wie sich die Tür öffnete und jemand eintrat. Da er glaubte, es sei ein Diener, blickte er nicht auf, bis die vertraute Stimme des Freundes an sein Ohr drang: „W., sie wollen mich begraben!" Er sprang auf, konnte aber niemanden sehen. Sofort machte er sich auf den Weg zu seinem Freund. Als er das Pfarrhaus erreichte, lag P.s Körper bereits in einem Sarg. W. bestand darauf, den Sarg wieder zu öffnen, und verbot kategorisch, die Bestattung vorzunehmen. Er ließ den Körper auf ein Bett legen und veranlasste warme Anwendungen. Bald stellten sich erste Lebenszeichen ein. Nach wenigen Tagen hatte sich P. erholt und lebte noch neun Jahre.

Zunächst konnte der unglückliche Mann seinen Freund nur erreichen, als dieser schlief, das heißt, als sich dessen Astralkörper von dem physischen getrennt hatte. Da dies nicht ausreichte, zwang ihn die drohende Gefahr zur teilweisen Materialisation, die es ihm ermöglichte, physische Laute hervorzubringen, um seinen Freund zu alarmieren.

Annie Besant berichtet von einem ähnlichen Fall. „Auf meinen zahlreichen Reisen erzählte mir ein Kapitän von einem Mann in einer tropfnassen Regenhaut, der in seine Kabine kam und ihn bat, in eine bestimmte Richtung zu steuern, um einige Schiffbrüchige zu retten. Der Kapitän entsprach seiner Bitte und stieß auf eine Gruppe schiffbrüchiger Seeleute, unter den sich sein Besucher befand."

Auf dem Zweimaster Mohawk, der der auf der westindischen Handelsroute eingesetzt wurde, stand eines Nachts ein Mann mit einem grünen Südwester in der Kabine des Kapitäns und forderte ihn auf, den Kurs in

Richtung Südwest zu ändern. Der Kapitän lief an Deck, da er glaubte, sein Maat hätte jemanden geschickt. Dieser verneinte. Der Vorgang wiederholte sich. Als der geheimnisvolle Mann zum dritten Mal erschien und hinzufügte, dass es bald zu spät sein werde, gab der Kapitän nach und ordnete eine Kursänderung an. Ein Schiffsboot mit vier Mann an Bord wurde gesichtet, von denen einer einen grünen Südwester trug. Dieser hatte in der Nacht zuvor geträumt, dass er dreimal den Kapitän in seiner Kabine aufgesucht und angefleht hatte, seinen Kurs zu ändern.

In diesen Fällen zwang nicht nur der Notfall zur Astralwanderung, sondern die Umstände erleichterten das Unterfangen. Im Falle des Geistlichen P. handelte es sich um einen reinen Trancezustand. Bei den Schiffbrüchigen lag eher ein Schwächezustand vor. Ein auf diese Weise erzwungenes Fasten kann sich ähnlich auswirken wie die freiwillige Askese von Heiligen. Unter solchen Bedingungen mag sich der Astralkörper rascher lösen, obwohl es keineswegs ein empfehlenswerter Weg ist, dies zu erreichen.

Vor dem Selbstmord bewahrt

Eines Nachmittags fiel K. in seinem Büro in eine Art Schlaf. Langsam öffnete sich die Tür, und sein Freund B., der am anderen Ende der Stadt wohnte, trat auf Zehenspitzen herein. Er legte den Finger auf den Mund, um anzudeuten, dass er nicht sprechen wolle, zog ein Rasiermesser aus der Tasche und setzte es an die Kehle. Erschrocken sprang K. auf und stürzte sich auf B. Ein wilder Kampf entbrannte zwischen den Freunden. Als sie beide schlagartig zu Boden fielen, wachte K. auf. Alles war so wirklich und lebendig, dass er sich fragte, ob es wirklich nur ein Traum war. Sein Erstaunen wuchs, als er feststellte, dass das Glas seiner Armbanduhr zerbrochen war. Als er B. am nächsten Tag begegnete, erschrak er über dessen Aussehen. Blass und krank, schien er um Jahre gealtert zu sein, seit er ihn das letzte Mal gesehen hatte. „Ich habe etwas höchst Seltsames erlebt", meinte B. „Gestern Nachmittag wollte ich mir das Leben nehmen. Ich saß in meinem Schlafzimmer, den Rasierer in der Hand, als du plötzlich auftauchtest und versuchtest, mir das Messer aus der Hand zu reißen. Wir kämpften miteinander. In dem Moment, in dem wir zu Boden fielen, bist du verschwunden. Kannst du dir das erklären?" K. berichtete von seinem Erlebnis. Sie mussten feststellen, dass beide Erlebnisse genau zum selben Zeitpunkt stattgefunden hatten.

Eine freiwillige Reise

Im nächsten Fall berichtet ein von seinem Zuhause abwesender Geistlicher vom Astralbesuch seiner Frau.

„Am Sonntagmorgen gegen ein Uhr erwachte ich mit dem Gefühl, dass sich jemand im Zimmer aufhalte, aus einem tiefen, traumlosen Schlaf. Am Fußende meines Betts stand meine Frau in einem Kleid, das sie gewöhnlich bei der Hausarbeit trägt. Ich setzte mich auf und rief: „Was machst du hier?" Sie kam auf mich zu und erwiderte: „Ich wollte nach dir sehen", umarmte mich und verschwand. Ich schaute mich um. Das Zimmer war völlig dunkel. Ich zitterte am ganzen Körper.

Am nächsten Morgen beschloss ich, meiner Frau ein Telegramm zu senden. Einige Stunden später kam ihre Antwort: „Uns geht es allen gut." Als ich wenige Tage später nach Hause zurückkehrte, wollte meine Frau wissen, ob ich in jener Nacht gut geschlafen hätte. Ich meinerseits wollte wissen, warum sie danach fragte. Sie hatte gelesen, dass immer dann, wenn jemand in dem Augenblick, in dem er in den Schlaf gleitet, seine Gedanken fest auf eine bestimmte Person richtet und ihr zu erscheinen wünscht, diese Person die Empfindung auffangen würde. Meine Frau hatte also ihren Geist auf den Wunsch fixiert, mir zu erscheinen und mich zu umarmen."

Kapitel 16

Besuche kurz vor dem Tod

Wünsche des Sterbenden

In vielen Fällen finden solche Astralbesuche kurz vor dem physischen Tod statt, wenn der völlig geschwächte Körper die Astralpartikel nicht mehr zu halten vermag. In diesem Augenblick scheint der starke Wunsch rasch Wirklichkeit zu werden. Sollte der physische Zustand den Menschen daran hindern, seinen Körper vorerst zu verlassen, wird sich sein Wunsch erfüllen, sobald er von ihm befreit ist. In diesem Fall handelt es sich um eine echte Erscheinung.

Ein Ehepaar befand sich nach vierjährigem Aufenthalt in Indien auf der Rückreise nach Hause. Unterwegs erkrankte die Frau schwer, so dass kaum Hoffnung auf Genesung bestand. Sie wünschte sich nichts sehnlicher, als ihre Kinder noch einmal zu sehen. Über eine Woche lange betete sie Tag für Tag, dass dieser Wunsch in Erfüllung gehen möge. Am Morgen ihres Sterbetages fiel sie in einen ruhigen, tiefen Schlaf, aus dem sie gegen Mittag plötzlich mit dem Ausruf erwachte: „Ich habe sie alle gesehen! Gott sei gepriesen!" Dann schlief sie wieder ein, bis sie gegen Abend verschied.

Später fand man heraus, dass sich die Kinder, die unter Aufsicht eines Freundes der Familie erzogen wurden, zum selben Zeitpunkt im fernen England in der weiträumigen Wohnung aufgehalten hatten. Sie lasen oder spielten, als plötzlich ihre Mutter erschien, jedes Kind einen Moment lang anblickte, ihm zulächelte und wieder verschwand. Drei der älteren Kinder erkannten sie sofort. Ihr schweigendes Auftreten verwirrte sie. Die jüngeren Geschwister und das Kindermädchen, das die Mutter nicht kannte, sahen eine weiße Gestalt den Raum betreten, näher gleiten und dann verblassen.

In einem anderen Bericht heißt es:

„Mitten in der Nacht wachte ich auf und sah, wie sich die Tür meines Zimmers langsam öffnete, eine weiße Gestalt eintrat und am Fußende meines Bettes stehen blieb. Sie war von Kopf bis Fuß in weiße Schleier gehüllt. Plötzlich hob sie die Hand und zog den Schleier von ihrem Gesicht. Ich erkannte die Gesichtszüge meiner Schwester. Als ich ihren Namen rief, verschwand sie augenblicklich. Am nächsten Morgen erfuhr ich von ihrem Hausarzt, dass sie wohl nur noch wenige Tage zu leben habe. Er hatte nichts Ernsthaftes in ihrer Krankheit gesehen, so dass weder sie noch ich beunruhigt gewesen waren."

Dreimaliger Besuch

„An jenem Abend ging der junge Student zeitiger zu Bett als gewöhnlich. Die Tür zwischen dem Wohnzimmer, in dem das Kaminfeuer flackerte und jeden einzelnen Gegenstand erhellte, und seinem Schlafzimmer stand offen. Er freute sich auf einen langen, ungestörten Schlaf, als er im Türrahmen die Gestalt seines Vaters stehen sah. Wie gebannt blickte er auf das vom Feuerschein erhellte ernste Gesicht, als die Gestalt ihn zu sich winkte. Er sprang aus dem Bett und lief auf sie zu, doch ehe er sie erreichte, verschwand diese.

Er durchsuchte die Räume und überzeugte sich davon, dass er alleine war. Die Außentür war verschlossen, und für einen Einbrecher gab es kein Versteck. Außerdem war die Gestalt eindeutig die seines Vaters gewesen. Abgesehen von dem sehnsuchtsvollen Gesichtsausdruck sah er genauso aus, wie er ihn einige Wochen zuvor gesehen hatte. Obwohl es ihm schwerfiel, kam er zu dem Schluss, wohl einer Täuschung erlegen zu sein, und legte sich wieder ins Bett.

Lange Zeit beobachtete er die flackernden Schatten an der Wand. Schließlich nickte er ein, bis ihn dieselbe Erscheinung, die an der gleichen Stelle stand, hellwach werden ließ. Er sprang auf, stürzte sich auf die Gestalt und versuchte, sie zu packen, aber vergebens. Wie viele junge Männer, betrachtete er die Möglichkeit einer Erscheinung eher skeptisch und redete sich ein, dass es sich um Einbildung handelte, hervorgerufen durch irgendein körperliches Unbehagen. Als er erneut zu Bett ging, schlug die Uhr Mitternacht. Er schlief ein. Plötzlich wachte er mit klopfendem Herzen auf. Das Feuer im Wohnraum war heruntergebrannt und warf seinen matten Schein an die Zimmerdecke. In der Tür stand wieder die Gestalt seines Vaters. Sein Gesicht drückte Bedauern aus. Die erhobene Hand winkte ihm traurig zu. Diesmal verschwand die Gestalt nicht unvermittelt, sondern verblasste allmählich. Der junge Mann blickte auf die Uhr. Es war kurz vor zwei. Er beschloss, seinen Vater am nächsten Tag zu besuchen, um sich zu vergewissern, dass es ihm gut ging, denn seit seinem letzten Besuch hatte er nichts Gegenteiliges gehört. Als er zu Hause ankam, erschrak er. Alle Fensterläden waren geschlossen. Ein höchst ungewöhnlicher Umstand, denn sein Vater liebte die Dämmerung. Es durften niemals Kerzen angezündet werden. Der Butler, den er seit Kindertagen kannte, öffnete ihm. Ja, der Vater war gestorben. Nach dem Anfall, den er am Abend zuvor erlitt, sprach er nur davon, dass er seinen Sohn noch einmal zu sehen wünschte. Gegen zwei Uhr morgens flüsterte er: „Ich hätte so gerne mit ihm gesprochen, aber ich werde nicht mehr leben." Diese spirituelle Erfahrung sollte das gesamte Leben des jungen Mannes prägen."

Ein flüchtiger Blick in die unsichtbare Welt, die uns umgibt, hat in so manchem Menschen seine Spuren hinterlassen. In dieser blinden und skeptischen Zeit spricht kaum jemand darüber, aber wenn man genau hinschaut, wird man überrascht sein, wie häufig solche Erfahrungen gemacht werden.

Die folgende Aussage stammt aus einer Zeit, in der man über diese Dinge noch weniger wusste als heute und die Skepsis noch üppiger wucherte:

„Sicherlich wird dem einen oder anderen Leser zumindest einmal in seinem Leben etwas Seltsames und Unheimliches begegnet sein, das sich der Vernunft entzieht und eher in den Bereich des Aberglaubens zu verweisen wäre. Es mag sich um einen Traum gehandelt haben, eine unbestimmbare Vorahnung oder Vorwarnung bis hin zu ominösen Geister-Erscheinungen. Phänomenen, die der spöttische Verstand nicht zu lösen weiß oder sie wegdiskutiert. Solche Phänomene treten häufiger auf, als bekannt ist, denn diejenigen, die sie erlebt haben, sind nicht bereit, es zuzugeben, und jene, die sie nur vom Hörensagen kennen, werden sich nicht zu einem Glauben bekennen, den der gesunde Menschenverstand erbarmungslos verfolgt. Aber vielleicht wird im Gedächtnis des Lesers eine schwache Erinnerung auftauchen, die meine Aussage bestätigt."

Obwohl dieses Thema heute mehr vom Verstand angegangen wird und die Dinge eindeutiger und genauer angesprochen werden, trifft jene Behauptung nach wie vor zu. In den bisher angeführten Fällen lag der bewussten Astralreise die Kraft des Wunsches zugrunde, hervorgerufen durch einen Notfall. Andererseits kann unter günstigen Umständen (wie einer längeren Periode der Bewusstlosigkeit kurz vor dem Tod) bereits ein einfacher Alltagswunsch zum gleichen Ergebnis führen und die Erscheinung des Ebenbildes hervorbringen, wie das folgende Beispiel zeigt.

Fotografien

Eines Morgens um acht Uhr betrat jemand ein in einer Geschäftsstraße gelegenes Fotogeschäft und fragte nach Fotos, die man vor fast einem Monat von ihm aufgenommen hatte. Da sie noch nicht fertig waren, bat man ihn, nochmals vorbeizuschauen. Niemand hegte einen Verdacht, bis eine Woche später der Vater anrief und es sich herausstellte, dass der Sohn zu dem Zeitpunkt, in dem er den Laden betrat, bewusstlos in seinem Bett lag und am frühen Nachmittag desselben Tages starb. Der Ladeninhaber, der mit dem jungen Mann an jenem Morgen gesprochen, ihn aber nicht gesehen hatte, als er vor Wochen fotografiert wurde, erkannte ihn sofort auf der Fotografie. Man kann es drehen und wenden, wie man will, es muss eine Art Gedankenkörper geben, der sich fortbewegen, sprechen und sich kleiden kann, wie er mag. Bei diesem Gedankenkörper handelt es sich in der Regel um den astralen Träger. Andererseits gibt es Fälle, in denen die Bezeichnung Gedankenkörper eher *Doppelgänger* oder *Erscheinung des Ebenbilds eines lebenden Menschen* genannt werden sollte, der sich dessen gewöhnlich vollkommen unbewusst ist.

Kapitel 17

Gedankenkörper

Wirkungsweise

Der Gedanke nimmt auf seiner eigenen, der Mentalebene, und in den meisten Fällen ebenfalls auf der Astralebene Gestalt an. Wenn sich jemand an irgendeinem Ort sieht oder den starken Wunsch hegt, dort zu sein, wird die Gedanken- oder Wunschform oft der Denkende selbst sein und an besagtem Ort in Erscheinung treten. Dieses Phänomen unterscheidet sich von der Erscheinung des Menschen in seinem Astralkörper insofern, dass er bei seinem physischen Körper bleibt, während die ausgesendete Gedankenform nicht länger mit ihm verbunden ist und er die Kontrolle über sie verliert. Der Hellseher kann lernen, sich aufgrund von Sympathieschwingungen einer solchen Form sozusagen als Außenposten seines eigenen Bewusstseins zu bedienen. Der Durchschnittsmensch wäre dazu nicht in der Lage. In vielen Fällen wird eine solche Gedankenform für andere sichtbar und fälschlicherweise oft für den Menschen selbst gehalten. In diesem Fall muss die Kraft des Gedankens oder des Wunsches so stark sein, dass das Bild des Denkers mesmerisch im Geist dessen hervorgerufen wird, dem er erscheinen möchte, oder die übersinnlichen Fähigkeiten dieser Person werden angeregt, dass sie den Astralbesucher sieht. Die dritte Möglichkeit besteht in einer vorübergehenden Materialisation, die in der üblichen Weise auf der physischen Ebene sichtbar wird, eine Methode, die wohl im folgenden Fall angewendet wurde.

Drummond besaß ein Malergeschäft mit zahlreichen Angestellten. Sein Schwager war damit beauftragt, sich jeden Morgen Punkt sechs Uhr im Geschäft zur Bestandsaufnahme des Materials und der Einteilung der Leute einzufinden. Eines Morgens erschien er recht aufgeregt zwanzig Minuten später, ging geradewegs durch den vorderen Laden und verließ ihn durch die Seitentür. Nach weiteren zwanzig Minuten kam er und erklärte, er sei erst zwanzig nach sechs aufgewacht und den ganzen Weg von zu Hause gelaufen. Er war ein Beispiel an Pünktlichkeit. Als Drummond ihn fragte, wohin er das erste Mal gegangen sei, schaute er verblüfft und wusste nicht, worum es ging. Frau Drummond bestätigte am Nachmittag, dass ihr Bruder zwanzig Minuten verschlafen hatte, was ihn sehr erregte, da es ihm zum ersten Mal passierte.

In einem anderen Bericht heißt es:

„Ein junger Mann versetzte bei seiner Heimkehr den Diener in großes Erstaunen: „Um Gottes willen, Sie sind doch schon viel früher heimgekommen!" Er erklärte, er habe den Herrn nach oben geführt, entkleidet und zu Bett gebracht. Als sie das Zimmer betraten, lagen dort keine Kleider, aber das Bett schien benutzt zu sein, und an der Zimmerdecke befand sich ein seltsamer Lichtschein. Der junge Mann konnte sich nur daran erinnern, dass er mit Freunden unterwegs gewesen war. Er hatte sich gelangweilt und vor sich hin geträumt und völlig vergessen, dass er nicht zu Hause war."

In diesem Fall handelte es sich um Gedankenformen, da sich der Mann selbst wach in seinem physischen Körper befand. Ein ähnlich gelagerter Fall ist folgender:

„Eine junge Frau, die sich mit unermüdlichem Fleiß um arme Menschen kümmerte, befand sich erschöpft und frierend auf dem Heimweg. Sie sehnte sich nach der Wärme des heimischen Ofens. In diesem Augenblick sahen zwei Mägde, die sich in der Küche aufhielten, die Tür aufgehen und die junge Frau eintreten. Sie ging auf das Feuer zu und wärmte ihre Hände. Den beiden Mädchen fielen die grünen Handschuhe auf, die sie trug. Plötzlich verschwand sie vor ihren Augen. Verblüfft berichteten sie der Mutter, was sie gesehen hatten. Die Dame fühlte sich ein wenig besorgt, versuchte aber, die beiden zu beruhigen, und erklärte, dass ihre Tochter keine grünen Handschuhe besitze und sie sich das Ganze wohl nur eingebildet hatten. Eine halbe Stunde später kam die Tochter, ging geradewegs in die Küche und wärmte sich am Feuer. Sie trug grüne Handschuhe."

Ähnliches ist mir selbst widerfahren. Ich arbeitete als Vikar in einer Landgemeinde. Aufgrund eines Unfalls fühlte ich mich sehr schwach und hoffte, meine sonntäglichen Aufgaben einigermaßen zu überstehen. Gegen Ende des Schlussgottesdienstes kämpfte ich mit großer Müdigkeit und muss mir wohl nichts sehnlicher gewünscht haben, als ausruhen zu können, obwohl ich mir eines solchen Gedankens nicht bewusst war. Als ich schließlich in die Sakristei kam, sah ich mich zu meinem großen Erstaunen bereits auf dem einzigen Stuhl sitzen. Die Gestalt trug dieselbe Kleidung wie ich, Soutane, Chorrock und Stola, alles korrekt. Ruhig blickte sie mich an. Da ich damals die Theosophie noch nicht kannte, konnte ich mir dieses Phänomen nicht erklären. Ich hatte nur gehört, seinen eigenen Geist zu sehen, bedeute den nahen Tod. Ich war einfach zu erschöpft, um darüber nachzudenken, ging auf die Erscheinung zu und setzte mich auf sie oder eher auf ihren Stuhl, ohne mich zu entschuldigen. Was aus ihr geworden ist, weiß ich nicht, denn als ich nach zehn Minuten aufstand, war sie verschwunden. Diese Episode blieb ohne Folgen, und ich habe eine solche Gestalt niemals mehr gesehen. Obwohl ich mich gewissenhaft auf den Gottesdienst konzentrierte, muss ich mich im Unterbewusstsein so sehr nach Ruhe gesehnt haben, dass ich mir vorstellte, nach dem Gottesdienst irgendwo zu sitzen und auszuruhen. Andererseits kann es durchaus möglich sein, dass der geschwächte Zustand meines physischen Körpers eine vorübergehende Hellsichtigkeit bewirkte, die es mir erlaubte, eine starke Gedankenform wahrzunehmen.

Kapitel 18

Erscheinungen, die den Tod vorhersagen

Motivation

Was für den Astralkörper in Bezug auf den nahenden Tod gilt, trifft ebenfalls auf die echte Erscheinung zu. Während es gewichtige und verständliche Gründe gibt, in Erscheinung zu treten, liegen Fälle vor, in denen der Anlass, der den Toten zu einem solchen Schritt bewegt, in keinerlei Verhältnis zu seinen Bemühungen steht. Einem ernsthaften Geist erscheinen die Beweggründe der meisten Menschen für ihr irdisches Tun recht lächerlich. Bloß um eine flüchtige Leidenschaft oder eine Laune des Augenblicks zu befriedigen, ein wenig Geld zu gewinnen oder jemanden zu übertreffen, oder noch unverständlicher, um jemanden zu ärgern oder sich an ihm zu rächen, vergeudet der gewöhnliche Mensch viel Zeit und Energie. Würde er sie in vernünftige Bahnen lenken, könnten nicht nur viele seiner Mitmenschen davon profitieren, sondern es diente auch seinem eigenen Aufwärtsstreben. Die Torheit mancher Menschen lässt sich kaum verstehen und noch weniger glauben, begegnete man nicht Tag für Tag solchen Beispielen.

Es verwundert also nicht, dass diejenigen, die in ihrem Erdenleben unvernünftig gehandelt haben, diese Verhaltensweise nach dem Tod beibehalten, da sie sich nach dem Ablegen ihres physischen Körpers nicht verändern. Bei den meisten Berichten geht es darum, dass jemand seinen Lieben erscheint, um seinen nahen Tod anzukündigen.

„Ich war Leutnant in Senegal. Eines Abends legte ich mich gegen elf Uhr zu Bett und schlief nach wenigen Minuten ein. Plötzlich fühlte ich einen Druck auf der Brust, wachte unvermittelt auf und sah meine Großmutter vor mir stehen. Sie blickte mich mit trüben Augen an, und ich hörte sie mit schwacher Stimme sagen: „Ich wollte dir nur Lebewohl sagen. Du wirst mich nicht mehr sehen." Um sicherzugehen, dass ich nicht träumte, stand ich auf. Zieht man die Zeitverschiebung in Betracht, starb meine Großmutter tatsächlich zu jener Stunde, in der sie mir erschien. Kurz vor ihrem Tod muss sie wohl gesagt haben: „Ich werde ihn nicht mehr sehen.""

Ein seltsamer Zufall

„Meine Schwester und ich besuchten eine Klosterschule. Als eine Typhus-Epidemie ausbrach, erkrankte meine Schwester. Die Schülerinnen wurden unverzüglich nach Hause geschickt. Ich wurde bei einer befreundeten Familie untergebracht. Die Nonnen erlaubten meinem Vater, bei seiner kranken Tochter zu bleiben. Religiös erzogen, beschloss ich, neun Tage hintereinander für die Genesung meiner Schwester zu beten. Ich war überzeugt, dass sie am neunten Tag gesund sein würde. Ich schlief alleine in einem Zimmer, das zum Wohnzimmer führte. Mitten in der Nacht (der fünfte Tag meiner Gebete) weckte mich ein von dort kommendes Geräusch. Es hörte sich so an, als verrücke jemand einen Stuhl. Dann vernahm ich leise Schritte, die auf mein Bett zukamen, und spürte eine Hand sanft über das Laken streichen. Für den Bruchteil einer Sekunde sah ich meine Schwester. Ich schrie entsetzt auf. Das befreundete Ehepaar stürzte ins Zimmer und bemühte sich, mich zu beruhigen, als ich ihnen erzählte, dass ich meine Schwester gesehen hatte. Sie versuchten, mir zu erklären, dass ich wohl geträumt hatte. Aber es war kein Traum gewesen. Ich hatte meine Schwester *gesehen*.

Gegen Mittag kam mein Vater. Schluchzend berichtete er, dass meine Schwester morgens um fünf Uhr gestorben sei. Als wir ihm erzählten, dass ich sie am Morgen um fünf Uhr gesehen hatte, meinte er immer wieder: „Welch ein seltsamer Zufall!""

In einem anderen Fall verkündete eine tote Frau, die nicht glaubte, dass sie gestorben war, ihren Tod.

„Eines Nachts hörte Frau Boullier ihren Namen rufen. Zunächst glaubte sie zu träumen. Der Ruf wiederholte sich, und sie wusste, dass sie hellwach war. Sie blickte sich um und sah zwischen Fenster und Schrank eine Frauenbüste, die aus der Wand getreten war und mit ihr sprach. Auf die Frage, wer sie sei, antwortete diese: „Sie erkennen mich nicht? Ich bin die Fischfrau. Heute Morgen haben sie Fisch bei mir gekauft. Ich muss gestorben sein, denn ich sah meinen ausgestreckten Körper auf dem Boden liegen, umgeben von Leuten. Auf dem Heimweg hatte ich einen Anfall und bin ich gestürzt. Aber ich bin nicht tot. Bitte, sagen sie das meinen Leuten." Die Erscheinung verschwand seitwärts durch die Wand.

Am nächsten Morgen erzählte Frau Boullier ihrer Nachbarin von der Erscheinung. Gemeinsam gingen sie zum Markt. An dem Verkaufsstand der Fischfrau hing ein Zettel: „Wegen Todesfall geschlossen." Die anderen Verkäufer berichteten, dass sie nach ihrer Ankunft zu Hause plötzlich gestorben sei."

Untersuchungen bestätigten, dass die Fischfrau Boullier in der Nacht nach ihrem Tode erschienen war.

Rückkehr des Offiziers

Der folgende Fall ist insofern interessant, da durch den Besuch ein Fehler in einem offiziellen Bericht gefunden und korrigiert wurde.

„Ein britischer Hauptmann diente in Indien. Seine Frau lebte in Cambridge. In der Nacht zwischen dem 14. Und 15. November sah sie gegen Morgen im Traum ihren Mann ängstlich und krank vor ihr stehen, worauf sie augenblicklich aufwachte. Er trug seine Uniform und presste die Hände gegen die Brust. Seine großen dunklen Augen starrten sie erregt an. Die Gestalt schien sich vor Schmerz nach vorne zu beugen und sprechen zu wollen, brachte aber keinen Ton heraus. Dann verschwand sie. Zunächst vergewisserte sich die junge Frau, dass sie tatsächlich wach war.

Am nächsten Morgen erzählte sie ihrer Mutter davon und mutmaßte, dass ihr Mann entweder getötet oder ernsthaft verwundet worden sei, obwohl sie kein Blut gesehen hatte. Im Dezember gab das Kriegsministerium bekannt, dass der Hauptmann am 15. November getötet worden war. Seinem Anwalt erklärte die Witwe später, sie sei sicher, dass ihr Mann nicht am 15. sondern am 14. November getötet worden sein müsse, da er ihr in der Nacht vom 14. zum 15. erschienen war. Der Anwalt erzählte einem medial veranlagten Ehepaar, das in London lebte, von der Erscheinung und beschrieb die Gestalt. Die beiden erkannten sie sofort, da sie den britischen Hauptmann ebenfalls an dem von der Witwe angegebenen Datum gesehen hatten, als sie über Indien sprachen. Der Anwalt drängte auf eine Korrektur des Sterbedatums, die aber erst ein Jahr später vom Kriegsministerium aufgrund der Angaben eines Offiziers, der den Vorfall bezeugen konnte, erfolgte."

Auffallend ist die Tatsache, dass der Hauptmann dem Ehepaar in deren Wachzustand erscheinen konnte, während er bei seiner Frau warten musste, bis sie eingeschlafen war, ehe er auf sie einzuwirken vermochte. In Indien war er am Nachmittag, was zeitlich dem Morgen in England entspricht, getötet worden, so dass er sich schon etwa zehn Stunden auf der Astralebene aufhielt, bevor er in London erschien, und wahrscheinlich drei bis vier Stunden länger, ehe er sich in Cambridge seiner Frau zeigen konnte. Es genügte, dass er sie auf seine Gegenwart aufmerksam machte, nicht nur, während sie schlief, sondern auch später in ihrem Wachzustand. Es gibt keinen Beweis dafür, ob es sich bei dieser Erscheinung um eine Materialisation handelte.

In einem anderen Fall sah die verstorbene Person der Schwester den toten physischen Körper, während sie selbst strahlend und lebendig auf ihn hinunterblickte.

„Die jung verheiratete Schwester von Frau L. war mit ihrem Mann nach Kalifornien ausgewandert, um dort ihr Glück zu suchen. Eines Nachts zeigte sie sich Frau L. im Traum und bat sie, mit nach Kalifornien zu kommen. Hand in Hand schwebten die beiden Schwestern bis zu einer bescheidenen kleinen Behausung und traten ein. Dort erkannte Frau L. den trauernden Schwager und einen geöffneten Sarg, in dem der Körper ihrer Schwester lag. Erstaunt und fragend blickte sie zuerst auf den Leichnam und dann auf die neben ihr stehende strahlende Gestalt, die sie hierher geführt hatte. „Nun", meinte diese, „das war mein Körper. Die Cholera hat ihn zerstört, und ich bin in eine andere Welt hinübergegangen. Ich wollte dich darauf vorbereiten, wenn du die Nachricht erhältst."'

In beiden Fällen handelt es sich um Erscheinungen nach dem Tod, die eindeutig beweisen, dass der Mensch ihn voll bewusst überlebt. Da keine Materialisation vorliegt, wären sie dem physischen Auge wahrscheinlich verborgen geblieben. Im nächsten Fall geht es um eine genügend ausgeprägte Materialisation, so dass eine Glocke geläutet und eine Unterhaltung geführt werden konnte.

Die Rückkehr des Matrosenjungen

„Die Mutter eines fünfzehnjährigen Matrosenjungen arbeitete bei einer Familie Hammond. Tom, ein aufgeweckter, aber ruheloser Bursche, hatte das Schiff, auf dem er angeheuert war, verlassen und seinen Freunden Grund zur Sorge gegeben. Dennoch beschloss der Kapitän, ihn wieder aufzunehmen. Während der Junge auf See war, heiratete seine Mutter und verließ die Familie, bei der sie arbeitete. Tom wusste nichts davon.

Eines Nachts klingelte die Türglocke der Familie Hammond. Das Hausmädchen öffnete. Nach einem kurzen Wortwechsel wurde die Tür wieder geschlossen. Frau Hammond, die sich in Reichweite des Eingangs befand, hatte Toms Stimme erkannt und fragte das Mädchen nach dem Besucher. Diese antwortete: „Es war nur ein kleiner Matrosenjunge, der nach seiner Mutter fragte. Er sah sehr blass aus. Als ich ihm sagte, seine Mutter sei nicht da, legte er die Hand an die Stirn und meinte. „Oh je, was soll ich jetzt machen?" Ich habe ihn fortgeschickt."

Frau Hammond ließ sich den Jungen beschreiben. Es musste Tom gewesen sein. Sie fragte sich, ob er wieder davongelaufen war. Man erkundigte sich bei der Mutter, aber diese wusste von nichts. Sein Lehrer glaubte nicht, dass der Junge erneut desertiert war, da er zwei Monate zuvor einen Brief von ihm erhalten hatte, aus dem hervorging, dass alles in Ordnung war. Er legte dem Hausmädchen eine Reihe von Fotoaufnahmen seiner Schüler vor. Sie wies sofort auf Tom.

Einen Monat später erhielt der Lehrer einen Brief vom Marineministerium, in dem stand, dass der Junge, zwei Tage bevor er an Frau Hammonds Haustür stand, als Folge eines schweren Unglücks an Bord des Schiffes, seinen letzten Atemzug getan hatte."

Wäre das Hausmädchen ein wenig geduldiger gewesen, hätten wir mehr über diesen Fall erfahren. So bleibt die Überlegung, ob Tom von seinem Tod wusste und gekommen war, um seine Mutter davon zu unterrichten, oder ob sein Ausruf darauf hindeutet, dass er sich seines eigenen Todes noch nicht bewusst war und glaubte, nach Hause zu kommen. Nach einer Weile in der Astralwelt wird er wahrscheinlich erkannt haben, dass sein Verlangen, die Mutter zu sehen, ihn dorthin brachte, wo er sie natürlich zuerst vermutete, nämlich in dem Haus, in dem er sie zum letzen Mal gesehen hatte.

Der nächste Fall handelt ebenfalls von einem Sohn, der den Eltern seinen unerwarteten Tod mitteilt.

Erscheinung eines Schutzpatrons

Philip, der Sohn von James Weld, besuchte das St. Edmund´s College. Eines Tages ertrank er beim Bootfahren. Am folgenden Morgen überbrachte der Rektor selbst dem Vater die traurige Nachricht.

„Man führte ihn ins Arbeitszimmer. Weld erhob sich, ergriff die die Hand des Rektors und meinte weinend: „Ich weiß, warum sie kommen. Philip ist tot. Als ich gestern mit meiner Tochter Katharina die Straße entlangging, sahen wir Philip in Begleitung eines jungen Mannes, der ein schwarzes Gewand trug und einem Engel zu gleichen schien, auf dem Straßendamm stehen. Katharina entdeckte ihn zuerst. Ich wunderte mich, meinen Sohn dort zu sehen. Wir gingen auf ihn zu, um ihn zu umarmen.

Kurz bevor wir ihn erreichten, bemerkte ich einen Arbeiter, der auf dem Damm des Weges kam und durch die beiden Körper hindurchging, als seien sie transparent. In diesem Moment wurde mir klar, dass sie Geister sein mussten. Als ich mich ihnen näherte, um sie zu berühren, lächelte Philip. Dann verschwanden er und sein Gefährte."

Der Rektor berichtete von den näheren Umständen des Unglücks, das sich, wie es sich herausstellte, zu dem Zeitpunkt ereignete, in dem Philip seinem Vater und seiner Schwester erschienen war. Er fragte Herrn Weld, ob er den jungen Mann im schwarzen Gewand kenne. Der Vater verneinte. Einige Wochen später entdeckte er bei einem Besuch in der Nachbarschaft über dem Kamin des Gästezimmers ein Bild, das einen jungen Mann in schwarzem Gewand darstellte und dessen Gesicht und Haltung dem Begleiter Philips glich. Darunter standen die Worte. „St. Stanislaus Kostka." Er ist einer der größten Heiligen des Jesuitenordens. Philip hatte ihn bei seiner Konfirmation zum Schutzpatron gewählt."

Dass Philip im Augenblick seines Todes oder kurz danach seinem Vater und seiner Schwester erschien, ist nicht ungewöhnlich. Dennoch unterscheidet sich dieser Fall von dem des Matrosenjungen. Bei letzterem handelt es sich eindeutig um eine Materialisation, während bei Philip eine Erscheinung vorliegt, da er nur von seinem Vater und seiner Schwester, nicht aber von dem vorübergehenden Arbeiter wahrgenommen wurde. Die Beziehung zu Vater und Schwester muss so eng gewesen sein, dass er deren Schwingung ohne weiteres so anzuheben vermochte, dass sie ihn sahen. Der Arbeiter hingegen, auf den keine Magnetkraft gerichtet wurde, ging völlig unbeeindruckt durch die Erscheinung hindurch.

Mögliche Erklärungen

Ungewöhnlich an der Geschichte ist die Begleitperson, die erst später anhand eines Bildes identifiziert werden konnte. Für diese Erscheinung gibt es unterschiedliche Erklärungen. Erstens: Bei der Gestalt mag es sich tatsächlich um einen Menschen gehandelt haben, der noch auf der Astralebene weilte, in diesem Fall um den Heiligen Stanislaus Kostka, um jenen zu helfen, die sich besonders zu ihm hingezogen fühlen. Andererseits ist es höchst unwahrscheinlich, da der Tod des Heiligen bereits über dreihundert Jahre zurückliegt und ein solcher Mensch sich nicht so lange auf der Astralebene aufhält, obwohl er in jungen Jahren starb. Dazu gehörte eine ungeheure Willenskraft, begleitet von einer Reihe höchst ungewöhnlicher Umstände. Für eine willensstarke, aber grobe und verderbte Person könnte dies möglicherweise zutreffen, nicht aber für einen reinen, gütigen und frommen Menschen.

Zweitens: Es könnte sich um eine Gedankenform gehandelt haben – eine absichtlich oder unabsichtlich von Philip heraufbeschworene Hilfe. Der junge Mann scheint ein sehr frommer Mensch gewesen zu sein, der eine starke und lebendige Gedankenform von seinem Schutzpatron entwickelt hatte. Im Augenblick seines Todes und danach sah er sich natürlich von diesem Heiligen begleitet und beschützt. Diese Überzeugung reichte aus, das (aufgrund seiner fortwährenden inbrünstigen Kontemplation bereits halb-materialisierte) Gedankenbild für seinen Vater und seine Schwester sichtbar werden zu lassen.

Mit dieser Aussage möchte ich keineswegs das Vertrauen in die Schutzfunktion eines Heiligen zerstören. Ich bemühe mich lediglich um eine wissenschaftliche Erklärung für ein bemerkenswertes Phänomen und sehe mich gezwungen, alle möglichen Hypothesen in Betracht zu ziehen. Es *mag* also durchaus sein, dass der Schutzpatron allein Philips Vorstellungskraft zuzuschreiben ist, obwohl ich es nicht für wahrscheinlich halte.

Nehmen wir an, dies sei der Fall. Offensichtlich wollte Philip mit seiner Erscheinung den Vater und die Schwester auf die Nachricht von seinem Tod vorbereiten. Um sie zu trösten und zu beruhigen, wird er wohl um den Beistand seines Schutzpatrons gebetet haben, als Beweis dafür, dass er sich in guten Händen und sicher in der Gemeinschaft der Heiligen befand. Der in das Gebet einfließende starke Wunsch reichte aus, sich zu erfüllen. Falls Philip auf diese Weise unbewusst seinen Schutzpatron entstehen ließ, begleitete dieser ihn, ein weder wundersames noch ungewöhnliches Geschehen.

Nach meinem Dafürhalten scheint mir aber eine andere Erklärung wahrscheinlicher und korrekter zu sein. Irgendein Freund, der Philip beistehen wollte, nutzte dessen lebendige Gedankenform. Viele unsichtbare Helfer erachten es für den besten Weg, bestimmten Menschen im Rahmen ihrer Vorstellung zu helfen. Sie beleben die Gedankenform, um Unterstützung aus einer Richtung anzubieten, die dankbar angenommen und nicht in den Bereich des Aberglaubens verwiesen wird. Sollte sich ein toter Jesuit von der Frömmigkeit des jungen Mannes angezogen gefühlt und er beabsichtigt haben, ihn zu unterrichten und zu ermutigen, würde sich dessen Gedankenbild von seinem Schutzpatron als Medium anbieten.

In diesem Fall mag der astrale Helfer Philip dabei unterstützt haben, seinem Vater und seiner Schwester erscheinen zu können. Vielleicht hat er es ihm sogar vorgeschlagen, um ihn von seiner Sorge zu befreien, wie die beiden die Nachricht von seinem Tod aufnehmen könnten. Der Heilige Stanislaus mag demnach Wirklichkeit oder nur Hilfsmittel gewesen sein. Ich vermute, dass ein kürzlich verstorbener Freund der Familie oder ein Mitglied des Jesuitenordens eine Gestalt annahm, in der er glaubte, besonders nützlich sein zu können, und uns somit eine gute, wirkungsvolle und durchaus authentische Geistergeschichte lieferte.

Der folgende Fall berichtet von einem weniger dramatischen, aber dennoch einem guten Beispiel für eine übliche Erscheinung zum Zeitpunkt des Todes. Sie besitzt den Vorteil, dass es den Erzählenden, einen schwedischen Geistlichen, selbst betraf.

Sechzehn Zeugen

„Einen Teil meiner Schulzeit verbrachte ich fern von zu Hause und wohnte gemeinsam mit einem anderen Schüler im Haus von Frau Smith, die sich ihren Lebensunterhalt mit Vermietungen verdiente. Insgesamt wohnten sechzehn Personen bei ihr. Außerdem arbeitete sie gelegentlich als Hebamme und war häufig unterwegs.

Spät an einem Winternachmittag erklärte sie uns, dass sie einen Besuch mache und erst am nächsten Tag zurückkehre. Bevor sie aufbrach, bat sie uns, auf Licht und Feuer zu achten. Wie gewöhnlich beschäftigten wir uns am Abend mit unseren Aufgaben für den nächsten Tag. Gegen halb zehn verschlossen wir die Tür, löschten das Licht und gingen zu Bett. Die Glut im Ofen genügte, um alles im Raum deutlich erkennen zu können. Während mein Zimmergenosse und ich uns unterhielten, sahen wir plötzlich die Gestalt eines großen, grau gekleideten Mannes mittleren Alters, mit einem weißen Flecken auf dem linken Bein und einem anderen auf der linken Brust. Er schaute uns lange an, drehte sich um und begann im Zimmer hin und her zu gehen. Seine Fußtritte machten ein knirschendes Geräusch, als ginge er auf Schnee. Er wandte sich der Kommode zu und öffnete eine Schublade nach der anderen, als suche er etwas. Dann ging er zum Ofen, blies vorsichtig in die glühende Asche und hielt seine Hände darüber, als wollte er sie wärmen. Er kehrte zu unserem Bett zurück und blickte uns an. Während wir ihn anstarrten, bemerkten wir, dass wir durch ihn hindurchschauen konnten. Allmählich löste sich die Gestalt auf und verschwand. Wir fühlten uns unbehaglich, rührten uns aber nicht und schliefen bald ein.

Als wir am nächsten Morgen aufstanden, war unsere Tür noch verschlossen. Später erfuhren wir, dass alle sechzehn Personen im Haus ihn gesehen hatten, denn er war in allen Zimmern gewesen. Einige von ihnen, die schon länger dort wohnten, hatten in der Gestalt den Mann unserer Vermieterin erkannt, einen nutzlosen Gesellen, der seit Jahren von seiner Frau getrennt lebte.

Dieser Umstand veranlasste einige der Bewohner, Nachforschungen zu betreiben. Tatsächlich war eine solche Person in der Nachbarschaft gesehen worden. An jenem Abend hatte sie gegen neun Uhr in einem Bauernhaus um Nachtquartier gebeten. Da es kein freies Zimmer gab, hatte man ihn an den nächsten Bauernhof verwiesen, der sich auf der anderen Seite eines nahegelegenen Feldes befand. Man suchte und entdeckte Spuren im Schnee, ein Stück weiter einen Holzschuh und stieß schließlich auf den toten Körper besagten Mannes, der in einer Schneewehe halb begraben lag. Als man den Körper umdrehte, bemerkte man einen großen gefrorenen Schneeklumpen, der auf der linken Brustseite klebte, und einen weiteren an seinem linken Knie, genau an den Stellen, an denen die weißen Flecken auf der Erscheinung zu sehen gewesen waren. Obwohl damals noch ein Junge, wird die Erinnerung an dieses Ereignis wohl ein Leben lang sehr lebendig bleiben."

Es handelt sich um einen gewöhnlichen Fall. Ungewöhnlich daran ist nur, dass die Erscheinung von so vielen Menschen wahrgenommen wurde. Wahrscheinlich lag eine teilweise Materialisation vor, was die Tatsache erhärtet, dass sie bei geschlossenen Türen und im Freien gesehen wurde. Der Mann muss sich nach Obdach und Wärme gesehnt und wohl nach Geld gesucht haben. Dass er sich die Hände am Ofen wärmte, weist darauf hin, dass er sich seines Todes wohl nicht bewusst war. Andererseits gibt es keinen Hinweis dafür, ob er im Moment der Erscheinung tatsächlich schon tot oder nur vor Kälte benommen war. Er folgte dem üblichen Muster solcher Geister, die in ihrer physischen Gestalt in Erscheinung treten, in diesem Fall mit anhaftenden Schneeklumpen und den knirschenden Schritten im Schnee.

Ein solcher Mensch wird sich die Einzelheiten wohl kaum ausgedacht haben, zumal er keinen besonderen Eindruck bei den Jungen hinterlassen wollte, sondern sie nur aus Neugierde betrachtete, vielleicht um zu sehen, ob sie von Nutzen sein konnten. Es gibt zahlreiche Fälle, in denen der Tote sich, ohne besondere Gedanken, in Zusammenhang mit der Erscheinung manifestiert, falls ihn etwas stark beschäftigt. Zweifellos war es hier der tödliche Schnee, der diesen unglücklichen Wanderer hauptsächlich in Bann zog.

Erscheinungen, unabhängig wahrgenommen von verschiedenen Personen

Es gibt Fälle, in denen zwei oder mehr Personen die Erscheinung unabhängig voneinander wahrnehmen, wie die folgenden Beispiele zeigen.

Eine junge Person war bei einer Familie, die einen kleinen Laden besaß, als Kindermädchen angestellt. Als man sich bei Tisch über die Seele und die Unsterblichkeit unterhielt, meinte der Mann zu seiner Frau: „Wenn ich zuerst sterbe, werde ich zurückkommen, um dich zu sehen." Die Jahre vergingen. Eines Tages erkrankte der Mann und starb. Einige Zeit später hörte das Kindermädchen, das in der Küche hinter dem Laden schlief, ein Geräusch im Geschirrschrank, das wie das Zerbrechen von Tellern klang. Sie stand auf, konnte aber nichts feststellen. Kaum hatte sie sich wieder hingelegt, ertönte das Geräusch erneut. Da erschien am Fußende ihres Bettes eine weißliche, zunehmend klarer werdende Gestalt. Deutlich erkannte sie ihren früheren Chef. Als sie am nächsten Morgen hinaufging, um ihrer Herrin wie gewöhnlich das Frühstück zu bringen, erschrak sie über deren auffallende Blässe. „Stelle dir vor, Marie, heute Nacht ist mir mein Mann erschienen. Ich habe ihn deutlich erkannt. Er meinte: „Siehst du, wir sterben nicht. Bete für mich." Darauf berichtete das Kindermädchen von seiner eigenen nächtlichen Erfahrung.

In einem anderen Fall wird berichtet:
„An jenem Abend hatte ich mich zeitig zum Schlafen gelegt. Als ich in der Nacht erwachte, schien der Mond durch das Fenster und beleuchtete das Zimmer. Mein Blick fiel auf die Wandverkleidung. Plötzlich erschien eine Gestalt. Zunächst verschwommen, kristallisierte sich allmählich das Gesicht meiner Großmutter heraus. Sie trug eine seltsam altmodische Haube. Nach einer Weile verblasste die Gestalt und löste sich im Mondlicht auf. Ich fürchtete mich nicht, und da ich glaubte, mich getäuscht zu haben, drehte ich mich um und schlief weiter.

Als ich am nächsten Morgen beim Frühstück von meinem nächtlichen Erlebnis zu sprechen begann, stand mein Vater erregt auf und verließ das Zimmer. Ich bat meine Mutter um eine Erklärung. Sie erzählte, dass der Vater in der Nacht aufgewacht war und seine Mutter gesehen hatte, die an seinem Bett stand. In dem Moment, in dem er mit ihr sprechen wollte, verschwand sie.

Gegen Mittag erreichte uns ein Telegramm, in dem es hieß, dass meine Großmutter in der Nacht um zwölf Uhr fünfzehn gestorben sei. Die Schwester meines Vaters, die etwa dreißig Kilometer von uns entfernt wohnt, hatte meine Großmutter ebenfalls in jener Nacht gesehen. Gegen zwei Uhr morgens, also nach dem Tod der Großmutter, erlebten drei Personen unabhängig voneinander dieselbe Vision. Jede schrieb sie einer Sinnestäuschung zu. Die Verstorbene muss nach ihrem Dahinscheiden noch in der Lage gewesen sein, sich drei verschiedenen, entfernt voneinander lebenden Personen zu zeigen.

Was die Haube betrifft, die ich gesehen hatte, konnte mein Onkel, in dessen Haus meine Großmutter gestorben war, bestätigen, dass sie diese während ihrer Krankheit und zum Zeitpunkt ihres Todes getragen hatte."

Dieser Bericht ist insofern bemerkenswert, da die Erscheinung innerhalb von eindreiviertel Stunden von drei Personen unabhängig voneinander beobachtet wurde. Seitens der Beobachter scheint es sich weder um eine Illusion noch um eine Halluzination gehandelt zu haben, was die Haube beweist. Wahrscheinlich hat die Tote auf ihre Kinder dahingehend eingewirkt, dass ein Bild entstand. Eine tote Person kann auf eine entfernt lebende Person einwirken und Gestalt annehmen, indem sie dem Gehirn einen Sinneseindruck vermittelt.

Nicht immer kann sich der Verstorbene durch sein „Erscheinen" bemerkbar machen, weshalb er versucht, seinen Tod auf andere Weise mitzuteilen.

Im ersten Weltkrieg diente mein Onkel in der Armee. Man glaubte, dass er aufgrund seines Alters in der hinteren Kampflinie eingesetzt wurde, weshalb man sich nicht um ihn ängstigte. Eines Morgens betrat meine Tante um halb elf ihr Zimmer, als sich das Portrait ihres Mannes, das ihn in Uniform zeigte, von der Wand löste und über dem Fußboden zu ihren Füßen glitt. Der Nagel und die Kordel, die das Bild hielten, waren in Ordnung. Entsetzt erzählte meine Tante ihren Freunden von diesem Vorfall, der sie befürchten ließ, dass etwas Schreckliches passiert sein müsse. Man tröstete sie mit den üblichen Worten: „Sie werden doch nicht abergläubisch sein und an einen solchen Unsinn glauben?" Drei Wochen später kam die Nachricht, dass mein Onkel an jenem Morgen um halb elf durch einen Kopfschuss getötet worden war.

Tierzeugen

Mitunter macht sich der Verstorbene über ein Tier bemerkbar.

„Meine Großmutter hatte mir immer gesagt: „Falls du nicht da bist, wenn ich sterbe, werde ich es dich wissen lassen." Ich hielt mich gerade in Monte Carlo auf, als von meiner Kusine ein Telegramm eintraf, in dem sie mich aufforderte, unverzüglich zu kommen, da Großmutter erkrankt sei. Es war ein Uhr, und ich konnte nicht vor sechs Uhr fahren. Gegen vier erhielt ich ein zweites Telegramm, in dem es hieß, dass es Großmutter besser ging. Ich beschloss, am nächsten Morgen den Zug um acht Uhr zu nehmen. An jenem Abend ging ich gegen sieben zu Bett. Um neun Uhr sprang mein kleiner Hund auf mein Bett und heulte angstvoll. Ich schaute auf und sah meine Großmutter am Fußende des Bettes stehen, so wie ich sie das letzte Mal gesehen hatte, nur blasser. Sie warf mir eine Kusshand zu und verschwand. Am folgenden Morgen wurde mir um sieben Uhr ein Telegramm gebracht, in dem es hieß, dass Großmutter am Vorabend zwischen acht und neun Uhr gestorben war."

Obwohl der folgende Fall streng genommen nicht zu den Erscheinungen, die den Tod ankündigen, zählt, ist er ein gutes Beispiel für einen Zeugen aus dem Tierreich.

„An einem kühlen Herbstabend saßen meine Frau und ich am Kamin. Ich befasste mich gerade mit einer Abhandlung über elektrische Transformatoren, als mein Hund plötzlich aufheulte und zum Fenster starrte. Dann kam er zu meinem Sessel und legte sich knurrend nieder. Ich schaute zum Fenster und nahm dahinter eine zarte Silhouette wahr. Der Schatten ging auf die Tür zu. An der leicht hinkenden Gangart und den Körperkonturen erkannte ich meinen Schwiegervater, der vor zwei Jahren gestorben war. Ich schrie auf: „Da ist Vater!" Ich lief zur Tür, öffnete sie und – nichts! Es konnte keine Halluzination gewesen sein. Die Lektüre, mit der mich gerade beschäftigt hatte, gab keinerlei Anlass zu Träumereien, und meine Frau, die sich bei meinem Aufschrei zum Fenster wandte, hatte ebenfalls die ihr so vertraute Gestalt wahrgenommen. Als ich ins Zimmer zurückkam, lag mein Hund knurrend unter dem Bett."

Visionen auf dem Totenbett

Meistens leuchtet das Gesicht des Sterbenden, der gewöhnlich unter starken Schmerzen leidet, auf, wenn er ausruft, dass diese oder jene Person gekommen sei, um ihn abzuholen. In solchen Fällen handelt es sich um bereits verstorbene Personen, was der Sterbende oft erstaunt zur Kenntnis nimmt.

Jennie und Edith waren eng miteinander befreundet. Eines Tages erkrankten sie an Diphterie. An einem Mittwochmittag starb Jennie. Ediths Eltern bemühten sich, ihrem Kind den Tod der Spielgefährtin zu verschweigen, da sie die Auswirkungen auf den Gesundheitszustand ihrer Tochter fürchteten. Am Samstagmittag, kurz bevor sie nicht mehr wahrnahm, was um sie herum vorging, hatte sie zwei Fotos von sich ausgesucht, die man Jennie zum Abschied schicken sollte. Am Samstagabend um halb sieben starb sie. Sie hatte sich aufgerichtet, von ihren Freunden verabschiedet und vom Sterben gesprochen. Sie schien sich nicht zu fürchten und Freunde zu sehen, von denen sie wusste, dass sie tot waren. Plötzlich hatte sie sich überrascht an ihren Vater gewandt und gefragt: „Warum nehme ich Jennie mit mir? Du hast mir nicht gesagt, dass sie hier ist." Dann breitete sie die Arme mit den Worten aus: „Oh Jennie, ich bin so froh, dass du hier bist!"

Wenige Stunden vor ihrem Tod erklärte die Patientin ihrem Vater, dass sie einige verstorbene Familienmitglieder an ihrem Bett stehen sah. Der Vater glaubte, sie spreche im Delirium. Die Tochter bestand darauf und behauptete, unter den unsichtbaren „Besuchern" befinde sich auch ihr Bruder Alfredo, der etwa fünfhundert Kilometer entfernt als Leuchtturmwächter arbeitete. Nun war der Vater erst recht davon überzeugt, dass seine Tochter fantasierte, denn erst wenige Tage zuvor hatte er die besten Nachrichten von seinem Sohn erhalten. Die Tochter starb am selben

Abend. Am nächsten Morgen erhielt der Vater ein Telegramm, das ihn vom Tod seines Sohnes Alfredo unterrichtete. Ein Zeitvergleich ergab, dass das sterbende Mädchen noch lebte, als der Bruder starb.

In den meisten Fällen handelt es sich bei solchen Erscheinungen um „Tote" auf der Astralebene, die zurückkehren, um zu helfen. Sie scheinen zu wissen, wenn jemand, den sie lieben, im Sterben liegt. Nicht nur die Naturgesetze sorgen für unser künftiges Wohlergehen. Auch die engen persönlichen Beziehungen aus Erdentagen bleiben erhalten, so dass in vielen Fällen liebevolle Freunde und Angehörige an den Pforten zum Jenseits warten.

Kapitel 19

Jene, die zurückkehren, um zu helfen

Mutterliebe

Einige Verstorbene wachen auch aus der jenseitigen Welt über Freunde oder Angehörige, die noch auf der Erde weilen. Sich ihnen kundzutun, dient stets dem Zweck, dem Betreffenden beizustehen und ihn zu beschützen. Dr. John Mason Neale berichtet von einem solchen Fall. Obwohl ich ihn bereits in *Unsere unsichtbaren Helfer* angeführt habe, möchte ich ihn an dieser Stelle wiederholen, da er die Liebe einer Mutter zu ihren Kindern besonders deutlich widerspiegelt.

Ein unlängst verwitweter Vater hielt sich mit seinen Kindern zu Besuch im Landhaus eines Freundes auf. Den unteren Teil des weitläufigen alten Gebäudes durchzogen lange dunkle Gänge, in denen die Kinder begeistert spielten. Bald kamen sie mit ernster Miene nach oben. Zwei von ihnen berichteten, dass sie ihrer Mutter begegnet seien, als sie einen der Gänge entlangliefen. Sie hatte sie aufgefordert, sofort umzukehren. Dann war sie verschwunden. Nachforschungen ergaben, dass die Kinder in einen tiefen, nicht abgedeckten Brunnenschacht gestürzt wären, hätten sie ihren Weg nur wenige Schritte fortgesetzt. Die Erscheinung der Mutter hatte sie vor dem wohl sicheren Tod bewahrt.

Es besteht kein Zweifel, dass die Mutter auf der Astralebene liebevoll über ihre Kinder wachte. Ihr inniger Wunsch, sie auf die unmittelbare Gefahr hinzuweisen, verlieh ihr die Kraft, sich den Kindern vorübergehend sichtbar und hörbar zu machen oder zumindest ihren Geist dahingehend zu beeinflussen, dass sie annahmen, sie zu hören und zu sehen. Es kann natürlich auch sein, dass es sich um einen anderen Helfer handelte, der die vertraute Gestalt der Mutter annahm, um die Kinder zu warnen. Andererseits lässt sich dieses Eingreifen wohl am wahrscheinlichsten der stets wachsamen Mutterliebe zuschreiben, die den Tod überdauert.

In einem anderen Fall erschien die Mutter, um die Tochter auf den Tod ihrer Schwester vorzubereiten. Camille Flammarion erzählt:

„Mit sechzehn verlor meine heute zweiundzwanzigjährige Freundin Marguerite innerhalb eines Jahres ihren Vater, ihre Mutter und ihre Schwester Jeanne. Kurz nach dem Tod ihrer Mutter begann Jeanne zu kränkeln. Etwa ein halbes Jahr später starb sie.

Die beiden Schwestern, die im selben Zimmer schliefen, waren unzertrennlich. Seit dem Verlust ihrer Eltern lebte die Großmutter bei ihnen. Etwa zwei Monate nach dem Tod der Mutter wachte Marguerite eines Morgens gegen fünf Uhr durch ein Geräusch im Zimmer auf. Sie öffnete die Augen und sah eine schwarz gekleidete Gestalt auf ihr Bett zukommen und dann zum Bett der Schwester gleiten. Sie beugte sich über Jeanne und küsste sie auf die Stirn. Marguerite setzte sich auf: „Mutter!" In diesem Moment richtete sich der Schatten auf und verschwand. Leise huschte das Kind ins Zimmer der Großmutter, die fest schlief. Es rüttelte sie wach und fragte, ob sie es gewesen sei, die Jeanne geküsst habe. Die Großmutter verneinte und hieß Marguerite, wieder ins Bett zu gehen. Es sei wohl nur ein Traum gewesen.

Meine Freundin ging zurück und legte sich wieder in ihr Bett. In diesem Moment wachte Jeanne auf: „Schade, dass du mich geweckt hast. Ich war so glücklich. Mamma kam und küsste mich auf die Stirn. Sie war schwarz gekleidet, wie immer seit Vaters Tod. Sie streifte dein Bett, kam zu mir und beugte sich über mich. Ich fühlte den Kuss auf meiner Stirn." Marguerite berichtete, was sie gesehen hatte.

Es stellt sich die Frage, ob es sich bei dieser Vision um die psychologische, geistige oder astrale Anwesenheit der verstorbenen Mutter handelte, in jedem Fall aber um eine unzweifelhafte Gegenwart, die von den Augen des wachen Mädchens und dem Feingefühl der schlafenden Schwester wahrgenommen wurde.

Marguerite traten heute noch die Tränen in die Augen, als sie mir die Einzelheiten jener Szene erzählte. Sie ist ein gesundes, hoch intellektuelles junges Mädchen, dem jeder Hang zu morbider Fantasterei fehlt."

Aus der Gefahr gerettet

Für die Verstorbenen (oder die lebenden Helfer auf der Astralebene) besteht immer die Möglichkeit, eine vertraute Gestalt anzulegen, damit in einem Notfall ihre Botschaft bereitwilliger angenommen und rascher auf sie reagiert wird.

„Elisabeth geriet bei einer Gebirgswanderung in eine gefährliche Situation, aus der es keinen Ausweg zu geben schien. Sie befand sich am Rande eines Wasserfalls und konnte weder vorwärts noch rückwärts gehen, ohne sich der Gefahr auszusetzen, abzustürzen.

Als sie sich umblickte, um ihre Lage genau beurteilen zu können, bemerkte sie etwa zweihundert Meter unterhalb ihres Standorts eine weiß gekleidete Frau, die sie in einer Weise zu sich winkte, die ihr Vertrauen einflößte. Sie wagte es weiterzugehen und fand augenblicklich einen Ausweg, der ihr bisher verborgen geblieben war. Sie ging auf die Frau zu, die nun auf der anderen Seite des Wasserfalls stand. Verblüfft erkannte sie ihre Schwester, die sie zu Hause bei der Arbeit wähnte. Aber dies war nicht der Augenblick, Fragen zu stellen. Die Schwester begann mit dem Abstieg. Mit einfachen Gesten führte sie Elisabeth Schritt für Schritt am Rande des Wasserfalls zu einer Felsebene hinunter, von der aus der weitere Abstieg leicht zu bewältigen war. Elisabeth hielt inne, um sich von dem Schrecken zu erholen und ihre Schwester zu begrüßen, aber weit und breit war keine Spur von ihr zu sehen. Als Elisabeth zwei Stunden später heimkam, fand sie ihre Schwester nach wie vor eifrig mit ihren Studien beschäftigt. Die Familie versicherte, dass sie das Haus nicht einen Moment lang verlassen hatte."

Es gibt keinerlei Hinweise, ob die helfende Gestalt aus den Reihen der Toten oder der Lebenden kam. Falls die Schwester zu jenem Zeitpunkt geschlafen hätte, könnte sie Elisabeths verzweifelte Lage beobachtet haben und ihr zur Hilfe geeilt sein. Dem widerspricht jedoch, dass sie ununterbrochen beschäftigt war. Offensichtlich nahm eine andere Person ihre Gestalt an. Ob es sich dabei um eine verstorbene Person handelte, lässt sich nicht eindeutig beweisen. Die Kraft der Personifikation ist eine Waffe, die zum Guten und zum Bösen eingesetzt werden kann. Bei spiritistischen Séancen finden solche Personifikationen zweifellos häufiger statt, was ein gewöhnlicher Mensch nicht bemerkt. Dazu bedarf es eines hohen Grades an Hellsichtigkeit.

Ruf an einen Priester

Die beiden nächsten Fälle handeln von der Rückkehr eines Verstorbenen, um die erforderlichen geistigen Tröstungen für einen Hinterbliebenen zu erwirken. Im ersten Fall bittet eine alte Frau, die zehn Jahre zuvor starb, den Priester, einen jungen Mann aufzusuchen, der kurz vor seinem Ende steht. Der Geistliche stattet besagtem Haus einen Besuch ab, findet aber keinen Kranken. Er begegnet einem jungen Mann und unterhält sich mit ihm, einem Katholiken, der seine von der Kirche aufgetragenen Pflichten in letzter Zeit nicht mehr erfüllt. Der Priester überredet ihn zur Beichte und ermahnt ihn, sein religiöses Leben wieder aufzunehmen. In der nachfolgenden Nacht stirbt der junge Mann an einem Herzleiden. Bei den Vorbereitungen für die Beerdigung stößt der Priester auf das Foto seiner mysteriösen Besucherin und entdeckt, dass sie die Mutter des Toten war.

Im zweiten Fall rufen zwei kleine Kinder einen Priester ans Sterbebett ihres Vaters und beschreiben genau, wo er zu finden ist. Dieser lebt alleine und hat niemanden, den er schicken kann, um geistigen Beistand zu rufen. Die Kinder, die er sofort aus der Beschreibung des Priesters erkennt, sind schon lange tot.

Ein Arzt berichtet von einem Vater, der zurückkehrte, um seinen Sohn anzuweisen, sich auf den Tod vorzubereiten.

„Jean Vitalis war ein kerngesunder, robuster Mann, verheiratet, aber kinderlos. Im Alter von neununddreißig Jahren überfiel ihn ein heftiges Fieber, verbunden mit starken Gliederschmerzen. Die Symptome ließen auf Gelenkrheumatismus schließen. Eine Behandlung mit Salicylaten war damals noch unbekannt. Sie wurde mit Chinin, Opium, Colchicum und dergleichen durchgeführt und dauerte etwa sechs bis sieben Wochen. In den meisten Fällen führte sie zur Heilung der Krankheit. Mitunter jedoch trat der Tod infolge kardialer oder zerebraler Komplikationen ein.

Am Morgen des sechzehnten Behandlungstages fand ich zu meiner großen Überraschung Jean Vitalis vollkommen angezogen lächelnd auf seinem Bett sitzen. Er war fieberfrei und konnte seine Hände und Füße einigermaßen frei bewegen. Am Abend zuvor hatte ich ihn in einem recht desolaten Zustand verlassen. Alle seine Gelenke waren geschwollen und schmerzten. Er hatte hohes Fieber. Ihn so munter vor mir zu sehen, hätte ich nicht erwartet. Ruhig erklärte er mir, dass er seine plötzliche Heilung auf eine Vision zurückführte. In der Nacht war ihm sein verstorbener Vater erschienen:

„Er fuhr sanft über meinen Körper, als wolle er mir die Schmerzen nehmen, und sagte, dass ich heute Abend, Punkt neun Uhr, sterben werde. Kurz bevor er ging, meinte er, ich solle mich auf meinen Tod vorbereiten, wie es sich für einen guten Katholiken gehöre. Den Beichtvater habe er bereits rufen lassen. Ich würde die Kommunion und das Sterbesakrament empfangen." Er dankte mir für die Behandlung und meinte, sein Tod werde nicht eintreten, weil ich irgendetwas unterlassen hätte. Es sei der Wunsch seines Vaters. All dies sagte er mit einem stillen Lächeln. Zufriedenheit und eine gewisse Heiterkeit erhellten seine Züge. Meinen Einwand, dass es sich möglicherweise um eine Sinnestäuschung handelte, wies er entschieden zurück.

Mitunter tritt der Tod durch zerebrales Rheuma ein, was ein Kollege, den ich hinzuzog, in diesem Fall bestätigte. Aufgrund des allgemeinen Gesundheitszustandes des Patienten ging er allerdings nicht davon aus, dass dieser noch am selben Abend sterben werde. Gegen acht Uhr suchte ich ihn nochmals auf, da es mich interessierte, wie er sich zum angekündigten Todeszeitpunkt verhalten werde.

Vitalis saß im Kreise seiner Familie. Der Beichtvater war ebenfalls anwesend. Man unterhielt sich, lachte und scherzte. Eine Minute vor neun Uhr stand er vom Sofa auf und meinte ruhig: „Die Zeit ist gekommen." Er küsste seine Frau und seine Geschwister, setzte sich auf sein Bett, nickte und sagte mehrmals: „Auf Wiedersehen!" Dann streckte er sich aus und rührte sich nicht mehr. Langsam näherte ich mich ihm, um festzustellen, ob er den Tod nicht vortäuschte. Zu meiner größten Überraschung war er tatsächlich, ohne Anzeichen von Todeskampf, still hinübergegangen. Da man zunächst eine Katalepsie vermutete, wurde die Beerdigung lange hinausgezögert, bis die ersten Zerfallserscheinungen des Leichnams sichtbar wurden."

Bei den genannten Beispielen handelt es sich um vereinzelte Interventionen angesichts großer Gefahr. Fortlaufende Bemühungen sind nicht wünschenswert, da sich der Tote nicht übermäßig lange in der Erdsphäre aufhalten sollte, es sei denn, er erfüllt eine bestimmte Aufgabe, die im Zusammenhang mit der physischen Ebene steht.

Astrale Philanthropie

Ein bemerkenswertes Beispiel ungeminderter Menschenfreundlichkeit, die über den Tod hinausgeht und auf physischer Ebene zum Tragen kommt, zeigt der folgende Fall.

Vor Jahren kümmerten sich ein Prediger und seine Frau um die Armen der Stadt Boston, besonders um jene, die kaum Freunde besaßen. Später wurden sie von einem Kollegen und dessen Frau unterstützt. Nach dem Tod des Ehepaares und des Kollegen blieb nur noch dessen Witwe, die mediale Fähigkeiten zu besitzen schien. Der tote Prediger und seine Frau nahmen auch weiterhin Anteil an den Sorgen ihrer armen Gemeindemitglieder und verloren selbst jene nicht aus den Augen, die in andere Städte gezogen waren. Um ihnen zu helfen, pflegten sie auf das Gehirn der Witwe dahingehend Einfluss zu nehmen, dass sie den Bedürftigen die erforderliche Hilfe zukommen ließ.

Jahrelang wurde auf diese Weise Notleidenden unbemerkt geholfen. Nur zwei oder drei enge Freunde waren in die Arbeit eingeweiht. Die Witwe lebte in der Nähe von Boston. Sie erhielt den Auftrag, diese und jene Personen da und dort aufzusuchen, um ihre Not zu lindern. Sie folgte den genauen Anweisungen, und obwohl sie, abgesehen von dem, was man ihr sagte, den jeweiligen Fall nicht kannte, geschah niemals ein Fehler. Jedes Mal machte sie die Person ausfindig, und die Gegebenheiten, in denen sie sich befand, trafen genauso zu, wie man es ihr beschrieben hatte. Sie leistete dann die nötige Hilfe. Nicht immer handelte es sich um rein physische Bedürfnisse. In vielen Fällen wurde Todesgefahr abgewendet.

Eine so lange über den Tod hinaus währende Mildtätigkeit gegen die Armen ist ungewöhnlich, nicht aber wenn ein toter Freund oder Verwandter über ein bestimmtes Individuum wacht. Der Mentor macht sich auf unterschiedliche Weise bemerkbar, manchmal durch automatisches Schreiben, manchmal durch Klopfzeichen, meistens aber durch starke mentale Impressionen, die die geführte Person wahrscheinlich als untrügerische Intuitionen empfindet.

Die Mönche

Häufig setzen jene, die der Menschheit während ihres Erdenlebens gedient haben, ihr Wirken nach dem Tod ihres physischen Körpers in irgendeiner Weise fort. Vor einigen Jahren erhielt ich einen Brief, in dem der Verfasser die Anwesenheit einer Anzahl von „toten" Mönchen bei den Gottesdiensten in einer Londoner Kapelle beschrieb.

„In ihren späteren Jahren unterstützte meine Mutter ein kleines Krankenhaus, das nach religiösen Richtlinien geführt werden musste, da sie eine Frau mit strengen Ansichten war. In der Kapelle wurde jeden Tag die Messe gelesen und das Allerheiligste aufbewahrt.

Zu unterschiedlichen Zeiten spendete meine Mutter ein Chorgestühl, das einst die Kapelle eines ungarischen Dominikanerklosters zierte, sowie Reliquien aus einem ehemaligen italienischen Franziskanerkloster.

Von diesem Zeitpunkt an konnte man hin und wieder Mönche beider Orden betend in der Kapelle knien „sehen". Als meine Mutter starb, sang der Chor das Requiem. Ich fragte meinen Bruder, der die Orgel spielte, ob er die Mönche gesehen habe. Er bejahte. Da sie im Kirchenraum keinen Platz finden konnten, scharten sie sich um die Orgel und verschwanden erst nach dem Konsekrationsgebet.

Das Krankenhaus wird immer noch nach religiösen Maßstäben geführt, aber der Kaplan bewahrt das Allerheiligste nicht mehr in der Kapelle auf. Seither sind die Mönche verschwunden."

Zweifellos nahmen die Mönche an der Zeremonie teil, um die Gebete des irdischen Priesters und der Gläubigen mit ihrer Andacht zu unterstützen. Es ist daher nicht ungewöhnlich, dass fromme Personen den größten Teil ihres Astralaufenthalts damit verbringen, von Kirche zu Kirche zu gehen. In diesem Fall kommt noch hinzu, dass einige der Mönche den ihnen vertrauten Gegenständen gefolgt waren und Freunde mitgenommen hatten. Als das Allerheiligste entfernt wurde, bestand für sie kein Anlass mehr, die Kapelle zu besuchen.

Gaspar

Nur in seltenen Fällen wird ein Schützling hörbar geführt. Die Stimme eines Toten, der sich den Namen Gaspar gab und drei Jahre lang über eine Familie wachte, wurde nicht nur von allen Familienmitgliedern, sondern auch von den Hausangestellten wiederholt gehört. Über sein Erdenleben gab er keine Auskunft. Die Familie erfreute sich an seiner Gegenwart, und seine Ratschläge erwiesen sich stets als richtig. Zweimal zeigte er sich außerhalb des Hauses. Er trug einen weiten Umhang und einen breitrandigen Hut, was Südeuropa vermuten lässt. Religiöse Themen sprach er niemals an, pochte aber auf Tugend und Harmonie.

In diesem Fall schien der Ratgeber kein Angehöriger zu sein. Wahrscheinlich war er rein zufällig auf die Familie gestoßen, hatte sie als freundlich und aufnahmebereit empfunden und eine Beziehung zu ihr aufgebaut. Da ein Familienmitglied offenbar mediale Fähigkeiten besaß, vermochte er sich über diese Person hörbar und sichtbar zu machen. Als die Familie in ein anderes Land zog, begleitete er sie nicht. Möglicherweise stand er im Begriff, eine höhere Ebene zu erreichen, die eine weitere Kommunikation erschwerte.

Bisweilen kehrt ein Toter nur zurück, um einen Ratschlag zu geben, wie das folgende Beispiel zeigt.

David Dick, ein junger Auktionator aus Glasgow, ging an einem Nachmittag durch die belebte Stadt. In Gedanken war er bei seinem Geschäft, als ihn jemand ansprach. Sofort erkannte er seinen verstorbenen Vater. Er trug einen dunklen Mantel und den Hut, den er zu Lebzeiten stets getragen hatte. Die beiden gingen miteinander die Straßen entlang und unterhielten sich wie früher. Plötzlich verschwand der „Geist" ebenso unbemerkt wie er aufgetaucht war. David musste erkennen, dass er sich Sorgen um eine Angelegenheit gemacht hatte, deren Lösung nicht in seiner Macht lag. Der „Geist" hatte sich zu dem Thema nicht spezifisch geäußert. Sie hatten sich nur unterhalten.

Die Tatsache, dass die verstorbene Person am helllichten Tag in einer belebten Straße erscheint, fällt besonders auf. Da es keinen Beweis gibt, dass einer der anderen Passanten die Erscheinung gesehen hat, muss man davon ausgehen, dass es sich nur um eine mentale Impression handelte. Der Sohn war gedanklich so sehr in seine Geschäfte vertieft, dass es ihn nicht verwunderte, sich mit seinem verstorbenen Vater zu unterhalten. Wahrscheinlich sah sich dieser veranlasst, einen liebevollen Rat zu erteilen, obwohl es sich nicht um eine lebenswichtige Angelegenheit handelte, wie die meisten Fälle zeigen.

Es mag durchaus zutreffen, dass wir so manchen Rat aus dem sogenannten Jenseits erhalten würden, beschäftigten wir uns weniger mit unseren unwichtigen persönlichen Belangen. Da wir eine Kommunikation gewöhnlich so stark behindern und unsere verstorbenen Freunde sie kaum für durchführbar halten, bemühen sich die meisten nur unter dem Druck zwingender Gründe, uns zu erreichen. Häufig suchen sie einen ihrer Lieben auf, um ihm dessen bevorstehenden Tod anzukündigen. In einigen Fällen entspringt dieser Wunsch der religiösen Vorstellung von der Notwendigkeit einer speziellen Vorbereitung auf den Tod. In anderen Fällen handelt es sich lediglich um den Wunsch, der betreffenden Person zu ermöglichen, ihre Angelegenheiten zu regeln oder den Schock für Familie und Freunde zu mildern.

Ein junger Mann kehrte nach seinem Studium in Heidelberg nach Amerika zurück. Naturwissenschaftlich ausgerichtet, hochgewachsen und athletisch, neigte er nicht zu Fantastereien. Er liebte es, nach dem Essen auf der Veranda des Sommerhauses seiner Mutter hin und her zu gehen und zu rauchen. Eines Abends kam er still ins Haus zurück, sprach mit niemandem und legte sich zu Bett. Am nächsten Morgen weckte er seine Mutter, indem er vorsichtig seine Hand auf ihre Wange legte: „Ich muss dir etwas sehr Trauriges sagen. Ich werde bald sterben."

Erschrocken und besorgt, bat sie ihn um eine Erklärung. „Als ich gestern Abend auf der Veranda rauchte, erschien mir ein Geist und ging mit mir auf und ab. Ich habe meinen Ruf erhalten. Ich werde sterben." Die Mutter rief einen Arzt, der den jungen Mann untersuchte, aber keine Krankheit feststellen konnte, und meinte, die Vision sei wohl eine Sinnestäuschung gewesen.

Am nächsten Morgen fühlte sich der junge Mann nicht wohl. Man rief erneut den Arzt, der aber wieder nichts feststellen konnte. Der Gesundheitszustand des Patienten verschlechterte sich zusehends. Am dritten Tag diagnostizierte der Arzt eine Blinddarmentzündung. Zwei Tage nach der Operation starb der junge Mann.

Einige Zeit später suchte die Mutter ein Medium auf. Sofort meldete sich der Sohn zu Wort und machte einige bemerkenswerte Angaben. Auf die Frage, wen er in jener Nacht gesehen hatte, kam die spontane Antwort: „Es war mein Vater!" Dieser war vor Jahren gestorben, und die Mutter hatte wieder geheiratet.

Bei alteingesessenen Familien scheinen es sich die Ahnen oft zur Aufgabe gemacht zu haben, ihren Nachkommen zu erscheinen und sie auf das nahende Ende hinzuweisen. Gewöhnlich entspringt dieser Wunsch einem übermäßigen Stolz auf die Sippe. Manchmal geschieht dies auch als eine Art Sühne für begangene Untaten oder aufgrund einer tiefen Zuneigung zu der Nachkommenschaft oder dem großen Interesse an der Ehre des Hauses. Besonders in der Aristokratie ist das Erscheinen des Familiengeistes nichts Ungewöhnliches.

Die *Weiße Dame von Neuhaus* wurde anhand von Portraits als die Tochter von Ulrich von Rosenberg und Katharina von Wartenburg identifiziert. Ihr langer Aufenthalt in der Erdsphäre lässt sich höchstens durch die Tatsache ihrer unglücklichen Ehe erklären. Seit einigen Jahrhunderten erscheint sie in gewissen Abständen im Zusammenhang mit Todesfällen in mit ihr verwandten Familien. Ihre Nachkommen sind von ihrer guten Absicht überzeugt, die Familienmitglieder, für die sie sich interessiert, auf ihr bevorstehendes Dahinscheiden aufmerksam zu machen. Die *Schwarze Dame von Darmstadt* ist eine andere dieser historischen *Geisterfrauen*. Ihrem Erscheinen folgt sehr rasch der Tod eines Mitglieds der königlichen Familien. Ihr zu nahezutreten, scheint sie nicht zu tolerieren. Ein junger Offizier, der versuchte, auf sie zu schießen, wurde mit zerbrochenem Gewehr tot aufgefunden. Mitunter bedient sich der Vorfahr zur Ankündigung des bevorstehenden Ablebens eines Omen und erwartet eine gewisse Dankbarkeit von seinem Nachfahren, die ihm wohl kaum in angemessener Weise erwiesen wird.

Es gibt zahlreiche Beispiele, in denen zwei Menschen zu Lebzeiten eine Abmachung getroffen haben, dass derjenige, der zuerst stirbt, zurückkommen und dem anderen erscheinen soll – gewöhnlich als Beweis dafür, dass es ein Leben nach dem Tode gibt. Die Erfüllung eines solch unbesonnenen Versprechens mag aus vielerlei Gründen verhindert werden. Dennoch liegen uns einige Fälle vor, in denen es erfüllt wurde.

„Gegen ein Uhr morgens erreichten wir ein gediegenes Gasthaus (in Schweden) und beschlossen, die Nacht dort zu verbringen. Müde und durchfroren, nahm ich ein heißes Bad. Und hier geschah es.

Während unseres Studiums begingen mein Freund G. und ich die Torheit, ein Abkommen zu treffen und mit unserem eigenen Blut zu unterschreiben, dass derjenige, der zuerst sterbe, dem anderen erscheinen solle, um unsere Zweifel, die wir an einem jenseitigen Leben hegten, auszuräumen. G. war nach Indien gegangen. Die Jahre vergingen, und ich hatte ihn fast vergessen. Während ich die wohlige Wärme meines Bades genoss, blickte ich zu dem Stuhl, auf dem ich meine Kleidung zurechtgelegt hatte. Auf dem Stuhl saß G. und blickte mich still an. Wie ich aus dem Bad gekommen bin, weiß ich nicht. Als ich wieder bei Sinnen war, lag ich auf dem Boden. Die Erscheinung, oder was immer es gewesen sein mag, die wie G. aussah, war verschwunden. Zurück in Edinburgh, erhielt ich einen Brief aus Indien, der mich vom Tod meines Freundes unterrichtete. Er war in jener Nacht gestorben, in der ich ihn in Schweden gesehen hatte."

Sydenham und Dyke hatten abgemacht, dass derjenige, der zuerst stirbt, sich dem Überlebenden drei Tage nach seinem Dahinscheiden um Mitternacht in Sydenhams Sommerhaus zeigen sollte. Sydenham starb zuerst. Dyke fand sich zur verabredeten Zeit in jenem Haus ein, aber der Freund erschien nicht. Sechs Wochen später zeigte er sich deutlich in dessen Schlafzimmer und erklärte, dass er die Verabredung nicht einhalten konnte, es aber ein Leben nach dem Tode gebe. Eine Frage, die sie wahrscheinlich diskutiert hatten. Die Gründe für sein Nichterscheinen erwähnte er nicht. Vielleicht hatte er so kurz nach seinem Tod das Bewusstsein noch nicht wiedererlangt, oder es gelang ihm aus irgendwelchen Gründen nicht, sich zu manifestieren.

Fehlendes Geld

In einem späteren Kapitel werde ich einige Beispiele erdgebundener Personen anführen, die starben, ohne gewisse Schulden beglichen zu haben, und nun glaubten, ihr jenseitiges Leben nicht aufnehmen zu können, bevor sie nicht jemanden gefunden hatten, der die Schulden in ihrem Auftrag bezahlte. Im folgenden Fall geht es ebenfalls um Geld, aber diesmal, um einem Lebenden zu helfen.

„Seit dem unerwarteten Tod meines Vaters waren drei Tage vergangen. Da es in unserem Hause üblich war, dass mein Vater alle Ausgaben bestritt, verwaltete er auch das Geld. Er hatte die seltsame Angewohnheit, es oft an Orten aufzubewahren, von denen wir nichts wussten.

Nach der Beerdigung begannen wir, nach dem Haushaltsgeld zu suchen, um fällige Rechnungen bezahlen zu können. Wir stellten alles auf den Kopf, ohne Erfolg. Meine Mutter war verzweifelt. In der dritten Nacht hörte ich plötzlich laute Schritte die Stufen vom Dachboden hinunterkommen. Meine Zimmertür wurde geöffnet, und die vertraute Stimme meines Vaters rief meinen Namen. Ich schrak zusammen und erwiderte schließlich: „Vater, du?"

„Hör zu", sagte er. „Ich weiß, ihr macht euch Sorgen um das Geld. In dem Zimmer hinter der Küche steht eine alte Kiste. In der einen Hälfte liegen verschiedene Getreidetüten und in der anderen findet ihr unter einigen Lumpen das Geld." Bald war die ganze Familie auf den Beinen, und wenige Minuten später fanden wir den Schatz."

In einem ähnlichen Fall wurden aufgrund eines Traumes dreizehn fehlende Gesänge aus Dantes *Paradiso* wiederentdeckt.

Nach Dantes Tod begannen seine Söhne Jacopo und Pietro die überall verstreuten Einzelteile des Epos zusammenzutragen. Monatelange suchten sie vergebens nach einem Abschnitt, der für die Vervollständigung des Gesamtwerks unerlässlich zu sein schien. Eines Nachts träumte Jacopo von seinem Vater. Er war in weiße Gewänder gehüllt. Sein Gesicht strahlte in einem ungewöhnlichen Licht. Neben anderen Dingen fragte der Sohn ihn nach den fehlenden Teilen des *Paradiso*. Die Erscheinung nahm ihn bei der Hand, führte ihn in das Zimmer, in dem Dante gewöhnlich geschlafen hatte, und wies auf eine Stelle in der Wand. In diesem Moment verschwand sie, und Jacopo wachte auf. Gemeinsam mit einem

Freund untersuchte er den Ort und fand ein mattenähnliches Gewebe an der Wand befestigt. Als sie es vorsichtig hoben, entdeckten sie eine kleine Nische, die noch niemand gesehen und von der keiner etwas gewusst hatte. Dort lagen mehrere fast verschimmelte Manuskripte. Hätten sie noch länger dort gelegen, hätte die Wandfeuchtigkeit sie völlig zerstört. Nach sorgfältiger Säuberung und Durchsicht erkannte man, dass es sich um die gesuchten dreizehn Gesänge handelte.

Déolinda

In vielen Fällen macht sich der Verstorbene nur ganz sacht bemerkbar und wird nicht als eindeutige Erscheinung wahrgenommen.

Dr. Cabral hatte sich um ein armes einsames Mädchen mit Namen Déolinda gekümmert, das an Tuberkulose starb. Einige Zeit später weilte er bei seinem Freund Andrade, dessen Schwester ernsthaft erkrankt war und der Nachtwache bedurfte.

„Eines Abends legte ich mich völlig erschöpft schlafen. Die Nachtwache übernahmen die beiden Schwestern Ana und Felicia. Kaum hatte ich mich auf meinem Bett ausgestreckt, durchströmte mich ein intensives Gefühl von Wohlbefinden. Ich konnte es mir nicht erklären. Bald darauf schien irgendetwas meinen Kopf zu berühren, so als würde er umwickelt. Erstaunt rief ich nach den Schwestern im Nebenzimmer. Felicia meinte: „Ich sehe ein junges Mädchen in weißen Gewändern am Kopfende Ihres Bettes stehen. Sie legt einen Kranz aus Rosen auf Ihre Stirn. Sie sagt, ihr Name sei Déolinda, und sie sei gekommen, um Ihnen für ihre großzügige Hilfe zu danken."

Diese Worte überraschten mich, und es fiel mir ein, dass es Déolindas Todestag war. Niemand hatte daran gedacht. In jenem Haus hatte ich niemals über meine Arbeit für das Mädchen gesprochen.

Sidgwick kam zu der Schlussfolgerung:

„Will man die Möglichkeit eines tatsächlichen Eingreifens von Seiten Déolindas ausschließen, muss man annehmen, dass (1) Dr. Cabral sich unbewusst an den Todestag des jungen Mädchens erinnerte; (2) dass das

Gedächtnis durch Gedankenassoziation ein Gefühl von Wohlbefinden und Berührtwerden hervorrief, ohne sein bewusstes Erinnerungsvermögen zu beeinflussen; (3) dass die unterbewusste Erinnerung telepathisch auf die Dame übertragen wurde, die die Verstorbene sah. Diese dreifache Hypothese scheint zugegebenermaßen äußerst gekünstelt zu sein. Aber bereits eine geringe Anzahl ähnlicher, ebenso präzise begründeter Fälle führt dazu, die Tatsache von Manifestationen nach dem Tode als erwiesen zu betrachten."

Kapitel 20
Diejenigen, die Hilfe benötigen

Tatsächliche und eingebildete Bedürfnisse

Die Anzahl der Fälle, in denen der Verstorbene zurückkehrt, weil er der Hilfe bedarf, übersteigt jene, in denen er aus altruistischen Motiven in die Erdsphäre eintaucht. Häufig handelt es sich nur um ein eingebildetes Bedürfnis, das sich auf herkömmliche Vorstellungen gründet. Der Verstorbene mag beunruhigt sein, weil sein Körper nicht begraben oder (falls er Katholik ist) weil die für die ewige Ruhe seiner Seele erforderliche Anzahl von Messen nicht gelesen wurde. Vielleicht sorgt er sich um einen zurückgelassenen Schatz oder möchte begangenes Unrecht sühnen. Vielleicht treibt ihn ein Reue- oder Rachegefühl. Manchmal scheinen die Beweggründe recht primitiv und unangebracht zu sein. Andererseits gibt es Fälle, in denen die Motivation durchaus begründet und lobenswert ist, wie die Auffindung von wichtigen Papieren.

Der gewöhnliche Mensch denkt in vorgegebenen Bahnen und mag fragen, warum nicht jeder, der die Erde plötzlich verlassen musste, zurückkehrt, um seine Angelegenheiten zu regeln. Die Toten greifen sehr viel häufiger ein, als man vermutet, obwohl sie nur selten in Erscheinung treten. Oft genügt ihr starker Gedankenimpuls, um auf den Überlebenden einzuwirken und ihm ihre Wünsche zu übermitteln oder ihnen die erforderlichen Hinweise zu geben. Erst wenn diese Methoden versagen, greift unser verstorbener Freund zu drastischeren Maßnahmen. Andererseits können wir davon ausgehen, dass es weitaus mehr Erscheinungen gibt als bekannt sind, da die Menschen nur ungern eine solch persönliche Erfahrung preisgeben.

Wie bereits erwähnt, bleiben viele Menschen nach ihrem Tod zunächst für längere Zeit bewusstlos. Wenn sie erwachen, befassen sie sich gewöhnlich mit sich selbst und ihrer neuen Umgebung. Hinzu kommt, dass der Durchschnittsmensch aufgrund seiner beklagenswerten Unwissenheit in diesen Dingen keine Ahnung hat, wie er seine Gedanken von der Astral- auf die physische Ebene übertragen soll. Die Möglichkeit der Telepathie oder seine Kraft, sich zu materialisieren oder auf die mentale Vision seiner Freunde einzuwirken, sind ihm fremd.

Die Freunde ihrerseits sind im Allgemeinen nicht im Geringsten aufnahmefähig. Ihre Gedanken kreisen um materielle Dinge. Für sie ist der Verstorbene aus dieser Welt verschwunden. Hilfe von ihm zu erwarten oder mit ihm in Verbindung zu treten, kommt ihnen nicht in den Sinn. Der durchschnittliche Geist weiß also nicht, wie er sich zeigen soll, selbst wenn er es wünscht; und der gewöhnliche Mensch auf der physischen Ebene weiß nicht, wie er es ihm ermöglichen kann. Das Erstaunliche ist nicht, dass sich so wenige Tote zeigen, sondern dass es überhaupt jemand von ihnen schafft, die Mauer unserer blinden Ignoranz, prahlerischen Skepsis und starren Vorurteile zu durchbrechen. Wenn wir nur etwas weiser und weniger eingebildet wären, wie viel könnten wir dann lernen und wie viel reicher und glücklicher könnte unser Leben sein! Zweifellos versuchen die Toten oft, die Lebenden zu erreichen. Es liegt nicht an ihnen, wenn es fehlschlägt. Unsere Verbohrtheit, unser Materialismus, unsere selbstsüchtige Gedankenlosigkeit schließen uns von lehrreichen und aufbauenden Dingen aus. Die meisten Menschen gleichem dem Mann mit der Mistgabel, der beharrlich im Dreck nach wertlosen Münzen sucht und sich weigert, zu dem Engel über ihm emporzuschauen, der eine unvergängliche Krone in seinen Händen hält.

Einige Leute denken nach ihrem Tod ebenso konventionell wie in ihrem Leben. Mir sind zahlreiche Fälle begegnet, in denen die Hauptsorge des Dahingeschiedenen der würdevollen Beerdigung seines Leichnams galt. Dies trifft vor allem bei gewissen armen Leuten zu, die das Ganze als eine Art Abschiedsfeier betrachten. Die Sorge um das Begräbnis war in früheren Zeiten sehr viel stärker ausgeprägt als heute. Hinzu kam der Aberglaube, dass die Seele erst dann frei werden und ihren Aufwärtsweg antreten könne, wenn der Verstorbene mit den entsprechenden Riten verbrannt oder begraben wurde.

Kettenrasseln

Plinius der Jüngere berichtet von einem Haus in Athen, in dem es spukte und das niemand haben wollte. Schließlich nahm es der Philosoph Athenadorus. In der ersten Nacht schickte er seine Diener zu Bett und begann zu schreiben, entschlossen, der Fantasie keinen Raum zu geben, um ihm einen Streich zu spielen. Zunächst war alles still. Vertieft in seine Arbeit, hörte er mit einem Mal ein Geräusch, das wie Kettenrasseln klang und das jeden bisher aus dem Haus getrieben hatte. Athenadorus verschloss die Ohren, konzentrierte sich auf seine Schreibarbeit und blickte nicht auf.

Das Geräusch wurde lauter, näherte sich der Tür und drang ins Zimmer. Jetzt blickte Athenadorus auf und nahm die Gestalt eines alten, hageren, schmutzigen Mannes mit zerzaustem Haar und langem Bart wahr, der ihm mit erhobenen Fingern bedeutete, ihm zu folgen. Athenadorus seinerseits gab ihm ein Zeichen, dass er warten solle, und wandte sich wieder seiner Arbeit zu. Die Gestalt näherte sich dem Philosophen, rasselte mit den Ketten über dessen Kopf und drängte ihn erneut, ihm zu folgen. Athenadorus erhob sich und folgte der Erscheinung. Schwerfällig schleppte sie sich in den Hof, führte ihn zu einer bestimmten Stelle und verschwand. Am nächsten Morgen fand man dort das von Ketten umgebene Skelett eines Menschen. Nach seiner ordnungsgemäßen Beisetzung blieb das Haus zukünftig ungestört.

Der unglückliche, in seinem Erdenleben an Ketten gefesselte Mann bildete sich ein, dass sich nach seinem Tod an diesem Zustand nichts geändert hatte. Dieser Gedanke besaß nicht nur eine solch starke Kraft, ihn niederzudrücken und seine Bewegungsfreiheit einzuschränken, sondern ließ sogar ein klirrendes Geräusch im Geist anderer entstehen.

Bei der folgenden Geschichte handelt es sich ebenfalls um den sehnlichen Wunsch nach Bestattung, obwohl wahrscheinlich noch andere Beweggründe eine Rolle spielten.

Zwei aus England eingewanderte Viehzüchter gelangten in Australien zu beachtlichem Wohlstand. Plötzlich verschwand einer von ihnen. Er war unauffindbar.

Etwa drei Wochen später befand sich sein Partner eines Abends auf dem Heimweg, der ihn an einem tiefen, breiten Wasserloch entlangführte. Die untergehende Sonne verschwand fast hinter dem dichten Buschwerk und den hohen Gräsern, als er mit einem Male die Gestalt seines Gefährten bemerkte, die am Rand des Tümpels auf dem Boden kauerte. Als er auf sie zustürzen und mit ihr reden wollte, verblasste sie. Er hielt inne. Die Gestalt wurde wieder greifbarer, erhob den Arm und wies mit dem Zeigefinger auf eine tiefe, dunkle Stelle im Wasser, direkt unter einem überhängenden Baum. Diese Bewegung wiederholte sich. Dann verblasste die Erscheinung.

Am nächsten Morgen fand man genau an dieser Stelle den Körper des Vermissten. Er war mit einem Stein beschwert worden. Die Mordwaffe wurde ebenfalls dort gefunden, die einem gewissen Abenteurer zugeordnet werden konnte. Als man ihn stellte, war er im Besitz wichtiger Dokumente, die dem Ermordeten gehört hatten. Der Mann gestand sein Verbrechen und wurde zum Tode verurteilt.

Man kann wohl davon ausgehen, dass neben dem Wunsch nach einer Bestattung seines Körpers noch andere Gedanken den Toten bewegten. Wahrscheinlich wollte er seinem Partner Klarheit über sein Schicksal verschaffen. Vielleicht wurde er auch von Rachegefühlen gegenüber seinem Mörder getrieben.

Der Geist im Sonnenlicht

Ein Mann, der dringend mit einem Geistlichen reden wollte, was ihm aber nicht gelang, erschien diesem nach seinem Tod, ohne zu erklären, was er wollte.

„Am Nachmittag eines heißen Sommertages ging ich die Straße entlang. Als ich am Haus der Familie P. vorbeikam, bemerkte ich die geschlossenen Fensterläden. Ich ging hinüber und sah einen schwarz gekleideten jungen Mann an den Treppenstufen zum Eingang stehen. Der Ähnlichkeit mit meinem Freund P. nach zu urteilen, musste es dessen Sohn sein. Wir schauten uns an. Plötzlich kam er auf mich zu und starrte mich mit weit aufgerissenen Augen an. Obwohl deutlich zu sehen war, dass er sprechen wollte, kam kein Laut über seine Lippen. In seinen Augen und in seinen Gesichtszügen lagen ein stiller Vorwurf und tiefer Schmerz. Meine anfängliche Verblüffung wich einem Gefühl von Unmut, und ich fragte mich, was dieser Blick bedeutete. Dann ging ich weiter und dachte nicht mehr an die Begegnung.

An dem Tag, an dem ich an der Reihe war, die Bestattung auf dem örtlichen Friedhof vorzunehmen, musste ich zu meiner größten Überraschung feststellen, dass ich den Sohn der Familie P. zu beerdigen hatte. Die Mutter erzählte mir später, dass der Junge bis zuletzt gehofft hatte, ich werde kommen, da er dringend mit mir zu sprechen wünschte. Er war in dem zur Straße gelegenen Zimmer gestorben und dort auch an jenem Tag aufgebahrt gewesen, an dem ich vorbeiging und ihn sah."

Den Jungen muss mehr bewegt haben als nur der Wunsch nach geistlichem Beistand. Vielleicht wollte er sich mitteilen und von einer Last befreien. Die Kraft seines Wunsches, den Priester zu sehen, reichte aus, sich ihm zu zeigen, nicht aber um zu sprechen. Oder *hätte* er gesprochen, wenn der Geistliche mehr Geduld aufgebracht und ihn ermutigt hätte? Wer weiß.

Kapitel 21

Sühne

Erbarmen für einen Dieb

Der Wunsch, sich zu einer Untat zu bekennen oder sie zu sühnen, hält den Betreffenden oft jahrelang in enger Verbindung zu seinem Erdenleben. Im folgenden Fall scheint das Schuldgefühl die Person wegen eines Diebstahls fast dreißig Jahre lang an die Erdsphäre gebunden zu haben.

„V., die im Hause ihrer Tante weilte, wurde eines Nachts von einer Gestalt in Schrecken versetzt. Eine adrette ältere Frau, anscheinend eine Bedienstete, beugte sich über ihr Bett und bemühte sich verzweifelt zu sprechen.

Einige Monate später befand sich V. in Gesellschaft einer Freundin, die sich mit Spiritismus befasste. Bei einer der Sitzungen kündigte sich ein (angeblicher) Geist mit Namen Sarah Clarke an. Es stellte sich heraus, dass diese Sarah vor vielen Jahren als Haushälterin bei der Tante von V. gearbeitet und sich vergeblich bemüht hatte, mit V. in Kontakt zu treten, als diese das Anwesen ihrer Tante besuchte. Sie wollte ein Vergehen beichten, dessen sie sich schuldig fühlte, und darum bitten, dass ihre ehemalige Herrin ihr verzeihe. Dieser Wunsch hatte sie ruhelos durch das Zimmer geistern lassen, das sie seinerzeit bewohnte. Einst war sie der Versuchung erlegen, einige Dinge zu stehlen, darunter auch eine silberne Zuckerdose. Sie bat V., ihrer Tante mitzuteilen, dass sie es bereue und ihre damalige Herrin ihr verzeihen möge.

Als V. ihre Tante das nächste Mal besuchte, erkundigte sie sich nach einer gewissen Sarah Clarke. Die Tante erinnerte sich noch gut an diese Haushälterin, der sie niemals einen Diebstahl zugetraut hätte. Sie verzieh ihr. Von diesem Tag an spukte es nicht mehr in jenem Zimmer."

Sarah sehnte sich danach, ihr Gewissen zu erleichtern, indem sie ihren Fehler zugab und ihre Herrin, die sie bestohlen hatte, um Vergebung bat.

Im folgenden Fall handelt es sich um ein Vergehen anderer Art – einen Vertrauensbruch. Der Betreffende, der ihn begangen hatte, sah sich gezwungen, mehr als achtzig Jahre lang darauf zu achten, mögliche Auswirkungen zu verhindern.

Ein geheimnisvolles Geständnis

„Unser Freund, der zum Abendessen eingeladen worden war, traf zeitig im Haus der Gastgeberin ein. Man führte ihn in den Salon, in dem ein römisch-katholischer Priester auf dem Sofa bereits Platz genommen hatte und in einem großen Buch las. Als unser Freund eintrat, hob er die Augen, verbeugte sich höflich, aber schweigend und nahm seine Lektüre wieder auf. Er war kräftig gebaut. Sein besorgter, fast ängstlicher Gesichtsausdruck zog die Aufmerksamkeit unseres Freundes an, der sich wunderte, wie es dazu kam, dass ein solcher Mann in dieses Haus eingeladen worden war. Bald trafen auch die anderen Gäste ein, und man setzte sich zu Tisch. Unser Freund fragte die Gastgeberin, die neben ihm saß, nach dem interessant aussehenden Priester, den er im Salon angetroffen hatte und den er bei der Tafelgesellschaft vermisste.

Überrascht fragte die Gastgeberin flüsternd: „Sie haben ihn tatsächlich gesehen?"

„Gewiss", erwiderte er. „Aber ich fürchte, ich habe ein unliebsames Thema zur Sprache gebracht. Ich werde natürlich diesbezüglich schweigen."

„Nein, nein, nein", meinte die Gastgeberin mit leiser Stimme. „Sie missverstehen mich. Es gibt nichts zu verbergen. Es hat mich nur überrascht, dass sie den Priester gesehen haben. Er ist kein Gast. Es handelt sich um eine Erscheinung."

„Eine Erscheinung?"

„Ja. Es besteht kein Zweifel. Während der zwei Jahre, die wir in diesem Hause leben, hat sie sich meinem Mann und mir vielleicht ein Dutzend Mal gezeigt. Die jeweiligen Umstände lassen die Frage einer Selbsttäuschung nicht zu. Wir finden keine Erklärung und haben deshalb beschlossen, darüber zu schweigen. Aber da Sie diesen Mann ebenfalls gesehen haben, möchte ich Sie um einen Gefallen bitten. Gehen Sie in den Salon und beschwören Sie ihn, dieses Haus zu verlassen."

Nach kurzem Zögern stimmte unser Freund zu. Er kehrte in den Salon zurück und stellte sich vor den Priester, der immer noch lesend auf dem Sofa saß. Wieder hob er die Augen, nickte höflich, wandte sich aber nicht sofort seiner Lektüre zu, sondern blickte unseren Freund sorgenvoll an, der ihn fragte:

„Wer sind Sie und was wollen Sie?"

Die Erscheinung schloss das Buch, erhob sich und sprach nach kurzem Zögern mit leiser, aber klarer und getragener Stimme:

„Niemals zuvor bin ich in dieser Weise angesprochen worden. Ich werde Ihnen sagen, wer ich bin und was ich will. Wie Sie sehen, bin ich ein Priester der katholischen Kirche. Vor achtzig Jahren war dieses Haus mein Haus. Ich war ein guter Reiter und liebte die Jagd. Eines Tages wollte ich gerade zu einem benachbarten Jagdtreffen aufbrechen, als eine junge Dame der höheren Gesellschaft mich bat, ihr die Beichte abzunehmen. Der brisante Inhalt schien mir von solcher Wichtigkeit, dass ich den schwerwiegenden Fehler beging, im Verlauf ihres Bekenntnisses Notizen zu machen, was seitens der Kirche natürlich strengstens verboten ist. Nach der Absolution schob ich das Papier in das Buch, das ich in meinen Händen hielt, und eilte in das Untergeschoss, um es dort vorübergehend zu verstecken. Nach meiner Rückkehr gedachte ich, meine Notizen zu überdenken und meine Aufzeichnungen zu vernichten. Ich schwang mich auf mein Pferd und ritt los.

An jenem Tag wurde ich bei der Jagd vom Pferd geschleudert und war auf der Stelle tot. Seither geistere ich durch dieses Haus, bestrebt, die Entdeckung jener fatalen Notizen zu verhindern. Bis jetzt hat es noch kein Mensch gewagt, mich anzusprechen. Bitte befreien Sie mich von meiner Last. Ich werde Ihnen das Versteck zeigen. Schwören Sie mir, die Aufzeichnungen zu vernichten, ohne sie vorher gelesen oder jemandem gezeigt zu haben."

„Ich werde ihrem Wunsch entsprechen", erwiderte unser Freund. Der Priester starrte ihn an, als wolle er seine Seele durchbohren. Überzeugt, meinte er erleichtert: „Folgen Sie mir!"

Mit gemischten Gefühlen folgte unser Freund dem Phantom bis in eine Art Kellergewölbe. Plötzlich blieb es stehen, wandte sich ihm zu und wies auf die Wand: „Hier ist es!" Der Priester legte die Hand auf die Wand. „Entfernen Sie den Putz, lösen die Ziegelsteine und Sie werden die Nische mit den Aufzeichnungen finden. Merken sie sich die Stelle gut. Halten Sie ihr Versprechen!"

Unser Freund untersuchte die Stelle. Als er sich umdrehte, um den Priester etwas zu fragen, war dieser verschwunden. Eilig rannte er zurück zu der Tafelgesellschaft, die ihn bereits vermisste. Nach einigem Zögern berichtete er von seinem Erlebnis. Man beschloss, einen Maurer hinzuzuziehen. Sobald der Mann eintraf, machte man sich auf den Weg in das Kellergewölbe. Der Putz wurde genau an der angewiesenen Stelle abgeschlagen. Nach dem Herauslösen von ein oder zwei Steinen öffnete sich eine kleine Nische, in der ein dickes, mit Staub und Schimmel überzogenes Buch lag. Unser Freund zog ein Stück vergilbtes Schreibpapier mit hastig hingeworfenen Notizen zwischen den Seiten hervor, trug es unverzüglich nach oben und warf es ins Feuer. Der Priester wurde niemals mehr in jenem Haus gesehen, in dem er das Geheimnis seiner Schuld so lange gehütet hatte."

Man kann die Gefühle nachvollziehen, die den Priester bewegt haben mögen, nachdem er jäh aus seinem irdischen Leben gerissen wurde. Er wusste, dass er seine Indiskretion nicht mehr auszulöschen vermochte. Hinzu kam, dass er sein Geheimnis niemandem anvertrauen konnte. Er schwebte ständig in der Angst, dass es in die falschen Hände geriet, während er auf die richtige Person wartete, der er die Vernichtung des Papiers anvertrauen konnte.

Die Messfeier des toten Priesters

Im Folgenden geht es ebenfalls um einen Priester, bei dessen Fehlverhalten es sich wohl um die Vernachlässigung seiner Pflicht handelt. Obwohl auf physischer Ebene ohne Folgen, schien seine Reue ihn zu veranlassen, Buße zu tun, vielleicht auferlegt von einem ebenfalls verstorbenen Priester, dem er sein Vergehen beichtete, um die Absolution zu erhalten.

„An einem Weihnachtsabend befand sich mein Großvater Chatton auf dem Heimweg. Es hatte den ganzen Tag über geschneit. Da er befürchtete, vom Weg abzukommen, führte er sein Pferd am Zügel. Als er sich der alten Kirchenruine näherte, die am Wegrand stand, hörte er es Mitternacht schlagen, und dann war ihm, als werde eine Messfeier eingeläutet. Es überraschte ihn, denn er wusste nichts von einer Restaurierung der Kapelle.

Er beschloss nachzusehen. Im Mondlicht erschien das Gebäude neu und wunderschön. Es war erleuchtet. Er band sein Pferd an einem Gatter fest und betrat die kleine Kirche. Die vielen Menschen in ihren Bänken schienen in tiefem Gebet versunken. Mein Großvater kniete am Eingang nieder und begann zu beten. Der Priester stand am Altar und las die Messe. Als er sich umwandte, um die Gläubigen zu segnen, bemerkte er dessen seltsam strahlende Augen, die allein auf ihn gerichtet zu sein schienen, was ein gewisses Unbehagen in ihm auslöste.

Der Priester nahm eine Hostie und fragte die Gemeinde: „Wer will empfangen?" Niemand reagierte. Er wiederholte seine Frage dreimal. Die Gemeinde schwieg. Mein Großvater, der sich über die scheinbare Gleichgültigkeit der Anwesenden empörte, erhob sich und ging auf den Priester zu, der augenblicklich die Altarstufen hinunter schritt.

„Ich segne dich, Chatton", sagte er und reichte meinem Großvater die Hostie. „An einem verschneiten Weihnachtsabend wie diesem habe ich mich einst geweigert, einem Sterbenden das Sterbesakrament zu bringen. Das war vor dreihundert Jahren. Ich konnte dem Fegefeuer nicht eher entkommen, als bis ein Lebender bereit war, die Kommunion aus meiner Hand zu empfangen. Ich danke dir, denn nun bin ich befreit."

In diesem Moment verlöschten die Fackeln. Mein Großvater stand allein in der Kirchenruine, inmitten von Binsen und Nesseln. Mühsam schlug er sich zu seinem Pferd durch und ritt seines Weges."

Diese Episode dient nicht nur als Beispiel für die Erscheinung eines Menschen, der seine irdischen Fehler zu sühnen versucht, sondern ebenfalls für einen Verstorbenen, der, um sein Ziel zu erreichen, einen großen äußeren Aufwand betreibt. Die restaurierte Kirchenruine (eine Kirche, in der er wahrscheinlich in seinem Erdendasein als Priester wirkte), die Kongregation und die Lichter mögen lange vorbereitete Gedankenschöpfungen des alten Priesters gewesen sein. Andererseits besteht die Möglichkeit, dass die Willenskraft des Priesters eine solch starke mesmerische Wirkung auf Chatton ausübte, dass sich dieser vorübergehend des Astrallebens bewusst wurde. Wahrscheinlich handelte es sich bei der Kongregation nicht bloß um Gedankenformen, sondern um fromme verstorbene Katholiken, denen das Gelübde des Priesters oder sein Bußverlangen bekannt waren und die ihn mit ihrer geballten Gedankenkraft und ihren guten Wünschen für ein Gelingen unterstützten, was den üppig ausgestatteten Rahmen erklärt.

Auffallend ist sein unvermitteltes Gefühl der Befreiung im Augenblick seiner Bußerfüllung. Was die niederastralen Ebenen betrifft, war er wahrscheinlich längst frei. Nur sein Wille, die vorgeschriebene Sühne zu leisten, muss ihn jahrelang auf diesen unteren Ebenen festgehalten haben. In dem Moment, in dem die Willenskraft zur Aufbruchserwartung wurde, löste sich der grobe Anteil des Astralträgers auf, und er wurde sich der höheren Stufen bewusst. Die Erfahrung hat gezeigt, dass immer dann, wenn der Bewusstseinswandel von einer Unterebene zur nächsten kurz bevorsteht, eine heftige Gefühlsaufwallung diesem Wandel Vorschub leistet, was in seinem Fall zweifellos geschehen ist. Dreihundert Jahre sind eine ungewöhnlich lange Zeit für einen Astralaufenthalt, selbst für die Erfüllung einer eingebildeten Buße. Möglicherweise hat sich der Priester in der Länge seines Fegefeuers geirrt. Wenn er allerdings annahm, die Sühnemesse nur einmal im Jahr, am Weihnachtsabend, feiern zu können, musste er wohl einige Jahre auf einen lebenden Zuhörer warten.

Kapitel 22

Erdgebunden

„Zurückbleiben"

Die genannten Fälle gehören zum Bereich jener Verstorbenen, deren Sorge sie in Erdnähe zu halten scheint. Sie sind „erdgebunden", da sie im Gegensatz zu jenen, die in die Erdsphäre zurückkehren, dort verweilen. Sie können sich nicht vollständig von der physischen Materie lösen, bis sie irgendeine Angelegenheit, der ihr besonderes Interesse gilt, erledigt haben. In *Unsere unsichtbaren Helfer* findet sich ein derartiges Beispiel. Der verstorbene Vater, der seine beiden Kinder mittellos zurückließ, konnte an nichts anderes denken, bis schließlich mit Unterstützung einer der Helfer Vorkehrungen für sie getroffen wurden und er erleichtert weiterzuschreiten vermochte. Andere wiederum treten aus weniger angemessenen, wenn auch durchaus löblichen Beweggründen in Erscheinung.

Frau Webb

In einem kleinen Ort geisterte eine gewisse Frau Webb in einem bestimmten Haus eine beachtliche Zeit lang umher. Zu Lebzeiten war sie wegen ihrer knauserigen Art bekannt gewesen. Man vermutete, dass ihr Erscheinen mit Geld zusammenhing, dass sie gehortet hatte, was sich schließlich bestätigte. Aber selbst als es gefunden wurde, gab sie keine Ruhe und erschien immer wieder den benachbarten Dorfbewohnern. Nach eingehender Untersuchung stellte sich heraus, dass sie ihren Freunden Geld schuldete. Als die Schuld beglichen war, sah man sie niemals wieder.

Drei Schillinge und ein Zehnpencestück

Eine Presbyterianerin suchte auf Wunsch einer Erscheinung, von der sie jede Nacht heimgesucht wurde, einen katholischen Priester auf. Die lästige Besucherin hatte sie aufgefordert, einen Priester zu finden und ihn zu bitten, eine Geldschuld zu begleichen. Leider hatte sie nur ihren eigenen Namen genannt und vergessen mitzuteilen, an wen die Summe gezahlt werden sollte. Nach einigen Mühen gelang es dem Priester, den Händler ausfindig zu machen, dem eine gewisse Frau Maloy eine Summe von drei Schilling und zehn Pence schuldete. Er zahlte das Geld, und die Presbyterianerin hatte fortan ihre Ruhe.

Selbst eine solch geringe Summe zurückzahlen zu wollen, ist anzuerkennen, obwohl man sich fragt, warum die Frau keine näheren Angaben machte, wem sie das Geld schuldete. Es ist auch nicht ersichtlich, warum der katholische Priester, der die Frau nicht einmal kannte, hinzugezogen wurde. Aber selbst im irdischen Leben sind die Gedankengänge der Menschen nicht immer rational nachvollziehbar.

Dieses Beispiel ist kein Einzelfall. Es gibt zahlreiche Berichte dieser Art, bei denen der Verstorbene einen Lebenden beauftragt, finanzielle Schulden zu begleichen, und zu diesem Zweck oft genaue Angaben macht.

Der Butler

Mitunter wünscht die Person, die zurückkehrt (oder verbleibt) nicht, eine Schuld zu begleichen, sondern sie einzutreiben und die Geldsumme an ihre Erben weiterzureichen.

„Als junger Mann hatte ich Schottland für eine Weile verlassen. Am Morgen meiner Rückkehr nach Edinburgh kam ich gerade aus einem Buchladen, als ich unserem alten Butler begegnete. Er sah sehr verändert aus, blass, matt und geisterhaft. „Hallo", rief ich, „was bringt dich denn hierher?" Er erwiderte. „Ich wollte Sie sehen und bitten, die ausstehende Geldsumme einzufordern, die mir der Verwalter nicht gezahlt hat." Überrascht von seinem Aussehen und seiner Art, bat ich ihn, mir in den Buchladen zu folgen, den ich wieder betrat. Aber als ich mich umdrehte, war er verschwunden.

Ich erinnerte mich, dass seine Frau in der Altstadt einen kleinen Laden betrieb, den ich als Junge oft besucht hatte. Inzwischen war sie Witwe geworden. Auf dem Totenbett hatte ihr Mann gesagt, dass ihm der Verwalter meines Vaters Geld schuldete und er dafür sorgen werde, dass der junge Herr es nach seiner Rückkehr richtigstelle, was ich auch tat."

Den Butler bewegte wohl weniger das Geld als die Zuneigung zu seiner Frau und der Wunsch, ihr in ihrer Armut zu helfen. In vielen Fällen scheint Geld der Auslöser zu sein, dass die Toten keine Ruhe finden, besonders wenn sie es gehortet haben.

Die Geizige

„Oft sind die benachbarten Bauern in der Abenddämmerung einer alten, runzeligen Frau in altmodischer Kleidung begegnet, wagten es aber nicht, sie anzusprechen. Sie hob niemals den Kopf, wenn sie gestützt auf einem seltsamen Stock ihres Weges ging. Manchmal wurde sie in der alten Scheune gesehen, manchmal im Haus, aber meistens im Obstgarten bei einem Apfelbaum, der die Stelle, an der später ein Schatz geborgen wurde, überschattete. Generationen zogen vorüber. Die alte Frau tauchte immer wieder auf.

Ein wenig angeheitert, wagte es einer der Besitzer dieses Bauernhofs schließlich, nach dem Grund ihrer Besuche zu fragen. Wortlos ging sie langsam auf den Stumpf eines alten Apfelbaums zu und wies auf einen unberührten Teil des Obstgartens. Man forschte nach und fand tief in der Erde vergraben einen Schatz. Als der letzte Krug gehoben wurde, glitt ein Lächeln über die verwitterten Gesichtszüge der alten Frau, die der Bergung des Schatzes beigewohnt hatte. Allmählich verblassten die Konturen ihrer Körpergestalt, die schließlich vollends verschwand. Seither hat es in dem alten Bauernhaus nicht mehr gespukt."

Der alten Frau schien es nur darum gegangen zu sein, dass die Geldsumme (egal von wem) gefunden und wieder in Umlauf gebracht wurde.

Verdiente Vergeltung

Bisweilen beruht die Ruhelosigkeit des Toten nicht auf der Sorge, eine Schuld zu begleichen, sondern auf dem unbefriedigten Verlangen nach Rache. Ein englischer Offizier, der in Kanada eine junge Frau verführt und anschließend verlassen hatte, wurde mehr als zehn Jahre lang aus der feinstofflichen Welt verfolgt. Die Frau war gestorben und störte seine Nachtruhe mit penetranten Geräuschen unterschiedlichster Art. Es spielte keine Rolle, an welchem Ort er sich aufhielt, stets wurde das Licht in seinem Zimmer gelöscht, der Vogel starb in seinem Käfig oder der Hund entfernte sich von ihm. Schließlich sah er sich gezwungen, den Dienst bei der Armee zu quittieren. Aber die Verfolgung blieb.

Offensichtlich handelt es sich hier um einen Fall, bei dem sich das Karma mittels der bösen Leidenschaften der ungerecht behandelten Person unmittelbar auswirkte. Während der Offizier diese heilsame Lektion verdient haben mag, bleibt die Blindheit der unglücklichen Frau zu bedauern, da ihre rachsüchtige Verfolgung viel Leid für sie nach sich ziehen wird.

Ein enttäuschter Liebhaber

Unter den vielen Verehrern einer französischen Schauspielerin befand sich ein junger Mann, auf den sie ein Auge geworfen hatte. Als sie ihn näher kennenlernte, stellte es sich heraus, dass er nicht ihren Erwartungen entsprach. Sie gab ihm den Laufpass. Kurz darauf starb der Liebhaber. Auf seinem Sterbebett hatte er geschworen, die Schauspielerin so lange zu verfolgen, wie er sie während seines irdischen Lebens gekannt hatte. Jeden Abend um elf Uhr (offensichtlich seine Todesstunde) ertönte dort, wo sie sich gerade aufhielt, ein fürchterlicher Schrei, der nicht nur sie, sondern alle, die ihn hörten, erschreckte. Nach einigen Monaten folgte der Schuss aus einer Muskete, was drei Monate lang anhielt, obwohl sich die Polizei von Paris darum bemühte, die Ursache herauszufinden und diese Belästigung abzustellen. Weitere Störungen folgten. Sie hielten zweieinhalb Jahre nach dem Tod des jungen Mannes an – genau die Dauer ihrer Bekanntschaft.

In beiden Fällen zieht sich die Belästigung oder Verfolgung als Vergeltung für ein tatsächliches oder eingebildetes Fehlverhalten in die Länge. Dem Toten eine solch anhaltende Boshaftigkeit zuzuschreiben, erscheint weder menschlich noch glaubwürdig, obwohl es im irdischen Leben derartige Fälle gibt und es im Fall des englischen Offiziers durchaus eine mögliche Erklärung wäre.

Es könnte sich aber auch um eine Gedankenform oder ein künstliches Elemental handeln, das die Verfolgung automatisch ausübt, was im Fall der französischen Schauspielerin mit größter Wahrscheinlichkeit geschah. Ein ungeheuer starker und konzentrierter Gedanke, ob Segen oder Fluch, erzeugt ein Elemental, das einer Speicherbatterie mit einer Art Uhrwerk gleicht und zu festgelegten Zeiten, wie zu einer bestimmten Stunde, einem Jahrestag oder bei bestimmten Ereignissen, ausgelöst werden kann.

Ein ausreichend starker Wunsch – innige Liebe oder erbitterter Hass – vermag ein solches Wesen zu erschaffen, das dann, losgelöst von seinem Schöpfer und ungeachtet dessen späterer Absichten oder Wünschen, seinen Auftrag ausführt. Es zu bereuen, vermag dieses Wesen ebenso wenig zurückzurufen oder sein Wirken zu verhindern wie ein Steinwurf oder ein Schuss ungeschehen gemacht werden kann. Hat sich jemand zu einem Wutausbruch hinreißen lassen, der einen boshaften Wunsch erzeugte, kann er dessen Macht weitgehend neutralisieren, indem er unzählige gute und liebevolle Gedanken hinterherschickt, die das Gegenteil bewirken.

Verharrt jemand bei seinen unversöhnlichen Gefühlen, verstärkt er dadurch seine boshafte Gedankenform, die sich dann gleichbleibend oder verschärft auswirkt. Diese Dinge finden laufend statt, ohne dass der Urheber irgendetwas von Magie oder Elementaressenz versteht. Seine Gefühlsaufwallung genügt, um die Maschinerie, den ewigen Gesetzen entsprechend, in Bewegung zu versetzen. Dennoch weiß er, dass sein hasserfüllter Gedanke von Übel ist und er ihm nicht nachgeben sollte, was ihn für dessen Auswirkung verantwortlich macht, auch wenn er seine Entstehung nicht kennt.

Eines der schrecklichsten Beispiele anhaltender Hassgefühle, das mir begegnet ist, handelt von einem Lokomotivführer, der starb und seinen Nebenbuhler nach dem Tode noch ebenso stark hasste wie zu Lebzeiten, so dass er sich materialisierte und einen Unfall herbeiführte, bei dem der Rivale zu Tode kam. Glücklicherweise sind derartige Fälle selten, obwohl in einigen der Ermordete seinen Mörder aus Rache bis zu dessen Tod verfolgte.

Wie deprimierend sich die selbstsüchtige und haltlose Trauer der Hinterbliebenen auf den Verstorbenen auswirkt, wurde bereits angesprochen. Es gibt Berichte von Toten, die zurückkehrten, um sich über eine solche Verhaltensweise zu beklagen.

Weint nicht um die Toten

„Ein junges Mädchen vermochte nicht, über den Tod ihrer Mutter hinwegzukommen. Sie weinte Tag und Nacht. Eines Abends blieb sie bis Mitternacht im Beichtstuhl knien. Als sie den Vorhang zur Seite schob, sah sie eine Prozession von Verstorbenen leise durch den Mittelgang der Kirche auf das Heiligtum zugehen. Unter dem niederdrückenden Gewicht eines überfließenden Wasserkübels schleppte sich eine dunkle Gestalt als letzte dahin. Das Mädchen erkannte seine Mutter. Es eilte nach Hause und weinte noch mehr. Am nächsten Morgen erzählte es dem Priester von seinem Erlebnis, der es aufforderte, sich am Abend erneut im Beichtstuhl zu verstecken.

Als das Mädchen seine Mutter sah, trug diese einen zweiten Wasserkübel auf dem Rücken und ging noch tiefer gebückt. Ihr Gesicht war dunkel vor Schmerz und Sorge. „Mutter!", rief das Mädchen. „Warum siehst du so traurig aus?" Die Mutter blickte ihr Kind an und fragte: „Wann hörst du endlich auf, meinetwegen zu weinen? Diese beiden Wasserkübel sind gefüllt mit deinen Tränen. Wenn du nicht aufhörst zu weinen, werde ich sie bis zum Jüngsten Gericht mit mir herumschleppen müssen. Man sollte die Toten nicht beweinen. Sind die Seelen glücklich, stören Tränen ihre Glückseligkeit. Sind sie noch nicht im Himmel, verzögern sie ihr Weiterkommen. Sind sie verloren, strömen sie wie Feuerregen auf sie herab, verstärken ihre Qualen und ihre Reue."

Fortan weinte das Mädchen nicht mehr um ihre verstorbene Mutter und sah sie mit strahlendem Antlitz die Prozession anführen."

Diese pittoreske Symbolik ist typisch für den schlichten bretonischen Glauben, was diese Dinge anbelangt. Weder die Tochter noch der Priester waren im Geringsten überrascht, dass die Toten auch weiterhin die Kirche besuchen und für sterbliche Augen sichtbar sind. Die unmittelbare Anwesenheit der Körperlosen und die Tatsache, dass sie uns ungeachtet ihres Zustands nahe genug sind, um von unserer Trauer beeinträchtigt zu werden, werden als selbstverständlich betrachtet. Der weitverbreitete Glaube, dass unsere Trauer das Leid der Toten verschärft, findet in vielen Geschichten und Legenden ihren Niederschlag.

Kapitel 23

Geisterscheinungen

Ein abtrünniger Geistlicher

Abgesehen von jenen Fällen, in denen ein Versäumnis oder eine Straftat den Toten veranlasst, in Erscheinung zu treten, um Buße zu tun oder seinen Irrtum möglichst zu korrigieren, gibt es Fälle, bei denen eine Richtigstellung oder Sühne unmöglich ist. Dennoch scheinen Selbstvorwürfe und Reue den Täter oft an den Ort des Geschehens zurückzuziehen.

Ein Geistlicher, der eine neue Stelle antrat, musste feststellen, dass der Vorgänger noch in seinem Schlafzimmer spukte.

„Am helllichten Tag sah ich die Gestalt eines Mannes in einem losen Gewand, der an einer Art Lesepult stand, auf dem ein großes Buch lag, dessen Seiten er hin und wieder umzublättern schien. Rechts und links neben ihm standen zwei kleine Jungen, die er manchmal ernst und seufzend anblickte. Schließlich schloss der Mann das Buch, nahm die beiden Kinder an die Hand und führte sie behutsam durch das Zimmer, um mit ihnen hinter einem eisernen Ofen am äußeren Ende der Wohnung zu verschwinden."

Auf einem Bild seines unmittelbaren Vorgängers erkannte der Geistliche seinen Besucher. Seine Nachforschungen ergaben, dass der verstorbene Priester zwar sehr beliebt bei seiner Gemeinde gewesen war, aber wohl ein Verhältnis mit einer jungen Frau gehabt hatte, aus dem zwei Söhne hervorgegangen waren. Der Küster bestätigte, zwei Jungen im Alter von vier oder fünf Jahren im Pfarrhaus gesehen zu haben. Einige Zeit vor dem Tod ihres angeblichen Vaters verschwanden sie. Es wurde allgemein angenommen, dass der Vater an gebrochenem Herzen starb. Diese Geschichte schien sich in gewisser Weise mit dem zu decken, was der nachfolgende Priester gesehen hatte. Da die Erscheinung sich nicht wiederholte, dachte er bald nicht mehr daran. Als man im Winter versuchte, den Ofen zu heizen, strömte er dichten Qualm und einen entsetzlichen Gestank aus. Der hinzugezogene Schmied entdeckte im tiefen Inneren des Ofens die Gebeine von zwei kleinen Menschenkörpern, deren Größe der Beschreibung des Küsters und der Erscheinung entsprachen. Der neue Geistliche kündigte sofort und verließ augenblicklich den Ort.

Der unruhige Gutsherr

Der Gast eines Landpfarrhauses berichtete, dass er mitten in der Nacht durch ein seltsam bedrückendes Gefühl aufwachte.

„Plötzlich nahm ich eine etwas verschwommene Gestalt wahr, die in eigenartig wellenförmigen Bewegungen um das Bett glitt. Als die dunkelgraue, mit einem gazeähnlichen Mantel umhüllte Erscheinung die eine Bettseite erreichte, drehte sie sich abrupt um und bewegte sich in gleicher Weise die andere Bettseite entlang. Ich beobachtete eine Weile die recht seltsamen regelmäßigen und monotonen Bewegungen der Gestalt, deren Kopf, Schultern und Arme deutlich zu erkennen waren, nicht aber ihre Gesichtszüge. Ich zündete eine Kerze an, was sie nicht davon abhielt, gleichbleibend hin und her zu gleiten Nach etwa drei Minuten verblassten ihre Konturen, bis sie schließlich völlig verschwand."

Einige Zeit später fand sich die Erklärung für diese nächtliche Erscheinung. Vor sechzig Jahren hatte ein alter Gutsherr in diesem Zimmer wohl einen Erpresser ermordet und geisterte seither dort umher. Viele, die in diesem Zimmer schliefen, hatten ihn ununterbrochen das Bett umgleiten gesehen. Die nagende Reue ließ den Mann noch Jahre nach seiner Tat rastlos an den Ort des Geschehens zurückkehren.

Manchmal handelt es sich in solchen Fällen um einen Familiengeist, manchmal nur um eine Gedankenform oder eine starke astrale Impression. Ohne der Erscheinung persönlich zu begegnen, gestaltet es sich oft äußerst schwierig, sie eindeutig zu klassifizieren, wie das folgende Beispiel zeigt.

„Es heißt, dass einmal im Jahr ein Reiter in Wyecoller Hall erscheint. Er trägt die Kleidung der frühen Stuart-Periode, und sein Pferd ist seltsam aufgezäumt. Man hört ihn die Straße herauf galoppieren und die schmale Brücke überqueren. Plötzlich bleibt er stehen, steigt vom Pferd, rennt die Stufen empor und verschwindet in einem bestimmten Zimmer, aus dem dann schreckliche Schreie dringen, die schließlich in einem Stöhnen ersticken. Der Reiter erscheint in der Tür, schwingt sich auf sein Pferd und galoppiert wieder davon.

Man sagt, er habe seine Frau ermordet und müsse nun als Geist einmal im Jahr den Ort seiner Tat aufsuchen."

Vielleicht war der unglückliche Mörder tatsächlich der Überzeugung oder wurde davon überzeugt, dass der Hauptteil seiner Sühne darin bestand, die Einzelheiten seiner Gräueltat alljährlich nachzuvollziehen. Wahrscheinlicher jedoch ist es, dass es sich bei der Szene um eine lebhafte Astralimpression handelte, hervorgerufen durch die tobenden Gefühlsausbrüche des Mörders und seines Opfers. Es lässt sich jedoch nicht mit Sicherheit bestimmen, zu welcher Kategorie dieses Phänomen gehört.

Ein unruhiges Gewissen bringt sich oft sehr unterschiedlich zum Ausdruck. Statt der jährlichen Wiederholung des Verbrechens verbleibt eine mehr oder weniger markante Erregung an dem Ort, an dem es begangen wurde. Sie ist eine der Ursachen für die sogenannten *Gespenster*. Ein solcher Spuk kann sich in vielfältiger Weise äußern, in unerklärlichen Geräuschen, durch das Verrücken von Gegenständen ohne physischen Kontakt oder durch bestimmte Erscheinungen, welche die Absicht haben, den in einem physischen Körper weilenden Menschen zu irritieren.

In manchen Fällen betrachtet der Tote ein Haus oder ein Zimmer als sein Eigentum und scheint sich entschieden dagegen zu wehren, dass jemand anderer davon Besitz ergreift. Manchmal richten sich solche Demonstrationen auf bestimmte Personen, um sich an ihnen zu rächen, manchmal scheint keine Absicht dahinter zu liegen. Die Toten fühlen sich elend oder verletzt. Unter dem Einfluss derartiger Gefühle ersinnt ihr rastloser Geist oft ganz unfreiwillig die verrücktesten Belästigungen. Unter bestimmten außergewöhnlichen Umständen können sich die umherwandernden Gedanken eines Menschen an seinem früheren Aufenthaltsort manchmal als Erscheinungen, manchmal als Klopfzeichen oder andere Phänomene, meist übler Art, widerspiegeln. Manchmal verfolgen sie tatsächlich ein bestimmtes Ziel und sind bemüht, auf sich aufmerksam zu machen. Ihre Kommunikation ist oft unbeholfen und plump, da ihnen die Möglichkeiten und Methoden der Astralebene völlig fremd sind. Oft hat das für den Spuk verantwortliche Wesen die Erdsphäre zwar längst hinter sich gebracht, aber (vielleicht völlig unbewusst) so starke Gedankenformen hinterlassen, dass diese noch jahrelang manche der schwächeren Manifestationen hervorbringen.

Einige Beispiele sollen diese verschiedenen Kategorien von Phänomenen verdeutlichen.

Ewshott Haus

„Nachts, wenn alle schlafen, ertönen heftige Schläge, wie gegen eine hohle Wand. Meistens hört man sie nur einmal in der Nacht, in der Regel zwischen Mitternacht und zwei Uhr. Manchmal sind sie so laut, dass selbst jene aufschrecken, die daran gewöhnt sind. Manchmal sind sie kaum vernehmbar. In anderen Nächten erfolgen die Schläge in kurzen Abständen oder langsam und bedacht. Die Dauer der nächtlichen Ruhestörung variiert ebenfalls dementsprechend. Ob laut oder leise, die Schläge lassen immer auf denselben Urheber schließen. Niemand hat bisher herausgefunden, woher die Geräusche kommen oder ob sie überhaupt im Haus sind.

Trotz aller Bemühungen ist es nicht gelungen, die Ursache zu finden. Nach zwanzig Jahren tappen wir immer noch im Dunkeln. Eines ist jedoch sicher, es kann sich nicht um einen Streich handeln."

Warnschuss

In bestimmten sizilianischen Familien ertönt bei bestimmten Anlässen ein auffallendes Geräusch, das an einen Gewehrschuss erinnert, von dem Pyrrhus Bessi berichtet.

„Im vergangenen Dezember saßen wir im Rahmen einer Familienfeier am Kamin und unterhielten uns, als wir plötzlich ein unheimliches Geräusch hörten, das an einen Gewehrschuss erinnerte. Nach dem ersten Schrecken wollten wir feststellen, ob es sich um einen Streich oder etwas Ernsthaftes handelte, konnten aber nichts finden. Wir überprüften die Gewehre. Sie waren noch geladen. In der Küche hing der Geruch von Schießpulver. Wir mussten die Fenster öffnen. Alle schwiegen. Mein Schwiegervater meinte seufzend: „Es ist ein böses Omen!" „Nichts als Aberglaube", erwiderte ich. Schulterzuckend fuhr er fort: „Aberglaube? Ich spreche aus Erfahrung, zu bitterer Erfahrung. Es ist schon häufiger geschehen und kündigt jedes Mal den Tod eines Familienmitglieds an."

Alle schwiegen betreten. Es läutete an der Tür. Der Vetter meines Schwiegervaters, der am anderen Ende der Stadt wohnte, trat ein. Ohne zu grüßen, fragte er: „Habt ihr den Gewehrschuss auch gehört?" An „Geister" glaubte ich nicht. Dennoch überraschte es mich, dass der Schuss gleichzeitig an zwei verschiedenen Orten gehört worden war. Zwei Wochen vergingen, aber man sprach nicht mehr darüber.

Eines Abends saß ich allein und schrieb. Erschöpft unterbrach ich meine Arbeit, zündete mir eine Zigarette an und machte es mir im Sessel bequem. Der Spiegel an der gegenüberliegenden Wand reflektierte die bläulichen Rauchwolken. Nach einer halben Zigarettenlänge bemerkte ich, wie das Licht der Lampe allmählich verlosch. Zu meiner großen Überraschung wurde es nicht völlig dunkel im Zimmer. Im Spiegel, auf den mein Blick zufällig fiel, konnte ich ein hell erleuchtetes Zimmer sehen, in dem andere Möbel als in meinem standen. Ich schien in einen anderen Raum zu schauen. Bewegungslos beobachtete ich die Szene.

Ich sah eine alte Dame, die Mutter des Vetters, der uns an jenem Abend aufgesucht hatte, sich an einen Tisch setzen und einige Papierbögen aus der Schublade nehmen. Langsam begann sie zu schreiben. Sie hob nicht ein einziges Mal den Kopf, so vertieft war sie in ihre Arbeit. Schließlich steckte sie die Blätter in einen Umschlag und legte ihn in die Schublade. Dann lehnte sie ihren Kopf an die Rückenlehne des Schreibsessels und schien einzuschlafen.

Ich starrte auf den Spiegel. Das Licht verblasste, und die Lampe, die das Zimmer mit der alten Dame erhellt hatte, verlosch. Ich weiß nicht, wie lange ich in der Dunkelheit gesessen habe, als mich meine Frau holte, um zu Bett zu gehen.

Nach einem kurzen, unruhigen Schlaf glaubte ich am nächsten Morgen, einer Sinnestäuschung erlegen zu sein, bis ich erfuhr, dass die alte Dame, die ich im Spiegel gesehen hatte, tot in ihrem Sessel aufgefunden und ein von ihr selbst geschriebenes Testament in der Tischschublade entdeckt worden war."

Bessis Bericht wurde von anderen Familienmitgliedern bestätigt. Es ist unbestritten, dass im Zuge von Geistererscheinungen physische Effekte hervorgebracht werden können.

Spuk

Was die charakteristischen Merkmale betrifft, ähneln sich die meisten Fälle – unerklärliche Laute, die Bewegungen unterschiedlicher Gegenstände ohne ersichtlichen Grund, gelegentliche Erscheinungen, Schnauben, Keuchen und dergleichen. Oft zieht sich ein solcher Spuk über viele Jahrhunderte hin – und niemand kennt die Hintergründe.

Das folgende Beispiel schildert einen Fall, in dem Gebeine eine Rolle spielen.

„Mein Onkel, mein Vater und ein junger Mann mit Namen Adams studierten Medizin und waren beste Freunde. Eines Tages beschlossen sie, dass falls einer von ihnen jung sterben würde, sein Körper den beiden anderen als wissenschaftliches Studienobjekt dienen sollte, vorausgesetzt das Skelett blieb bei den Freunden. Konnte diese Bedingung nicht eingehalten werden, war es zu begraben. Adams hatte erklärt, dass er peinlichst auf die Einhaltung dieser Abmachung achten werde, ansonsten würde er lärmend protestieren.

Einige Zeit später starb der junge Adams. Mein Onkel, der älteste der Brüder, behielt das Skelett bis zu seinem Tode. Danach ging es an meinen Vater, später an dessen Bruder, an die Söhne und schließlich an meinen Bruder Charles. Wenn die Bedingungen eingehalten wurden, verhielt sich Adams ruhig. Wurden sie missachtet, quälte er die Leute.

Während einer längeren Abwesenheit meines Vaters wurde das Skelett auf den Dachboden verbannt. In derselben Nacht hörte man geräuschvolle Schritte die Treppe auf und ab gehen oder den Dachboden betreten und wieder verlassen. Meine Mutter war ernsthaft besorgt und bat meinen Onkel, das Gerippe an sich zu nehmen. Er stimmte zu, verfrachtete es in sein Büro, und es kehrte wieder Ruhe ein.

Als er es eines Tages in einen abgelegenen Winkel des Hauses stellte, spukte es wieder. Bald zogen zwei Familien wegen der nächtlichen Ruhestörung aus. Niemand konnte in jenem Teil des Hauses wohnen. Als mein Vater von seiner Reise zurückkehrte, stellte er das Skelett wieder in sein Büro, und es herrschte erneut Stille. Nach dem Tod meines Vaters schaffte mein Bruder die Knochen in den Keller eines Nachbarhauses. Der Lärm begann erneut. Sobald er es zurückgeholt hatte, trat wieder Stille ein.

Adams sterbliche Überreste befinden sich immer noch im Besitz meiner Familie. Verschiedene Familienmitglieder haben den Lärm in allen Einzelheiten beschrieben, als das Skelett seinerzeit auf dem Dachboden stand."

Die Drohung im Rahmen jener Vereinbarung wurde von dem Verstorbenen tatsächlich verwirklicht, was die Tatsache bestätigt, dass der Lärm in der Nähe der Lebenden abrupt zum Stillstand kam, ein Aspekt, der häufig bei Phänomenen dieser Art beobachtet werden kann. Welche Kraft das Phänomen in Bewegung setzte, lässt sich nur schwierig bestimmen. Wahrscheinlich hatten die Gedanken Adams und seiner Freunde ein Gebilde erschaffen, das sich an das Skelett heftete. Angeregt durch ein von der Idee besetztes Elemental, die Vereinbarung zu erfüllen, konnten die Geräusche produziert werden, sobald die Absprache verletzt wurde.

Der Poltergeist

Beim sogenannten Polergeist handelt es sich um eine seltsame Variante dieser Art von Spuk. Gewöhnlich ist es nur ein Schabernack, obwohl ihn bisweilen eine gewisse Boshaftigkeit kennzeichnet, die für das unglückliche Opfer ernsthafte Folgen haben kann. Gewöhnlich äußert sich die Belästigung in Glockenläuten, häufiger in Steinwürfen oder der Verschiebung und dem Zerbrechen von kleinen Gegenständen. Solche Darstellungen müssen immer mit einer teilweisen Materialisation einhergehen, zumindest bis auf die Ätherebene. Die geworfenen oder getragenen Objekte werden gewöhnlich von einer Hand bewegt, die für uns zwar unsichtbar bleibt, sich aber dennoch bis zu einem bestimmten Grad materialisiert.

Die meisten dieser Phänomene ereignen sich in Gegenwart eines Mediums, weshalb man eine solche Person oft fälschlicherweise des Betrugs bezichtigt hat. Der Ignorant versteht nicht, wie sich solche Dinge in Anwesenheit bestimmter Personen, ohne deren aktives Mitwirken, abspielen können. In einigen Fällen spielt zweifellos Boshaftigkeit eine Rolle. Das Ganze gleicht dann einer Verfolgung. Andere hingegen lassen sich deutlich als Streich erkennen. Es gibt Menschen auf einer bestimmten Entwicklungsstufe, die es zu amüsieren scheint, andere zu erschrecken oder zu verletzen. Insgeheim freuen sie sich darüber, jemandem den Hut über die Augen zu ziehen, ihm kaltes Wasser den Rücken hinunterlaufen zu lassen oder etwas zu beschädigen, was dieser Person lieb und teuer ist. Obwohl völlig unverständlich, existiert diese Einstellung tatsächlich. Wir sollten bedenken, dass jemand, der in seinem Erdenleben Freude an solchen Dingen findet, nach seinem Tod derselbe Dummkopf bleibt. Sollte er unglücklicherweise entdecken, wie er eine verschwommene teilweise Materialisation bewerkstelligen kann, stehen ihm unendlich viele Möglichkeiten zur Verfügung, seine seltsame Vorstellung von Humor zum Ausdruck zu bringen. Gewöhnlich ist er es dann, auf den die Ausbrüche des Poltergeistes zurückzuführen sind.

Mitunter beobachtet auch ein verspielter Naturgeist niederer Ordnung eine solche Darstellung und versucht, sie eigenständig nachzuahmen.

Manchmal will sich ein Naturgeist auch nur an der Verwüstungs- und Zerstörungswut des Menschen rächen und macht ihm das Leben vorübergehend schwer, indem er solchen Schabernack nachahmt. Es kommt vor, dass die schwerfälligen Bemühungen wohlmeinender Verstorbener unabsichtlich derartige Dinge hervorbringen. Lassen wir den Reporter einer Wochenzeitung berichten, dessen Erstaunen und Unverständnis für das Geschehen sowie seine Beteuerung, er hätte niemals an solche Dinge geglaubt, hätte er sie nicht mit eigenen Augen gesehen, durchaus amüsant sind.

„Die kleine Stadt war in Aufruhr. Der Hausrat eines Herrn White war von unsichtbarer Hand von seinem Platz entfernt und zerschlagen worden. Den ganzen Tag über strömten aufgeregte Leute zu seinem Haus, um sich von dem mysteriösen Geschehen berichten zu lassen. Als ich das Haus betrat, sah ich mit eigenen Augen, wie gerade ein Bilderrahmen auf den Boden glitt. Ich bat einen Jungen, ihn aufzuheben, aber er wagte es nicht. Während ich mich mit den Leuten unterhielt, um genau zu erfahren, was geschehen war, erhob sich plötzlich eine Schüssel vom Mehlkasten, schwebte über meinem Kopf und zerbrach vor meinen Füßen in tausend Scherben. Ähnliches passierte dem anwesenden Doktor. Wir konnten uns den Vorgang nicht erklären. White führte mich in einen anderen Raum. Abgesehen von einer Uhr und einer ausgestopften Taube in einem Glaskasten waren die Wände kahl. Während er mir von den umgestülpten Schubläden erzählte, hörten wir hinter uns ein Krachen. Wir drehten uns um. Die Uhr lag zerbrochen am Boden. In der Küche beobachtete ich, wie ein Ornament und einen Milchkrug zerbrachen, ohne dass jemand sie angerührt hätte. Die Dinge schienen sich blitzartig zu bewegen. Man wurde sich dessen erst bewusst, als sie zerbrochen am Boden lagen. Hätte ich es nicht selbst gesehen, könnte ich es nicht glauben."

In einem anderen Fall flogen Geschirr, Kerzenhalter und Gläser durch den Raum und zerbrachen am Boden. Obwohl niemand die herabfallenden Gegenstände berührte, konnte man beobachten, dass sich dieses Chaos nur in Gegenwart einer bestimmten Hausangestellten abspielte. Nach ihrer Entlassung kehrte wieder Ruhe im Haus ein. Offensichtlich hatte sie unbewusst als Medium für diese Erscheinungen gewirkt. Derartige Dinge haben sich in zahlreichen Ländern abgespielt.

Die Verfolgung eines Professors aus Gießen währte, abgesehen von einigen Unterbrechungen, sechs Jahre lang. Es begann damit, dass eines Nachts heftig gegen die Tür geklopft wurde. Am nächsten Tag durchsausten Steine die geschlossenen Räume. Es wurde niemand verletzt, aber alle Fenster zerbrochen. Waren die Scheiben ersetzt, wiederholte sich das Ganze. Tag und Nacht wurde der Professor geohrfeigt, desgleichen zwei für ihn abgestellte Wachtposten. Wenn er an seinem Schreibtisch arbeitete, schwebte die Schreibtischlampe plötzlich an eine andere Stelle im Zimmer. Man zerriss seine Bücher und warf ihm die Papierfetzen vor die Füße. Wenn er unterrichtete, pflegte sein launischer Kobold das Blatt, von dem er ablas, herauszureißen. Nur ein gezogenes, über seinem Kopf geschwungenes Schwert schien Abhilfe zu verschaffen.

Es deutete nichts darauf hin, dass es sich bei dem Störenfried um eine lebende oder verstorbene Person handelte oder welches Motiv vorlag. Möglicherweise besaß der Professor eine Erklärung. Dieser aber schwieg. Die Wirkung des Schwertes weist eindeutig auf eine Materialisation hin, denn ein reines Astralwesen fürchtet eine physische Waffe nicht.

Manchmal dient das Läuten der Türglocke als Begleiterscheinung eines Poltergeistes. Manchmal tritt es auch isoliert auf. Ein klassisches Beispiel wird von einem Mann beschrieben, an dessen Haustür es dreiundfünfzig Tage lang in unterschiedlichen Abständen ohne ersichtlichen Grund läutete. Nachdem er sich mehrfach vergewissert hatte, dass es sich nicht um einen Streich handelte, schrieb er an eine Zeitung und bat um Erklärung, die allerdings ausblieb. Stattdessen erhielt er mehrere Leserbriefe, die ebenfalls von solch mysteriösem Läuten berichteten, das sich über einen Zeitraum von zweieinhalb Stunden bis hin zu achtzehn Monaten erstreckte. In einem anderen Fall wurde eine mit einem Tuch umwickelte und an einem Faden festgebundene Türglocke so heftig geläutet, dass sie abriss, zu Boden fiel und dort weiter läutete.

Kapitel 24

Geisterscheinungen ohne ersichtlichen Grund

Bachs Spinett

Bislang haben wir uns mit Phänomenen beschäftigt, die ein erkennbares Motiv zu haben scheinen. Daneben gibt es eine große Gruppe, deren Beweggründe nicht ersichtlich sind, was nicht bedeuten soll, dass der Tote irrational handelt. Tot oder lebendig, jeder kennt seine eigenen Angelegenheiten oder sollte sie zumindest kennen. Aus seiner Sicht mag sein Handeln durchaus begründet sein, obwohl wir es nicht nachvollziehen können. Es geht uns schließlich auch nichts an!

Ein in vieler Hinsicht beachtenswerter Fall ist die Geschichte von Bachs Spinett. Der Urenkel des berühmten Komponisten erstand im Jahre 1865 ein altes Spinett, auf dem er die Jahreszahl 1564 entdeckte. In der Nacht nach dem Kauf erschien ihm im Traum ein gut aussehender junger Mann, der sich als Eigentümer des Spinetts ausgab, das König Heinrich III. von Frankreich ihm angeblich geschenkt hatte. Außerdem erwähnte er eine Komposition des Königs, die er Bach vorspielte, und erklärte, er werde dafür sorgen, dass er sich an sie erinnere.

Bach erwachte. Es war zwei Uhr morgens. Bald schlief er wieder ein, träumte aber nicht mehr. Als er am nächsten Morgen aufwachte, fand er zu seiner großen Überraschung ein Blatt Papier mit den Noten und Worten jener Melodie auf seinem Bett liegen, die er im Traum gehört hatte, und zwar im Stil einer längst vergangenen Epoche. Ob sein Besucher die Musik niedergeschrieben oder ihm die Hand im Schlaf geführt hatte, konnte er nicht sagen. In jedem Fall handelt es sich um eine musikalische Rarität.

Einige Wochen später fühlte er sich genötigt, einen Bleistift zur Hand zu nehmen und eine Mitteilung, wohl von seinem damaligen Besucher, niederzuschreiben. Darin war zu lesen, dass sich in einem bestimmten Teil des Spinetts eine handgeschriebene Karte des Königs befinde. Bach fand die Zeilen an der angegebenen Stelle, deren Inhalt, wenn auch nicht wortwörtlich, mit dem automatisch geschriebenen Text übereinstimmte, was den Beweis noch erhärtete. Bachs Freunde brachten dieses Geschehen an die Öffentlichkeit. Im damaligen Paris stieß es auf großes Interesse. Die Melodie wurde veröffentlicht. Sie ist heute noch bekannt.

Der Musiker scheint mit seinem Besuch keine besondere Absicht verfolgt zu haben, außer vielleicht jener, Verbindung mit einem Gleichgesinnten aufzunehmen. Für einen in esoterischen Phänomenen Bewanderten handelt es sich jedoch um einen interessanten und durchaus authentischen Fall. Es ist sogar denkbar, dass hierin der eigentliche Beweggrund für die Mitteilung aus der unsichtbaren Welt lag. Der Aufenthalt des jungen Musikers auf der Astralebene muss unverhältnismäßig lange gedauert haben, was ungewöhnlich, aber nicht unmöglich ist, falls er, wie man annehmen muss, sein irdisches Leben genoss, wahrscheinlich ohne ein besonderes religiöses Empfinden oder gewisse höhere Interessen.

Andererseits darf man nicht vergessen, dass es sich für ein Astralwesen äußerst einfach gestaltet, die historischen Einzelheiten bezüglich des Spinetts zu sehen, die geeignete Gestalt anzunehmen und auf das Gehirn jenes Herrn Bach Einfluss zu nehmen. Für jeden Musikliebhaber wäre es eine ausgesprochen dankbare Aufgabe, die moderne Welt auf eine solch rührend anmutige Melodie und gleichzeitig auf den einstigen Besitzer dieses wertvollen und wunderschönen Instruments aufmerksam zu machen, vielleicht sogar, ohne weiter darüber nachzudenken. Mancher mag ein solches Vorgehen als Betrug verurteilen. Zumindest sollte man aber die gute Absicht anerkennen, auch wenn man mit der Vorgehensweise nicht einverstanden sein mag.

Ein kurzer Einblick

Wir vergessen gerne, dass der Verstorbene seine eigenen Interessen verfolgt und dabei nicht unbedingt an uns denkt. Er geht seinen Weg und schenkt uns kaum Beachtung. Gewöhnlich leben auch wir unser Leben. Erhaschen wir einen Blick von ihm, bedeutet dies nicht, dass er es gewünscht oder veranlasst hat. Aus unterschiedlichen Gründen und auf unterschiedliche Art und Weise hebt sich der Schleier zwischen dem Astralen und Physischen hin und wieder ein wenig. Aber es wäre töricht zu glauben, es geschehe um unseretwillen. Wir sehen nur *rein zufällig, was geschieht*. Es gibt unzählige Fälle, die davon berichten.

„Als junger Student lebte ich bei meinem Vater in Genua. Eines Morgens, gegen sieben Uhr, blätterte ich gerade in meinem Buch, als ich hörte wie sich die Tür öffnete. Ich schaute auf und sah ein junges Mädchen im Hemd aus der Küche kommen. Sie war hoch gewachsen, hellhäutig und schön. Ihr langes dunkelbraunes Haar lockte sich über ihren Rücken. Mit einem scheuen Lächeln blickte sie mich an, ging auf das Zimmer meines Vaters zu, öffnete die Tür, trat ein und schloss sie geräuschvoll. Ich war überrascht und fragte mich, wer sie wohl sein konnte.

Nach einer Weile kam mein Vater aus seinem Zimmer und ging in die Küche. Kurz nachdem er es verlassen hatte, schaute ich mich in seinem Zimmer um, vermochte aber niemanden zu entdecken. Das Mädchen konnte nicht aus dem Fenster entwischt sein, denn wir wohnten im fünften Stock. Als mein Vater zurückkehrte, erzählte ich ihm, was ich gesehen hatte. Er wusste von nichts. Wir gingen hinunter und fragten den Hausmeister. Dieser hatte niemanden gesehen. Der gegenüber wohnende Nachbar schien keineswegs überrascht, als wir ihn befragten. Anhand meiner Beschreibung erzählte er, dass dieses junge Mädchen ein Jahr zuvor im Zimmer meines Vaters verstorben war. Sie war nicht nur mir erschienen. Die Familie, die vor uns in der Wohnung lebte, sah sich gezwungen, aufgrund der Erscheinung auszuziehen, da sie sich fürchtete."

Interessant an dieser Geschichte ist die Tatsache, dass mehrere Personen die gelegentlichen Besuche dieses hübschen und freundlichen Mädchens ängstigten und eine ansonsten angenehme Wohnung aufgaben. Offensichtlich hatte sie niemanden stören wollen, sich nur um ihre eigene Angelegenheit gekümmert und an die anderen überhaupt nicht gedacht.

Das nächste Beispiel berichtet von einem jungen Mädchen, dessen Tod bereits neun Jahre zurücklag.

„Die achtzehnjährige G. starb in St. Louis plötzlich an Cholera. Neun Jahre später saß ihr Bruder, der ihr sehr nahe gestanden hatte, nach einem erfolgreichen Geschäftstag (er war Handelsreisender) an einem Tisch und rauchte eine Zigarre. Plötzlich bemerkte er, dass jemand neben ihm saß, den Arm auf den Tisch gelegt. Es war seine Schwester. Überrascht sprang er auf, um sie zu umarmen, aber sie war verschwunden.

Er hatte ihre freundlichen Gesichtszüge, die gütigen Augen, ihr Kleid und ihren zarten Teint erkannt, aber noch niemals den hellroten Kratzer auf ihrer rechten Wange gesehen. Er nahm den nächsten Zug nach St. Louis und erzählte den Eltern von seinem Erlebnis. Der Vater war belustigt, aber seine Mutter fiel fast in Ohnmacht. Sie erzählte, was niemand außer ihr wissen konnte. Während sie den Leichnam ihrer Tochter herrichtete, hatte sie versehentlich das Gesicht der Toten mit ihrer Brosche verletzt, den Kratzer mit Puder überdeckt und die Angelegenheit für sich behalten. Nun wusste sie, dass ihr Sohn die Tochter tatsächlich gesehen hatte. Einige Wochen später starb die Mutter."

In einem anderen Fall beobachteten zwei Personen an einem sonnigen Herbstnachmittag einen Zweispänner, in dem drei Männer saßen, an ihnen vorbeifahren. Einer von ihnen erhob sich ein wenig und winkte der Dame zu. Diese erkannte sofort ihren Sohn, der als Offizier in Indien diente. Sie lief auf die Straße und war überrascht, dass sie weit und breit keinen Wagen sah. Einige Wochen später erhielt sie die Nachricht aus Indien, dass ihr Sohn an jenem Tag, an dem sie ihn gesehen hatte, gestorben war.

Möglicherweise glaubte der Tote, er sei verwundet worden und befände sich in Begleitung von zwei Freunden auf dem Heimweg. Da es sich um eine Materialisation handelte, muss die Gedankenkraft enorm stark gewesen sein, da sie zwei Personen sichtbar wurde. Es ist durchaus denkbar, dass die beiden Freunde ebenfalls tot waren. Völlig sinnlos erfolgte die Erscheinung nicht, da sie die Mutter auf den Tod des Sohnes vorbereitete, obwohl es zweifelhaft ist, dass er dies beabsichtigte, da nichts darauf hinzuweisen scheint. Es handelt sich wahrscheinlich nur um einen starken Gedanken, der der eigenen Rückkehr galt.

Gelegentlich wehren sich Geisterscheinungen gegen das Eindringen anderer, wie das nächste Beispiel zeigt.

„Ich arbeitete als Nachtwächter. In einer kalten Winternacht beschloss ich, mich in der Pförtnerstube, an die sich der Kohlenkeller anschloss, am Feuer zu wärmen. Ich stieg die Stufen hinunter, zog den Mantel aus und hatte mich gerade niedergelassen, als ein seltsamer Mann mit einem schwarzen Retriever aus dem Kohlenkeller kam und zum Feuer ging. Er starrte mich an, und ein seltsames Lächeln glitt über sein Gesicht.

Plötzlich schlug er nach mir. Ich sprang auf und schlug zurück. Meine Faust schien ihn zu durchstoßen, schlug auf die gegenüberliegende Wand und riss mir die Haut blutig. Der Mann schien rückwärts in das Feuer zu taumeln und gab einen seltsamen, unirdischen Laut von sich. Augenblicklich schnappte der Hund nach meiner Wade. Der Mann erholte sich, rief den Hund und verschwand wieder im Kohlenkeller. Ich zündete meine Lampe an und sah mich um. Nirgends war etwas zu sehen. Zum Kohlenkeller führte nur die eine Tür.

Vor Jahren beging ein im Büro der Station angestellter Mann Selbstmord. Sein Leichnam wurde in jenen Keller geschafft. Personen, die ihn gekannt hatten, identifizierten ihn anhand meiner Beschreibung. Sie wussten auch, dass er einen schwarzen Retriever besaß. An der Stelle, an der dieser mich gebissen zu haben schien, war nichts zu sehen."

Ein Toter, der jemanden angreift, ist selten. Dass der Wachmann zurückschlug, beweist, dass es sich um eine teilweise Materialisation handelte. Obwohl der Schlag durch den Mann hindurchging und seine Faust gegen die dahinter liegende Wand donnerte, warf es ihn um. Einer Astralgestalt hätte er nichts anhaben können. Der seltsam quiekende Laut, den der Mann von sich gab, deutet ebenfalls auf eine unvollständige Materialisation, was häufig bei Séancen zu beobachten ist.

Ob es sich bei dem Hund um eine Geistererscheinung oder nur um eine Begleiterscheinung handelte, lässt sich nicht beweisen. Er mag sich durchaus auf den Wachmann gestürzt haben, auch wenn der Biss keine Spuren hinterließ. Die eine Erscheinung begleitenden Tiere sind vorwiegend Gedankenformen oder Einwirkungen auf die Astralmaterie. Andererseits gibt es aber auch echte Tiererscheinungen. Das Tier besitzt einen Astralkörper, der den Tod seiner physischen Form überlebt und den es eine Weile bewohnt. Während dieser Zeit zeigen sich Haustiere häufig jenen, die sie lieben, oder sie manifestieren sich in ihrem vertrauten Umfeld.

Ich persönlich habe mehrfach ein „totes" Haustier in seinem Astralkörper gesehen, ebenso wie ich es in seinem irdischen Leben in seiner Astralhülle wahrnahm, während es schlief.

Kapitel 25

Seltene Phänomene

Ein dahingleitender Kopf

Eine teilweise Materialisation, die sich auf einen Kopf beschränkt, ist nicht ungewöhnlich. An einem Sommerabend, gegen neun Uhr, unternahm ein Geistlicher nach dem Abendgottesdienst einen Spaziergang.

„Als ich mich umdrehte, sah ich dicht vor mir das Gesicht eines alten Mannes mit straff gezogener Haut. Nur seine Stirn war tief zerfurcht. Die dünnen Lippen schienen blutleer zu sein. Der zahnlose Mund stand halb offen. Die Wangen waren eingefallen, und die tief in den Höhlen liegenden durchdringenden Augen leuchteten unnatürlich. Dieses seltsame Gebilde war von zwei gelben Baumwollstreifen umwickelt. Der eine führte von unter dem Kinn über die Wangen aufwärts und war auf dem Kopf zusammengeknotet, während der andere die Stirn umspannte und am Hinterkopf verschlungen war.

Im ersten Moment ließ mich dieser entsetzliche Anblick davonrennen. Als ich mich aber umdrehte, hing die schrecklich Fratze wieder vor meinem Gesicht. Zwischen ihr und dem Boden wurde nur eine nachtschwarze, unregelmäßig geformte Säule sichtbar, die ich mit meinem Schirm durchstieß, so wie ein Stock das Wasser durchteilt."

Der Geistliche rannte erneut einige Meter weiter, hielt inne und wandte sich abrupt um. Die Erscheinung zog sich von ihm zurück, glitt rasch den Weg bis zur Kirchhofmauer hinunter, durchquerte sie und verschwand an einer bestimmten Stelle. Der Gastgeber des Geistlichen erkannte in dieser grauenvollen Vision sofort den alten Einsiedler, der fünfzehn Jahre zuvor gestorben war. Dieser Mann hatte in einer nahegelegenen Hütte gelebt und war an jener Stelle auf dem Friedhof begraben worden, an der er verschwand.

Abgesehen von dem ungewöhnlichen und wenig ansprechenden Gesicht sowie der Kopfbedeckung schien es sich um einen gewöhnlichen Geist gehandelt zu haben, der den Geistlichen eigentlich nicht in dem Maße hätte erschrecken sollen. Aus der Art, in der ihn verfolgte, könnte man schließen, dass der Mann Hilfe oder Rat benötigte, den er sich von dem Geistlichen erhoffte. Vielleicht streifte er auch nur in seinem gewohnten irdischen Umfeld umher und gab einem momentanen Impuls statt, sich zu zeigen, möglicherweise geboren aus dem Wunsch, einen Gefährten auf der ihm einst so vertrauten physischen Ebene zu finden, nach deren irdischen Freuden er sich vielleicht noch sehnte.

Eine nicht-menschliche Erscheinung

„An einem Sommerabend war ich mit meinen beiden Buben allein im Haus, als ich am oberen Treppenabsatz über mir in einer hellen Ecke ein seltsames Licht wahrnahm, das mich anzuschauen schien. Ich blickte mich um, aber es konnte nicht durch eine Reflexion entstanden sein. Als ich mich wieder diesem Licht zuwandte, beobachtete ich, wie es sich in Sekundenschnelle in einen gelblich grünen Kopf mit einem großflächigen Gesicht und einem verfilzten Haarschopf verwandelte. Die riesigen grünen, leicht verschwommenen Augen schienen mit dem Gelb der Wangen zu verschmelzen. Mit teuflischer Boshaftigkeit starrten sie mich an. Mein Erschrecken war größer als mein Erstaunen, aber ich blieb ruhig. Meinen Blick fest auf dieses Ding gerichtet, sagte ich: „In Christi Namen, verschwinde!" Die hämische Fratze verblasste und hat mich seither nicht mehr belästigt."

Die Erzählerin, die sich selbst als willensstark bezeichnet, scheint der Erscheinung gefasster gegenübergetreten zu sein als jener Geistliche, obwohl sie ein gefährlicheres Ausmaß annahm. Es handelte sich mit Sicherheit nicht um ein menschliches Wesen, sondern wahrscheinlich um ein starkes Gedankenbild. Andererseits liegt die Vermutung nahe, dass hier eine lebendige Kreatur aus einer bestimmten nicht-menschlichen Evolutionslinie vorlag, deren Angehörige normalerweise nicht in Kontakt mit Menschen treten und auch nicht treten dürfen. In Atlantis war diese Evolutionslinie, aus der die schrecklichsten Missstände erwuchsen, wohlbekannt. Selbst im klassischen Altertum fand man davon noch Überreste. Von dem Menschen, der unüberlegt in ihre Domäne eindrang, sagte man, er habe den großen Gott Pan gesehen. Nur demjenigen, der die weise errichteten Barrieren, die uns von diesem Hoheitsbereich trennen, zu durchbrechen versucht, wird Unglück widerfahren. Die Beschreibung lässt auf jene Evolutionslinie schließen, obwohl es unverständlich bleibt, warum eine solche Erscheinung plötzlich in ein friedliches Vororthaus eindringen konnte. Es muss eine äußerst starke Gedankenform gewesen sein. Leider hat die Erzählerin seine weitere Entwicklung nicht abgewartet, ehe sie diesem Kopf befahl zu verschwinden.

Unangenehme Hartnäckigkeit

Ein medial veranlagter Mensch kann mitunter von einem Toten verfolgt werden, der aus irgendeinem Grund mit der physischen Welt in Kontakt treten möchte. Fehlt das Verständnis für diesen Umstand, kann sein Bemühen, Aufmerksamkeit zu erregen, zur Plage werden. Meistens kommt er über Klopfzeichen und Poltern oder Flüstern und Rascheln nicht hinaus. Andererseits gibt es zahlreiche Fälle, in denen es ihm gelingt, eine starke Hand zu materialisieren, um zuzuschlagen und eine beachtliche Kraft aufzubieten. Die Teilnehmer von Séancen sind besonders anfällig. Der sogenannte Geistführer, also der Tote, in deren Obhut eine Séance steht, schließt diejenigen, die aus selbstsüchtigen oder unangebrachten Beweggründen versuchen, in die physische Ebene einzudringen, gewöhnlich aus. Obwohl er sein Medium vor ihnen bewahren mag, gilt dieser Schutz nicht für alle Teilnehmer der Séance. Daher kann es geschehen, dass sich eine unerwünschte Gestalt, die sich vergebens bemühte, Zugang zu dem

Medium zu gewinnen, an einen medial begabten Besucher heftet, in der Hoffnung, über ihn zu erreichen, was ihm der Geistführer verweigerte.

Die Hunde und die Hand

„Nach zwei oder drei Séancen wurde Bolter gewöhnlich sehr unruhig und schlief nur ungern alleine. Einmal verbrachte ich die Nacht mit ihm in seiner Hütte. Kaum war ich eingeschlafen, weckte mich ein Geräusch. Irgendetwas bewegte sich im Zimmer. Die Tür stand offen, und das Mondlicht erhellte den Raum, in dem mindestens fünf schwarze Hunde tollten. Einer sprang auf mein Bett, ein anderer rieb seine Schnauze an meinem Gesicht. Im Allgemeinen liebe ich Hunde, aber nun stand ich auf, scheuchte sie nach draußen, schloss die Tür und ging zu Bett. Ich war davon ausgegangen, dass sie aus Fleisch und Blut bestanden.

Wieder wurde ich aus dem Schlaf gerissen. Jemand zog beharrlich an meiner Bettdecke und schleuderte sie schließlich mit einem Schwung auf den Boden. Ich hob sie auf und hielt sie fest. Sie wurde mit noch stärkerer Kraft gezogen, und ich hielt mit aller Gewalt dagegen. Um sie besser in den Griff zu bekommen, zog ich sie mir über den Kopf (vielleicht auch, um mich darunter zu verstecken), als ich einen Druck von außen auf meinen Körper spürte: Finger, die sich auf meinen Kopf zubewegten. In panischer Angst schleuderte ich die Decke zur Seite und packte eine Hand, die ich einen Moment lang entsetzt anstarrte, ehe ich dann das haarige Etwas mit seinen kurzen dunkelfarbigen Fingern und den krallenartigen Nägeln wegschleuderte. Ich hatte mehrmals versucht, Bolter wachzurütteln, aber vergebens. Er schlief tief und fest. Als ich ihm am nächsten Morgen von meinem nächtlichen Erlebnis erzählte, meinte er nur: „Vielen, die bei mir hier geschlafen haben, ist diese Hand erschienen. Du hast Glück gehabt, dass die großen schwarzen Hunde nicht auch aufgetaucht sind."

Bestimmte Aspekte dieser beharrlichen Verfolgung lassen auf die Wirkung irgendwelcher magischer Praktiken einer Urbevölkerung schließen. Wahrscheinlich hatte Bolter einen der Eingeborenen ungerecht behandelt oder gekränkt und Feindseligkeit geschürt, was zu dieser seltsamen Verfolgung führte. Der Beschreibung nach lässt sich die verstümmelte Hand nicht dem europäischen Raum zuordnen und eine höchst unangenehme Ursache vermuten. Die schwarzen Hunde könnte man als magische Abgesandte erklären, ein Gedanke, dem ihr freundliches Verhalten jedoch widerspricht.

Ein Vogelphantom

„Eines Abends erreichte der Offizier Morgan in Begleitung eines Freundes London und quartierte sich in einem altmodischen Haus ein. Kaum war er eingeschlafen, weckte ihn ein wuchtiger Flügelschlag. Ein seltsames Frösteln durchfuhr ihn. Er setzte sich im Bett auf und sah direkt vor sich einen merkwürdigen riesigen schwarzen Vogel mit ausgebreiteten Schwingen und feurigen Augen, der unablässig wütend nach seinem Gesicht hackte. Morgan gelang es, die grimmigen Angriffe der Kreatur mit seinen Armen und einem Kissen abzuwehren, ohne den Angreifer berühren zu können. Er sprang aus dem Bett und stürzte sich auf seinen Feind. Der Vogel wich aus. Morgan verfolgte ihn mit seinem Säbel, bis sich das Tier erschöpft auf dem Sofa in der Ecke niederließ. Er hatte die Kreatur keinen Augenblick aus den Augen gelassen und griff sie erneut an. Bestürzt musste er feststellen, dass sie unter seinen Händen verblasste und sich aufzulösen schien. Er suchte das ganze Zimmer ab, leuchtete jeden Winkel aus, aber der Vogel war verschwunden. Er konnte es nicht fassen, einer Sinnestäuschung erlegen zu sein.

Am nächsten Morgen beschloss er, nichts von dem Vorfall zu erzählen und seinen Freund unter irgendeinem Vorwand zu bitten, das Zimmer mit ihm zu tauschen. Am anderen Tag beschwerte sich dieser über die unruhige Nacht und berichtete von einem grässlichen schwarzen Vogel, mit dem er sich eine Zeit lang auseinandersetzen musste, bis er schließlich spurlos verschwand."

Auffallend an diesem Vorfall ist die grimmige Attacke des Vogels, ohne dass ihm dazu Anlass gegeben wurde. Wahrscheinlich handelte es sich um das Gedankengebilde eines Lebenden oder Toten, der aus irgendeinem Grund das Zimmer von keinem Fremden bewohnt sehen wollte und zu dieser seltsamen Methode griff, um sein Ziel zu erreichen. Es kann sich auch um den Streich eines Naturgeistes gehandelt haben, obwohl eine solche Boshaftigkeit ungewöhnlich ist. Um dies genau unterscheiden zu können, müsste man sich der Erfahrung selbst unterziehen. Dieser Fall lässt sich nicht eindeutig klassifizieren. Außergewöhnliche Erfahrungen machen jene, die sich im Astralleben außerhalb der festgefahrenen Bahnen bewegen, vergleichbar mit einem Reisenden auf physischer Ebene, der die üblichen Reisewege verlässt.

Ein beängstigendes Stelldichein

Ein Hochschullehrer hatte eine junge Frau verführt und eine andere geheiratet. Erstere war ihm wohl lästig geworden. Eines Tages, nachdem er zum letzten Mal mit ihr gesehen worden war, fand man sie ermordet. Man beschuldigte ihn der Tat, die aber nicht bewiesen werden konnte. Es wird berichtet, dass er sich von diesem Zeitpunkt an jeden Abend zu einer bestimmten Stunde in ein gewisses Zimmer zurückzog und die halbe Nacht dort verbrachte. Viele Leute versicherten, deutlich die Stimme der Toten, die sich mit ihm zu unterhalten schien, gehört zu haben.

Die Braut von Korinth

Sechs Monate nach ihrem Tod besucht eine junge Frau einen Mann, der in ihrem Elternhaus weilt, in seinem Zimmer. Er hält sie für eine lebende Person. Eine Hausangestellte, die sie zufällig sieht, berichtet den Eltern, dass ihre Tochter wieder lebt. Man glaubt ihr natürlich nicht. Um sie zu beruhigen, willigt die Mutter schließlich ein, das angebliche Wunder selbst in Augenschein zu nehmen. Inzwischen ist es dunkel geworden, und der Gast schläft. Als man ihn am nächsten Morgen befragt, erzählt er von dem Besuch der jungen Frau, mit der er Ringe ausgetauscht habe. Die Eltern erkennen den Ring, den ihre Tochter mit ins Grab nahm, und vermuten einen Raub.

Da die junge Frau versprochen hat, in der folgenden Nacht wiederzukommen, beschließen Vater und Mutter, ihr aufzulauern. Als sie erscheint, erkennen sie sofort ihre verstorbene Tochter. Sie scheint nicht erfreut zu sein und rügt sie für ihr Eindringen. Man habe ihr erlaubt, drei Tage mit dem Fremden in ihrem Elternhaus zu verbringen, und nun müsse sie an den festgelegten Ort gehen. Dann fällt sie tot um. Der Körper ist allen sichtbar. Als man die Gruft öffnet, findet man darin keinen Leichnam, aber der Ring, den der junge Mann ihr gab, liegt auf der Bahre. Den Körper behandelt man wie den eines Vampirs und bestattet ihn unter zahlreichen Riten und Opfergaben außerhalb der Stadtmauern.

Falls diese beiden Berichte der Wahrheit entsprechen (was sich nicht eindeutig nachweisen lässt), stellen sie zwei ungewöhnliche und höchst unerfreuliche Beispiele teils astraler, teils physischer Aktivität dar. Im ersten Fall sah sich der Hochschullehrer wohl gezwungen, dem ermordeten Mädchen jeden Tag eine gewisse Zeit zu widmen. Wahrscheinlich hat sie ihm dies als Sühne für sein Verbrechen vor Augen geführt und ihm gedroht, seine Frau zu verfolgen, falls er sich weigerte, einzuwilligen. Offensichtlich war sie in der Lage, sich zu manifestieren, da ihre Stimme gehört wurde. Auf die Weiterentwicklung der beiden muss sich das Ganze verheerend ausgewirkt haben. Andererseits wird sich niemand, der ein anständiges Leben führt, in eine solch grauenvolle Situation manövrieren, die eine besonders niederträchtige und verabscheuungswürdige Art von Verbrechen straft.

Der zweite Bericht erinnert entfernt an die osteuropäischen Legenden und Geschichten von Vampiren, die auf Fakten beruhen, was in diesem Fall ebenso möglich wäre. Das irdische Leben ist gut, falls man es sinnvoll lebt. Ein Leben im Jenseits ist reicher, aber ein Zwischenstadium sollte unter allen Umständen vermieden werden. Nur unter höchst ungewöhnlichen Umständen könnte sich die geringe Möglichkeit einer solch verheerenden Entwicklung ergeben, und selbst dann würde sie nur von denjenigen aufgegriffen werden, deren Gedanken und Wünsche sich ausschließlich auf die gröbsten Aspekte des physischen Lebens konzentrieren. Der gewöhnliche Mensch, der ein anständiges Leben führt, wird an solch bizarre und widernatürliche Schreckensszenarien keinen einzigen Gedanken verschwenden. Die Geschichte hat solche Personen hervorgebracht, wie Lucrezia Borgia im Astralleben oder Marschall de Retz auf physischer Ebene.

Wie bereits erwähnt, sind sich manche Menschen nach ihrem Tod nicht bewusst, dass sie physisch tot sind. Erst ihr Bemühen, mit der Erde in Kontakt zu treten, lässt sie ihren Zustand erkennen. Das Zusammenspiel verschiedener Umstände kann jedoch dazu führen, dass sie jahrelang nicht wissen, was geschehen ist, wie der folgende Bericht beweist.

„Ein irischer Gutsherr begegnete eines Tages einem alten Bauern im Sonntagsstaat, der sich trotz seines hohen Alters flink bewegte und mühelos den Hügel hinauf wanderte. Er sprach ihn an und fragte nach Namen und Adresse. Der Alte erwiderte, sein Name sei Kirkpatrick und er lebe in dem Cottage auf dem Hügel. Der Gutsherr wunderte sich, denn er glaubte, alle Leute auf seinem Anwesen zu kennen.

„Seltsam. Sie haben mich niemals zuvor gesehen?", meinte der Mann. „Ich laufe hier jeden Tag entlang."

„Wie alt bist du?", fragte der Gutsherr.

„Ich bin 105 Jahre alt und schon mein ganzes Leben hier."

Nachdem man noch einige Worte gewechselt hatte, verabschiedete sich der Gutsherr. Unterwegs fragte er seine Feldarbeiter nach einem gewissen Kirkpatrick. Die jüngeren hatten noch niemals von ihm gehört. Einige ältere aber meinten: „Wir haben ihn gekannt und sind bei seiner Beerdigung gewesen. Er lebte in der Hütte auf dem Hügel. Aber das ist nun schon zwanzig Jahre her.

„Wie alt war der Mann, als er starb?", fragte der Gutsherr höchst erstaunt.

„Fünfundachtzig", hieß es. Der Mann hatte demnach das Alter genannt, das er erreicht hätte, wäre er nicht vor zwanzig Jahren gestorben."

Es ist selten, dass jemand zwanzig Jahre nach seinem Tode noch nicht weiß, dass er tot ist. Aber hier haben wir es mit einem Mann zu tun, der offensichtlich stolz auf sein hohes Alter ist und den es mit Genugtuung erfüllt, täglich mühelos den Hügel hinauf zu wandern. Wahrscheinlich hat er jahrelang allein gelebt und kaum Umgang mit anderen Menschen gepflegt. Es stellt sich die Frage, warum er für den Gutsherrn sichtbar und hörbar wurde. Vielleicht verfügte dieser momentan über eine gewisse Hellsichtigkeit. Es ist bekannt, dass Menschen spontane Augenblicke höherer Wahrnehmung erleben. Das Warum und Wie entzieht sich unserer Kenntnis. Mitunter sind die dazu führenden Ursachen klar und eindeutig, während sie in anderen Fällen nicht nachvollziehbar sind – möglicherweise weil sie aus höheren Ebenen stammen, deren Kräfte wir bislang noch kaum begreifen.

Zu den seltsamen Erscheinungsphänomenen gehört, dass sich die Seele als Lichtsymbol zum Ausdruck bringt, wie der folgende Bericht zeigt.

„Eines Abends stand der neue Pfarrer an der Kirchhofmauer und blickte auf den Friedhof, als er ein Licht bemerkte, das über einem bestimmten Grab schwebte. Da er annahm, es sei jemand mit einer Laterne, öffnete er das Gatter und näherte sich der Stelle. Ehe er sie erreichte, bewegte sich das Licht dicht über dem Boden weiter, überquerte die Straße, nahm seinen Weg durch einen Wald und einen Hügel hinauf, bis es in dem dort stehenden Bauernhaus verschwand. Neugierig war der Geistliche ihm gefolgt und überlegte, ob er eintreten und nachfragen sollte, da er sich das Licht nicht erklären konnte. In diesem Moment verließ dieses das Haus in Begleitung eines zweiten Lichtes, nahm denselben Weg zurück und verschwand an derselben Stelle auf dem Friedhof. Am nächsten Tag fragte der Geistliche, wessen Grab es sei, und erfuhr, dass es jener Familie gehörte, die in dem Bauernhaus auf dem Hügel wohnte. Man hatte seit langer Zeit aber niemanden mehr beerdigt. Bestürzt hörte er gegen Ende des Tages, dass die kleine Tochter der Familie am Abend zuvor an Scharlach gestorben war."

Die Seele eines bereits verstorbenen Angehörigen wollte die Seele des Kindes heimholen. Es kann sich dabei natürlich nur um ein im Geist des Verstorbenen erzeugtes Symbol handeln, da die Seele selbst nicht mit dem

Körper im Grab weilt. Aus Unwissenheit mag eine dogmatisch gläubige Person dies annehmen und sich vorstellen, das Grab zu verlassen und die Seele des Kindes zu holen. Diese Vorstellung genügt, um ein solches Erscheinungsbild hervorzubringen, das der Geistliche wahrnahm.

Es gibt zahlreiche Fälle, bei denen Tier und Mensch gemeinsam erscheinen. Dass ein Tiergeist alleine auftritt, ist eher selten, besonders für einen längeren Zeitraum.

„Es besteht kein Zweifel, dass der Geist eines Hundes meiner Tante das Leben rettete. Eines Nachmittags ging sie eine einsame Straße entlang, als plötzlich ein großer schwarzer Hund auftauchte und neben ihr her trottete. In der Annahme, er gehöre zu einem der umliegenden Bauernhöfe, beachtete sie ihn nicht weiter und setzte ihren Weg gedankenverloren fort. Schließlich gelangte sie an eine Stelle, an der die Straße zu beiden Seiten abfiel und sich mächtige Ulmen und Buchen aus den Böschungen erhoben. Auf der einen Seite war der Boden des Abhangs von Dickicht überwuchert und auf der anderen führte ein Gatter in ein riesiges Feld.

Plötzlich sprangen zwei Männer aus einem angrenzenden Graben und kamen wild gestikulierend auf meine Tante zu, als sich ihnen der Hund entgegenstellte. Entsetzt blieben sie stehen. Wortlos drehten sie sich um und rannten angstgejagt über das Feld davon. Meine Tante beschloss, sofort umzukehren. Der Hund begleitete sie bis nach Hause.

Dort geschah etwas Merkwürdiges. Der Collie meiner Großeltern, der im Garten spielte, bellte den fremden Hund nicht an, sondern legte sich winselnd auf den Boden, was meine Tante sehr verwunderte. Sie nahm das herrenlose Tier mit ins Haus und ließ es allein in einem der Zimmer zurück, um Futter und Wasser für ihn zu holen. Als sie zurückkam, war der Hund verschwunden. Sie hatte die Tür im Hinausgehen geschlossen, und durch die oben geöffneten Fenster hätte er ohne Hilfe nicht entkommen können. Wie war es ihm dennoch gelungen? Der Gedanke, dass es sich um einen Geist handeln könnte, kam ihr erst jetzt. Sie erinnerte sich an das entsetzte Gesicht der Landstreicher, deren angstvolle Flucht und die Reaktion des Collies, als sie mit dem Hund nach Hause kam. Sie war sich sicher, dass seine Gegenwart sie vor einem Überfall bewahrt und die hinter allem stehende göttliche Kraft sie auf diese Weise beschützt hatte."

In *Unsere unsichtbaren Helfer* habe ich einige Beispiele angeführt, in denen sich Freunde, die auf der Astralebene wirken, materialisieren, um im Augenblick der Not helfend einzugreifen. Die Erscheinung eines Hundes im richtigen Moment wird kaum Zufall gewesen sein, sondern lässt sich eher einer höheren Intelligenz zuschreiben, die das Tier zum Schutz der Frau manifestierte. Hätte es sich nur um eine Gedankenform gehandelt, müsste man sich fragen, warum der Hund die Tante bis nach Hause begleitete, obwohl sich seine eigentliche Aufgabe, sie vor den Landstreichern zu beschützen, erschöpft hatte. Dem Verhalten des Collies nach zu urteilen, muss das lebende Tier die Geistererscheinung wahrgenommen haben.

Kapitel 26

Astrale Impressionen

Analogie eines Phonographen

Betrachten wir einige Beispiele von Phänomenen, die auf sogenannten *astralen Impressionen* beruhen. Stead bemerkt zu diesem Thema: „Die Existenz dieser Gruppe lässt sich anhand eines Phonographen erklären. Dieses Gerät, in das eine Person spricht, vermag deren Stimme selbst nach dem Tod jederzeit wiederzugeben. Ihre Stimme bleibt der Nachwelt erhalten. Ähnlich verhält es sich mit einem Geist. Eine starke Emotion kann sich umliegenden Gegenständen dahingehend einprägen, dass diese zu gewissen Zeiten oder unter bestimmten günstigen Umständen die Erscheinungsform oder die Handlungen der Person, deren Geist angeblich umgeht, reproduzieren."

Anhand der Psychometrie lässt sich nachweisen, dass selbst das winzigste physische Objekt von allem, was in seinem Umfeld geschieht, dauerhaft geprägt wird. In der Regel bleibt diese tiefe Prägung unseren Sinnen verborgen. Erfolgte sie jedoch so stark, dass sie an die Oberfläche tritt, vermag sie auch der Durchschnittsmensch wahrzunehmen.

Seelische Erregung, überwältigende Emotionen, wie Furcht, Schmerz, Trauer oder Hass, hinterlassen einen solch heftigen Eindruck, dass diese Schwingung auch von wenig sensitiven Personen aufgefangen werden kann. Die geringste Anhebung der Sensitivität könnte fast jeden befähigen, die gesamte Szene wahrzunehmen und das Geschehen in allen

Einzelheiten zu sehen. Unter günstigen Umständen vermag sich diese Aufzeichnung zu materialisieren, so dass sie sogar dem physischen Auge sichtbar wird.

Manchmal bringt sich das Gefühl lebhaft zum Ausdruck, ohne das Geschehen im Einzelnen zu reproduzieren.

Angstlaut

„Zwei ältere unverheiratete Schwestern bewohnten ein altes, einsam gelegenes Haus. Eines Tages luden sie mich zu einem Abendessen ein, an dem mehrere Gäste aus der Nachbarschaft teilnahmen.

Da ich mich umziehen musste, führte mich der Diener in eines der oberen Zimmer. Kaum war er gegangen, vernahm ich einen seltsamen, angstvollen Laut, der nach unterdrückter Furcht klang. Zunächst beachtete ich ihn nicht und vermutete einen Windzug. Dann aber bemerkte ich, dass er mich verfolgte, gleichgültig in welche Ecke des Zimmers ich mich bewegte. Ich begann, mich unbehaglich zu fühlen, und beeilte mich, um diesen Laut möglichst rasch hinter mir lassen zu können, was jedoch nicht geschah. Er begleitete mich die Treppe hinunter, kaum hörbar, aber definitiv zugegen. Selbst während des Essens hörte ich ihn mehrmals so nah, als ob ein Wesen mit ihm verbunden war und wir zu zweit auf einem Stuhl saßen. Die anderen Gäste schienen ihn nicht zu bemerken, mich aber bedrängte er. Glücklicherweise musste ich nicht die Nacht in jenem Haus verbringen. Als sich die Gesellschaft auflöste, atmete ich befreit die frische Nachtluft ein.

Später traf ich meine Gastgeberinnen im Hause eines Freundes wieder und erzählte ihnen von meinem Erlebnis. Sie hatten sich an das Geräusch, das sie oftmals von Zimmer zu Zimmer und von Stockwerk zu Stockwerk hartnäckig begleitete, gewöhnt. Es störte sie nicht mehr. Sie konnten sich dieses Phänomen nicht erklären. Für sie war es nur ein harmloser Laut. Vielleicht! Aber welche eigentümliche Angst, die mit dem Leben nicht endete, sondern sich im Reich unsichtbarer Dinge verewigte, brachte dieser Laut zum Ausdruck?"

Geisterhafte Fußtritte

Vor vielen Jahren erlebte ich Ähnliches, kaum der Rede wert, aber aufschlussreich. In einem Londoner Vorort wurde unweit meiner damaligen Wohnung, quer über offenes Gelände, ein Straßenneubau in Angriff genommen. Die Randsteine der knapp zwei Kilometer langen, ansonsten noch unfertigen Straße waren bereits gelegt. Zu den Wiesen hin verlief beidseitig eine Absperrung. Jeder, der diese willkommene Abkürzung zu einer der Bahnstationen benutzte, lief natürlich über diese Randsteine. Tagsüber wurden sie häufig genutzt. Obwohl nachts vollkommen unbeleuchtet, nahm ich häufig den Weg über die Randsteine, deren geradem Verlauf man leicht folgen konnte. Bald erhielt die Straße jedoch einen üblen Ruf, da es dort angeblich spuken sollte. Genaueres wurde nicht bekannt. Mehrmals bemerkte ich eine Person, die an der Ecke anscheinend auf jemanden wartete, mit dem sie gemeinsam gehen konnte.

In einer stillen Vollmondnacht, gegen neun Uhr abends, bog ich in diese Straße ein und ging rasch auf den Bordsteinen entlang. Ein feiner Dunst hing über den Wiesen. Dennoch konnte man alles deutlich erkennen. Niemand war in Sicht. Auf halbem Weg hörte ich mit einem Male hastige Schritte. Jemand schien auf den Randsteinen verzweifelt um sein Leben zu rennen. Ich blieb stehen. Mein erster Gedanke war: „Jemand muss sich entsetzlich fürchten. Was mag er wohl gesehen haben?" Aber wo war dieser Jemand? Die hastigen Schritte stürzten auf mich zu, liefen unter meinen Füßen fort und eilten hinter mir die Straße entlang. Niemand wurde sichtbar, dennoch waren die hastigen Schritte nicht zu überhören gewesen. Ich wartete eine Weile und ging dann weiter. Eine Erklärung für diesen Vorfall fand ich nicht.

Dies geschah vor meinen theosophischen Studien, die mir später eine Antwort boten. Zweifellos *hatte* sich jemand an jener Stelle gefürchtet und war entsetzt geflohen. Seine Furcht war so heftig gewesen, dass sie sich in das Umfeld eingeprägt hatte. Die Astralschwingungen dieser Erregung besaßen eine solche Kraft, dass sich der eingeprägte Klang der entsetzt fliehenden Schritte auf dem Stein wiederholte.

Im Hinblick auf die Gesetzmäßigkeit solcher Phänomene reichen unsere Kenntnisse noch nicht aus, um feststellen zu können, warum sich in diesem Fall die Schritte, nicht aber die fliehende Gestalt reproduzierten. Wahrscheinlich reichte die Kraft nicht aus, das gesamte Geschehen auf physischer Ebene zu manifestieren und sich Ohr und Auge darzustellen. Andererseits mögen uns unverständliche Umstände dazu beitragen, manchmal den Ton und manchmal die Form zu reproduzieren. Was der jeweils entscheidende Faktor ist, können wir nur vermuten. Gespenstische Laute scheinen häufiger aufzutreten als Geistererscheinungen. Die erheblich langsameren Schwingungen des Tons werden wohl schneller registriert als die raschen Oszillationen, die unser Auge wahrnimmt.

In einem anderen Fall hörte ein Geistlicher an einem bestimmten Ort entsetzliche Schreie, konnte aber niemanden sehen. Nachforschungen ergaben, dass an dieser Stelle ein grausamer Mord verübt worden war und die Schreie von dem damaligen Opfer stammten. Einer anderen Person erschien der zusammengekauerte Körper des Opfers, wie er vor Jahren an dieser Stelle gefunden wurde. In diesem Fall reproduzierte sich die Impression sowohl hör- als auch sichtbar.

Mord

Die astrale Impression eines grausamen Mordes ist unauslöschlich und kann sich in Form von gespenstischen Lauten oder Erscheinungen manifestieren. Andererseits kann es sich dabei auch um eine Gedankenform handeln. Geistererscheinungen am Ort des Verbrechens sind häufig Gedankenprojektionen des Verbrechers, der (lebendig oder tot, besonders aber wenn er tot ist) ununterbrochen über die Umstände seiner Tat nachgrübelt. Da diese Gedanken am Jahrestag des Verbrechens besonders lebendig sind, besitzen sie häufig nur bei dieser Gelegenheit die Kraft, sich für den Blick des Durchschnittsmenschen zu materialisieren, was die Periodizität solcher Manifestationen erklärt. Eine andere Möglichkeit besteht darin, dass der lebhafte Gedanke des Verbrechers an seine Tat über ausreichend Kraft verfügt, die Impression sozusagen anzuregen und in den Bereich physischer Sichtbarkeit zu rücken, was ansonsten unmittelbar jenseits dieser Grenze verbliebe. Anders verhält es sich mit den blutrünstigen Gräueltaten von Barbaren, denen jedes Gefühl von Reue fernliegt. Der folgende Bericht handelt von einer Impression, die sich in sichtbarer, nicht hörbarer Form wiedergab.

Der Müller auf dem grauen Pferd

„Obwohl ich seit zwanzig Jahren diese Wege zu jeder Jahres- und Tageszeit geritten bin, habe ich niemals etwas so Verblüffendes erlebt wie am vergangenen Montagabend. An einer Weggabelung begegnete mir ein Mann auf einem grauen Pferd. Im Vorbeireiten grüßte ich, erhielt aber keine Antwort. Erstaunt drehte ich mich um und sah weder Ross noch Reiter. Ich war mir aber so sicher, sie gesehen zu haben, dass ich zurückritt und das Umfeld absuchte. Weit und breit war niemand zu sehen. In diesem Moment überkam mich das seltsame Gefühl, einem Geist begegnet zu sein. Eilig ritt ich weiter und erreichte bald das Bauernhaus, in dem ich etwas zu erledigen hatte. Später erzählte ich dem alten Bauern und seiner Frau von meinem Erlebnis. Überrascht fragte er mich. „Seit Jahren reiten Sie auf diesen Straßen und haben noch niemals den Mann in den hellen Kleidern auf seinem grauen Pferd gesehen?" Als ich verneinte, erzählte man mir, was sich einst zugetragen hatte. Vor vierzig Jahren war der Müller, der auf seinem grauen Pferd vom Markt nach Hause ritt, an jener Kreuzung überfallen und ermordet worden. Dem Bauern, der den Hof kurze Zeit später gekauft hatte, war zwar niemals etwas Ungewöhnliches aufgefallen, aber verschiedene Leute hatten Ross und Reiter auftauchen und wieder verschwinden sehen."

In diesem Fall wiederholte sich weder ein Laut noch die gesamte Mordszene, sondern nur die stille Erscheinung des Müllers auf seinem Pferd am Ort des Geschehens, die anscheinend nur gelegentlich wahrgenommen wird. Die Geschichte lässt nicht erkennen, ob es sich um eine Materialisation oder um eine Einflussnahme auf das Gehirn des Erzählers handelt. Dennoch scheinen sich gewisse Aspekte von den geschilderten

Fakten ableiten zu lassen. Es gibt keine Reproduktion eines Schlages oder Kampfes, was darauf schließen lässt, dass die astrale Impression nicht durch die Gedanken oder Gefühle des Müllers hervorgerufen wurden, da ansonsten der Angriff auf ihn im Vordergrund der Szene gestanden hätte. Man sieht den Müller nur auf die Weggabelung zureiten, und genauso muss ihn wohl der Schurke, der ihm auflauerte, gesehen haben. Der Müller, der an nichts Böses dachte, ritt friedlich nach Hause. Es ist anzunehmen, dass vor dem Überfall keine heftigen Emotionen in ihm tobten, die sich später hätten gespenstisch auswirken können. Was aber ging in dem Wegelagerer vor, als *er* den Mann, auf den er es abgesehen hatte, nahen sah? Das Auftauchen des Müllers muss sich seinem Geist tief und dauerhaft eingebrannt haben. Es ist anzunehmen, dass es *sein* Mentalbild war, das sich dem Umfeld so stark eingeprägte, dass es gelegentlich sichtbar wurde.

Einer solchen sichtbaren Reproduktion kann eine momentane Intensivierung der Gedanken des Mörders zugrunde liegen. Vielleicht handelt es sich auch nur um die Empfänglichkeit dessen, der sie wahrnimmt und vielleicht niemals mehr wahrnehmen wird. Der Erzähler dieser Geschichte berichtete später, dass er in den folgenden zehn Jahren jene Stelle häufig passierte, den Müller aber niemals wieder sah, was daran gelegen haben mag, dass es ihm entweder an der entsprechenden Aufnahmefähigkeit fehlte oder weil sich das Bild nicht in dem Moment materialisierte, in dem er an dieser Stelle vorbeiritt.

Es gibt zahlreiche Berichte über Erscheinungen ermordeter Personen, die in den seltensten Fällen tatsächlich anwesend sind. Sollte das Opfer selbst ein Verbrecher sein, besteht durchaus die Möglichkeit, dass es den Ort des Geschehens heimsucht. Ein unschuldiges Opfer kehrt nicht an ihn zurück oder denkt darüber nach, es sei denn, es wird von Rachegefühlen getrieben. In den meisten Fällen handelt es sich entweder um eine rein astrale Aufzeichnung oder um das dumpfe Brüten des Mörders, das hervorbringt, was gesehen oder gehört wird.

Solche Astralkräfte schwächen sich mit der Zeit ab und sterben schließlich aus. Auf den höheren Ebenen bleibt alles Geschehen aber dauerhaft gespeichert und ist dem geschulten Hellseher jederzeit zugänglich, was von den Gefühlen der betreffenden Personen völlig unabhängig ist und in vollkommen anderer Weise entsteht als die niederastralen Impressionen, die zu Geisterscheinungen führen. Nur diese astralen Prägungen verlieren sich mit der Zeit, obgleich sie, verglichen mit einem irdischen Leben, lange bestehen bleiben können, weshalb man an bestimmten Orten ein gewisses Unbehagen spüren mag, ohne die Hintergründe zu kennen.

Auf die zahlreichen unbedeutenden Astralmanifestationen möchte ich an dieser Stelle nicht eingehen, da sie sie die Gegebenheiten und Kräfte des Menschen im Leben nach dem Tod nicht berühren.

Kapitel 27

Begegnung mit einem Geist

Hilfsbereitschaft und Höflichkeit

Da die Menschen mit der Zeit weniger grobstofflich und daher empfänglicher werden, besteht die Möglichkeit, eines Tages aus der Fülle der Erscheinungen, die fortwährend auftreten, einen Geist zu sehen. Diesen Begriff verwende ich wohlüberlegt, zum einen, weil ich eine solche Erfahrung im Hinblick darauf, dass es tatsächlich ein jenseitiges Leben gibt, als wertvoll erachte, und zweitens, weil sie die Gelegenheit bietet zu helfen, denn eine Erscheinung ist gewöhnlich mit einer Bitte um Hilfe verknüpft.

Was die Verhaltensweise des Durchschnittsmenschen gegenüber einem Geistwesen betrifft, scheint mir dieses allen Grund zur Klage zu haben. In der Regel bedeutet es für diese Wesenheit eine große Anstrengung, sich zu zeigen, derer sie sich ohne zwingenden Grund niemals unterziehen würde. Unter gewöhnlichen Umständen vermag sie die Materialisation nur einige Augenblicke aufrechtzuerhalten. Diese wenigen Momente zu nutzen, ist außerordentlich wichtig. Sie reichen wahrscheinlich kaum aus, um zu sagen, was sie mitteilen möchte. Der gewöhnliche Mensch vergeudet diese kostbare Zeit damit, zu schreien, ohnmächtig zu werden oder davonzulaufen. Versetzen wir uns in die Lage des Toten und vergegenwärtigen uns, was es für ihn bedeutet, wenn wir uns in einer solch egoistischen und feigen Weise verhalten.

Wenn uns auf der physischen Ebene ein Mensch um Hilfe bitten würde, wären wir wohl zumindest gewillt, ihn anzuhören. Warum sollten wir diese Höflichkeit nicht auf jemanden ausdehnen, der zufällig tot ist? Wenn wir den in einem physischen Körper lebenden Menschen nicht gefürchtet haben, warum sollten wir ihn nach seinem Tode fürchten? Er bleibt derselbe Mensch und kann uns nichts anhaben. Wie lässt sich dann unser verändertes Verhalten ihm gegenüber entschuldigen?

Andererseits sollte man nicht in das entgegengesetzte Extrem übertriebener Skepsis fallen und die Erscheinung als Halluzination oder als „eine objektiv wahrgenommene subjektive Empfindung" betrachten, um mich der Sprache der Gesellschaft zur Erforschung parapsychologischer Phänomene zu bedienen. Ihren Untersuchungen ist es zu verdanken, dass diese Dinge nicht mehr nur belächelt oder verspottet werden. Wissenschaftliche Vorsicht ist durchaus begründet, besonders im Hinblick auf die Untersuchung paranormaler Phänomene. Sie darf aber nicht übertrieben werden und sich in hohlen Verallgemeinerungen und nicht beweisbaren Theorien verlieren oder in Blindheit und Vorurteil münden, wenn die Fakten auf der Hand liegen, wie folgende Beispiele zeigen.

Der verlorene Ring

Ein Mann sieht im Traum seinen besonders wertvollen Ring im Erdbeerbeet liegen. Am Morgen schaut er in der Kassette nach und muss entsetzt feststellen, dass der Ring fehlt. Er findet ihn im Erdbeerbeet. Ein einfacher Fall hellseherischer Fähigkeit im Traum, mag man meinen. Keineswegs, im Gegenteil. Wir sollen glauben, dass der Mann, der im *Vorbeigehen* eine Erdbeere pflückte, den Ring bemerkte, *ohne zu wissen, dass er ihn sah*, und dieses unbewusste Wissen seinem bewussten Selbst durch die Erinnerung an den Traum bewusst machte.

Tapetenunterschied

„Mein Freund und ich waren auf Wohnungssuche und hatten an jenem Tag mindestens zwanzig Häuser besichtigt. Im letzten Haus befand sich in einem Zimmer im Obergeschoss ein Hängeschrank, der von der Decke bis zum Fußboden reichte. Plötzlich schien mir, als öffneten sich die Türen, und ich konnte sehen, was dahinter lag. „Wenn du die Schranktüren öffnest, wirst du feststellen, dass sich die Tapete im Inneren von der restlichen Tapete im Zimmer unterscheidet. Sie ist hellblau mit einem kleinen Rautenmuster", meinte ich zu meinem Freund. Er schaute nach und bestätigte es. Ich denke, es wäre albern anzunehmen, dieser unbedeutende Umstand beruhe auf Hellsichtigkeit, falls sich keine andere Erklärung findet. Einige Monate zuvor hatte ich in derselben Gegend bereits einige von demselben Makler vorgeschlagene Wohnungen besichtigt. Obwohl ich mich nicht erinnern konnte, das Haus gesehen zu haben, scheint es mir mehr als wahrscheinlich, dass ich die unterschiedliche Tapete unbewusst wahrgenommen hatte."

Die Leichtgläubigkeit der Skeptiker

Warum sind diese gebildeten Skeptiker so unglaublich leichtgläubig? Sicherlich ist die einfache Theorie ätherischen Sehens sehr viel glaubwürdiger als diese erstaunliche, undenkbare Vergesslichkeit eines gesunden Menschen, die wir in diesem Fall fraglos akzeptieren sollen. Anstelle erfindungsreicher, aber unhaltbarer Erklärungen lassen sich jene Lehren leichter annehmen, die alle diese ungewöhnlichen Fähigkeiten als Vorstufen einer wunderbaren Kraft betrachten, die bald der gesamten Menschheit zu eigen sein wird.

Eine andere ihrer erstaunlichen Theorien, die Alfred Wallace scharf kritisiert, versucht, alles im Himmel und auf Erden durch das Wirken des „Unterbewussten" zu erklären.

„Das zweite oder unterbewusste Selbst mit seinen umfangreichen Kenntnissen (wie erworben, bleibt ungewiss), seinem besonderen Charakter, seiner niedrigen Moral, seinen fortwährenden Lügen ist ebenso rein theoretisch wie der Geist einer verstorbenen Person oder irgendeines anderen Geistes. Eine solche Hypothese wissenschaftlich und das Wirken eines Geistes unwissenschaftlich zu nennen, bedeutet, dem wahren Sachverhalt auszuweichen."

Eines der Beispiele, das er anführt, erheitert weniger wegen des Phänomens, das er beschreibt, sondern wegen der Interpretation des Parapsychologen. Es wird berichtet, dass mehrere Menschen ein schreckliches Heulen und entsetzte Schreie hören und man drei Hunde, die in verschiedenen Räumen des „Spukhauses" schlafen, zitternd vor Angst antrifft. Der Parapsychologe findet rasch eine Erklärung: „Wenn es sich nicht um wirkliche Laute handelt, muss von einer kollektiven Halluzination ausgegangen werden." Was die Hunde betrifft, spricht er von einem wahrhaft bemerkenswerten Zufall, dass sie sich im selben Moment alle drei „plötzlich nicht wohlfühlten".

Abgesehen von solchen Absurditäten und trotz des phantastischen Vokabulars (Begriffe wie Panästhesie, Hyperpromethie oder Methexis, die sogar von einigen Mitgliedern der Gesellschaft als die bemerkenswertesten Phänomene parapsychologischer Forschung bezeichnet wurden) hat diese Gesellschaft eine beachtliche Arbeit geleistet, die zu Dank verpflichtet.

Dennoch, wie wissenschaftlich zufriedenstellend ihre Methode für sie auch sein mag, wird sie weder den Geist erfreuen noch sollte sie übernommen werden. Man sollte ihn weniger als die Auswirkung subjektiven Unwohlseins betrachten, als vielmehr in ihm einen Menschen sehen, der möglicherweise der Hilfe bedarf.

Die richtige Verhaltensweise

Wie verhält man sich, wenn man einem Geist begegnet? Man sollte ihm ebenso höflich entgegentreten wie einem Menschen in seinem physischen Körper, sich aber bewusst sein, dass die Zeit drängt. Es sollte zur Gewohnheit werden, jede Begegnung als Gelegenheit zu betrachten. „Hier ist eine Person, der geholfen werden muss. Wie kann ich es bewerkstelligen?" Grüße sie freundlich lächelnd und frage sie nach ihrem Begehren. Vielleicht kann sie sich sofort mitteilen (einer hörbaren Stimme mangelt es oft an der Kraft) oder sie bemüht sich, ihren Wunsch anderweitig zum Ausdruck zu bringen. Selbst wenn dies nicht geschieht und der Geist mit einem verblüfften Ausdruck verschwindet, wird er mit Sicherheit in deiner Nähe bleiben. Sprich weiterhin so zu ihm, als ob du ihn sehen könntest. Schlage ihm vor, sich mittels Klopfzeichen mitzuteilen, falls er es vermag, und vereinbare einen bestimmten Signalcode. Sollten alle Kommunikationsmöglichkeiten fehlschlagen, biete ihm an, dich mit ihm auf seiner eigenen Ebene zu treffen, während du schläfst. Versichere ihm, dass es keinen Grund zur Furcht gibt. Sei ruhig, aber hellwach, um ihm die erforderliche Hilfe zukommen zu lassen.

Die erforderliche Vorbereitung

Um im Notfall bereit zu sein, sollte man sich die Bedeutung des Todes vor Augen führen und erkennen, dass sich der Mensch nicht durch ihn verändert. Siehst du in ihm den Mitmenschen, der der Hilfe bedarf, kannst du ihn gar nicht fürchten, denn du wirst ihn lieben, und „vollkommene Liebe verjagt die Furcht".

Es ist außerordentlich wichtig, kleine Kinder in dieser Richtung zu erziehen. Oft ängstigen unbesonnene Kindermädchen die Kinder mit dummen, abergläubischen Geschichten und Drohungen. Vorstellungen, die sich in späteren Jahren kaum völlig ausradieren lassen. Man sollte die Kinder von Anbeginn lehren, dass es den Tod, wie er im Allgemeinen gesehen wird, nicht gibt, damit sie verstehen, dass der Spielgefährte nicht von ihnen gegangen ist, sondern nur seine grobe äußere Hülle, die man sehen kann, abgestreift hat, um in ein höheres Leben eintreten zu können. Man erkläre ihnen, dass sich ein Mensch, der die physische Welt verlassen hat, gegebenenfalls nochmals in ihr zeigt, und derjenige, der einen Blick in die andere Welt werfen darf, dankbar sein sollte für die Gelegenheit, helfen zu können. Die frühzeitig in diesem Wissen erzogenen Kinder werden nicht bloß von törichter Furcht und von Missverständnissen bewahrt bleiben, sondern vorbereitet sein, einem Toten mit der rechten Gesinnung zu begegnen.

Dann blicken wir einer wunderbaren Zukunft entgegen, einer Zukunft, in der die Lebenden und die Toten eine Gemeinschaft bilden, jederzeit bereit, sich gegenseitig zu helfen. Es wird weder Furcht noch Missverständnisse geben, da sich dann die Unsterblichkeit des Menschen nicht länger in einem nebulösen theologischen Dogma erschöpft, sondern zur anerkannten Wahrheit wird. Ob wir einen physischen Körper besitzen oder nicht, spielt keine Rolle, solange die Gelegenheit gegeben ist, voranzuschreiten und zu dienen. Diese Einstellung gegenüber Leben und Tod muss kein Zukunftstraum bleiben, wenn man sich den theosophischen Lehren widmet, das Leben lebt und versucht, es dem erhabenen göttlichen Gesetz der Reinheit, Selbstlosigkeit und Liebe entsprechend sinnvoll zu gestalten.

Teil IV
Spiritismus und parapsychologische Forschung

Kapitel 28

Spiritistische Phänomene

Natürliche Phänomene

Die Phänomene, die bei spiritistischen Séancen auftreten, bilden eine weitere Informationsquelle für ein Fortleben des Menschen nach dem Tod. Ebenso wie viele der von der Theosophie eindeutig dargelegten Fakten auf sorgfältiger Beobachtung und dem Vergleich von Aufzeichnungen über Geistererscheinungen beruhen mögen, erweisen sich manche als das Ergebnis gewissenhafter Untersuchungen und vergleichender Studien spiritistischer Berichte. Obwohl sich diese gewöhnlich nicht als ein kohärentes System darstellen, kann man anhand der Fakten aus theosophischen Quellen erkennen, dass sich die verschiedenen spiritistischen Manifestationen klassifizieren und verstehen lassen.

Unsere spiritistischen Freunde täten gut daran, das theosophische System aufzugreifen, denn viele Schwierigkeiten, auf die sie stoßen, entspringen der Annahme, dass ihre Behauptungen unwissenschaftlich und vernunftwidrig sind. Leider unternimmt der Spiritismus nur wenig, diese irrige Annahme zu zerstreuen, im Gegenteil, er besteht (berechtigterweise) auf seinen Fakten, ohne den Versuch zu unternehmen, sie wissenschaftlichen Kriterien zu unterziehen. Man scheint vielmehr begeistert zu jubeln und sich in Bewunderung und Ehrfurcht zu verlieren, anstatt zu erkennen, wie natürlich dies alles ist und sogar noch schöner, eben *weil* es natürlich ist. Alles Natürliche ist schön. Wir sind pessimistisch geworden, weil wir der Natur ins Handwerk pfuschen. Wir beginnen zu zweifeln und denken, dass bestimmte Dinge zu gut, zu schön sind, um wahr zu sein. Wir begreifen noch nicht, dass eben weil etwas gut und schön ist, es auch wahr sein muss: „Es ist zu gut, um *nicht* wahr zu sein", wäre der treffendere Ausdruck. Gott ist Wahrheit und Er ist gut.

Theosophische Erklärungen

Die theosophische Lehre im Hinblick auf die Existenz einer Vielfalt feinstofflicher Ebenen und ihrer entsprechenden Kräfte lässt viele der Phänomene, die bei Séancen auftreten, verstehen. Bedenkt man die Tatsache, dass der Mensch über Träger und Kräfte verfügt, die den jeweiligen Ebenen entsprechen, wird manches verständlich. Einzelheiten zu diesem Thema finden sich in meinem Buch *Hellsehen*, weshalb ich an dieser Stelle nicht näher darauf eingehe. Es leuchtet ein, dass aufgrund dieser neugewonnenen Kräfte der Tote eine bestimmte Passage in einem geschlossenen Buch oder einen in einer Schachtel liegenden Brief zu lesen vermag, beziehungsweise sehen und berichten kann, was an einem entfernten Ort geschieht oder wie die Gedanken Anwesender oder Nichtanwesender aussehen.

Jemand, der noch auf der physischen Ebene weilt, vermag diese Dinge mit der gleichen Leichtigkeit zu vollbringen, wenn er die in ihm ruhenden Kräfte astralen Schauens entwickelt hat. Für den Astralbewohner sind solche scheinbar außergewöhnlichen Fähigkeiten Alltag. Jemand, der sich mit diesen Dingen nicht beschäftigt hat und dem solche Manifestationen fremd sind, kann nicht verstehen, wie sie entstehen. Er verhält sich ihnen gegenüber wie ein Eingeborener, der Elektrizität bestaunt. Der gebildete und intelligente Mensch weiß in beiden Fällen damit umzugehen. Für ihn sind die Resultate nicht magisch, sondern natürlich. Er betrachtet die Angelegenheit in einem völlig anderen Licht.

Klassifikation

Basierend auf den theosophischen Kenntnissen in Bezug auf die Astralebene und ihre Möglichkeiten wollen wir versuchen, die bei einer Séance auftretenden Phänomene zu klassifizieren, und zwar entsprechend der Kräfte, die sie hervorbringen.

Phänomene, die mittels des Körpers des Mediums entstehen: Sprechen in Trance, automatisches Schreiben, Zeichnen oder Malen und manchmal die Betätigung einer Planchette.

Phänomene, die auf gewöhnlichem astralen Sehen beruhen: Eine bestimmte Textstelle in einem geschlossenen Buch finden, einen in einer verschlossenen Schachtel liegenden Brief lesen, die Beantwortung mentaler Fragen oder das Auffinden einer vermissten Person oder eines verlorenen Gegenstandes.

Phänomene, die eine teilweise Materialisation beinhalten – gewöhnlich nicht bis zur Sichtbarwerdung. Darunter fallen Klopfzeichen, das Kippen oder Umdrehen von Tischen, sich bewegende und schwebende Gegenstände, das Schreiben oder Malen von der Hand des Toten selbst, ohne Mitwirkung des Mediums, Berührungen durch die Hand des Toten oder der Klang seiner Stimme. Fast alle geringfügigen Aktivitäten bei einer Séance fallen in diese Kategorie, wie das Spielen verschiedener Musikinstrumente, das Aufdrehen oder Umherschweben einer Spieldose und sogar der kalte Windzug, der immer wieder auftritt. Die Alphabettafel, das „Ouija"-Board und die Planchette gehören gewöhnlich ebenfalls dazu.

Verschiedene Aktivitäten, die eine genauere Kenntnis der astralen Gesetzmäßigkeit verlangen: Ein hastig hingeworfenes Schriftstück oder Bild, die absichtliche Erzeugung verschiedener Lichter, die Vervielfältigung von Gegenständen, ihr Herbeiholen von einem anderen Ort, das Passieren von Materie durch Materie oder die Erzeugung und Handhabung von Feuer.

Sichtbare Materialisationen

Ich werde jede Kategorie gesondert behandeln und versuchen, sie anhand eigener Erfahrungen oder von Berichten aus einschlägigen Büchern darzustellen und zu erklären. Da ich mich viele Jahre eingehend mit dem Spiritismus befasst und die auftretenden Phänomene nicht nur alle wiederholt persönlich gesehen, sondern auch gründlich untersucht habe, ist mir dieses Thema sehr vertraut.

KAPITEL 29

Persönliche Erfahrungen

Das Experiment mit dem Seidenhut

Soweit ich mich erinnere, hörte ich den Begriff *Spiritismus* in Zusammenhang mit den Séancen, die D. Home mit Kaiser Napoleon III. abhielt, zum ersten Mal. Die Aussagen erschienen mir damals höchst unglaubwürdig. Als ich meiner Mutter eines Abends den Bericht vorlas, äußerte ich starke Zweifel an der Richtigkeit der Beschreibung. Der Artikel endete mit der Bemerkung, dass jeder, der ihm keinen Glauben schenken könne, sich selbst überzeugen möge, indem er sich im Halbdunkel mit einigen Freunden um einen kleinen runden Tisch setze, die Handflächen auf der Tischplatte ruhend. Weiter hieß es, der Einfachheit halber könne man einen gewöhnlichen Seidenhut, die Krempe nach oben, auf den Tisch legen. Zwei oder drei Leute sollten mit ihren Händen die Krempe leicht berühren. Man versicherte, dass der Hut oder der Tisch sofort beginnen werde, sich zu drehen. Auf diese Weise könne eine unabhängig von den Anwesenden existierende Kraft demonstriert werden.

Dies schien ziemlich einfach zu sein, und da es zu dämmern begann, schlug meine Mutter vor, das Experiment sofort durchzuführen. Ich holte einen kleinen, runden, einbeinigen Tisch und legte meinen Seidenhut darauf, die Krempe nach oben. Außer meiner Mutter und mir befand sich noch ein zwölfjähriger Junge im Zimmer, der, wie wir später feststellten, als starkes Medium wirkte. Damals wusste ich noch nichts damit anzufangen. Meine Mutter und ich legten die Hände auf die Hutkrempe. Ich glaube nicht, dass wir irgendetwas erwarteten. Umso größer war meine Überraschung, als sich der Hut leicht, aber entschieden, auf der polierten Tischfläche halb drehte.

Jeder von uns beiden dachte, der andere habe unbewusst an dem Hut gedreht, was sich aber bald aufklärte. Der Hut wirbelte mit einer solchen Heftigkeit auf der Tischplatte umher, dass wir kaum unsere Hände auf ihm halten konnten. Ich schlug vor, sie hochzuheben. Der Hut folgte, als klebe er an ihnen, und schwebte einige Minuten über der Tischplatte, bis er auf sie zurückfiel. Diese neue Entwicklung überraschte mich noch mehr. Ich versuchte, dasselbe Ergebnis erneut zu erzielen, was tatsächlich gelang, wenngleich auch erst nach einigen Minuten. Diesmal ging der Tisch mit nach oben. Da hing also mein vertrauter Hut an unseren Fingern, und als ob es nicht genug sei, zog er den Tisch gleich mit. Sein einziges Bein schwebte einige Zentimeter über dem Teppich. Kein menschlicher Fuß berührte ihn oder war in seiner Nähe. Ich schob meinen Fuß darunter, aber da war absolut nichts Physisches.

Als er sich bewegte, schoss es mir durch den Sinn, dass uns der Junge vielleicht einen Streich spielte, was aber erstens nicht zutraf und zweitens nicht unbeobachtet hätte bleiben können. Nach einigen Minuten senkten sich der Tisch und der Hut fast gleichzeitig. Das Experiment wurde in Abständen von wenigen Minuten mehrmals wiederholt. Dann begann der Tisch, wild hin und her zu rücken und den Hut abzuwerfen – ein offensichtlicher Wink für uns. Aber niemand wusste, was als Nächstes geschehen würde, obwohl uns die ungewöhnlichen Bewegungen sehr interessierten. Es kam mir nicht in den Sinn, das Phänomen als die Manifestation eines Toten zu betrachten, sondern nur als die Entdeckung irgendeiner seltsamen neuen Kraft.

Am folgenden Tag erzählte ich einigen Freunden von diesen merkwürdigen Vorkommnissen. Einer von ihnen war mit den Grundzügen spiritistischen Vorgehens vertraut. Ich bat ihn, am nächsten Abend unserem Experiment beizuwohnen. Es wiederholten sich dieselben Phänomene, aber diesmal stellten wir unter Mitwirkung meines Freundes Fragen und bemerkten, dass sich der Tisch als Antwort neigte. Bei unserem Gegenüber, mit dem wir kommunizierten, muss es sich um ein sehr einfaches Wesen gehandelt haben, da wichtige Dinge nicht angesprochen werden konnten und die Manifestationen eher grobem Unfug glichen. Auffallend war die enorme physische Kraft, die sich bei mehreren Gelegenheiten zeigte. Schwere Möbelstücke wurden umhergeworfen und oft stark beschädigt. Ernstlich verletzt wurde jedoch niemand. Irgendwann wurde einem besonders skeptischen Freund ein schwerer Messinggegenstand auf den Fuß geworfen, was er meiner Ansicht nach mit seinen unhöflichen Bemerkungen allerdings selbst verschuldet hatte.

Heftige Demonstrationen

Nach der zweiten Séance war der Seidenhut ruiniert. Danach legten wir die Hände direkt auf den Tisch, das heißt zunächst, denn nach wenigen Minuten tanzte er gewöhnlich so wild durch das Zimmer, dass wir ihn nur noch ab und an berühren konnten. Bei der dritten Sitzung (falls man überhaupt davon sprechen kann, da wir den größten Teil des Abends damit verbrachten, umherzuspringen, um den Angriffen verschiedener Möbelstücke zu entkommen) litt unser kleiner Tisch gewaltig. In einem ruhigen Moment, in dem es uns gelang, unsere Hände auf die Tischplatte zu legen, hörten wir darunter ein seltsam surrendes Geräusch. Ein winziger Gegenstand fiel auf den Boden. Wir hoben ihn auf. Es war eine Schraube. Wir wunderten uns, wie die „Geister" zu solch einem Ding gekommen waren und warum sie es mitgebracht hatten. Das surrende Geräusch wiederholte sich zweimal. Zwei weitere Schrauben fielen auf den Boden. Aber selbst dann erkannten wir noch nicht, was vor sich ging.

Mit einem Mal schien etwas von unten heftig gegen die Unterseite des Tisches zu stoßen, der gegen unsere Hände prallte. Es glich einem kräftigen Fußtritt, der sich drei oder viermal rasch hintereinander wiederholte, bis der obere Tischteil von seinem Fuß wegbrach. Das Tischbein tanzte davon, während die Tischplatte zu Boden fiel, aber keineswegs liegen blieb. Sie rotierte um ihre eigene Achse. Zwei starke Männer, die sich auf die Platte knieten, um sie zum Stillstand zu bringen, wurden mit offensichtlicher Leichtigkeit fortgeschleudert.

Als wir sie möglichst nah auf dem Teppich hielten, wiederholten sich dieselben gewaltigen Stöße von unterhalb. Wer immer gegen die Tischplatte trat, vermochte offensichtlich widerstandslos durch den Boden und den Teppich nach oben zu treten. Als das Ganze schließlich vorbei war, konnten wir den Tisch untersuchen. Das Wesen, das mit uns spielte, wollte wohl den Tisch auseinandernehmen und hatte es irgendwie geschafft, die Schrauben zu lösen. Die vierte Schraube war eingerostet und ließ sich nicht bewegen. Erst die heftigen Tritte führten dazu, dass der Tisch auseinanderbrach.

Die Zurschaustellung derartiger Kräfte ist keineswegs unüblich. Dale Owen bemerkt zu einem solchen Vorfall:

„Dann – wahrscheinlich verstärkt durch die Dunkelheit – wurde ich Zeuge einer solch gewaltigen physischen Kraft, wie sie mir noch niemals begegnet ist. Selbst der stärkste lebende Mann hätte mit bloßen Händen den Tisch nicht mit solcher Wucht hin und her schleudern können, eine Kraft, die uns mit einem einzigen Schlag hätte töten können."

Beweis einer unbekannten Kraft

Ein erfahrener Spiritist hätte diese Phänomene, die so unerwartet in mein Leben traten, sicherlich belächelt, aber für mich waren sie höchst interessant. Sie fanden in meinem eigenen Haus statt, völlig losgelöst vor irgendeinem professionellen Medium, und hatten unbestreitbar nichts mit Aberglauben oder Betrug zu tun. Damals wusste ich noch nichts von der umfangreichen Literatur zu diesem Thema und erhoffte mir davon keine Bestätigung für ein Leben nach dem Tod. Bislang besaß ich lediglich den Beweis für die Existenz einer unsichtbaren Intelligenz, die eine ungeheure Kraft in Bewegung zu setzen vermochte, die sich von den wissenschaftlich anerkannten Kräften unterschied. Und genau diese Kraft war es, die mich interessierte. Es reizte mich herauszufinden, ob es eine Möglichkeit gab, sie zum Wohl der Allgemeinheit einzusetzen.

Mit unseren häuslichen Untersuchungen machten wir keine Fortschritte. Da meine Mutter die Zerstörung ihrer Möbel befürchtete, brachen wir die Sitzung sofort ab, wenn sie zu wild wurde, und nahmen sie erst wieder auf, wenn sich die Lage beruhigt hatte. Wir hörten weder Klopfzeichen noch direkte Stimmen. Die einzige Kommunikation bestand darin, dass sich der Tisch neigte oder hob. Das betreffende Wesen war durchaus bereit, uns auf seine Weise entgegenzukommen. An einem Abend fragten wir, ob sich der Tisch auch ohne unsere darauf gelegten Hände heben könne. Die Bestätigung kam prompt. Eilig lehnten wir uns zurück, und der Tisch begann, sich nach oben zu heben. Niemand konnte ihn erreichen. Nach etwa einer Minute senkte er sich langsam wieder.

Lichter

Die verschiedenen Lichter, die immer wieder aufleuchteten, schienen weniger absichtlich hervorgebracht als vielmehr eine zufällige Begleiterscheinung anderer Phänomene zu sein. Es gab drei Arten: (a) kleine, sprühende Lichter, die an Leuchtkäfer erinnerten, die unsere Hände umspielten, die auf dem Tisch lagen; (b) große, schwach leuchtende, oft halbmondförmige Körper von einigen Zentimetern Durchmesser; (c) eine Art Blitzstrahl, der bei einer Sitzung quer durch den Raum schoss, eine riesige Topfpflanze traf, sie umwarf und einen Brandfleck auf ihr hinterließ. Die erste und dritte Leuchtart schien uns elektrischer, die zweite phosphoreszierender Natur zu sein. Es erschien nichts, das man als Manifestation bezeichnen konnte, obgleich gelegentlich dunkle Körper an uns vorbeizogen. Diese Erscheinungen tauchten gewöhnlich bei Feuerschein auf, abgesehen von einigen wenigen modifizierten Manifestationen bei hellem Tageslicht. Das Zimmer schien mit einer Art elektrischer Kraft aufgeladen zu sein, denn die Möbel knarrten noch mindestens eine Stunde nach Beendigung der Séance geheimnisvoll weiter. Der Tisch bewegte sich mehrmals einige Zentimeter aus der Ecke, nachdem er wieder mit dem Blumentopf dekoriert worden war.

Wir erhielten nur spärliche Botschaften. Dem Wesen schien es schwerzufallen, den langwierigen Prozess durchzuhalten, die Antworten mittels Neigen des Tisches zu buchstabieren. Wir unternahmen mehrere erfolglose Versuche, Informationen zu erhalten. Es vermittelte uns stets den Eindruck von wilder, ausgelassener Freude, zu aufgeregt, um geduldig oder logisch vorzugehen. Häufig tanzte es übermütig nach einer Melodie, die wir spielten oder sangen. Ein Lied schien es ihm besonders angetan zu haben. Wenn seine Kraft nachzulassen schien und die Manifestationen brüchig wurden, stimmten wir dieses an und weckten dadurch erneut seinen agilen Enthusiasmus. Mitunter konnte es recht spitzbübisch sein. Die Antworten, die wir ihm entlockten, waren keineswegs immer folgerichtig oder ehrlich. Aber es schien auch verärgert sein zu können. Als ich es einmal der Falschaussage bezichtigte, sprang der Tisch direkt auf mich zu und hätte mich arg im Gesicht getroffen, hätte ich ihn nicht im Flug abgefangen. Obwohl ich ihn in der Luft hielt, versuchte er mit aller Kraft, wie ein feindseliges Tier, auf mich loszugehen und musste von meinen Freunden gewaltsam zurückgehalten werden. Wenige Augenblicke später war die Kraft erlahmt, und alles verlief wieder völlig harmlos.

Die eindrucksvollste Szene, an die ich mich erinnere, war jene, in der die wirkenden Kräfte uns tatsächlich aus dem Zimmer jagten. An jenem Abend hatten wir von Anfang an keine Kontrolle über die Séance. Stühle sausten umher wie lebendige Kreaturen. Ein schweres Sofa, das an der Wand stand, schwang sich mitten auf den Teppich, und ein riesiges altes Klavier neigte sich in gefährlichem Winkel über mich. Ich stemmte mich dagegen und bat einen Freund, mir zu helfen. Er zündete eine Kerze an, in der Hoffnung, das Licht werde das Geschehen in Schach halten, was gründlich misslang. Schwere Möbelstücke krachten zusammen, und in kürzester Zeit herrschte absolutes Chaos.

Unser Leben war in Gefahr. Mit aller Kraft stemmte ich mich gegen das Klavier und schrie meinem Freund zu, die Tür zu öffnen. Nach einigen verzweifelten Versuchen gelang es ihm, und wir stürzten allesamt in den Flur. Hinter uns schlug die Tür zu. Der Lärm im Zimmer hielt noch etwa eine Minute lang an. Dann kehrte Stille ein. Als wir die Tür nach einer Weile öffneten und mit Licht eintraten, bot sich uns ein verheerendes

Bild. Inmitten des Zimmers erhob sich ein Stoß massiver Möbelstücke, einige von ihnen böse zugerichtet. Dennoch war es insgesamt gesehen nicht so schlimm, wie wir dem gewaltigen Lärm zufolge befürchtet hatten. Nach dieser Demonstration verbannte uns meine Mutter mit unseren Experimenten in ein Seitengebäude.

Professionelle Medien

Angeregt durch diese Experimente, begann ich weiterzuforschen, entdeckte bald Bücher und Zeitschriften, die sich mit dem Thema befassten, und musste feststellen, dass der Kontakt zu einem Medium meine Nachforschungen vorantreiben würden. Ich besuchte zahlreiche öffentliche Séancen, bei denen ich viel Aufschlussreiches sah, fand aber bald heraus, dass sich die wirklich bemerkenswerten und zufriedenstellenden Ergebnisse nur dann einstellten, wenn die Zirkel klein und harmonisch waren. Aus diesem Grund nahm ich häufig an privaten Séancen teil und lud oft ein Medium in mein Haus ein, um irgendeinen Betrug auszuschließen. Auf diese Weise sammelte ich zahlreiche Erfahrungen, die zu der Überzeugung führten, dass zumindest einige der Manifestationen den sogenannten Toten zugeschrieben werden konnten.

Ich begegnete einer Vielzahl von Medien – guten, schlechten und gleichgültigen. Einige bemühten sich aufrichtig, dem Nachfragenden zu helfen, die Phänomene zu verstehen. Andere waren unglaublich ungebildet, obwohl wahrscheinlich ehrlich. Manche erschienen mir frömmlerisch, salbungsvoll und unzuverlässig. Ein kleines Experiment lehrte mich bald, auf wen ich mich verlassen konnte. Ich verfolgte meine Untersuchung während vieler Jahre und sah höchst seltsame Dinge, die demjenigen, dem diese Materie fremd ist, unglaubwürdig vorkommen mögen.

Kapitel 30

Der physische Körper des Mediums

Medien

Es leuchtet ein, dass für einen Toten, der sich mitteilen möchte, der einfachste Weg darin besteht, sich eines physischen Körpers zu bedienen, falls er einen findet, den er zu handhaben weiß, da auf diese Weise schwierige Lernprozesse, wie sie eine Materialisation erfordern, entfallen. Er ergreift Besitz von dem für ihn bereitgestellten Körper und bedient sich seiner, als sei es sein eigener. Da sich die höheren Körper des Mediums leicht lösen, ist es in der Lage und gewöhnlich auch bereit, gegebenenfalls seine physische Hülle jemandem vorübergehend zu überlassen, was teilweise oder gänzlich geschieht. Mit anderen Worten, das Medium behält sein normales Bewusstsein bei, während sich jemand seiner Hand zum automatischen Schreiben bedient, oder es leiht jemandem seine Stimme und versteht gleichzeitig genau, was gesagt wird. Andererseits kann es sich aus seinem Körper zurückziehen, wie dies im Schlaf geschieht, und dem Toten erlauben, seine Behausung möglichst gut zu nutzen. In diesem Fall ist sich das Medium dessen, was gesagt oder getan wird, völlig unbewusst, das heißt, wenn es die Kontrolle über sein physisches Gehirn wiedererlangt hat, erinnert es sich nicht mehr an das, was seine Astralsinne aufnahmen.

Trance

Ein bestimmter Zweig des Spiritismus befasst sich fast ausschließlich mit diesem Stadium des Mediumismus. Für zahlreiche Gruppen bedeutet der Spiritismus eine Art Religion. Am Sonntagabend nehmen sie an den Treffen teil und lauschen den in Trance gesprochenen Worten, vergleichbar mit anderen Glaubensgemeinschaften, die in die Kirche gehen und sich eine Predigt anhören. Die gewöhnliche Trance-Ansprache unterscheidet sich nicht im Geringsten von einer durchschnittlichen Predigt. Ihr Ton ist gewöhnlich unbestimmter, obwohl gütiger, aber ihre Ermahnungen folgen denselben Richtlinien. Im Grunde genommen gibt es in beiden nichts Neues. Ihre Hauptleitsätze lauten: „Sei gut und du wirst glücklich sein." „Schlechter Umgang verdirbt die Manieren" – und dergleichen. Die Ursache für ihre fortwährende Wiederholung liegt in der Tatsache, dass sie Ausdruck ewiger Wahrheit sind. Falls die Menschen diesen Grundsätzen erst dann Aufmerksamkeit schenken und entsprechend handeln, wenn sie von einem Toten gesprochen oder durch Klopfzeichen überbracht werden, dann sollte man ihnen die geistige Nahrung in der Form geben, in der sie diese aufzunehmen verstehen.

Die gewöhnliche Trance-Ansprache wirkt natürlich weniger überzeugend als andere Phänomene, da eine durchschnittlich intelligente Person mit einem leichten Hang zum Theatralischen einen Trance-Zustand simulieren und eine mittelmäßige Predigt halten kann. Ich habe Fälle erlebt, in denen die vollkommene Veränderung von Stimme und Gebaren keinen Zweifel aufkommen ließen. Andere Fälle, bei denen in einer dem Medium unbekannten Sprache über Dinge gesprochen wurde, von denen es keinerlei Kenntnis besaß, zeugten von der Echtheit des Phänomens. Andererseits habe ich viele in Trance gegebene Ansprachen erlebt, bei denen die Geschmacklosigkeiten, die grammatikalischen und grässlichen Aussprachefehler eines ungebildeten Mediums so stark nachgeahmt wurden, dass der Gedanke an einen Schwindel nahelag. Obwohl solche Fälle keinen offensichtlichen Wert besitzen, sollte man bedenken, dass erstens ein Medium seinesgleichen aus dem Jenseits anzieht, also Verstorbene die sich kaum von seiner Entwicklungs- oder Kulturebene unterscheiden, und zweitens, dass jede Mitteilung über ein Medium weitgehend von dessen Persönlichkeitsmerkmalen gefärbt ist und sich in seiner Alltagssprache zum Ausdruck bringt.

Automatisches Schreiben

Das Gleiche gilt für das automatische Schreiben. Manchmal beherrscht der Verstorbene den Organismus des Mediums gut genug, um klar, charakteristisch und unmissverständlich zu schreiben. In den meisten Fällen gestaltet sich die Schrift als Kompromiss zwischen seiner eigenen und der des Mediums und wird zu einem nahezu unleserlichen Gekrakel. Auch hier habe ich Schriftbilder gesehen, die sich entweder durch die Sprache oder durch ihren Inhalt als echt bewiesen. Manchmal werden seltsame Kunststücke versucht, die arglistige Täuschung ausschließen. Ich habe beobachtet, wie ein seitenlanger Text in Windeseile spiegelverkehrt niedergeschrieben wurde. In einem anderen Fall nahm das zwölf Monate alte Baby im Arm eines bekannten Mediums einen Stift in seine winzige Hand und *schrieb* – schrieb sicher und rasch eine Botschaft nieder, die angeblich von einem Toten stammte. Welche Intelligenz die Hand des Babys führte, weiß ich nicht. Es war mit Sicherheit weder seine eigene noch die Hand der medialen Mutter, die das Kind weit von sich hielt, während es schrieb.

Der persönliche Erzengel

Mitunter scheinen Menschen, die kein Medium im üblichen Wortsinn sind, offen für solche Einflüsse zu sein. Viele empfangen persönliche Mitteilungen, die über ihre eigene Hand niedergeschrieben werden. Meistens messen sie ihnen eine übertriebene Bedeutung bei. Angesehene Damen 'der besseren Gesellschaft' haben mir immer wieder bestätigt, dass die theosophische Lehre nichts Neues für sie enthalte, da ihr eigener Lehrer ihnen bereits alles offenbart habe, eine überirdische, mächtige Person von großem Wissen – mindestens ein Erzengel! Gewöhnlich ergeben meine Nachforschungen, dass es sich bei diesem Erzengel in der Regel um irgendeinen achtbaren verstorbenen Herrn handelt, der entweder belehrt wurde oder einige Fakten in Bezug auf das Astralleben und die Evolution für sich selbst entdeckte. Tief beeindruckt, fasziniert ihn die Vorstellung, einen radikalen Wandel im Dasein der Menschheit herbeiführen zu können, wenn er dieses Wissen der Welt mitteilt. So sucht und findet er eine beeinflussbare Dame und überzeugt sie davon, dass sie eine wesentliche Rolle bei der Welterneuerung spielt, eine große Aufgabe vor ihr liegt, der sie ihr Leben widmen muss, dass zukünftige Zeiten ihren Namen segnen werden und so fort.

Dieser ehrbare Herr meint es gewöhnlich durchaus ernst. Er hat jetzt einige grundlegende Fakten des Lebens erkannt und spürt, wie stark sie sein irdisches Leben verändert hätten, wären sie ihm früher bewusst gewesen. Zu recht folgert er daraus, dass sich die gesamte Welt verändern würde, könnte er sie dazu bewegen, an diese Dinge zu glauben. Er vergisst allerdings, dass alles, was er zu sagen hat, seit Tausenden von Jahren in der Welt gelehrt wird und er ihm in seinem Erdenleben ebenso wenig Aufmerksamkeit schenkte wie seine geistigen Ausführungen jetzt wahrscheinlich Beachtung finden. „Wenn sie nicht auf Moses und die Propheten hören, werden sie selbst dann nicht überzeugt sein, wenn einer von ihnen von den Toten aufersteht."

Ein bisschen gesunder Menschenverstand und ein wenig Sachkenntnis würden die ehrenwerten Damen vor der Illusion einer höheren Mission bewahren. Selbsttäuschung ist subtil und wurzelt tief. Die Vorstellung, für eine göttliche Eingebung besonders auserwählt zu sein, mag einem gewissen Menschentyp gefallen. Gewöhnlich sind diese Kommunikationen unendlich weit davon entfernt, „die gesamte theosophische Lehre zu beinhalten". Sie geben allenfalls Bruchstücke oder häufiger noch nebulöse Verallgemeinerungen in Richtung Theosophie wieder.

Gelegentlich handelt es sich bei dem Informanten um eine lebende Person in ihrem Astralkörper – gewöhnlich um einen Orientalen. In einem solchen Fall ist es durchaus natürlich, dass seine Unterweisungen theosophische Züge tragen. Die Theosophie ist nicht neu. Sie ist die älteste Lehre der Welt. Die Grundzüge ihres Lehrgebäudes sind durchaus bekannt. Daher verwundert es nicht, dass jeder Einblick in eine umfassende und vernünftige Theorie theosophische Merkmale zu tragen scheint. Aber sie wird weder die Präzision noch den Reichtum der Lehren aufweisen können, die uns die Meister der Weisheit durch Madame Blavatsky schenkten.

Offensichtlich wird das Schreiben mit der Hand des Mediums erleichtert, wenn sie auf einem kleinen Brett, einer sogenannten Planchette, ruht. Diese Form der Manifestation zählt nicht immer zu der momentan angesprochenen Kategorie. Manchmal scheint die Hand des Mediums die Planchette nicht von der eigenen Intelligenz geführt zu bewegen, da sie in einer Sprache und über Dinge schreibt, die dem Medium fremd sind. Bei anderen Gelegenheiten scheint sie sich unter der Hand, nicht mit ihr zu bewegen, was darauf schließen lässt, dass sie sich mit der Vitalkraft der Hand auflädt, vergleichbar mit dem Hut oder dem Tisch, die bei den bereits beschriebenen Experimenten eine wesentliche Rolle spielten. Das Brett wird von einer anderen, teilweise materialisierten Hand bewegt, so dass dieses Phänomen zu unserer dritten Kategorie gehört.

Zeichnen oder Malen

Das seltener auftretende Phänomen automatischen Zeichnens oder Malens folgt denselben Regeln. Hin und wieder vermag ein talentierter Mensch über die leicht reagierende Hand eines Mediums rasch eine Landschaftsskizze oder ein Portrait zu Papier zu bringen. Manche Medien haben sich auf solche Portraits spezialisiert und lassen sich gut dafür bezahlen. Ich habe durchaus passable Arbeiten gesehen, die auf diese Weise entstanden sind, obwohl sie einem Vergleich mit direkt von der Hand des Toten ausgeführten oder durch Materialisation entstandenen Zeichnungen nicht standhalten. Manchmal werden solche Portraits von lebenden hellsichtigen Personen gezeichnet, was aber nicht in den Wirkungsbereich eines Mediums gehört.

Um das Portrait eines Verstorbenen anzufertigen, bedarf es nicht seiner

Anwesenheit, obwohl er durchaus zugegen sein mag. Wenn überlebende Freunde einer Séance in der Hoffnung und Erwartung beiwohnen, ein Bild von dem Toten zu erhalten, formt der intensive Gedanke an ihn, verbunden mit dem innigen Wunsch nach Kontakt, in der Astralmaterie ein eindrucksvolles Bild von ihm, das jedem Astralbewohner sichtbar wird, so dass er es mühelos nachzuzeichnen vermag. Andererseits wird der starke Gedanke an den Toten mit Sicherheit dessen Aufmerksamkeit erregen und ihn wahrscheinlich herbeilocken. Das Portrait ist kein Beweis für eine mögliche Anwesenheit.

Personifikation

Ich verwende diesen Begriff im rein technischen Sinn, obwohl er manchmal bei Fällen Verwendung findet, in denen sich ein unehrliches Medium seinen Zuhörern als „Geist-Form" präsentiert. Spricht das Medium in Trance, verändert sich nicht nur sein Gesichtsausdruck, sondern es übernimmt kleine Eigenarten und die Sprache dessen, der durch seinen Organismus spricht.

In manchen Fällen gehen diese Verwandlung und Anpassung sogar so weit, dass tatsächlich eine eindeutige Veränderung im Aussehen des Mediums eintritt. Manchmal ist diese Veränderung nur augenscheinlich, aber nicht wirklich, was darauf beruht, dass das ernsthafte Bemühen der beseelenden Persönlichkeit, sich durch das Medium zum Ausdruck zu bringen, energetisch auf seinen Freund wirkt, weshalb dieser annimmt, die Gesichtszüge des Verstorbenen tatsächlich vor sich zu sehen. In einem solchen Fall handelt es sich um ein rein subjektives Phänomen, was ein in diesem Moment aufgenommenes Foto des Mediums deutlich macht, da es dessen normales Gesicht zeigt.

Manchmal ist die Veränderung tatsächlich gegeben, was sich mithilfe einer Kamera nachweisen lässt. Es gibt demnach zwei Möglichkeiten, eine solche Wirkung hervorzubringen. Ich erinnere mich an einen Fall offensichtlicher Veränderung, der sich am besten als teilweise Materialisation einer Maske beschreiben lässt. Gewisse Gesichtsbereiche des

Mediums, die einigermaßen mit den darzustellenden übereinstimmten, blieben unberührt, während andere, völlig ungeeignete Bereiche mit einer dünnen Materieschicht überzogen waren, was sie zu einer nahezu perfekten Imitation machte, obwohl ein wenig größer als das Original. Ich habe auch Fälle erlebt, in denen das darzustellende Gesicht kleiner als das des Mediums ausfiel und eindeutig veränderte Gesichtszüge aufwies. Ein solcher schier unmöglich erscheinender Wandel beruht auf der extremen Fließeigenschaft und Unbeständigkeit des physischen Körpers, aufgrund derer er unter bestimmten Umständen leicht modifizierbar ist.

Die Beeinflussbarkeit des physischen Körpers

Glücklicherweise sind die Umstände, die die erforderlichen Kräfte in Bewegung setzen, selten. In *Isis entschleiert* führt Madame Blavatsky einige abstoßende Beispiele der Art und Weise an, in der die Gedanken oder Gefühle der Mutter den physischen Körper ihres ungeborenen Kindes verändern können. Gemma berichtet von einem Kind, dessen Stirn bei der Geburt blutete. Der Vater hatte die Mutter mit einem Schwert bedroht, das er auf ihre Stirn richtete. Die Frau eines Schneiders beobachtete, wie man einem Soldaten bei einem Streit die Hand abhackte. Ihr Kind wurde später mit nur einer Hand und einem blutenden Arm geboren. Eine andere Mutter, die gesehen hatte, wie ein Soldat seinen Arm verlor, gebar ein Mädchen mit einem blutenden Armstummel. Eine Frau, die Zeugin einer Enthauptung wurde, brachte ein ansonsten vollkommen ausgebildetes Kind mit blutendem Hals und ohne Kopf zur Welt.

Die Stigmatisierung des menschlichen Körpers ist eine Frage geistiger Einflussnahme. Ebenso wie die Mutter den Fötus geistig beeinflusst, wirkt der Geist des Heiligen auf den eigenen Organismus. Wie verheerend sich gewalttätige Emotionen auf den physischen Körper auswirken können, zeigt folgendes Beispiel:

„Zur Zeit der französischen Invasion in Russland wurde ein Franzose von einem Kosaken verfolgt, in eine Sackgasse getrieben und während einer gewaltsamen Auseinandersetzung schwer verwundet. Eine Person, die sich dort versteckt hatte und nicht entkommen konnte, fürchtete sich dermaßen, dass später auf ihrem Körper die gleichen Wunden ausbrachen, die der Kosak seinem Feind zugefügt hatte."

Was die Personifikation betrifft, kann ich aus eigener Erfahrung bestätigen, dass sich die Gesichtszüge eines Medium vorübergehend vollkommen denen der Person angleichen können, die sich seiner Stimme bedient. Ein solches Phänomen tritt selten auf, was vermutlich daran liegt, dass sich eine gewöhnliche Materialisation einfacher bewerkstelligen lässt. Die Personifikationen, die ich beobachtet habe, fanden bei Tageslicht statt, während Materialisationen in der Regel bei künstlichem Licht entstehen.

Die Kraftanwendung mittels eines Mediums

Die Tätigkeiten, die über den Körper eines Mediums ausgeführt werden, beschränken sich keineswegs auf Sprechen, Schreiben oder Zeichnen, sondern nehmen mitunter vielfältige und sogar brutale Formen an. Ein Teilnehmer einer Séance beobachtete, wie der „Geist" von seinem Medium Besitz ergriff, um sich zu rächen.

„Das Medium L. P. schien von Anfang an aus irgendeinem Grund beunruhigt zu sein. Der Geistführer, Luigi, der Vater des Mediums, manifestierte sich nicht. Es starrte entsetzt in die linke Zimmerecke. Plötzlich sprang es auf und begann einen einseitigen, eindrucksvollen Kampf mit einem unsichtbaren Feind. Es schrie entsetzt auf, zog sich zurück, warf sich auf den Boden, starrte in die Ecke und floh schreiend in die entgegengesetzte Zimmerecke: „Zurück! Fort mit dir! Nein, ich will nicht. Helft mir! Rettet mich!" Da wir nicht wussten, was wir angesichts dieser Szene unternehmen sollten, konzentrierten wir unsere Gedanken auf Luigi, den Geistführer, und flehten ihn an zu helfen. Nach und nach beruhigte sich das Medium und schaute weniger ängstlich in die Zimmerecke. Dann schien es in weite Ferne zu blicken und murmelte mit einem Seufzer der Erleichterung: „Er ist fort! Welch ein bestialisches Gesicht!"

Kurz darauf manifestierte sich der Geistführer und teilte uns durch das Medium mit, dass sich in dem Zimmer, in dem die Séance stattfand, ein

Geist niedrigster Natur aufhielt, gegen den er nicht ankämpfen konnte. Den Eindringling beseelte ein unbändiger Hass, der sich auf jemanden aus der Gruppe richtete. Das Medium schrie entsetzt auf: „Da ist er wieder! Ich kann dich nicht länger verteidigen. Beendet ..."

„Beendet die Séance!", wollte Luigi sagen, aber es war schon zu spät. Der böse Geist hatte von unserem Medium Besitz ergriffen. Schreiend und mit wütend funkelnden Augen stürzte er sich wie ein wildes Tier auf seine *Beute*, Herrn X. Schäumend vor Wut brach es aus dem verzerrten Mund des Mediums hervor: „Habe ich dich endlich gefunden, du Feigling! Ich war bei der Marine. Erinnerst du dich noch an den Streit in Oporto? Du hast mich dort getötet. Aber heute werde ich mich an dir rächen und dich erwürgen!"

Die Hände des Mediums umklammerten die Kehle des Opfers wie Eisenzangen. Die Augen von X. quollen hervor. Ein furchterregender Anblick! Mit vereinter Kraft versuchten wir, ihm zu helfen, was nach einem schrecklichen Handgemenge auch gelang. Wir stießen ihn nach draußen, verriegelten die Tür und versperrten dem Medium den Zutritt. Erschöpft versuchte es, die Barriere zu durchbrechen und seinem Feind hinterherzulaufen. Es brüllte wie ein Tiger. Schließlich brach es auf dem Boden zusammen.

Am nächsten Tag forschten wir nach, was es mit dem „Oporto-Geist" auf sich hatte. Wir waren sicher, dass die Anschuldigungen zutrafen, da X. ihnen nicht widersprochen hatte.

Dass der wütende Geist nach eigenen Angaben bei der Marine gedient hatte, führte mich weiter. Ich wusste, dass X., der in jungen Jahren selbst Marineoffizier gewesen war, die Schlacht von Lissa miterlebt und sich nach seiner Abdankung geschäftlichen Dingen gewidmet hatte.

Eingehende Nachforschungen ergaben folgendes Bild. Eines Tages ging X., der sich auf einer Übungsfahrt mit einem Kriegsschiff befand, in Oporto, Portugal, für einige Stunden an Land. Er schlenderte durch die Stadt, als er wütende Stimmen von Betrunkenen aus einem Gasthaus dringen hörte. Man sprach Italienisch. Als er erkannte, dass es sich um Männer von seinem Schiff handelte, trat er in die Gaststube und forderte sie auf, zum Schiff zurückzukehren. Einer von ihnen, der besonders viel getrunken hatte, widersetzte sich seinem Vorgesetzten und drohte ihm sogar. Verärgert über diese Respektlosigkeit einem Offizier gegenüber zog X. das Schwert und stieß zu. Der Mann starb kurze Zeit später. X. wurde zu einem halben Jahr Gefängnis verurteilt und musste seinen Dienst quittieren.

Der Geist hatte also nicht gelogen. Er erinnerte sich nicht nur an seine Zugehörigkeit zur italienischen Marine, sondern auch daran, dass X. ihn getötet hatte. Besonders bemerkenswert war die Tatsache, dass er den genauen Ort angeben konnte, an dem man ihn ermordete."

Kapitel 31

Hellsehen und Spiritismus

Hellseherische Fähigkeiten

Bei den meisten Phänomenen, die während einer Séance auftreten, handelt es sich nur um die Manifestation astraler Kräfte und Fähigkeiten, die jeder Astralbewohner besitzt. In meinem Buch *Hellsehen* habe ich diese Kräfte eingehend beschrieben und erklärt. Den Beweis haben mir viele verschiedene Medien geliefert. Manchmal wurde das auf diese Weise erworbene Wissen in Trance weitergegeben, manchmal von dem Toten selbst, entweder mit eigener Stimme oder mittels einer Schreibtafel.

Die Astralkräfte befähigen manchmal dazu, einen Blick in die Zukunft zu werfen oder gewisse Ereignisse der Vergangenheit wahrzunehmen.

Die fehlenden Geldscheine

„Eine Handelsfirma stellte fest, dass eine beträchtliche Geldsumme, die ein vertrauenswürdiger Angestellter zur Bank gebracht hatte, nicht verbucht worden war. Dieser erinnerte sich, zwar nicht in allen Einzelheiten, aber doch recht gut an den Vorgang, wenngleich in der Bank nichts davon bekannt war. Der Angestellte, der befürchtete, man verdächtige ihn des Betrugs, wandte sich in seiner Not an ein Medium. Es hörte sich die Geschichte an, verfiel in einen leichten Trance-Zustand und erklärte: „Ich sehe dich zur Bank gehen – Ich sehe dich zu dem und dem Schalter gehen

– Ich sehe dich einem Angestellten einige Geldscheine aushändigen – Ich sehe, wie er sie an dem und dem Platz zu anderen Scheinen legt – Ich sehe sie jetzt dort liegen."

Der Angestellte bat den Kassierer, an einer bestimmten Stelle nachzuschauen. Das Geld wurde gefunden."

Die gegebene Beschreibung lässt nicht eindeutig erkennen, ob es sich um eine hellseherische Fähigkeit seitens des Mediums handelte oder um die übliche Astralfähigkeit eines Toten. Da das Medium in Trance glitt, scheint letztere Annahme wahrscheinlicher zu sein. Dem Verstorbenen dürfte es nicht schwergefallen sein, dem Geist des Angestellten den ersten Teil seiner Geschichte zu entnehmen, um sich auf die Szene einzustellen. Sie bis zu ihrem Ende zu verfolgen, ermöglichte ihm, die erforderliche Auskunft zu geben. Im nächsten Bericht zeigt sich die Kraft des Gedankenlesens noch deutlicher, da es sich ausschließlich um mentale Fragen handelte.

Das verlorene Testament

„Ein Freund wollte unbedingt das Testament seiner Großmutter finden, die vierzig Jahre zuvor verstorben war. Er besaß nicht einmal den Totenschein. Ich begleitete ihn zu einer Séance. Kaum hatten wir uns an einen Tisch gesetzt, begannen die Klopfzeichen. Mein Freund stellte in Gedanken seine Fragen. Man sagte uns, wer das Testament seinerzeit aufgesetzt hatte und wo wir diesen Mann finden konnten. Wir suchten ihn auf und erhielten mit seiner Hilfe eine Kopie des Entwurfs. Er war uns nicht bekannt, denn er hatte nicht immer dort gewohnt und einmal bessere Tage gesehen. Das Medium konnte unmöglich etwas über die Angelegenheit wissen, und selbst wenn, hätten wir keinen Gebrauch von ihren Kenntnissen machen können, da alle Fragen mental gestellt wurden."

Sowohl die Lebenden als auch die Toten können die Gabe des Hellsehens besitzen. Selbst in diesem Fall, in dem die Information mittels Klopfzeichen erfolgte, besteht die Möglichkeit, dass sie von der lebenden Person erworben und durch äußere Mittel auf das physische Bewusstsein übertragen wurde. Es gibt zunehmend mehr Belege für diese Art von Hellsehen. Geley, der sich eingehend mit den Themen Hellsehen und Materialisation befasste, berichtet von den hellseherischen Fähigkeiten eines Herrn Ossowiecki, der verlorene oder bisweilen auch gestohlene Gegenstände ausfindig machen konnte. Nahm er Kontakt zu demjenigen auf, der etwas verloren hatte, vermochte er nach kurzer Konzentration anzugeben, wo dies geschehen war, und manchmal auch, wo er den Gegenstand wiederfinden konnte.

Die verlorene Brosche

In einem anderen Fall heißt es in einem Brief an Geley:
„Herr Ossowiecki hat ein wahres Wunder vollbracht. An einem Montagnachmittag statteten mein Bruder und ich seiner Mutter einen Besuch ab. Am Morgen hatte ich meine Brosche verloren. Mein Bruder stellte mich seinem Freund vor. Wir unterhielten uns über seine Fähigkeiten, und er berichtete von manchen interessanten Vorkommnissen. Dann erzählte ich ihm von meinem Verlust und fragte ihn, ob er mir helfen könne, die Brosche wiederzufinden. Er bat um irgendeinen materiellen Hintergrund in Bezug auf das Schmuckstück. Die Brosche war an dem Kleid, das ich gerade trug, befestigt gewesen. Er berührte die Stelle einen Augenblick lang und beschrieb die Brosche in allen Einzelheiten. Ich war verblüfft. Dann erklärte er, dass ich sie auf einer etwa drei Kilometer entfernten Straße, deren Namen er mir nannte, verloren hatte. Ich war tatsächlich am Vormittag dort gewesen. Ein ärmlich gekleideter Mann mit einem schwarzen Schnurbart hatte sie aufgehoben. Ossowiecki riet mir, eine Anzeige in der Zeitung aufzugeben.

Am nächsten Abend überraschte mich mein Bruder mit der freudigen Nachricht, dass sich die Brosche gefunden hatte und ich sie bei der Schwester von Herrn Ossowiecki abholen könne. Dieser übergab mir die Brosche und berichtete, dass er am Morgen nach unserer Begegnung in der Bank einen Mann antraf, der ihm bekannt vorkam. Überrascht musste er feststellen, dass es sich um jene Person handelte, die er vor seinem geistigen Auge die Brosche hatte aufheben gesehen. Er sprach ihn darauf an, beschrieb das Schmuckstück in allen Einzelheiten und erbat sie zurück. Bleich geworden, holte der Mann die Brosche hervor und versicherte erregt, er habe vorgehabt, den Fund anzuzeigen. Die Brosche ist zu meinem Talisman geworden. Ich trage sie ständig."

In einem anderen Fall legte man dem Hellseher einen ungeöffneten Brief von Sarah Bernhardt vor, den er nahezu genau wiedergab. Er enthielt vier Zeilen und ihre schräg nach oben verlaufende Unterschrift.

Manchmal erklärt sich ein Medium nach einer Sitzung bereit, das Umfeld einzelner Zuhörer zu beschreiben. Auf diese Weise habe ich verblüffende Episoden privater Familiengeschichten gehört, die keinen Zweifel an ihrer Echtheit zuließen. In den meisten Fällen jedoch handelt es sich nur um vage Unterhaltungen zwischen Medium und Zuhörer, die nicht dazu beitragen, dem Medium Vertrauen zu schenken. Andererseits kann durch dasselbe ungebildete Medium bei anderen Gelegenheiten eine Botschaft bezüglich einer bestimmten Angelegenheit überbracht werden, die niemals seiner eigenen Bewusstseinsebene hätte entspringen können.

Ich erinnere mich, dass ich in einem armen Vorort von London ein Medium selbst einer kleinen Prüfung unterzog. Es war eine derb aussehende Frau, die ich noch niemals gesehen hatte, ungebildet, aber ernsthaft gewillt. Sie ging von einer Person zur nächsten und beschrieb den hinter ihr stehenden Geist als jemanden mit flatternden Gewändern und einem lächelnden Gesicht. Sie variierte die Geschichte ein wenig, indem sie mir einen „dunkelhäutigen, ausländischen Herrn mit etwas Weißem um den Kopf" zuschrieb, was durchaus zutreffend gewesen sein mag oder reiner Zufall war.

Es kam mir in den Sinn, herauszufinden, ob sie, zum Unterschied zu all den weißhaarigen Geistern in wehenden Gewändern, eine Gedankenform wahrnehmen konnte, und projizierte ein möglichst starkes Mentalbild von zwei pummeligen Jungen in Eton-Jacketts hinter den Stuhl der Dame, als Nächste an die Reihe kam. Tatsächlich beschrieb das Medium (oder der Tote durch sie, falls es einen gab) ziemlich genau die Jungen, die ich mir vorgestellt hatte, und gab sie als die Söhne der Dame aus. Diese verneinte, da ihre Söhne bereits erwachsen waren. Daraufhin sprach das Medium von Enkeln, aber auch dies schien nicht zu passen. Das Rätsel blieb ungelöst. Aus diesem Vorfall zog ich zwei Schlussfolgerungen. Erstens: Entweder besaß das Medium echte hellseherische Fähigkeiten oder es gab tatsächlich eine verstorbene Person, die durch das Medium sprach. Zweitens: In jedem Fall fehlte das Vermögen, eine auf der Astralebene materialisierte Gedankenform von einem lebendigen Astralkörper zu unterscheiden.

Kapitel 32

Neuere Untersuchungen

Testbedingungen

Neuere, weltweit durchgeführte Experimente bestätigen in zunehmendem Maße frühere Untersuchungsergebnisse. Zu Beginn neigen die Forscher dazu, das Reich des Übersinnlichen mit Skepsis zu betrachten, was den Beweis umso wertvoller macht, das Auftreten des Phänomens aber erschwert. Es entsteht ein bestimmter mentaler Einfluss, der einer Manifestation ungewöhnlicher übersinnlicher Kräfte entgegenwirkt, Kräfte, die ohnehin, selbst unter den günstigsten Bedingungen, schwierig zu handhaben sind. Andererseits sollte man zugestehen, dass es sich bei dieser Skepsis in den seltensten Fällen um Vorurteile handelt, sondern um die wissenschaftliche Einstellung, die ausschließlich sorgfältig überprüfte Fakten oder gewissenhaft durchdachte Schlussfolgerungen akzeptiert.

Geley vertritt die Ansicht, dass die besten wissenschaftlichen Ergebnisse dann erzielt werden, wenn man Phänomene erreicht, die so stark und komplex sind, das sie sich unter den überwachten Gegebenheiten selbst beweisen, nicht aber indem man dem Medium argwöhnisch gegenübertritt oder sich vor möglichem Betrug zu schützen sucht.

Aufgrund meiner eigenen langjährigen Erfahrung muss ich Geley zustimmen. Ich habe es stets als besser empfunden, sich mit dem Medium und dem Geistführer anzufreunden und die Manifestationen offen mit ihnen zu besprechen. Geley fährt fort:

„Wenn die Untersuchenden ihre Zeit mit armseligen oder elementaren Phänomenen vergeuden, werden sie auf Schwierigkeiten stoßen, etwas zu erreichen, das ihrer Überprüfung in allen Punkten standhält. Wenn sie klug sind, werden sie den einfachen Phänomenen und kleinen Schwindeleien, die sie vermuten mögen, keine Bedeutung beimessen. Wenn sie die Phänomene sich einfach entwickeln lassen, ohne sie von Anfang an bestimmten Anforderungen zu unterziehen, werden sie eine Vielzahl von wichtigen Fakten erhalten, die bisweilen eine solche Schönheit aufweisen, das alle Zweifel ausgeräumt werden."

Mutter Marius

In der vergleichsweise neueren Literatur über Spiritismus und parapsychologische Forschung finden sich zahlreiche Fälle, die diesen Vorgaben genügen. Die Genauigkeit der erhaltenen Informationen, von denen der Empfänger keinerlei Kenntnis besaß, lässt mit großer Sicherheit auf die tatsächliche Anwesenheit des Wesens schließen, das den Anspruch erhebt, sich mitzuteilen. Aus der Fülle der Berichte werde ich ein typisches Beispiel herausnehmen, das mit dem Tod einer Putzfrau aus Nantes, allgemein bekannt als Mutter Marius, in Beziehung steht. Den Angaben zufolge stammte sie aus Britannien. Ihr Familienname lautete Keryado, aber man nannte sie nur Mutter Marius. Sie arbeitete in einem Café, das der Erzähler häufig besuchte.

„Jeden Samstagabend verließ ich Nantes, um den Sonntag in einem Bauernhaus auf dem Land zu verbringen. An einem Samstag verabschiedete ich mich wie gewöhnlich von meinen Freunden und der Putzfrau, die sich ausgezeichneter Gesundheit erfreute. Am späten Abend erreichte ich mein Ziel. Ich sollte hinzufügen, dass ich diesmal aufgrund ungewöhnlicher Umstände die ganze Woche auf dem Land bleiben musste. In dem Bauernhaus gab es drei Zimmer und eine Küche. Am Donnerstagmittag, gegen ein Uhr, unterhielt ich mich mit dem jungen Mädchen des Hauses in einem der Zimmer. Niemand hielt sich in der Küche auf. Türen und Fenster waren geschlossen. Plötzlich hörten wir beide ein Geräusch in der

Küche, so als sei die Feuerzange auf die Kaminplatte gefallen. Ich schaute nach, konnte aber nichts feststellen. Kaum ging ich zurück, wiederholte sich das Geräusch. Ich drehte mich um. Nichts! Da ich mich bereits mit Spiritismus befasst hatte, meinte ich lachend. „Vielleicht ist es ein Geist", ohne meinen Worten Bedeutung beizumessen. Doch dann kam mir die Idee, einen kleinen runden Tisch zu benutzen, mit dem wir bereits experimentiert hatten. Wir setzten uns und legten unsere Hände darauf. Sofort baute sich eine Kommunikation auf, die nach dem üblichen Alphabet über Klopfzeichen erfolgte. „Ist dies ein Geist?" „Ja." „Hast du auf der Erde gelebt?" „Ja." „Kennst du mich?" „Ja." „Wie lautete dein Name?" „Keryado." Bei diesem seltsamen Namen (ich erinnerte mich nicht an den Familiennamen der Putzfrau) war ich versucht, die Verbindung abzubrechen, da sie mir sinnlos erschien. In diesem Moment meinte das junge Mädchen: „Es ist der Familienname der Putzfrau aus dem Café." „Das stimmt", erinnerte ich mich jetzt, und begann mit einer Reihe von Fragen. Ich konnte nicht glauben, dass sie nicht mehr lebte, war sie doch völlig gesund gewesen, als ich mich vor fünf Tagen von ihr verabschiedet hatte. Ich fragte nach den Einzelheiten und erfuhr, dass sie sich am Dienstagabend gegen acht Uhr nicht wohl fühlte. Man hatte sie nach Hause getragen, wo sie um elf Uhr an einer Blutung gestorben war. Als ich nach Nantes zurückkehrte, erfuhr ich in dem Café zu meiner großen Verblüffung, dass alles genauso geschehen war, wie die Frau uns mitgeteilt hatte."

Zweifellos gibt es Fälle, die rein telepathisch ablaufen. Wood berichtet von einem Beispiel, das ihm sein Vater erzählte, der diese Vorgänge zu untersuchen pflegte. In besagtem Fall sah das Medium, eine persönliche Freundin, den „Geist" eines Mannes in Sträflingskleidung hinter ihrem Besucher stehen, der durch ein Gefängnisgitter schaute. Es beschrieb ihn in allen Einzelheiten und meinte, der Geist möchte sich mitteilen. Tatsache aber war, dass der Vater kurz zuvor eine Ausstellung besucht hatte, in der eines der alten, realistisch mit Wachsfiguren ausgestatteten Sträflingsschiffe von Botany Bay gezeigt wurde. Er hatte eine Weile davorgestanden und einen der Sträflinge betrachtet und sich gefragt, was dieser unglückliche Mann wohl gefühlt haben mochte. Obwohl er die Begebenheit völlig vergessen hatte, war es genau diese Gestalt, die das Medium beschrieb.

Einer der Hauptfehler, den viele Menschen begehen, ist die Annahme, dass alle Fälle von einem einzigen Gesetz regiert werden und daher Verstorbenen zuzuschreiben oder unter Telepathie einzuordnen sind. Es gibt eine Vielfalt von Ursachen für die Phänomene, die sich im Laufe parapsychologischer Nachforschungen ergeben. Einige beruhen auf den geistigen Vorstellungen des Mediums oder der Anwesenden, andere auf den Impulsen entkörperter Intelligenzen, wieder andere auf spontan vorhandenen oder magnetisch angezogenen Gedankenformen und manche auf dem psychometrischen Einfluss umliegender Gegenstände.

Ein weiterer Fall erfolgreicher Kommunikation mit dem Jenseits wird von W. Barrett beschrieben.

Der Vetter von C., ein junger Offizier, fand bei einer Schlacht in Frankreich den Tod. Einen Monat später wurde sein Name bei einer Séance auf dem Ouija-Brett buchstabiert. C. nannte ihren Namen und fragte: „Weißt du, wer ich bin?" Die Botschaft, die nun folgte, lautete:

„Sage Mutter, sie möge die Perlkrawattennadel dem Mädchen geben, das ich heiraten wollte. Ich denke, sie sollte sie haben." Auf Anfrage wurden Name und Adresse angegeben, letztere entweder falsch oder ungenau aufgenommen. Der Brief, den man an die Dame sandte, kam zurück, und man vergaß die Angelegenheit.

Sechs Monate später stellte man fest, dass sich der Offizier, kurz bevor er an die Front ging, mit besagter Dame verlobt, aber niemandem davon erzählt hatte. Keiner der Familienmitglieder wusste von ihr, bis das Kriegsministerium die Habe des verstorbenen Offiziers überbrachte. Man fand darin nicht nur sein Testament, in dem er seine Verlobte bedachte und genau mit den Namen angab, die während der Séance durchgegeben worden waren, sondern auch die Perlkrawattennadel.

Die Botschaft wurde damals vorher aufgenommen, nicht aus dem Gedächtnis niedergeschrieben, nachdem sie Bestätigung gefunden hatte. In diesem Fall konnte es sich also nicht um eine unterschwellige Erinnerung, um Telepathie oder um Absprache seitens der Lebenden handeln. Der Vorgang weist zweifelsfrei auf eine Botschaft des verstorbenen Offiziers hin."

Ein im 1. Weltkrieg gefallener Soldat teilte sich einem Herrn über das Medium seiner Frau mit, die der Soldat vor dem Krieg gekannt hatte.
„Sagen Sie meinem Vater, meiner Mutter und meinen Brüdern, dass ich sie liebe. Gottlob sind sie nicht in den Krieg gezogen. Sagen sie meiner Mutter, sie möge nicht allen sogenannten Botschaften, die sie vielleicht erhält, Glauben schenken. Sagen Sie ihr, dass ich das Beste in mir ihr verdanke, denn sie ist tapfer und gut. Ich würde alles tun, ihren Lebensweg zu vereinfachen. Sagen Sie ihr vor allem eine Begebenheit, die sie von meiner Anwesenheit überzeugen wird – sagen Sie ihr, dass ich an jenem Tag, an dem sie mich daran hinderte, ein Vogelnest auszuheben und sich große Mühe gab, uns das Richtige zu lehren, zu versuchen beschloss, stets richtig zu handeln. Ich halte mich noch nicht an einem friedlichen jenseitigen Ort auf und werde wahrscheinlich bis zum Kriegsende warten müssen. Ich muss auch außerhalb meines Körpers meine Pflicht erfüllen und jenen beistehen, die noch kämpfen, unterstützt von anderen aus höheren Ebenen. Sagen Sie meiner Mutter, dass ein unerwarteter Schuss mich aus dem Körper trieb. Ich fühlte keinen Schmerz. Ich schaute auf meinen Körper und dachte: „Ist das alles?" Ich konnte mich nicht sofort von ihm losreißen und begleitete ihn, als er auf dem Krankenträger zum Feldverbandsplatz gebracht wurde, da er noch nicht tot war, aber ich spürte keine Schmerzen. Wie lange es dauerte, bis ich mein physisches Bewusstsein verlor, kann ich nicht sagen. Die Freiheit, die ich empfinde, und mein Pflichtgefühl, scheinen natürlich und richtig zu sein. Es gibt viele Versprechen, die meine Kameraden und ich uns angesichts des Todes gegenseitig gaben. Sie müssen gehalten werden. Leben Sie wohl. Ich bin froh, dass ich mit Ihnen sprechen durfte. Sagen Sie Vater und Mutter, dass es nichts zu bedauern gibt und meine momentanen Aktivitäten wertvoller sind als die zu meinen Lebzeiten und sehr natürlich. Sie werden wissen,

dass es der richtige und eigentliche Weg ist, bis die Zeit die Dinge verändert. Leben Sie wohl."

Von der Sache mit dem Nestausheben wussten nur Mutter und Sohn. Die Mutter hatte den Jungen seinerzeit zur Rede gestellt und ihm klargemacht, wie grausam es sei, das von den Eltern sorgfältig für ihre Jungen bereitete Heim zu zerstören. Ihre Lektion unterstrich sie mit der Vorstellung, dass irgendein Riese kommen könnte, um ihr Zuhause rücksichtslos zu zerschlagen und ihre Kinder zu vernichten. Bemerkenswert an diesem Fall ist der aufrichtige und schlichte Bericht des Soldaten über seine Erfahrungen und Gefühle, als er sich außerhalb seines Körpers wiederfand.

Überkreuz-Botschaften

Wenn ein Teil der Botschaft dem einen und der andere Teil einem anderen Medium mitgeteilt wird, ohne dass die beiden Medien voneinander wissen und diese beiden Teile ein vernünftiges Ganzes ergeben, spricht man von einer Überkreuz-Botschaft.

„In einem Privathaus nahm ich an einer Séance mit einem Medium teil. Nach mehreren überzeugenden Unterhaltungen mit Geistern mittels „direkter Stimme" trat ein Geist auf, der sehr deutlich sagte: „Ich möchte meinem Vater eine Nachricht zukommen lassen."

„Wer bist du?", fragten wir.

Der Geist erwiderte: „Ich bin ein Soldat, der kürzlich an der Front in Flandern getötet wurde. Mein Name ist…." Da wir den Namen selbst nach wiederholter Nachfrage nicht deutlich verstehen konnten, baten wir ihn, diesen zunächst beiseite zu lassen und uns seine Botschaft zu übermitteln.

„Mein Vater lebt in der Nähe von Dublin, doch sie werden ihn dort im Klub finden."

Einer der Anwesenden fragte nach dem Namen des Klubs. „Es ist der Klub in der Kildare-Straße. Sie kennen ihn und meinen Vater auch." Da niemand den Namen des Vaters verstanden hatte, baten wir den Geist, uns in jedem Fall seine Nachricht zu hinterlassen.

„Mein Vater sorgt sich um mich und ist unglücklich. Er scheint nicht darüber hinwegzukommen. Ich möchte, dass ihm jemand sagt, dass ich heute hierher kam, um ihn wissen zu lassen, dass es mir gut geht. Ich bin froh, die Erfahrung gemacht zu haben. Ich möchte nicht, dass er sich länger sorgt und unglücklich ist." Nach kurzer Pause fuhr er fort: „Mein Vater sucht in Dublin verschiedene Medien auf. Ich versuche, ihm eine Botschaft zu übermitteln, und möchte, dass man ihm diese Nachricht als Testbotschaft weiterleitet." Wir fragten nochmals nach dem Namen des Vaters, konnten ihn aber nicht klar verstehen.

Einen Brief mit dem Namen, den wir glaubten verstanden zu haben, adressierte ich an den Klub. Mit dem Vermerk „Name unbekannt" kam er zurück. Daraufhin wandte ich mich an den Schriftführer des Klubs, um von ihm den Namen eines Herrn in Erfahrung zu bringen, dessen Sohn kürzlich in Flandern gefallen war. Binnen weniger Tage erreichte mich ein Brief von besagtem Herrn, in dem er mir mitteilte: „Ich habe die Nachricht von meinem Sohn erhalten, der kürzlich in Flandern fiel, dass er mir eine Botschaft über ein Medium in London hat zukommen lassen, er aber meinen Namen und meine Adresse nicht durchbringen konnte. Ich hoffe, Sie senden mir diese Botschaft."'

In einem anderen Fall verfasste das Geistwesen eine kleine Geschichte. Den Hauptteil diktierte es einem Medium in der Nähe von Bordeaux und zur gleichen Zeit einem Medium in Paris die drei fehlenden Sätze, die die Geschichte vervollständigten. Die beiden Medien verstanden weder die Bedeutung noch den Zweck dessen, was sie schrieben. Beide wirkten wie Maschinen, die ein fremder Geist bediente.

Buchtest

Es gibt zahllose Berichte über Geistwesen, die auf Anfrage bestimmte Textstellen eines Buches wiedergeben, was als Beweis für ihre Fähigkeiten dient, Informationen zu erhalten, die sowohl dem Medium als auch den Teilnehmern der Séance unbekannt sind, aber leicht auf ihre Richtigkeit hin überprüft werden können.

In diesem Zusammenhang möchte ich eine Begebenheit im Leben von Madame Blavatsky ansprechen, die von der Vielseitigkeit ihrer Fähigkeiten zeugt.

Im Herbst 1885 traf Gräfin Wachtmeister, die damals Madame Blavatsky noch nicht kannte, Vorbereitungen für eine Reise nach Italien, um mit einigen Freunden den Winter dort zu verbringen. Auf dem Weg dorthin hatte sie vor, eine Frau Gebhard in Wuppertal zu besuchen. Während sie verschiedene Zeitungsartikel beiseite legte, die sie mitnehmen wollte, vernahm die hellsehende und hellhörende Gräfin eine Stimme: „Nimm dieses Buch mit. Es wird dir auf deiner Reise von Nutzen sein." Bei dem Buch handelte es sich um eine Manuskriptsammlung von Aufzeichnungen über das Tarot und Passagen aus der Kabbala, die ein Freund eigens für sie zusammengestellt hatte. Die Gräfin konnte sich zwar nicht vorstellen, welchem Zweck das Buch auf ihrer Reise dienen sollte, legte es aber gehorsam auf den Boden eines ihrer Reisekoffer. In Wuppertal überredete Frau Gebhard die Gräfin, nach Würzburg zu reisen und dort den Winter mit Madame Blavatsky zu verbringen. Als die Gräfin in Würzburg eintraf und zum Tee ins Speisezimmer kam, meinte Madame Blavatsky unvermittelt: „Der Meister sagt, Sie hätten ein Buch für mich, das ich dringend benötige." Gräfin Wachtmeister verneinte, aber Madame Blavatsky bat sie, nochmals nachzudenken, da sie vom Meister erfahren hatte, dass man ihren Besuch aus Schweden gebeten habe, ein Buch über Tarot und Kabbala mitzubringen. In diesem Moment erinnerte sich die Gräfin und eilte in ihr Zimmer. Das Buch lag noch an derselben Stelle, an der sie es in ihrem Koffer verstaut hatte. Als sie in das Speisezimmer zurückkehrte, rief Madame Blavatsky: „Noch nicht öffnen! Jetzt schlagen Sie Seite zehn auf. In der sechsten Zeile werden Sie die Worte lesen…." Dann zitierte sie die Textstelle.

Die Gräfin öffnete das handgeschriebene Manuskript, schlug die angegebene Seite auf und fand genau die zitierten Worte. Als sie Madame Blavatsky das Manuskript überreichte, fragte sie, wozu sie es benötigte. Die Antwort lautete: „Für die *Geheimlehre*."

Dieser Vorfall bestätigt nicht nur die Existenz der Meister, sondern auch die hellseherische Fähigkeit von Madame Blavatsky.

Zeitungstest

Diese Methode bezieht sich auf Zeitungsnachrichten *von morgen*, das heißt, noch nicht in Druck gegangene Texte werden bei der Séance von einem Geistwesen mitgeteilt. Trotz geringer Unstimmigkeiten bestärken diese Durchgaben den Beweis für die Existenz eines jenseitigen Wesens. Untersuchungen ergaben, dass zwischen den in der Zeitung vorkommenden Wörtern und Namen oder Fakten, die dem Fragenden vertraut sind, eine Beziehung hergestellt wird.

Auf welche Weise die „Geister" ihre Information zu erhalten glauben, wird an einer Durchgabe deutlich.

„Die Tests wurden von höheren Wesen ausgearbeitet. Ich habe ihre Ideen übernommen, was geschehen kann, ohne dass man sich des Gedankenursprungs bewusst ist, vergleichbar mit der Inspiration eines irdischen Geistes. Wir können diese fortgeschrittenen Helfer aufsuchen und sind uns ihrer Unterstützung bewusst, selbst wenn sie nicht in unserer Nähe weilen. Die Zeitungsinformationen sind beweiskräftiger als das Lesen von Buchtexten. Sie zeigen, dass wir aus verschiedenen Richtungen Zugang zu Informationen finden, was sich nicht mit dem „Unterbewussten" erklären lässt. Man hat mich in die Zeitungsredaktion geführt. Alleine hätte ich den Weg nicht gefunden. Es gibt viele Helfer, die uns bei einer Arbeit dieser Art zur Seite stehen."

Auf die Frage, was in der Redaktion geschehen sei, heißt es:

„Es ist mir immer noch ein Rätsel. Einmal glaubte ich, die ganze Seite zu sehen, und ich bemerkte verschiedene Punkte, die mir korrekt zu sein schienen. Aber als ich mich eine Weile später wieder dort einfand – ich gehe häufig zweimal, um mich zu vergewissern – sah ich, dass die Seite noch nicht fertiggestellt war, was mich verblüffte."

Offensichtlich ist der Zeitfaktor in dieser wie in jener Welt noch ungelöst.

Kapitel 33

Teilweise Materialisation

Vielfalt

Die interessantesten Phänomene, die bei einer Séance auftreten, sind in gewisser Weise mit einer Materialisation verknüpft. Das heißt, um irgendeine Astralform sammelt sich physische Materie, durch die das Ego, das diese Astralform bewohnt, auf physischer Ebene zu wirken vermag. Wir unterscheiden drei verschiedene Materialisationsklassen. Erstens: Fühlbar aber unsichtbar; zweitens: Sichtbar aber nicht fühlbar; und drittens: Sichtbar und fühlbar. Zu der ersten, der am häufigsten auftretenden Kategorie, gehören die unsichtbare Geisterhand und die Stimmbänder, aus der die „direkte Stimme" hervorgeht. Die in diesem Fall verwendete Materie kann das Licht weder reflektieren noch blockieren, vermag aber unter bestimmten Umständen die Atmosphäre in Schwingung zu versetzen, was wir als Laut empfinden. Eine Abwandlung dieser teilweisen Materialisationsform besteht in der Fähigkeit, eine geringfügige Wirkung auf die ultravioletten Strahlen auszuüben, was sich auf die Kamera dahingehend auswirkt, dass die sogenannten „Geistfotos" entstehen.

Fehlt es an der Kraft für eine vollständige Materialisation, entsteht eine nebulös aussehende Form, die zur zweiten Klasse gehört. In einem solchen Fall warnt der „Geist" die Anwesenden gewöhnlich davor, die Erscheinung anzufassen. In den seltenen Fällen einer vollständigen Materialisation reicht die Kraft aus, die Materie zumindest für wenige Momente zusammenzuhalten. Eine solche Form ist sichtbar und kann berührt werden.

Fast alle Phänomene, die in diese dritte Unterabteilung fallen, werden durch den ersten Materialisationstyp herbeigeführt, denn die Hände, die die Klopfzeichen verursachen und Gegenstände bewegen, sind gewöhnlich nicht sichtbar. Aber um auf die physische Materie einwirken zu können, müssen sie physischer Natur sein. In seltenen Fällen kann man sie tatsächlich sehen, was Aufschluss über ihr Wirken gibt, wenn uns der Mechanismus verborgen bleibt.

Die leuchtende Hand

„Ich saß neben dem Medium und hielt seine beiden Hände mit einer Hand, während seine Füße auf meinen Füßen ruhten. Auf dem Tisch vor uns lag Papier. In meiner freien Hand hielt ich einen Stift. Eine leuchtende Hand bewegte sich aus dem oberen Zimmerbereich abwärts, schwebte einige Sekunden neben mir, nahm den Stift aus meiner Hand, schrieb rasch auf dem Blatt Papier, warf den Stift hin, erhob sich über unsere Köpfe und verblasste allmählich in der Dunkelheit."

Klopfzeichen und das Neigen des Tisches treten häufiger auf. Seltener hingegen ist es, wenn schwere Gegenstände, von unsichtbarer Hand bewegt, im Raum schweben. Es kommt vor, dass Menschen mitsamt ihrem Stuhl oder Sessel in die Luft gehoben werden.

Ich habe beobachtet, wie das Medium in seinem schweren Sessel emporgehoben und über unsere Köpfe hinweg mitten auf den Tisch gesetzt wurde, um den wir uns versammelt hatten. Zweimal hielt ich die eine Hand des Mediums und ein Freund die andere, die wir auch während dieser luftigen Exkursion nicht losließen. Obwohl es im Dunkeln geschah, konnte keine physische Gewalt dahinterstecken, denn niemand der Anwesenden besaß eine solch übermenschliche Kraft, den Sessel hochheben zu können. In dem Moment, in dem das Medium sicher auf dem Tisch landete, verlangten Klopfzeichen nach Licht, damit wir sehen konnten, was sich ereignet hatte. Unsere verstorbenen Freunde waren offensichtlich recht stolz auf ihr Werk.

Ich selbst wurde einmal bei einer der ersten Séancen, die ich besuchte, in höchst seltsamer Weise nach oben gezogen. Die Damen auf der gegenüberliegenden Tischseite riefen, dass sie von einer Hand gestreichelt wurden, was in der völligen Dunkelheit nicht überzeugend wirkte. Höflich fragte ich: „Wäre der Geist so freundlich, auch mich zu berühren?" Ich hatte eigentlich keine Reaktion erwartet, aber der „Geist" nahm mich sofort beim Wort. Mit festem Griff nahm er meine Hand und zog mich so stark nach oben, dass ich aufstehen musste. Als der Zug nicht nachließ, kletterte ich hastig auf den Stuhlsitz, hing kurze Zeit später an einer Hand in der Luft und stieg weiter nach oben. Meine Handknöchel berührten die hohe Zimmerdecke, als eine andere Hand durch die Decke zu reichen schien und meine Hand sanft streichelte. Ich sank nach unten. Als ich den Stuhlsitz unter den Füßen spürte, ließ der feste Griff nach und schüttelte mir zum Abschied energisch die Hand.

Skeptiker, denen ich später diese Geschichte erzählte, gaben mir stets eine von zwei Erklärungen. Erstens: In der Zimmerdecke gab es eine Falltür. Zweitens: Das Medium stand in der Dunkelheit auf dem Tisch und hob mich empor. Beides konnte nicht zutreffen. Die Decke, die ich später bei Licht gründlich untersuchte, war glatt und eben. Außerdem konnte meine Bitte nicht vorausgesehen und entsprechende Vorkehrungen getroffen werden. Was das Medium betrifft, handelte es sich um einen kleinen, hageren Mann, der niemals in der Lage gewesen wäre, mein Gewicht zu stemmen.

Levitation

Abgesehen von der Aufhebung der Schwerkraft mittels einer materialisierten Hand, gibt es eine Form der Levitation, die gelegentlich in östlichen Ländern praktiziert wird – eine esoterische und wissenschaftliche Methode, deren Erfolg auf der Kenntnis und dem Einsetzen der Abstoßungskraft beruht. Bei der Gravitation handelt es sich um eine Magnetkraft, die umgekehrt und in eine Repulsionskraft verwandelt werden kann. Die Umkehr dieser besonderen Art des Magnetismus lässt sich willentlich herbeiführen, kann aber auch unbeabsichtigt auftreten, wie unterschiedliche Formen der Ekstase beweisen. Von bestimmten Heiligen wird berichtet, dass sie während der Meditation emporschwebten. Die Levitationen bei spiritistischen Séancen werden im Allgemeinen wohl einfach von den materialisierten Händen des Toten bewirkt.

Diese Hände sind auch für die kleineren Geschehnisse verantwortlich. Sie lassen eine Spieluhr im Zimmer schweben, läuten die sogenannten „Feenglocken", versprühen Wasser oder Parfüm oder schreiben auf einer Tafel, wobei es genügt, wenn sich nur die Teile der Hand ausreichend manifestieren, die den Stift halten.

Ein bekanntes Medium hatte dieses Schreiben zur höchsten Perfektion gebracht, genau das Richtige für den voreingenommenen Skeptiker, der sich brüstete, in *seiner* Anwesenheit werde nichts geschehen. Man veranlasste ihn, zwei einfache Schultafeln zu kaufen, drei oder vier farblich unterschiedliche Griffelsplitter dazwischen zu legen, das Ganze in braunes Papier einzuwickeln, zu verschnüren und zu versiegeln, das Paket zum Haus des Mediums zu tragen und sich darauf zu setzen, damit es in keiner Weise manipuliert werden konnte.

Zunächst arbeitete das Medium mit seinen eigenen Tafeln, die stets zur Überprüfung auf dem Tisch lagen, bevor die Séance begann. Gewöhnlich brachte der Skeptiker alle möglichen Einwände vor. Man ließ ihn reden. In der Regel hielt das Medium eine einzelne Tafel unter einem einfachen Holztisch gegen die Tischplatte gepresst. Antworten auf einfache Fragen oder diktierte Sätze wurden niedergeschrieben.

War die Séance in vollem Schwung, fragte jemand verstohlen, ob der „Geist" auf unsere eigenen Tafeln schreiben konnte. Wenn er glaubte, seine Kraft reichte aus, bejahte er. Dann bat man den Skeptiker, sein versiegeltes Tafelpaket mit eigenen Händen über dem Tisch zu halten und gedanklich eine Frage zu formulieren. Es war höchst interessant, seinen Gesichtsausdruck zu beobachten, wenn er ein schnelles Schreiben in seinem Paket hörte. Nach wenigen Augenblicken signalisierten drei kurze Klopfzeichen, dass die Botschaft abgeschlossen war. Das Medium zog seine Hand zurück, mit der es das Paket leicht berührt hatte, und forderte den Skeptiker auf, die Siegel auf ihre Unversehrtheit zu untersuchen.

Er schnitt das Paket auf und stellte fest, dass auf den Innenseiten seiner neuen Tafeln die Antwort auf seine innerlich gestellte Frage fein säuberlich niedergeschrieben stand. Seine anfängliche Sprachlosigkeit wurde bald von neuer Skepsis verdrängt, und er sprach von unerklärbarer Täuschung oder Halluzination. Seine späteren wiederholten Bemerkungen zu dieser in seinen Augen raffinierten, aber lächerlichen Darbietung zeigte, dass sie ihm im Gedächtnis haften geblieben war und ihm vielleicht mehr nutzte, als er eingestehen wollte.

Die auf diese Weise gegebenen Antworten zeugten manchmal von Intelligenz und beachtlichem Wissen. Andererseits schienen sie mir der Meinung des Fragestellers stark zu entsprechen. Ob dies auf dem Wunsch beruhte, ihm zu gefallen, oder ob es sich um eine Widerspiegelung der eigenen Gedanken handelte, konnte nicht zufriedenstellend belegt werden. Ich selbst erhielt einmal eine eindeutige Aussage bezüglich der Existenz bestimmter Personen, für die ich mich sehr interessierte. Das kommunizierende Geistwesen bestätigte diese Existenz nicht nur, sondern übernahm genau meine Einstellung ihnen gegenüber. Später fand ich heraus, dass angeblich dasselbe Wesen eine Woche vorher einer anderen Person gegenüber schriftlich bestritt, dass diese Personen überhaupt existierten. Vielleicht hatten wir es hier mit zwei völlig verschiedenen Informanten zu tun, von denen einer nur vorgab, der andere zu sein. Bezeichnenderweise stimmte in beiden Fällen die Information genau mit der Meinung des Fragestellers überein. Andererseits muss ich zugeben, dass wir in vielen Fällen die gegebenen Antworten nicht erwartet hatten. Sie enthielten Informationen, die keiner von uns hätte wissen können.

Das Schreiben auf einer Schiefertafel gehört zu den einfachsten Methoden, um eine Nachricht zu übermitteln, und dazu handelt es sich noch um die einzige, die bei Tageslicht durchgeführt werden kann. Zwischen den beiden Tafeln oder der Tafel und der Tischplatte herrscht genügend Dunkelheit für eine Materialisation. Wenn sich ein physischer Körper in der üblichen Weise langsam aufbaut, wenn das Lebensprinzip ihn durchdringt und der Geist ihn beseelt, wird er ein verhältnismäßig dauerhafter Organismus und kann dem Aufprall von außen kommender Schwingungen innerhalb bestimmter Grenzen widerstehen.

Bei einer Materialisation handelt es sich bloß um eine Nachahmung dieses Vorgangs – eine Ansammlung zufälliger Atome, vorübergehend zusammengefügt, im Gegensatz zu der Anordnung nach den üblichen Naturgesetzen. Aus diesem Grund muss das Konstrukt fortwährend sorgfältig zusammengehalten werden, was oft schwierig ist. Jede heftige, von außen auftreffende Schwingung zerbricht es. Die bei einer Materialisation verwendete Materie wird fast gänzlich dem Körper des Mediums entnommen und fühlt sich fortwährend zu ihm zurückgezogen. Die starken und raschen Schwingungen des gewöhnlichen Lichtes lösen daher eine Materialisation fast augenblicklich auf, ausgenommen unter ungewöhnlichen Umständen. Bei schwachem Licht kann sie eine Weile aufrechterhalten werden, wie bei leicht aufgedrehter Gasflamme oder der sogenannten „fluoreszierenden Tafel". Andererseits gehört es zu den Möglichkeiten der Astralebene, ein sanftes, weniger aggressives Licht zu schaffen, bei dem die schreibende Hand ihre körperliche Existenz beizubehalten vermag.

„Die Karten bildeten das Zentrum eines Lichtkreises von etwa dreißig Zentimeter Durchmesser. Ich sah die Hand meinen Stift über eine der Karten halten. Ruhig bewegte sie sich von links nach rechts. War eine Zeile beendet, bewegte sie sich zurück und begann die nächste Zeile. Zuerst war es eine vollständig ausgebildete Hand, die allmählich dunkler und kleiner als eine Menschenhand wurde, aber immer noch den Stift zu halten schien. Sie blieb fast eine Stunde schreibend sichtbar. Ich kann mir keinen besseren Beweis für einen schreibenden „Geist" vorstellen. Es waren alle erdenklichen Maßnahmen gegen einen möglichen Betrug vorgenommen worden. Während des Vorgangs hielt ich beide Hände des Mediums. Die beidseitig beschriebene Karte besitze ich heute noch."

Dieser Bericht zeigt die Schwierigkeit, eine Materialisation, selbst unter ausgesprochen günstigen Bedingungen, lange aufrechtzuerhalten. Die Handform zu bewahren, schien unmöglich zu sein. Dennoch konnte etwas Sichtbares zusammengehalten werden, das den Stift so lange führte, bis die Arbeit abgeschlossen war.

Die Betätigung der Planchette wird bisweilen aufgrund partieller Materialisation ermöglicht. Ich habe Fälle beobachtet, bei denen sie unterhalb der auf ihr ruhenden Finger rollte, ohne von diesen in Bewegung gesetzt zu werden. Ist es eindeutig die Hand, die sie bewegt, zählt dieses Phänomen zu unserer ersten Kategorie, dass der Körper des Mediums verwendet wird, obwohl dieses sich dessen in keiner Weise bewusst sein mag.

Gemälde

Einige gute Bilder, die ich sah, entstanden wahrscheinlich auf die gleiche Art, was sich aber nicht mit Sicherheit nachweisen lässt, weil sie im Dunkeln angefertigt wurden. Vielleicht waren es auch Präzipitationen. Da es sich dabei aber um einen schwierigen Prozess handelt, glaube ich kaum, dass er Anwendung fand. Es hat Medien gegeben, die sich auf die Herstellung von Bildern spezialisierten, eine durchaus erfreuliche Zurschaustellung astraler Kraft. Ich sah zwei kleine, recht gut gemalte Landschaftsbilder, die in völliger Dunkelheit auf einem markierten Blatt Papier innerhalb von fünfzehn bis zwanzig Minuten in meinem Beisein entstanden. Die Farben waren natürlich und harmonisch und teilweise noch feucht, als wir das Licht einschalteten. In beiden Fällen wurden Wasserfarben, eine Palette und Pinsel zur Verfügung gestellt, die benutzt worden waren, wie wir nach der Séance feststellten. Bei einem anderen Medium erlebte ich die Anfertigung einer Kohlezeichnung, die bei völliger Dunkelheit in ungeheurer Geschwindigkeit entstand, aber im Gegensatz zu jenen kleinen Landschaftsbildern grob und ungleichmäßig hingeworfen wurde. Die Ähnlichkeit mit dem Kopf einer jungen Dame war zwar erkennbar, aber nicht schmeichelhaft. Das Medium war mit absoluter Sicherheit bei keinem dieser Fälle an der Herstellung des Bildes beteiligt, da seine Hände gehalten wurden und man seinen Umriss deutlich genug sehen konnte, um eine mögliche Bewegung zu entdecken.

Musik

Jemand, der während seines irdischen Lebens ein Musikinstrument zu spielen verstand, wird diese Fähigkeit nicht verlieren, wenn er seinen physischen Körper ablegt. Ich war anwesend, als unsichtbare Hände einmal eine Geige und ein anderes Mal eine Flöte spielten. Das Licht im Raum reichte aus, um sehen zu können, dass die Instrumente weder berührt noch von einer lebenden Person gespielt wurden. Ich bin mehrere Male Zeuge eines Klavierspiels von unsichtbarer Hand gewesen. Dabei schien es keine Rolle zu spielen, ob der Klavierdeckel geschlossen war oder offenstand. Manchmal hat der „Geist" vor seinem Spiel den Deckel geöffnet. Schlossen wir ihn während der Vorführung, setzte er das Spiel dennoch fort. Zweimal habe ich beobachtet, wie die Saiten, ohne Berührung der Klaviertasten, gespielt wurden.

In einem anderen Fall bewies ein Astralbewohner, dass er die in seinem irdischen Leben erlernten Morsezeichen noch beherrschte.

Direkte Stimme

Der Flötenspieler musste nicht nur seine Fingerspitzen, sondern auch seinen Mund materialisieren. Es ist nicht ungewöhnlich bei einer Séance, dass der Tote Stimmbänder ausreichend entwickelt, um verständliche Laute hervorzubringen, obwohl es schwieriger zu verwirklichen scheint als die Bildung einer Hand. Oft erweist sich ein solches Organ als unvollkommen. Die Stimme gleicht einem rauen, pfeifenden Flüstern. Der „Geistführer" eines Mediums, der die Stimmbänder zu materialisieren versteht und sich ihrer unzählige Male bediente, besitzt oft eine völlig natürliche und charakteristische Stimme.

Die übliche Erklärung für eine „Geist-Stimme" geht dahin, dass es sich um eine Bauchstimme seitens des Mediums handelt, aber wenn man eine aus Erdentagen vertraute Stimme wiedererkennt, vermag eine solche Annahme wohl kaum zu befriedigen.

Fotografien

Zu den teilweisen Materialisationen zählen ebenfalls die sogenannten „Geistfotografien", denn alles, was sich fotografieren lässt, muss physischer Natur sein und einige der Lichtstrahlen, die die Kamera auffängt, reflektieren können. Dies bedeutet nicht, dass eine für uns sichtbare Materie vorliegen muss, denn die Kamera reagiert auf ein weites Spektrum ultra-violetter Strahlen, die unseren Augen keinen Eindruck vermitteln.

Ein Vater hatte innerhalb kurzer Zeit drei Töchter verloren. Eines Tages sah er in einer Stadt, fern seiner Heimat, die Anzeige eines Fotografen, der behauptete, Portraits von Verstorbenen aufnehmen zu können. Der Vater betrat das Studio und bat, fotografiert zu werden. Als er drei Tage später die Bilder abholte, waren neben ihm drei blasse Gesichter zu sehen, die er sofort erkannte. Er zeigte mir diese Bilder und zum Vergleich Aufnahmen von den drei Töchtern, als diese noch lebten. Es waren zweifellos dieselben jungen Damen.

Es gibt eine Reihe von Fotografien, auf denen sogenannte übersinnliche „Extras" erscheinen. Viele dieser Aufnahmen wurden unter strengen Testbedingungen angefertigt. In einem Bericht heißt es:

„Im Rahmen einer Testreihe in Los Angeles sollte versucht werden, „Extras" auf die Platte zu bannen. Zu diesem Zweck durfte die zu fotografierende Person weder irgendetwas über das Vorhaben wissen noch den Spiritismus kennen, damit man später nicht sagen konnte, ihre Einstellung hätte das Ergebnis beeinflusst. Mein chinesischer Wäschemann schien die Bedingungen zu erfüllen. Als er eines Tages meine Wäsche abholte, überredete ich ihn mit Mühe und Not, ein Foto von sich machen zu lassen. Obwohl er wusste, dass ich Fotograf bin, stand er dem Unterfangen zunächst misstrauisch gegenüber. Als ich später das Negativ entwickelte, erschienen zwei „Extras" auf dem Bild – ein chinesischer Junge und einige chinesische Schriftzeichen. Als mein Wäschemann die Aufnahme sah, rief er: „Das ist mein Junge! Wo haben sie ihn aufgenommen? Er ist nicht hier. Er ist in China. Ich habe ihn seit drei Jahren nicht gesehen." Er konnte nicht glauben, dass ich den Jungen nicht irgendwie *hierher* gezaubert hatte. Er zeigte das Foto seinen chinesischen Freunden, die alle seinen Sohn erkannten. Er wusste nicht, dass dieser inzwischen gestorben war. Er glaubte ihn am Leben, im fernen China."

Ähnlich bemerkenswerte Erfolge konnte der Fotograf mit Briefen und Haarlocken verzeichnen. Einige der Aufnahmen zeigten eindeutig das Gesicht des jeweiligen Verstorbenen.

KAPITEL 34

Messungen

Crawford führte im Rahmen von Séancen eine Reihe von Untersuchungen telekinetischer Phänomene durch, die er besonders aus mechanischer Sicht betrachtete.

Klangaufnahmen

Zunächst erklärte er den unsichtbaren Wesen, mit denen er mittels Klopfzeichen in Verbindung stand, dass er die von ihnen produzierten Geräusche aufnehmen wolle und bat sie um eine möglichst große Vielfalt.

„Dann fragte ich sie, ob sie bereit seien. Als sie es mittels Klopfzeichen bestätigten, rief ich: „Start!" Sofort erklang ein donnernder Krach auf dem Fußboden, und ich schaltete das Gerät ein. Es folgten unterschiedliche Klopfzeichen, Schlurflaute und der Klang einer Holzsäge. Eine Handglocke wurde aufgenommen und geläutet, der Tisch wurde hochgehoben und seine Füße heftig auf den Boden geknallt. Sie vollführten einen schrecklichen Lärm. Als ich: „Stopp!" rief, trat augenblicklich Stille ein. Die Aufnahmen bewiesen eindeutig, dass es sich um wirkliche, nicht um eingebildete Geräusche handelte."

Wiegen des Mediums

Crawford zeichnete eine Reihe von Experimenten auf, bei denen er das Gewicht des Mediums bestimmte, und zwar bevor und während ein Tisch gleichmäßig hochgehoben und in die Kreismitte gesetzt wurde, ohne dabei mit irgendetwas in Berührung gekommen zu sein. Er stellte eine Gewichtszunahme des Mediums fest, die in etwa dem Gewicht des Tisches entsprach. Ungefähr fünf Prozent verteilten sich auf die Anwesenden. Er folgerte, dass wenn ein Tisch gleichmäßig hochgehoben wird, das Ergebnis genau dasselbe ist, als wenn das Medium den Tisch mit eigenen Händen hochheben würde.

Kraftlinien

Bei dem Versuch, den emporgehobenen Tisch nach unten zu drücken, stieß man auf einen elastischen Widerstand. Versuchte man, ihn in Richtung Medium zu schieben, wurde dieser Widerstand starr und fest. Jeder Versuch, den Tisch, gleichgültig von welcher Seite, daran zu hindern, sich zu erheben, schlug fehl. Zunächst hoben sich die beiden Tischbeine, die dem Medium am nächsten standen, so dass sich der Tisch neigte. (Die Person, die sich den Tisch niederzudrücken bemühte, durfte nicht zwischen ihm und dem Medium stehen.) Weitere Experimente mit einer Kompressionsfederwaage unter dem Tisch zeigten, dass es neben der vertikalen Rückwirkung einen horizontalen Druck gab.

Mittels eines eigens zu diesem Zweck konstruierten Geräts untersuchte Crawford das Kraftfeld unterhalb des schwebenden Tischs in der Nähe des Mediums.

„Die Vermutung liegt nahe, dass der Aufbau dieser Kraftlinien (die Verbindungen) für das Geistwesen mit Schwierigkeiten verbunden ist und sie für die Dauer einer Séance mehr oder weniger bestehen bleiben. Sie gleichen Gängen, die mühsam durch sich widersetzende Materie gestoßen werden. Ihre Basis scheint physischer Natur zu sein, denn ich habe sich bewegende und nach außen strebende Materiepartikel um die Knöchel des Mediums gespürt (die Kraftlinien scheinen oft bei den Handgelenken und Knöcheln des Mediums zu beginnen). Außerdem habe ich bemerkt, dass die Klopfzeichen lange Zeit nicht mehr zu hören sind und nur mühsam wieder aufgenommen werden können, wenn meine Hand in den Partikelstrom eingreift. Mit anderen Worten, der Übertragungsweg wird unterbrochen. Ich glaube nicht, dass der Druck, der den Tisch nach oben bewegt, durch die Materieteilchen verursacht wird. Sie dienen eher als Übermittler, vergleichbar mit einem Elektrizitätskabel."

Crawford fährt fort:

„Ich spürte keinerlei Druck. Es fühlte sich feucht, kalt und fast ölig an, so als wäre die Luft dort voller toter, unangenehmer Materieteilchen. Vielleicht trifft der Ausdruck „reptilartig" am besten zu. Dieselbe Substanz – ich denke, es ist eine Substanz – habe ich oft im Umfeld des Mediums gefühlt, obwohl sie mir dort von ihm auszugehen schien. Hat man sie einmal gespürt, erkennt man sie immer wieder. Es war das erste Mal, dass ich sie unter dem schwebenden Tisch gefühlt habe, obwohl sie sich wahrscheinlich immer dort aufhält, nur nicht so intensiv. Dass die Materie in der Nähe des Mediums und unter dem Tisch anzutreffen ist, zeigt, dass sie mit der Levitation in Zusammenhang steht. Zweifellos wird sie dem Körper des Mediums vorübergehend entnommen und ihm gegen Ende der Séance wieder zugefügt. Hierin liegt das grundlegende Prinzip für die Übertragung jenseitiger Kräfte."

Während dieses Experiments hielt er seine Hand unmittelbar unter der Tischplatte, während sich der Tisch hob. Bewegte er die Hand hin und her, senkte sich der Tisch. Dieselbe Materie fühlte er um die Knöchel des Mediums, wenn zu Beginn einer Séance Klopfzeichen in der Nähe ihrer Füße ertönten. Bei wichtigen Sitzungen vermied er es, in den Materiestrom einzugreifen, da der Materiefluss dann unterbrochen wurde, was die Phänomene vorübergehend zum Stillstand brachte.

Aufgrund dieser Sinneswahrnehmung folgerte Crawford, dass es sich bei der Mitteilung durch Klopfen und beim Anheben des Tisches um dieselbe Materieart handeln musste, die vom Körper des Mediums ausging, was sich im ersten Fall leicht an dem sanften Auftreffen auf die Hand feststellen ließ. Während der Levitation des Tisches vermied er es, die vom Medium ausgehenden Kraftlinien mit der Hand zu unterbrechen, stellte aber manchmal ein sensibles Messgerät dazwischen, dass den mechanischen Druck aufzeichnete, der, vom Körper des Mediums ausgehend, auf den erhobenen Tisch einwirkte.

Vom Bereich um die Knöchel und unmittelbar über dem Fuß spürte er deutlich einen kalten Luftzug ausströmen, anscheinend hervorgerufen durch kalte, sporenartige Materieteilchen. Im Laufe seiner Untersuchungen erkannte er, dass er die weniger stark ausgebildete Struktur des Stabes durchschnitt. Einige Male kam er in Berührung mit dessen Ende. Es fühlte sich „weich, aber kompakt" an. Während einer seiner Experimente stocherte er im Umfeld des Mediums mit einem Holzstock auf dem Boden herum und stieß zufällig auf einen solchen Stab, der vier oder fünf Zentimeter in die Luft ragte. Oft konnte man die Saugnäpfe an den Stabenden deutlich über das Holz gleiten hören, wenn sie abgezogen wurden oder neuen Halt suchten. Crawford erwähnt einen Fall, bei dem der Tisch plötzlich einige Zentimeter nach unten sank und man gleichzeitig ein zischendes Geräusch vernahm.

Ein Besucher des Zirkels berichtet:

„Gegen Ausgang der Séance erlaubte man mir, die Geistwesen zu bitten, das Ende des Gebildes in meine Hand zu legen. Auf ihre bejahende Antwort hin begab ich mich in die Kreismitte und legte mich rechtsseitig auf den Boden entlang des Tisches und schob meine behandschuhte Rechte unter den Tisch. Fast augenblicklich spürte ich den Druck eines nahezu runden, stabähnlichen Gegenstandes von etwa fünf Zentimetern Durchmesser auf meiner Handfläche. (Mein Handrücken wies in einem Abstand von ungefähr zwanzig Zentimetern zum Boden hin.) Das flache, stumpfe Ende übte einen gleichmäßigen Druck aus. Als das Gebilde bewegt wurde, fühlte es sich rau an."

Crawford fühlte diese Materie nicht nur, sondern vermochte sie bei dem üblichen roten Licht des Séance-Raumes gelegentlich auch zu sehen. In späteren Jahren entdeckte er eine Möglichkeit, die Materie sichtbar zu machen. Ein Stück Pappe wurde mit Leuchtfarbe bestrichen, einige Stunden dem Sonnenlicht ausgesetzt und dann im Kreis auf den Fußboden gelegt. In dem dunklen Séance-Raum leuchtete der Karton. Die Geistwesen wurden gebeten, das Gebilde aus der geschlossenen Schachtel, in der sich die Füße und Knöchel des Mediums befanden, herauszuholen und über den phosphoreszierenden Karton zu halten. Kurz darauf bewegte sich ein gebogenes Konstrukt, das einem Zeh glich, in das Licht und nahm unterschiedliche Formen an. Crawford beobachtete die Veränderungen. Der Endbereich zog sich zusammen und verlängerte sich, bis eine deutliche Form entstand. Diese bog sich vor seinen Augen zu einem Haken, verdrehte sich und löste sich wieder auf. Es konnte sich auch seitlich ausdehnen, bis es einem Pilz oder einem Kohlkopf glich. Es war ungeheuerlich flexibel.

Hebelarme

Anhand einer Vielzahl von unterschiedlichen Experimenten stellte Crawford seine Hebelarm-Theorie für die Levitation leichter Tische auf, die sich auf folgende Fakten stützte: (1) Während der gleichmäßigen Levitation wird das Gewicht des Tisches dem des Mediums hinzugefügt; (2) die Armmuskeln des Mediums sind von den Handgelenken bis zu den Schultern angespannt. Andere Körperteile sind in ähnlicher Weise beeinflusst, wenn auch in geringerem Maße; (3) es gibt keine Gegenwirkung auf dem Boden unter dem Tisch. Die Vorstellung, dass die eingesetzte Kraft in Form eines Hebelarms wirkt und von dem Körper des Mediums unmittelbar auf den Tisch übergeht, wird durch die Tatsache erhärtet, dass der vertikale Druck auf elastischen Widerstand und der Druck in Richtung Medium auf festen Widerstand stößt. Die mechanische Beweisführung in Betracht ziehend und nachdem er sich mittels Klopfzeichen mit den Geistwesen über den Sachverhalt unterhalten hatte, fasste er seine Theorie mit folgenden Worten zusammen:

„Der Hebelarm wird unter den Tisch geführt. Ungeachtet der physischen Zusammensetzung des Substrats am Ende des Arms besitzt er die Kraft, an bestimmten Substanzen, wie etwa Holz, mit denen er in Berührung kommt, anzuhaften. Das breite, säulenförmige Armende klebt sich an die Unterseite der Tischplatte fest."

Diese Theorie wurde von einer hellsehenden Dame, die einigen der Experimente zufällig beiwohnte, bestätigt. Sie sah dicht unter der Tischplatte eine weißliche, nebelartige, etwas nach unten hängende Substanz, die sich bei der Levitation des Tisches verdichtete. Anhand der zunehmenden

Dichte und Lichtdurchlässigkeit war die Dame in der Lage, eine anstehende Bewegung vorauszusagen. Ihren Aussagen zufolge reichte die Säule nicht bis zum Boden. Das vom Medium ausgehende Band und mehrere von den einzelnen Anwesenden ausgehende dünne Fäden vereinigten sich unter dem Tisch. Sie sah mehrere „Geistformen" und „Geisthände", die physische Materie formten.

Den Höhepunkt der Beweisführung bildeten die Aufnahmen der Struktur, auf denen man deutlich erkennen konnte, dass sie nicht nur mit dem Medium, sondern auch mit anderen Anwesenden in Verbindung stand.

Crawford erhielt von den Geistwesen eine Beschreibung der Maße und der Form eines normalen Hebelarms. Der säulenartige Teil weitete sich an seinem oberen Ende zu einer Fläche, die ungefähr der Tischunterseite entsprach, wobei der Durchmesser des vertikalen Abschnitts etwa zehn Zentimeter und der Abstand des horizontalen Abschnitts zum Boden ungefähr acht bis zehn Zentimeter betrugen. Kurz vor Eintritt in den Körper des Mediums weitete sich die Säule zu einem Durchmesser von etwa siebzehn Zentimetern.

Wurde der Tisch beschwert, schwang das Medium leicht nach vorne. Es fühlte sich nach vorne gezogen, obwohl es sich keines mechanischen Druckes bewusst wurde. Schwang es stark nach vorne, fiel der Tisch nach unten. Crawford, der das Gewicht auf dem Tisch erhöhte, bat das Medium, sich mit den Händen an den Sessellehnen festzuhalten. Als der Tisch hochgehoben wurde, kippte der Sessel nach vorne auf seine zwei Füße, und der Tisch sank nach unten.

Die Geistwesen erklärten, dass sie es bevorzugten, mit einem Hebelarm zu arbeiten, da die Struktur überbeansprucht werde und es einer enormen Energie bedürfe, ihre Festigkeit zu erhalten, wenn sie auf dem Boden lag, wie es manche Demonstrationen erforderten.

Es stellte sich die Frage, ob eine verhältnismäßig lange, starre Verbindung, deren Ende ein solches Gewicht stemmte, den Körper des Mediums nicht verletzte. In diesem Zusammenhang sah Crawford eine Erklärung in den verschiedenen Materiezuständen. Er sprach von einer X-Materie, die Kräfte über sich selbst, nicht aber von sich auf normale Materie übertragen kann. Dann postulierte er eine Y-Materie, eine modifizierten Form der X-Materie, die gewöhnlich als materialisierte Substanz bezeichnet wird.

„Die Y-Materie am freien Ende des unsichtbaren Hebelarms heftet sich an das Holz der Unterseite des Tisches, der dann hochgehoben wird. Das Gewicht des Tisches überträgt sich auf die Y-Materie und von dort auf die X-Materie des Strukturkörpers. Die mechanische Kraft wird über die X-Materie direkt in den Körper des Mediums geleitet. An der Stelle, an der das Strukturgewebe eintritt, geht sie nicht in das Fleisch über, da an diesem Punkt X-Materie und gewöhnliche physische Materie nebeneinander liegen. Wahrscheinlich verzweigt sich die X-Materie des Konstrukts im Körper des Mediums in den Zwischenräumen, und jede Verzeigung wird an ihren äußeren Enden zur Y-Materie. Diese ist an verschiedenen inneren Körperbereichen des Mediums befestigt, die schließlich und indirekt das Gewicht des Tisches tragen."

Klopfzeichen

Ähnliche Beobachtungen und Methoden zur Gewichtsbestimmung zeigten, dass sich das Gewicht des Mediums zu verringern begann, direkt bevor leichte Klopfzeichen gehört wurden. Kurz danach sank das Gewicht in ständigem Wechsel zwischen zwei und fünf Pfund. Bei einem lauten Schlag verringerte es sich bis zu zwanzig Pfund, um innerhalb von sechs oder sieben Sekunden auf das ursprüngliche Gewicht zurückzuschnellen.

„Aus verschiedenen Körperteilen des Mediums werden halbflexible Stäbe geschleudert, deren Ende heftig auf den Fußboden, den Tisch, einen Stuhl oder auf andere Festkörper schlägt und einen scharfen Ton, gewöhnlich ein Klopfen, hervorbringt.

Diese Stäbe scheinen alle Merkmale solider Körper zu besitzen. Sie sind mehr oder weniger flexibel und können in Länge und Durchmesser verändert werden. Sie können einzeln oder zu mehreren kleinen Stäben hervortreten. Jeder von ihnen ist vor allem an seinem äußeren Ende mehr oder weniger beweglich, was sich unter gewissen Bedingungen abwandeln lässt. Wahrscheinlich beruht die Unbeweglichkeit auf irgendeiner Art molekularer Tätigkeit, die sich auch auf den Hebelarm auswirkt."

Nach eigenen Angaben der Ausführenden werden die Klopfzeichen auf zwei verschiedene Arten durchgeführt:

Leichtes Klopfen, Nachahmung eines springenden Balls und dergleichen – durch Aufschlagen des Stabs auf den Boden, vergleichbar mit einem Teppichklopfer.

Heftiges Klopfen – durch mehr oder weniger axiales Aufschlagen auf den Boden.

Diese Angaben wurden von den jeweiligen Klopfzeichen begleitet. Als Crawford sie nach der etwaigen Größe des Stabes für einen relativ heftigen Schlag fragte, schlugen sie als Beispiel auf den Boden und erklärten, dass es sich in einem solchen Fall um einen einheitlich dicken Stab mit einem Durchmesser von knapp fünf Zentimetern handelte, der sich kurz vor Eintritt in den Körper des Mediums bis zu etwa acht Zentimeter erweiterte. Sie fügten hinzu, dass derselbe Stab eine Reihe von Klopfzeichen ausführen konnte – leichtes Auftreffen, vergleichbar mit einem Bleistift, der auf einer Unterlage aufstößt, das Hüpfen eines Balls und ebenfalls heftige Schläge.

Schreibmaschine

Bei einem Experiment mit einer sehr alten Schreibmaschine schienen zwei Hände gleichzeitig auf die Tastatur einzuhämmern, was dazu führte, dass sich die Tasten verhedderten. Crawford gab dem Geist zu verstehen, dass er nach und nach jede Taste einzeln anschlagen musste. Der Rat wurde befolgt, aber es ergaben sich nur folgende Anschläge:

mbx : gcsq´

Die Tasten konnten gerade mit so viel Kraft angeschlagen werden, dass Buchstaben erschienen. Da einige der Tasten stark abgenutzt waren, fiel es dem Geist schwer, sie zu lesen.

Geley berichtet von einer Séance, die eigentlich dazu diente, Paraffinformen materialisierter Hände herzustellen. Man hörte das Paraffin spritzen, Hände wurden sichtbar und eine vom Rotlicht beleuchtete Schreibmaschine begann zu schreiben. Rasch bewegten sich die Tasten, wie von einem geübten Stenotypisten angeschlagen. Niemand befand sich in der Nähe der Maschine. Die Personen, die die Hände des Mediums hielten, bemerkten, dass diese während des Schreibens zuckten.

Abdruck

Bei zahlreichen Experimenten forderte Crawford die Geistwesen auf, die Enden der Stäbe in mit Lehm oder anderen Substanzen gefüllte Schalen, die unter dem Tisch standen, zu pressen, um einen Abdruck zu erhalten. Obwohl die Füße und Beine des Mediums sowie die der übrigen Anwesenden festgebunden waren und sich dem Lehm nicht nähern konnten, überraschte die Zeichnung der Abdrücke, die manchmal der Maserung von Strümpfen und manchmal der von Schuhsohlen glich. Eingehende Untersuchungen ergaben, dass dies auf der Elastizität der Stabenden beruhte, die folgende Besonderheiten aufwiesen:

„Das flache freie Ende des Stabes presst sich mittels Adhäsion auf die Substanz.

Bei diesem Vorgang handelt es sich um eine echte Saugwirkung.

Damit diese Saugwirkung entstehen kann, wird das Stabende mit einer dünnen, geschmeidigen Haut überzogen, weshalb es sich oft weich und plasmaähnlich anfühlt. Das fein gerillte Erscheinungsbild der meisten Saugmarkierungen weist deutlich darauf hin."

Die Größe der konkaven Impressionen variierte vom Abdruck eines kleinen Fingers bis zu einer Markierung von zwölf Quadratzentimetern. Meistens wiesen sie Strumpfmaserungen auf, konnten aber auch recht glatt sein, wenn darum gebetet wurde. In jedem Fall waren diese Fußabdrücke klarer umrissen, als wenn sich der bestrumpfte Fuß selbst in die Substanz gesenkt hätte.

„Die Substanz der das Stabende überziehenden Haut durchdringt das Strumpfgewebe. Aufgrund ihrer klebrig faserigen Konsistenz nimmt sie fast genau die Form des Strumpfgewebes an. Das Geistwesen zieht sie heraus und arrangiert sie um das Stabende. Die großen flachen Impressionen, die mit heftigem Ziehen und Stoßen verbunden sind, verdichten und festigen diese Oberfläche mittels zusätzlich materialisierter Materie, die den Strumpf völlig oder teilweise bedeckt."

Lehmbeförderung

Wenn das Material zum Medium zurückkehrte, wurde etwas Lehm mitgenommen, denn er hinterließ Spuren auf und innerhalb seiner Schuhe und Strümpfe sowie auf dem Boden zwischen dem Medium und der Schale mit Lehm. Wenn ein Anwesender eine Berührung mit dem Stab spürte, konnten ebenfalls Lehmspuren an ihm gefunden werden. Crawford fand heraus, dass der Boden um die Schuhe des Mediums herum mit Lehmflecken übersät war. Der Bereich unterhalb der Schuhe blieb sauber, was bewies, dass sie sich nicht bewegt hatten. Der Lehm war vom Schuhsohlenrand den Schuh hinauf gewandert und durch die Schuhlöcher und den oberen Schuhrand nach innen gedrungen, mitunter begleitet von einem seltsamen Rascheln im Umfeld der Schuhe und am Knöchel des Mediums.

Teleplasmaspur

Diese Beobachtungen veranlassten Crawford, umfangreiche Experimente mit verschiedenen Pudern und Farbstoffen durchzuführen, um den Weg des Materials nachvollziehen zu können. Aus der Fülle der Untersuchungen möchte ich zwei Beispiele herausgreifen.

„Die Füße des Mediums standen auf einem für diesen Zweck speziell umgewandelten elektrischen Apparat. Das Medium trug weiße Strümpfe. Man hörte die Geistwesen an den Beinen des Mediums vor sich hin arbeiten. Nach etwa zwanzig Minuten wollten sie eine Botschaft übermitteln, was mithilfe des Alphabets geschah. Sie teilten mit, dass die weißen Strümpfe das Plasma beeinträchtigten und sie gegen schwarze ausgetauscht werden sollten. Eine Schale mit Mehl wurde in Reichweite des Mediums auf den Boden gestellt. Die Geistwesen drückten ihre Gebilde hinein. Am Ende der Séance wurden Schuhe und Strümpfe untersucht. Ergebnis: Nur der rechte Schuh und Strumpf wiesen Mehlspuren auf. Direkt oberhalb des Schuhs führte quer über die Strumpfinnenseite ein großer Mehlfleck. Kleinere Streifen und Flecke zeigten sich auf dem Strumpf, von der Schuhhöhe bis zur Sohle. Mithilfe eines Vergrößerungsglases konnte man erkennen, dass die Sohle von unzähligen Mehlpartikeln übersät war. Einige befanden sich auch auf den Zehen.

Die Schuhoberseite und die Schnürsenkel des rechten Schuhs waren mit Mehl bedeckt. Das Plasma schien sich über den Boden zurückgezogen zu haben und auf der Innenseite den Schuh bis zu den Knöcheln des Mediums empor geklettert und dann zwischen Strumpf und Schuhen zur Fußsohle gewandert zu sein."

Bei einem weiteren Experiment wurde Goldfarbe verwendet.

„Das Medium trug mit Goldfarbe behandelte Schuhe. Am Ende der Séance fand man auf einem Strumpf zahlreiche Goldpartikel auf der Sohle, die bis über die Ferse hinaus verliefen. Ein um die Knie besonders stark ausgeprägter, gleichmäßig verlaufender Goldpartikelstrom führte beide Strümpfe hinauf."

Crawford folgerte daraus:

„Die Bewegung der Pulversubstanz vom Schuhinneren seitwärts die Strümpfe hinauf lässt nur eine Schlussfolgerung zu. Das Plasma muss auf irgendeine Weise in die Schuhe des Mediums gelangen. Entweder es entspringt seinen Füßen und wandert zwischen Schuh und Strumpf nach oben oder es dringt zunächst in die Schuhe, bringt dort einen Vorgang zum Abschluss und kommt wieder nach außen. Gewöhnlich tritt es von der Fußsohlenmitte rundherum an den Schuhseiten aus, wo sich Strumpf und Schuh kaum berühren. An der Ferse ist ebenfalls eine starke Aufwärtsbewegung zu beobachten. Diese nach innen und außen gerichtete Bewegung des Plasmas tritt selbst dann auf, wenn die Schuhe des Mediums hoch geschnürt sind.

Experimente mit Karmesin zeigten eine eindeutige Spur auf den Strümpfen, von den Fersen bis zu den Knien und mitunter darüber hinaus. Besonders dick und sichtbar wurden sie an der Wadeninnenseite. Es stellte sich die Frage, ob es einen Plasmafluss vom Körper des Mediums die Beine hinunter und einen von den Füßen aufwärts gab oder ob das gesamte Plasma dem Rumpf des Mediums entsprang, verbunden mit der Bildung der geistigen Strukturen, die Beine hinunter lief, in die Schuhe drang und den Raum zwischen Strumpf und Schuhleder ausfüllte. Wir müssen allerdings bedenken, dass unsere Füße und Beine letztlich nur Teil eines Organismus sind, dessen nervliche Energie- und Reproduktionszentren in seiner Mitte liegen."

Es folgten weitere Experimente zur Beantwortung der Frage, ob das Plasma dem unteren Rumpfbereich entströmt und zurückkehrt.

„Die Innenseiten der Schlupfhosenbeine wurden mit leicht feuchtem Karmesin eingerieben. Das Medium zog sie vorsichtig an. Am Ende der Séance wurde festgestellt, dass sich die Farbe einen Weg die Beine hinunter gebahnt, sich an den Spitzenrändern ausgedehnt hatte und vorwiegend die Waden entlang bis zu den Strümpfen verlaufen und sogar in die sauberen Schuhe eingedrungen war.

Demnach geht das Plasma vom Rumpf aus und kehrt dorthin zurück.

Es muss sich um eine beachtliche Plasmamenge handeln, denn das Karmesin hatte sich um die Beine und den unteren Rückenbereich des Mediums ausgebreitet, das heißt, es hatte im Laufe der Séance praktisch jeden Raum ausgefüllt, der nicht in engem Kontakt mit seinem Sessel stand. Wird ein Phänomen unterbrochen oder man zündet während der Séance vorübergehend ein Licht an, verbirgt sich das Plasma unter der Kleidung um die Oberschenkel des Mediums und kehrt nicht unbedingt in seinen Körper zurück. Solange sich das Plasma vorübergehenden störenden Einflüssen, wie etwa Lichtstrahlen, entzieht, ist dem Vorhaben der Geistwesen gedient."

Fotografien

Crawford hatte beobachtet, dass immer dann, wenn er seine Hände auf die Hüften des Mediums legte, das wie üblich in seinem Sessel saß, das Körpergewebe während der geistigen Aktivität teilweise einzufallen schien. Kehrte das geistige Material zurück, konnte man an den Innen- und Rückseiten der Schenkel kleine runde Knoten fühlen.

Ein Jahr lang machte Crawford während jeder Séance eine Aufnahme, in der Hoffnung, schließlich Erfolg zu haben. Die Geistwesen machten ihn darauf aufmerksam, dass er das Medium allmählich darauf vorbereiten musste, dem heftigen Stoß des Blitzlichts auf das Plasma standhalten zu können, um keinen Schaden zu erleiden.

„Nach unzähligen Versuchen zeigten sich winzige Plasmaflecken zwischen den Knöcheln des Mediums. Im Laufe der Zeit nahmen sie an Größe und Vielfalt zu und konnten fotografiert werden. Dann begannen die Geistwesen, das Material in unterschiedlichster Weise zu formen und zu gestalten und zeigten anhand der Fotoreihe unmissverständlich, aus welchem Körperteil das Plasma austrat. Sie ließen auch einige seiner Eigenschaften erkennen."

Kapitel 35

Verschiedene Phänomene

Präzipitation

Wie bereits erwähnt, gibt es eine Methode, die sogenannte Präzipitation, mit deren Hilfe der Prozess des Malens und Schreibens rascher und wirksamer abläuft, die aber eingehende Kenntnisse der Astralebene und ihrer Möglichkeiten erfordert. Möchte jemand schreiben oder malen, nimmt er ein Blatt Papier, entwirft ein klares, in allen Einzelheiten ausgearbeitetes Mentalbild, objektiviert es mittels Willensanstrengung und wirft es auf das Papier, so dass das gesamte Bild oder die beschriebene Seite augenblicklich erscheint. Dieser Vorgang erfordert eine weitaus größere Kraft und Beherrschung der Hilfsquellen, als der Durchschnittsmensch besitzt, sowohl vor als auch nach seinem Tode. Ebenso wie manche diese Dinge beherrschen, während sie noch in einem physischen Körper weilen, gibt es unter den Toten einige, die gelernt haben, mit solchen Kräften umzugehen.

Ich habe Fälle beobachtet, in denen das Schriftbild sich nicht auf einmal, sondern stufenweise niederschlug und Wort für Wort auf dem Papier erschien, nur sehr viel rascher, als wenn jemand in der üblichen Weise schreibt. Desgleichen habe ich die Entstehung eines Gemäldes verfolgt, langsam und stetig, als werde es von einer Vorlage abgemalt.

Manche wünschen, dass man ihnen das erforderliche Material zur Verfügung stellt, das heißt, Papier und Schreibmaterial – Tinte oder Farbstifte – oder Malfarben, als Pulver oder bereits angefeuchtet. In diesem Fall löst das Geistwesen die benötigte Materialmenge auf und überträgt die Substanz auf die Oberfläche seiner Unterlage. Beherrscht es die Methode, vermag es dem umliegenden Äther das entsprechende Material zu entnehmen. Mit anderen Worten, es ist in der Lage, sein Material selbst zu beschaffen und kann daher manchmal etwas hervorbringen, was mit den uns auf physischer Ebene verfügbaren Mitteln niemals nachgeahmt werden könnte.

In einem Erfahrungsbericht heißt es:
„Am folgenden Tag wurde ein Portrait angefertigt. Ich saß knapp einen Meter von der Leinwand entfernt, die an beiden Seiten von den Bangs -Schwestern gegen ein Fenster gehalten wurde, und beobachtete, wie Gesicht und Form allmählich auf dem Untergrund erschienen. Nach wenigen Minuten senkten die Geistwesen die Leinwand in meine Richtung, bis sie meine Brust berührte. Mary erhielt die mittels alphabetischer Morsezeichen durchgegebene Botschaft: „Ihre Frau ist daran gewöhnt, mich von der anderen Seite zu sehen." Und schon hob sich die Leinwand wieder. Ich sah die Büste erneut, nur in die andere Richtung blickend. Das Portrait vervollkommnete sich innerhalb von fünfundzwanzig Minuten. Abgesehen von einer leicht dunkleren Farbtönung und hier und da einigen Ausführungen des unsichtbaren Künstlers, gleicht es einer vor fünfunddreißig Jahren (kurz vor dem Tode) aufgenommenen Fotografie, die ich während der Sitzung in meiner Tasche trug und die niemand kannte. Der Gesichtsausdruck ist allerdings ätherischer und zufriedener als auf dem Foto.
Bei einer anderen Gelegenheit erhielten wir eine feuchte Leinwand aus dem Geschäft. Als ich mich am nächsten Tag bei der Verkäuferin beschwerte, meinte diese. „Der Junge, der Ihren Auftrag überbrachte, gab an, dass Sie eine aufgespannte Leinwand wünschten. Als er sie abholte, wollte er auch das Papier, weshalb sie das Geschäft im feuchten Zustand verließ." Ich erzähle diese kleine Episode für diejenigen, die annehmen, das Phänomen der Präzipitation beruhe auf normalen Ursachen."

Subba Rao aus Indien berichtet von der Entstehung eines Portraits seiner verstorbenen Frau, deren Foto er ohne Wissen der beiden Medien in seiner Jackentasche trug. Rao erwähnt, dass die Bangs-Schwestern angaben, ein lebensgroßes Bild zu sehen. Sie beschrieben die Fotografie in allen Einzelheiten. „Sie sahen, dass ich auf dem Bild saß und meine Frau hinter mir stand, die Hand auf meiner Schulter; dass ihr Gesicht rund und ihr Haar gescheitelt war, sie auf der Nase einen besonderen Edelstein trug, ein Hund zu meinen Füßen lag und so fort." Was die Präzipitation betrifft, fügte er hinzu:

„Man forderte mich auf, zwei von den Leinwandkeilrahmen zu wählen, die an der Wand standen. Ich suchte zwei saubere heraus und lehnte sie auf dem Tisch gegen das Glasfenster. Ich setzte mich gegenüber. Die Schwestern ließen sich zu beiden Seiten nieder. Ein wolkenartiges Gebilde erschien auf der Leinwand, das sich in wenigen Augenblicken in ein strahlendes Gesicht verwandelte. Es bildeten sich Augen, die sich plötzlich öffneten, und ich sah vor mir eine Kopie des Gesichts meiner Frau auf dem Foto. Die Figur auf der Leinwand verschwand zweimal, tauchte aber schärfer umrissen wieder auf. Um die Schultern entstand ein lose fallendes weißes Gewand. Das Ganze schien eine bemerkenswerte Vergrößerung des Gesichts auf dem Foto zu sein. Die Aufnahme war drei oder vier Jahre vor dem Tod meiner Frau entstanden. Die mehr oder weniger zufälligen Einzelheiten erschienen jetzt auf der Leinwand. Den bereits angesprochenen Nasenschmuck trug sie gewöhnlich nicht. Einige Schmuckstücke waren plump wiedergegeben. Einen Schmuck, den sie immer trug, der auf dem Foto aber nicht zu sehen war, fehlte allerdings. Ich wies auf diese Ungenauigkeiten hin, was dazu führte, dass am nächsten Tag alle Schmuckstücke auf dem Bild verschwunden waren. Irgendeine überirdische Kraft hatte dieses Portrait, das immer noch in meinem Besitz ist und frisch wie am ersten Tag leuchtet, auf die Leinwand gebannt. Eine ausgezeichnete Arbeit – und das in fünfundzwanzig Minuten."

Lichter

Im Folgenden wenden wir uns der Frage der sogenannten „Geist-Lichter" zu, jenen unterschiedlichen Leuchtformen, die während einer Séance von nicht physischen Teilnehmern erzeugt werden. Dazu heißt es in einem Bericht:

„Unter strikten Untersuchungsbedingungen habe ich einen Leuchtkörper von der Größe und Form eines Schwaneneis geräuschlos über unseren Köpfen durch den Raum gleiten und langsam zu Boden sinken gesehen. Er war mindestens zehn Minuten lang sichtbar. Bevor er verblasste, schlug er dreimal hörbar auf dem Tisch auf. Währenddessen lag das Medium scheinbar empfindungslos in seinem Sessel zurückgelehnt.

Ich habe Leuchtpunkte durch den Raum schießen und sich auf den Köpfen verschiedener Leute niederlassen gesehen. Fragen wurden mir vor meinen Augen durch Aufblitzen eines hellen Lichts beantwortet. Ich habe Lichtfunken beobachtet, die vom Tisch zur Zimmerdecke aufstiegen und leicht zischend auf ihn zurückkehrten. Mittels einer leuchtenden Wolke, die zu einem Bild hinauf schwebte, entstand eine alphabetische Kommunikation. Mehrmals wurde mir in meine Hand eine kristalline Leuchtkugel von einer anderen Hand gelegt, die niemandem der Anwesenden gehörte. Im Hellen habe ich beobachtet, wie eine Lichtwolke zu einer Pflanze schwebte, die auf einem Beistelltisch stand, einen Zweig abbrach und ihn einer Dame überreichte. Bei anderen Gelegenheiten habe ich beobachtet, wie sich eine ähnliche Wolke zu einer Art Hand verdichtete und kleinere Gegenstände umhertrug."

Auf die drei unterschiedlichen Lichtarten, die ich bei meinen häuslichen Experimenten entdeckte, habe ich bereits hingewiesen. Solche Lichter sind mir im Laufe der Jahre häufig begegnet. In einigen Fällen habe ich ein Licht gesehen, das sie an Leuchtkraft weit überstieg und an elektrisches Licht erinnerte, da es den Raum zu erhellen vermochte. In einem anderen Fall blendete es geradezu. Bei Séancen tritt eine solche Manifestation höchst selten auf, da sie eine teilweise Materialisation, wie sie für bestimmte Phänomene notwendig wird, zerstören würde.

Dem experimentierenden Astralwesen steht die Kraft der Des- und Reintegration zur Verfügung, wie sie bei der Präzipitation zum Tragen kommt. Darunter versteht man den Prozess, einen Gegenstand bis zu einem nicht fühlbaren Pulver zu reduzieren, also in seinen ätherischen oder atomaren Zustand zu versetzen. Dies kann mittels einer ungeheuer schnellen Schwingung geschehen, die die Kohäsion der Moleküle aufhebt. Eine noch höhere Schwingungsrate, vielleicht anderer Art, wird in einem nächsten Schritt diese Moleküle in ihre Atome aufspalten. Ein auf diese Weise auf seinen ätherischen oder atomaren Zustand reduzierter Körper kann mit größter Geschwindigkeit von einem Ort zum anderen bewegt werden. Sobald sich die Kraft, die diesen Zustand herbeiführte, zurückzieht, nimmt er wieder seinen ursprünglichen Status an.

Beibehaltung der Form

Man mag sich fragen, wie sich bei einem solchen Experiment die Form des Gegenstandes erhalten kann. In diesem Zusammenhang wird gerne das Beispiel eines Metallschlüssels angeführt. Wird er durch Erhitzen über den Schmelzpunkt hinaus in den gasförmigen Zustand überführt und ihm dann die Hitze wieder entzogen, kehrt er in seinen festen Zustand zurück, aber nicht mehr als Schlüssel, sondern als unförmiger Metallklumpen. Dieser Vergleich ist zwar gut gewählt, aber er hinkt. Die Elementalessenz, die den Schlüssel durchdringt, wird durch die Änderung seines Zustands ausgetrieben, nicht dass die Essenz selbst durch die Hitze beeinflusst werden könnte, aber wenn ihr zeitweiliger Körper (als Festkörper) zerstört wird, fließt sie in das große Reservoir solcher Essenz zurück. Dies ist vergleichbar mit den höheren Körpern des Menschen, denen weder Hitze noch Kälte etwas anhaben können, die aber dennoch aus dem physischen Körper getrieben werden, wenn Feuer ihn zerstört.

Kühlt das, was einmal ein Schlüssel gewesen ist, ab und kehrt in den festen Aggregatzustand zurück, wird die Elementalessenz (der „Erde" oder des festen Aggregatzustands), die in ihn einfließt, in keiner Weise dieselbe sein wie zuvor. Es gibt also keinen Grund, warum die Form beibehalten werden sollte. Wenn aber jemand einen Schlüssel dematerialisiert, um ihn auf astralem Wege an einen anderen Ort zu transportieren, wird er sorgsam darauf achten, die Elementalessenz in genau derselben Form zu bewahren, bis der Vorgang abgeschlossen ist. Sobald er seine Willenskraft abzieht, wird sie als Matrix dienen, in welche die sich verdichtenden Partikel fließen. Die Form wird somit ganz genau beibehalten, es sei denn, die Konzentrationskraft des Ausführenden erlahmt.

Auf diese Weise werden bei Séancen mitunter Gegenstände fast augenblicklich aus größter Entfernung herbeigebracht. Ihre Entmaterialisierung macht es möglich, dass sie feste Substanzen passieren. Die „Passage von Materie durch Materie" ist ebenso einfach wie das durch ein Sieb „dringende" Wasser oder wenn bei einigen chemischen Prozessen ein Gas durch eine Flüssigkeit strömt.

Da eine Schwingungsveränderung es ermöglicht, eine Materie vom festen in den ätherischen Zustand zu überführen, leuchtet es ein, dass sich der umgekehrte Vorgang ebenso durchführen lässt. Der eine Prozess erklärt das Phänomen der Desintegration und der andere das Phänomen der Materialisation. In beiden Fällen ist eine anhaltende Willenskonzentration ausschlaggebend, um den Gegenstand daran zu hindern, seinen ursprünglichen Zustand wieder anzunehmen oder zu vermeiden, dass die materialisierte Form in den ätherischen Zustand zurückfällt.

Das Herbeibringen von Gegenständen

Gegenstände aus einem anderen Zimmer oder bisweilen von einem entfernten Ort herbeizubringen, gehört zu den bevorzugten Methoden, derer sich die Toten bedienen, um bei Séancen ihre Astralkräfte zu demonstrieren.

Man hat mir häufig kleine Dinge gebracht, vor allem Blumen und Früchte. Manchmal kamen sie aus exotischen Gefilden und wurden mir in frischem Zustand in England präsentiert. Auf meine Frage, woher diese Dinge stammten, versicherten mir die Geistwesen mit Nachdruck, dass es ihnen nicht erlaubt sei, das Eigentum irgendeiner Person zu entwenden, weshalb sie die wild wachsenden Blumen und Früchte suchen müssten. Man legte mir einmal einen exotischen Farn und eine seltene Orchidee auf den Tisch. An ihren Wurzeln hing noch frische Erde. Ich pflanzte beide in meinen Garten, wo sie ganz natürlich wuchsen.

In diesem Zusammenhang möchte ich eine der schönsten Geschichten, die ich kenne, wiedergeben. („Yolande" ist der Name eines materialisierten „Geistes", der bei allen Séancen von Madame d´Espérance eine wichtige Rolle spielte.)

„Yolande winkte Reimers, der am anderen Ende des Zimmers saß, in die Kreismitte, um an einigen ihrer Vorbereitungen teilzunehmen. Sie ließ ihn neben sich auf den Fußboden knien und eine Wasserkaraffe halb voll mit Sand füllen und Wasser hinzugießen. Auf ihr Geheiß schüttelte er beides kräftig durch und reichte ihr die Karaffe.

Nach sorgfältiger Überprüfung stellte Yolande sie auf den Boden, bedeckte sie mit einem hauchdünnen Tuch, das sie von ihren Schultern nahm, und zog sich dann in ihr Kabinett zurück. Zweimal kam sie nach einer Weile heraus und betrachtete prüfend das Gefäß.

Mittels Klopfzeichen auf dem Fußboden wurden wir angewiesen zu singen, um unsere Gedanken zu harmonisieren und unsere Neugier zu mäßigen. Während wir sangen, hob sich das Tuch vom Rand der Karaffe. Yolande kam aus ihrem Kabinett und beobachtete genau, was vor sich ging, wobei sie das Tuch leicht berührte, als wolle sie vermeiden, dass es irgendetwas Zartes darunter zerstören könnte. Schließlich entfernte sie es. Vor unseren erstaunten Blicken erschien eine voll ausgebildete Pflanze, wohl eine Art Lorbeer.

Yolande hob die Karaffe mit der Pflanze hoch. Durch das Glas konnte man sehen, dass sie im Sand fest verwurzelt zu sein schien. Yolande betrachtete sie mit offensichtlicher Genugtuung und Freude und trug sie quer durch den Raum zu Herrn Oxley, einem der Anwesenden, und überreichte sie ihm. Dann zog sie sich zurück, als habe sie ihre Aufgabe erfüllt.

Oxley untersuchte die Pflanze und stellte sie neben sich auf den Boden. Keiner der Anwesenden kannte sie oder konnte sie irgendeiner Gattung zuordnen. Neugierige Fragen und Überlegungen schwirrten durch den Raum, bis uns Klopfzeichen zur Ordnung riefen und man uns ermahnte, die Angelegenheit nicht weiter zu diskutieren. Wir gehorchten und sangen weiter. Erneute Klopfzeichen forderten uns auf, die Pflanze nochmals eingehend zu betrachten. Zu unserer großen Überraschung entdeckten wir, dass sie in der Zwischenzeit eine üppige lachsfarbene Blüte mit einem Durchmesser von etwa zwölf Zentimetern entwickelt hatte. Der dicke, holzige Pflanzenstiel war etwa fünfundfünfzig Zentimeter lang und füllte den Hals der Karaffe aus. Wir zählten neunundzwanzig weiche, glänzende Blätter, die in Größe und Aussehen denen einer Lorbeerpflanze glichen. Die faserigen Wurzeln schienen in dem Sand ganz natürlich zu wachsen.

Später erfuhren wir, dass es sich um eine in Indien beheimatete Pflanze, eine *Ixora Crocata*, handelte.

Wie kam die Pflanze zu uns? Wuchs sie in der Karaffe? War sie in einem entmaterialisierten Zustand aus Indien gebracht und im Séance-Raum rematerialisiert worden? Wir fanden keine Erklärung, und Yolande konnte oder wollte uns nichts sagen. Anhand von Vernarbungen ließ sich erkennen, dass die Pflanze schon einige Jahre alt sein musste. Andererseits war ihr Wachstum in der Karaffe deutlich zu sehen. Ihr Wurzelwerk schmiegte sich an die Glaswand und durchzog den Sand, als sei sie darin gekeimt."

Oxley berichtete später:

„Am nächsten Morgen ließ ich die Pflanze fotografieren und stellte sie dann unter der Obhut meines Gärtners in den Wintergarten. Sie lebte dort drei Monate, ehe sie zu welken begann. Die Blüte und die drei oberen Blätter, die der Gärtner abgeschnitten hatte, während er sie pflegte, habe ich unter Glas aufbewahrt. Bis jetzt gibt es noch keine Anzeichen für eine Entmaterialisation. Yolande hatte mir früher einmal eine Rose gegeben, die ich an meine Brust legte. Als ich fühlte, dass etwas transpirierte, zog ich sie heraus und fand zwei Rosen. Ich steckte sie zurück. Am Ende der Sitzung war der Stiel um mehrere Zentimeter gewachsen und trug drei Rosenblüten und mehrere Knospen und Dornen. Ich hob sie auf, bis sie zu welken begann. Die Blätter fielen ab und der Stiel trocknete aus, ein Beweis für ihre Stofflichkeit und ihre Wirklichkeit."

Oxley benötigte für seine Pflanzensammlung, die eine bestimmte Theorie erhärten sollte, ein Exemplar dieser besonderen Art, das er auf die übliche Weise nicht erhalten konnte. Bemerkenswert ist das allmähliche Erscheinen der Pflanze. Sie wurde nicht vollständig gebracht und auf den Tisch geworfen, wie mein Farn, sondern schien sich unter dem Tuch langsam zu entwickeln, als wachse sie tatsächlich mit ungewöhnlicher Geschwindigkeit. Selbst nachdem Oxley sie erhalten hatte, schien sie weiter zu wachsen, denn sie entfaltete eine Blüte.

Andererseits hat die eingehende Untersuchung der Pflanze ergeben, dass sie mehrere Jahre alt war, was zu dem Schluss führt, dass sie sozusagen stufenweise gebracht und Schritt für Schritt aufgebaut wurde. Wenn eine lebendige Pflanze entmaterialisiert und, ohne dauerhaften Schaden zu nehmen, wieder zusammengesetzt werden kann, mag dies auch in Teilabschnitten geschehen, was eine geringere Kraftanstrengung erfordert. Wahrscheinlich mangelte es Yolandes Assistenten an der Kraft, die Pflanze in einem Schwung zu transportieren. Da waren zunächst die Wurzeln, die sorgsam in dem Sand angeordnet werden mussten. Nach und nach folgte die übrige Pflanze, die als krönenden Abschluss eine Blüte hervorbrachte.

Vielleicht liegt hier die Erklärung für das angeblich rasche Wachstum des Mangobaums, dem berühmten Glanzstück indischer Magie, das wohl auf einer sukzessiven Des- und Reintegration, nicht auf einer Beschleunigung des normalen Wachstumsprozesses beruht.

Oxley schien die Pflanze als vorübergehende Materialisation betrachtet und mit ihrem allmählichen Verschwinden gerechnet zu haben. Es zeigte sich aber, dass sie als Geschenk diente und bis zu ihrem Absterben erhalten bleiben sollte, was vielleicht durch ihre Verpflanzung in ein anderes Klima beschleunigt wurde. Bei der Rose muss es sich ebenfalls um einen stückweisen Prozess gehandelt haben, da eine Schnittblume nicht in der Form wächst, wie er es beschreibt.

In einem anderen Bericht wird von einer ähnlichen Leistung Yolandes berichtet. Die Schwierigkeit bestand allerdings darin, dass die Pflanze nur geborgt war und zurückgebracht werden musste.

„Yolande hatte Sand und Lehmerde in einem Blumentopf gemischt und ihn mit ihrem Schleier bedeckt, der sich allmählich zu heben begann und weit über ihren Kopf hinaus reichte. Vorsichtig entfernte sie ihn und enthüllte eine riesige Pflanze, die sich unter ihrer betörend duftenden Blütenfülle neigte. Yolande schien mit ihrer Leistung zufrieden zu sein und erlaubte uns, die Pflanze zu fotografieren, da sie diese zurückbringen musste."

Bei der Pflanze handelte es sich um *Lilium auratum*, eine japanische Lilie.

Ein interessanter Aspekt ist die Tatsache, dass die materialisierte Gestalt Yolandes unruhig wurde, da sie sich außer Stande sah, die geborgte Pflanze beizeiten zurückzubringen. Die ihr verfügbare Kraft musste sich wohl bei dem Bemühen erschöpft haben, die Riesenlilie herbeizubringen. Eindringlich bat sie, sorgsam auf diese achtzugeben. Obwohl ihre physischen Freunde ihr Bestes gaben, zeigte sie erste Verwelkungserscheinungen. Es dauerte fast eine Woche, bis der Besitzer seine Pflanze zurückerhielt. Seine Überraschung und Freude, das verloren geglaubte Prachtstück wieder in seinem Garten vorzufinden, kann man sich gut vorstellen.

Es stellt sich die Frage, inwieweit das Wetter die Entstehung derartiger Phänomene beeinflusst. Elektrische Störungen behindern offensichtlich den Vorgang der Materialisation oder Desintegration aus demselben Grund, weshalb strahlendes Licht sie nahezu unmöglich macht – die destruktive Wirkung heftiger Vibration. Vielleicht war die Luft so stark elektrisch aufgeladen, dass Yolande die entmaterialisierte Pflanzenmaterie nicht sicher von einem Ort zum anderen befördern konnte, ohne dass sie derartig durcheinander geschüttelt wurde, dass eine Wiederherstellung in die ursprüngliche Form undurchführbar geworden wäre.

In den meisten Fällen erweist sich der Transport von Gegenständen nach der vierdimensionalen Methode am einfachsten, die Yolande aber nicht angewendet zu haben schien, wofür das langsame Wachstum der

Pflanze spricht. Es gibt stets mehrere Möglichkeiten, ein Phänomen hervorzubringen. Anhand schriftlicher Berichte lässt es sich kaum feststellen, welche Methode im jeweiligen Fall angewendet wurde.

Der Durchgang von Materie durch Materie oder der Einsatz einer vierdimensionalen Kraft ist gegeben, wenn ein solider Eisenring, zu klein, um über die Hand geführt zu werden, um das Handgelenk gelegt wird. Dies ist mir dreimal passiert, und ich musste unseren verstorbenen Freunden vertrauen, da der Ring mit physischen Mitteln nicht zu entfernen war, außer mit Hilfe einer Feile. Immer wieder habe ich erlebt, dass der Stuhlrücken über meinem Arm hing, während ich die Hand des Mediums hielt. Einmal konnte ich den Vorgang bei gutem Licht beobachten. Obwohl er rasch ablief, sah ich, wie sich ein Teil der Rückenlehne in eine Art Nebel aufzulösen schien, während sie sich meinem Arm näherte und sich dann augenblicklich wieder verfestigte.

Ein bei Séancen selten auftretendes Phänomen ist die Verdoppelung, die dadurch entsteht, dass man eine vollkommene Gedankenform von dem zu kopierenden Gegenstand bildet und dann um diese Form die nötige astrale und physische Materie sammelt. Jedes Partikel des zu vervielfältigenden Gegenstandes, innerlich wie äußerlich, muss dabei gleichzeitig im Auge behalten werden. Um dieses Phänomen hervorzubringen, bedarf es einer ungeheuren Gedankenkonzentration. Diejenigen, die sich außerstande sehen, das nötige Material direkt aus dem umgebenden Äther heranzuziehen, entnehmen es manchmal dem Original, das dadurch an Gewicht verliert.

Feuerprobe

Ein anderes Kunststück, das ebenfalls selten bei Séancen vorgeführt wird, besteht darin, mit Feuer in Berührung zu kommen, ohne Schaden zu nehmen. Bei einer Séance in London holte die Hand einer materialisierten Gestalt eine glühende Kohle aus einem lodernden Feuer, streckte sie mir entgegen und meinte rasch: „Nimm sie in die Hand!"

Ich zögerte einen Moment, aber die ungeduldige Bewegung gab den Ausschlag. Es war wohl eine einmalige Gelegenheit. Ich hätte die Kohle fallen lassen können. So streckte ich also meine Hand aus, und die glühende Masse lag augenblicklich auf meiner Handfläche. Nicht einmal einen Hauch von Wärme konnte ich spüren, obwohl ein Stück Papier, das mit ihr in Berührung gebracht wurde, lichterloh aufflammte. Ich hielt die Kohle, die zusehends verlosch, etwa eine Minute lang in der Hand. Man bedeutete mir, sie zurück ins Feuer zu werfen. Sie hatte keinerlei Spuren auf meiner Hand hinterlassen, nicht einmal die leichteste Rötung, nur ein wenig Asche, keinen Brandgeruch.

Was war geschehen? Inzwischen weiß ich, dass die dünnste Schicht ätherischer Substanz so präpariert werden kann, dass sie absolut undurchdringbar für Hitze wird. Wahrscheinlich war meine Hand in diesem Moment mit einer solchen Schicht überzogen gewesen.

Es liegt im Rahmen astraler Möglichkeiten, sowohl Feuer zu erzeugen als auch seiner Kraft entgegenzuwirken.

Entstehung von Feuer

Während einer Séance wurden wir angewiesen, einen großen flachen Teller mitten auf den Tisch zu stellen und einen kleinen Stoß Holzschnitze und Fetzen einer Zigarrenkiste darin aufzuhäufen. Dann sollten wir das Licht löschen und singen. In völliger Dunkelheit saßen wir um den Tisch herum, hielten uns bei den Händen und sangen. Nach etwa einer halben Stunde zeigte sich ein seltsam mattes, abwechselnd zu- und abnehmendes Glühen in dem lose zusammengefügten Häufchen, das schließlich aufloderte. Niemand hatte es berührt. Der Verbrennungsprozess begann in einer Weise, der den Gedanken, er wäre von außen mittels eines Streichholzes entfacht worden, ausschloss.

Da es sich bei der Hitze um eine bestimmte Schwingungsrate handelt, muss das Astralwesen diese nur aufbauen und aufrechterhalten, um ein Feuer zu entfachen. Eine andere Möglichkeit besteht darin, ein winziges Fragment bereits glühender Materie hervorzubringen und zu blasen, bis es aufflammt. Ebenso könnten chemische Verbindungen, die zu einer Verbrennung führen, erzeugt werden. In Indien gibt es viele Geschichten über die Art und Weise, in der in gewissen Dörfern plötzlich Feuer ausbrach, wenn die Dorfgottheit vernachlässigt wurde und nicht die erwarteten Opfergaben erhielt. Für ein erfahrenes Astralwesen bereitet das Entfachen von Feuer keine Schwierigkeit.

Kapitel 36

Sichtbare Materialisationen

Nicht greifbare Formen

Betrachten wir nun Materialisationen des zweiten und dritten Typs – sichtbar, aber nicht greifbar und in vielen Fällen offensichtlich durchscheinend – sowie jene Manifestationen, die sich von physischen Personen nicht unterscheiden lassen. Der zweite Typ ist nicht ungewöhnlich. Obwohl sich solche Materialisationen von den Séance-Teilnehmern fernhalten, wurde ich bei einer Gelegenheit von einer direkten Stimme aufgefordert, meine Hand vorsichtig durch eine solche Form zu führen. Ich fühlte absolut nichts, obgleich eine eindeutig sichtbare, aber semitransparente Gestalt lächelnd vor mir stand. Schloss ich meine Augen, konnte ich nicht sagen, ob sich meine Hand in oder auf ihrem Körper befand, der so vollkommen und lebendig aussah. Gestalten dieser Art sind wahrscheinlich einfacher zu bilden als feste Formen, denn ich habe zweimal beobachtet, dass eine vollständig materialisierte Gestalt nur teilweise aus fester Materie bestand. Eine Hand mit starkem Griff kann an einem Arm hängen, der für das Auge zwar sichtbar, aber nicht greifbar ist. Von Materialisationen dieser Art wird in folgendem Fall berichtet:

„Bei einer Séance in der Abenddämmerung konnte man die Fenstervorhänge in der Nähe des Mediums sich bewegen sehen. Eine dunkle, verschwommene, halbtransparente männliche Gestalt bewegte den Vorhang mit der Hand. Als wir genau hinschauten, verblasste sie. Der Vorhang hörte auf, sich zu bewegen. In einem anderen Fall kam ein Geist aus einer Ecke, nahm das Akkordeon und schwebte, das Instrument spielend, durch den Raum. Wir alle konnten die Gestalt mehrere Minuten lang sehen. Als sie in die Nähe einer Dame kam, die abseits von den übrigen Anwesenden saß, stieß sie einen leisen Schrei aus und verschwand."

Materie aus dem Medium

Wenn aus irgendeinem Grund eine Materialisation von einer lebenden Person durchgeführt wird, die über gründliche Kenntnisse der astralen Hilfsmittel verfügt, wie der Schüler eines Adepten, verdichtet er den umgebenden Äther zu einer festen Form und bildet auf diese Weise so viel von einem Körper wie erforderlich ist, ohne Beeinträchtigung einer anderen Person. Bei einer Séance hingegen wird die nötige Materie vom Ätherkörper des Mediums entliehen, die man unter günstigen Umständen wolkenartig aus seiner Seite entweichen sehen kann.

Dieser Nebel verdichtet sich rasch zu einer Gestalt – manchmal in das genaue Gegenstück des Mediums. Ich erinnere mich an eine Séance mit einem bekannten Medium. Nach einer Weile schweigenden Wartens schoss plötzlich ein strahlendes Licht hervor und erhellte den Raum. Das Medium sank in höchst ungewöhnlicher Weise röchelnd in sich zusammen und fiel offensichtlich in eine tiefe Trance. Unmittelbar vor ihm stand wach und lebendig sein Duplikat und hielt in der Hand ein eiförmiges Gebilde, die Quelle des strahlenden Lichtes. Es stand einige Augenblicke einfach da. Dann verlosch plötzlich das Licht, und die Gestalt sprach zu uns mit der vertrauten Stimme eines der gewohnten „Geistführer", um zu zeigen, dass sie sich vollständig aus der Substanz des Mediums zu materialisieren vermochte.

Es besteht kein Zweifel, dass dem Körper des Mediums nicht nur Äthermaterie vorübergehend entnommen wird, sondern oft auch feste und flüssige Substanz, so schwierig es für uns auch sein mag, die Möglichkeit einer solchen Übertragung zu erkennen. Ich selbst habe Fälle beobachtet, in denen dieses Phänomen zweifellos stattfand, was der beträchtliche Gewichtsverlust des Mediums und sein erschreckend ausgetrockneter und zusammengefallener Körper und das seltsam geschrumpfte, runzelige Gesicht bewiesen. Die eine Séance leitenden „Geistführer" erlauben es ihrem Medium nur sehr selten, in diesem Zustand gesehen zu werden, denn es ist ein schrecklicher, geradezu unmenschlicher Anblick, den eine empfindsame Person kaum verkraften würde.

Olcott berichtet von Messungen, die er bei einem Medium durchgeführt und dabei festgestellt hatte, dass sich dessen Gewicht innerhalb von zehn Minuten nach unten und wieder nach oben veränderte, woraus er schloss, dass sich der Gewichtsverlust proportional zu der Entnahme physischer Materie aus seinem Körper verhielt.

Bei einem anderen Experiment ging er in gleicher Weise bei einer materialisierten Gestalt vor, die zunächst siebenundsiebzig Pfund, dann neunundfünfzig und zuletzt zweiundfünfzig wog, ohne dass sich ihr äußeres Erscheinungsbild veränderte. In diesem Fall stehen wir dem erstaunlichen Phänomen gegenüber, dass das Medium während der Materialisation vollkommen verschwand, obwohl Olcott es in einer Weise an seinen Sessel gebunden hatte, dass es ihn nicht verlassen konnte, ohne die versiegelten Bänder zu durchbrechen. Als man ihm während der Séance erlaubte, das Kabinett zu betreten, fand er den Sessel leer vor. Es war nichts zu sehen oder zu fühlen. Als die Séance vorüber war, saß das Medium in seinem Sessel wie zuvor, angebunden und versiegelt, aber völlig erschöpft und halb ohnmächtig.

Nicht immer strömt die Materie aus der Seite des Mediums. Manchmal scheint sie aus dem gesamten Körper hervorzuquellen. Die von den Geistführern aufgebaute Saugwirkung zieht sie förmlich heraus.

„Dann überkam mich ein seltsames Empfinden, das ich manchmal bei Séancen gespürt hatte. Ich habe oft gehört, dass andere es beschrieben, als krieche ein Spinngewebe über ihr Gesicht. Ich selbst hatte eher das Gefühl, als ob mir feine Fäden aus den Hautporen gezogen würden."

Madame d´Espérance

Es gibt zahlreiche Autobiographien von Medien, aber die eindrucksvollste ist wohl die von Madame d´Espérance. Sie klingt nicht nur ehrlich und aufrichtig, sondern die Autorin scheint eine weitaus intelligentere und genauere Beobachterin zu sein als die meisten Medien. Sie ist bedacht, die wahre Natur der Phänomene zu verstehen, die in ihrer Gegenwart auftreten.

Ihrer ungewöhnlichen Fähigkeit steht sie nüchtern gegenüber. Sie bemüht sich ehrlich, die wahren Hintergründe in Erfahrung zu bringen und zu begreifen. Schade, dass sie der theosophischen Literatur nicht begegnet ist, deren Studium ihr manche Mühsal, unnötiges Leid und Angst erspart hätte. In ihrem Buch berichtet sie von ihrer einsamen Kindheit, den Jahren geistiger Auseinandersetzung, in denen sie sich allmählich von den Fesseln einengender Orthodoxie befreite, und ihrer Entwicklung zum Medium. Für jemanden, der sich nicht damit auskennt, mögen einige der beschriebenen Fälle unglaublich erscheinen. Ich selbst habe aber solche Phänomene beobachtet und kann nur bestätigen, dass sie möglich sind.

Sie erkennt und beschreibt die ungewöhnlich enge Verbindung zwischen dem Medium und dem aus ihren Trägern materialisierten Körper. Wir sind so stark daran gewöhnt, uns mit unserem Körper zu identifizieren, dass es ein neues und geradezu unheimliches Gefühl ist, wenn dieser Körper lebhafte und ungewöhnliche Erfahrungen macht, an denen der wahre Besitzer dennoch nicht teilhat. Sie gibt eine realistische Beschreibung der seltsam unnatürlichen Situation, in die ein materialisierendes Medium oft gestellt wird. Kaum jemand wird sie lesen, ohne zu begreifen, wie äußerst unangenehm und ungesund eine solche Erfahrung auf allen Ebenen und in jeder Hinsicht sein muss.

Anna oder ich?

„Nun erscheint eine andere Gestalt, kleiner, schlanker und mit ausgestreckten Armen. Am äußeren Ende des Kreises erhebt sich jemand, kommt näher, und die beiden fallen sich in die Arme. Dann unklare Ausrufe: „Anna! Anna! Mein geliebtes Kind!"

Eine andere Frau steht auf und legt ihre Arme um die Gestalt. Schluchzen, Schreie und Segenssprüche, alles durcheinander. Ich fühle meinen Körper schwanken. Es wird dunkel vor meinen Augen. Ich fühle Arme um mich gelegt, obwohl ich allein auf meinem Stuhl sitze. Ich fühle ein fremdes Herz gegen meine Brust pochen. Ich fühle, dass etwas geschieht. Außer den beiden Kindern ist niemand in meiner Nähe. Niemand beachtet mich. Alle Augen und Gedanken scheinen sich auf die schlanke weiße Figur zu konzentrieren, die da steht, umarmt von zwei schwarz gekleideten Frauen.

Es muss mein eigenes Herz sein, das ich so deutlich schlagen fühle. Aber diese Arme um mich? Niemals war eine Berührung so schmerzlich. Ich beginne mich zu fragen, wer ich bin. Bin ich die weiße Gestalt oder bin ich die Gestalt auf dem Stuhl? Sind das meine Hände um den Hals der alten Dame oder sind dies meine Hände, die leblos auf meinen Knien ruhen oder auf den Knien der Gestalt, wenn nicht ich es bin, die auf dem Stuhl sitzt?

Gewiss sind es meine Lippen, die geküsst werden. Es ist mein Gesicht, das nass ist von den Tränen, die diese guten Frauen so reichlich vergießen. Aber wie kann dies sein? Es ist ein schreckliches Gefühl, wenn einem die eigene Identität entgleitet. Ich sehne mich danach, eine dieser Hände auszustrecken, die so hilflos da liegen, und jemanden zu berühren, nur um mich zu vergewissern, ob ich es selbst bin oder ob es nur ein Traum ist – ob „Anna" ich bin und ich mich in ihrer Identität sozusagen verloren habe.

Ich fühle die zitternden Arme der alten Dame, die Küsse, die Tränen und die Liebkosungen der Schwester und frage mich, wie lange dies noch andauern wird. Wie lange wird es zwei von uns geben? Wie wird es ausgehen? Werde ich „Anna" oder „Anna" ich sein?

Dann fühle ich zwei kleine Hände in meine leblosen Hände gleiten und mir Kraft geben, mich sozusagen wieder in den Griff zu bekommen. Innerlich jubelnd, stelle ich fest, ich bin ich selbst. Ich erkenne, dass die kleine Jonte sich nicht länger hinter den drei Gestalten verstecken möchte und Trost suchend nach meinen Händen greift.

Wie froh bin ich über diese Berührung, selbst durch die Hand eines Kindes! Meine Zweifel, wer ich denn eigentlich bin, haben sich verloren. In diesem Moment verschwindet die weiße Gestalt „Anna", und die beiden Damen nehmen wieder Platz, aufgewühlt und tränenüberströmt, aber glücklich.

In jener Nacht sollte noch manches geschehen, aber ich fühlte mich irgendwie müde und stand dem, was um mich herum geschah, völlig gleichgültig gegenüber. Seltsame und bemerkenswerte Dinge ereigneten sich, aber man schien mir das Leben herausgezogen zu haben. Ich sehnte mich nach Einsamkeit und Ruhe."

Dieses Gefühl der Mattigkeit und des Ausgelaugtseins teilen wohl alle Medien.

„Nachdem ich den schmerzvollen Zustand nervlicher und körperlicher Erschöpfung, in den das Medium nach diesen Experimenten verfiel – blass, wortlos und einer Ohnmacht nahe auf dem Boden liegend – mit eigenen Augen gesehen hatte, konnte ich nicht daran zweifeln, dass die Entwicklung übersinnlicher Kraft mit einem entsprechenden Abziehen der Vitalkraft einhergeht."

Diese Aussage stimmt mit meiner eigenen Erfahrung überein. Ich habe so manches Medium nach der Séance vor Erschöpfung fast zusammensinken gesehen. Die materialisierte Form entzieht ihm so viel Lebenskraft und das System ist so aufgewühlt, dass nach der Séance sein Befinden einem postoperativen Zustand gleicht – nach einer Operation, bei der vierzig bis achtzig Pfund Körpermasse entfernt und wieder hinzugefügt werden.

Madame d´Espérance schreibt zu der seltsamen Verbindung zwischen Medium und materialisierter Form anhand ihrer eigenen Beziehung zu Yolande:

„Es schien eine seltsame Verknüpfung zwischen uns zu bestehen. Ich konnte nichts tun, um ihr Erscheinen zu gewährleisten. Sie kam und ging, soweit es mir bewusst war, völlig unabhängig von meinem Willen. Aber wenn sie kam, war sie für ihre kurze materielle Existenz von mir abhängig. Ich schien nicht meine Individualität, aber meine Stärke und Kraftanstrengung zu verlieren und einen großen Teil körperlicher Substanz, was ich damals noch nicht wusste. Ich fühlte eine Veränderung, aber das Bemühen, logisch zu denken, wirkte sich sonderbarerweise auf Yolande aus und schwächte sie."

Im Hintergrund ist sich das Medium seiner Individualität stets bewusst, aber jeder Versuch, sie zu beteuern oder logisch zu denken, schwächt die Form augenblicklich oder bringt sie in das Kabinett zurück. Logisch zu denken, bedeutet, einen chemischen Prozess zu aktivieren – die Oxidation des Gehirnphosphors. Nur im Zustand absoluter Passivität des physischen Trägers ist es möglich, ihm eine so große Substanzmenge zu entnehmen, ohne das Leben zu gefährden. Andererseits besteht diese Gefahr immer. Ein plötzlicher Schock kann sie erschreckend rasch Wirklichkeit werden lassen. Aus diesem Grund ist der Versuch des ignoranten und prahlerischen Skeptikers, nach der „Geist-Gestalt" zu greifen, kriminell und hirnlos. Die Person, deren ungeheure Dummheit sie dazu verleitet, eine solche Grausamkeit zu begehen, läuft Gefahr, in einem Mordprozess angeklagt zu werden. Menschen derartiger Intelligenzstufe sollte der Zutritt zu solch heiklen Experimenten versagt bleiben. Welchen Schaden sie anrichten können, zeigt folgender Bericht von Madame d´Espérance:

„Ich weiß nicht, wie lange die Séance bereits dauerte. Ich wusste nur, dass Yolande ihren Krug genommen hatte und sich außerhalb des Kabinetts befand. Was tatsächlich geschehen war, erfuhr ich erst später. Ich fühlte nur einen unerträglichen Schmerz, als werde ich geknickt und zusammengepresst, vergleichbar mit einer hohlen Gummipuppe, die heftig zusammengedrückt wird. Angst und Schrecken überfielen mich. Ich schien mein Leben zu verlieren und in einen tiefen Abgrund zu stürzen, ohne etwas zu wissen, zu sehen oder zu hören, außer dem Widerhall eines entfernten Schreies. Ich fühlte mich in die Tiefe sinken, wusste aber nicht, wohin es ging. Ich versuchte, mich zu retten, nach etwas zu greifen, was aber misslang. Und dann kam eine Leere, aus der ich vor Angst zitternd erwachte. Erst nach und nach begriff ich, was geschehen war. Ein Mann hatte Yolande ergriffen und behauptet, sie sei ich.

Wäre ich nicht so erschöpft gewesen, hätte ich über diese unmögliche Behauptung gelacht. Aber ich war unfähig, zu denken oder mich zu bewegen. Ich hatte das Gefühl, als sei nur noch sehr wenig Leben in mir. Und dieses bisschen Leben war eine Qual. Meine Lungenblutung, die ich in Südfrankreich ausgeheilt hatte, brach wieder aus, und ich erstickte fast an dem Blut. Eine schwere, lange Krankheit war die Folge. Unsere Abreise aus England musste um mehrere Wochen verschoben werden, da ich nicht transportfähig war."

Kein Wunder, dass die „Geistführer" alle in ihrer Macht stehenden Vorsichtsmaßnahmen ergreifen, um ihr Medium vor einer solchen Brutalität zu bewahren. Selbst sie können durch den vorübergehend angenommenen Träger leiden, indem sie sich dem Ehrgefühl und Wohlwollen der auf physischer Ebene Anwesenden anvertrauen.

„Zwei inzwischen verstorbene Freunde ergriffen jeder bei einer Séance einmal eine leuchtende Hand, die unter ihrem Zugriff völlig wegschmolz. Man hat mir aus geistiger Ebene mitgeteilt, dass der Geist, der seine Anwesenheit auf diese Weise demonstriert, darunter leidet. Ein Geist erscheint jemandem, dem er nicht trauen kann, dass er sich vor einem solchen Eingreifen zurückhält, höchst ungern in körperlicher Form, es sei denn, er erlaubt es ausdrücklich."

Ich weiß nicht, ob der „Geist" in einem solchen Fall leidet, was mit Sicherheit der Fall ist, wenn eine materialisierte Form niedergeschlagen oder verwundet wird. Aus diesem Grund diente das fortwährend geschwungene Schwert als Schutz vor Verfolgung. Eine physische Waffe kann dem Astralkörper nicht den geringsten Schaden zufügen. Aber sobald eine Materialisation vorliegt (bei jedem physischen Phänomen muss es eine, wenn auch noch so geringfügige Materialisation geben), können physische Waffen durch sie auf den Astralkörper einwirken und eine Empfindung hervorrufen, vergleichbar mit dem dauerhaften physischen Körper während der irdischen Existenz. Das Medium kann durch jeden unbefugten Eingriff in die materialisierte Form ernsthaft verletzt werden, wie das Erlebnis von Madame d´Espérance beweist.

Gewisse Personen gehen bei ihren Nachforschungen davon aus, dass sie getäuscht werden, und bemühen sich, alle möglichen komplizierten Vorrichtungen zu erfinden, um einen Betrug auszuschließen. Es trifft zu, dass in vielen Fällen die Phänomene nicht unter den von ihnen vorgeschriebenen Kriterien auftreten. Der Tote ist natürlich nicht unbedingt gewillt, sich für eine Person besonders anzustrengen, die ihm ohnehin von Anfang an mit Argwohn und einem maßlosen Selbstbewusstsein begegnet. Oft sind die von einem solchen Ignoranten vorgeschriebenen Bedingungen einfach nicht haltbar.

„Wissenschaftlich denkende Personen sind fast ausnahmslos der Meinung, man solle ihnen bei einer solchen Untersuchung von Anfang an erlauben, die Bedingungen festzulegen. Wenn dann aber unter diesen Voraussetzungen nichts passiert, betrachten sie es als Beweis für einen Schwindel oder eine Wahnvorstellung. Andererseits wissen sie, dass in allen anderen Forschungsbereichen die Natur, nicht sie, die wesentlichen Voraussetzungen bestimmt, ohne deren Einhaltung kein Experiment Erfolg haben wird. Diese Bedingungen, die für jeden Forschungsbereich verschieden sind, müssen durch geduldiges Hinterfragen in Erfahrung gebracht werden. Um wie vieles mehr mögen sie sich unterscheiden, wenn es sich um solch subtile Kräfte handelt, deren Natur dem Physiker völlig fremd ist."

Ebenso mag jemand elektrische Experimente als für nicht durchführbar erklären, wenn er das Isoliermaterial für verdächtig hält und bei der Verwendung nicht isolierter Drähte die gleichen Resultate erwartet. Macht man ihn darauf aufmerksam, dass die Isolierung eine notwendige Voraussetzung ist, wird er von Betrug sprechen und behaupten, dass die angeblichen Wunder der Elektrizität seinen Bedingungen niemals standhalten könnten.

Ich persönlich habe dem Toten stets ehrliche Absichten zugebilligt, bis er das Gegenteil bewies, und ihm zugestanden, seine eigenen Voraussetzungen zu schaffen. Wesentlich ist es, eine freundliche Beziehung aufzubauen. Hat er Vertrauen gewonnen, wird er bereitwillig auf die Grenzen seiner Kraft hinweisen, soweit er diese kennt, und mitunter selbst die unterschiedlichsten Versuche vorschlagen, um die Echtheit der Phänomene zu beweisen.

Ich habe auch erlebt, dass man mich täuschen wollte. Wenn ich erkannte, dass es vom Medium ausging, verhielt ich mich ruhig. Andererseits habe ich Täuschungsmanöver beobachtet, die eindeutig dem unsichtbaren Wesen zuzuschreiben waren. Ich habe Fälle gesehen, in denen im Trancezustand der Körper des Mediums in einen materialisierten Gazeschleier gehüllt und als „Geistform" ausgegebenen wurde – anscheinend um dem Geistwesen die Mühe zu ersparen, eine echte Materialisation vorzunehmen oder weil möglicherweise die dazu erforderliche Kraft fehlte. Als das Medium aus der Trance erwachte und man ihm berichtete, was geschehen war, beteuerte es, nichts davon gewusst zu haben. Da ich mehrmals über dieses Medium die Entstehung echter Materialisationen beobachtet hatte, glaubte ich ihm.

Da es sich bei dieser Art von Täuschung nicht um einen Einzelfall handelt, hüte ich mich zu behaupten, dass ein offensichtlicher Betrug in jedem Fall auf das Medium zurückfällt. Aber selbst bei einer echten Stoffmaterialisation geschieht es häufig, dass die Substanz der Bekleidung des Mediums entnommen wird. Madame d´Espérance schreibt dazu:

„Während einer Séance „zog" ein Anwesender ein Stück von dem Gewand ab, das eine der Geistformen bekleidete. Später entdeckte ich, dass ein großes viereckiges Stück Stoff aus meinem Rock teilweise geschnitten und teilweise herausgerissen war. Der Rock bestand aus einem schweren dunklen Wollmaterial. Das „abgezogene" Stück entsprach in der Form genau dem fehlenden Stück in meinem Rock. Es war nur sehr viel größer, von weißer Farbe und aus feinem, spinnwebartigem Material.

Etwas Ähnliches hatte sich zuvor schon einmal ereignet, als jemand die kleine Ninia um einen Fetzen aus ihrem wallenden Kleid bat. Sie stimmte nur unwillig zu, was nach der Séance seine Erklärung fand. Ich entdeckte ein Loch in meinem fast schwarzen Kleid, das ich zum ersten Mal trug. Ich hielt es für ein Missgeschick seitens Ninias. Da es nun zum zweiten Mal passierte, begann ich zu verstehen, dass es sich nicht um einen Zufall handelte, sondern mein Kleid oder die Kleidung der Séance-Teilnehmer die Grundlage für das schillernde Gewand der Geistform bildete."

Es gibt verschiedene Arten dieses materialisierten Stoffes – einige recht grob, andere ausgesprochen zart. Manchmal ermutigt das Wesen einen bevorzugten Teilnehmer, den Stoff anzufühlen oder sogar ein Stück herauszuschneiden. Ich habe einige solche Stücke erhalten, von denen manche mehrere Jahre hielten und unverwüstlich zu sein schienen, während andere sich innerhalb von Stunden oder sogar Minuten auflösten. Obwohl hauchdünnes weißes Material die Regel zu sein scheint, habe ich ganz normalen Stoff unter den materialisierten Formen vorgefunden, verwendet zu Alltagsgewändern, Uniformen oder eine für ihre Stellung in ihrem irdischen Leben charakteristische Bekleidung.

„Zunächst sieht man ein hauchdünnes, verschwommenes weißes Etwas auf dem Boden vor dem Kabinett liegen. Allmählich dehnt es sich aus, als entfalte sich ein zusammengelegtes Stück Musselin. Plötzlich beginnt es, sich langsam zu erheben, sinkt vorübergehend ein wenig in sich zusammen, um dann noch höher zu wachsen. Eine darunter entstehende Gestalt scheint den Schleier um sich zu ordnen, hebt die Arme, streckt sie seitwärts durch eine Fülle wolkenähnlichen Geistgewebes aus – und Yolande steht unverschleiert, anmutig und wunderschön anzusehen vor uns. Auf dem Kopf trägt sie eine Art Turban, unter dem ihr langes schwarzes Haar hervorquillt und über die Schultern ihren Rücken hinunterfließt.

Der gesamte Vorgang dauert etwa zehn bis fünfzehn Minuten.

Wenn sie verschwindet oder sich entmaterialisiert, geschieht Folgendes. Nach vorne tretend, um sich deutlich zu zeigen, öffnet sie langsam das schleierartige Gebilde, dehnt es über ihren Kopf hinaus aus und umhüllt sich damit wie mit einem Brautschleier. Der Schleier sinkt allmählich in sich zusammen, während Yolande sich darunter entmaterialisiert und schließlich keine Ähnlichkeit mehr mit einer menschlichen Gestalt besitzt. Dann fällt plötzlich alles in ein winziges Häufchen Tuch zusammen, Yolandes Gewand, das langsam, aber sichtbar zu einem Nichts dahinschmilzt.

Die Entmaterialisierung von Yolandes Körper dauert zwei bis fünf Minuten, und das Verschwinden des Stoffes etwa ein bis zwei Minuten. Einmal entmaterialisierte sie den Schleier nicht, sondern ließ das Stoffhäufchen vor dem Kabinett auf dem Teppich liegen, das von zwei Geistwesen, die nacheinander aus dem Kabinett traten, betrachtet wurde."

Beide Vorgänge habe ich selbst beobachtet. In meinem Fall handelte es sich um eine ungewöhnlich große Männergestalt. Sie erschien nicht aus einem Faltenwurf, sondern aus einer Lichtwolke, die, aufwärts strebend, bald einem Baumstumpf glich. Sie wuchs über unsere Köpfe hinaus und formte schließlich ein verschwommenes, säulenartiges Gebilde, das sich zu einer wohlbekannten Gestalt verdichtete, vorwärts trat, mir freundlich die Hand schüttelte und mit klarer Stimme sprach. Nachdem sie etwa fünf Minuten mit uns gesprochen und mehrere Fragen beatwortet hatte, verabschiedete sie sich. Ihre äußeren Umrisse begannen zu verschwimmen, und die Gestalt wurde wieder zur Wolkensäule, die ziemlich rasch in sich zusammensank und eine kleine Lichtmasse auf dem Boden hinterließ, die aufflackerte und verschwand.

Insgesamt habe ich drei sich materialisierende Gestalten gesehen – einen Araber, der das Medium um etwa fünfzehn Zentimeter überragte, einen Europäer und ein kleines dunkelhäutiges Mädchen – während das Medium sicher verschlossen in einem Drahtkäfig saß, der nur von außen geöffnet werden konnte. Die Schlüssel trug ich in meiner Tasche. Später forderte man uns auf, den Käfig zu öffnen. Das Medium, das sich in Trance befand, kam heraus, auf beiden Seiten gestützt von den beiden ersten Gestalten. Wir durften das Medium und die beiden materialisierten Gestalten berühren. Es überraschte uns, dass sich diese eindeutig fester anfühlten als das Medium, das sie vor unseren Augen auf ein Sofa legten. Ehe sich die beiden Figuren in Luft auflösten, gaben sie uns zu bedenken, dass das Medium sehr erschöpft sein werde, wenn es aus der Trance erwache. Trotz der schwachen Beleuchtung im Raum konnten wir die Gesichtszüge des Mediums und der beiden Besucher aus dem Jenseits deutlich erkennen und ihren Bewegungen folgen.

Nur besondere Umstände ermöglichen es, dass sich eine materialisierte Gestalt frei im Raum bewegen kann. In der Regel ist sie auf die unmittelbare Nachbarschaft zum Medium beschränkt und einer Anziehungskraft unterworfen, die sie beständig in den Körper zurückzieht, aus dem sie hervorging. Wird sie allzu lange von dem Medium entfernt gehalten, kollabiert sie, und die Materie, aus der sie sich zusammensetzt, nimmt den ätherischen Zustand an und schießt augenblicklich zu ihrer Quelle zurück. Es ist ausgesprochen gefährlich für die Gesundheit des Mediums oder sogar für sein Leben, diesen Rückzug in irgendeiner Weise zu verhindern, wie das bereits angesprochene Beispiel von Madame d´Espérance zeigt. Wahrscheinlich waren der größte Prozentsatz ihrer Äthermasse und möglicherweise auch ein Teil dichterer Materie bei Yolande. Als diese dann ohne Vorwarnung von jenem Dummkopf festgehalten wurde, war der Rest in Yolandes Gestalt geschossen, weshalb man das Medium außerhalb ihres Kabinetts vorfand. Jemand, der nicht über genügend Kenntnisse verfügt, was bei einer Séance vor sich geht, sollte niemals daran teilnehmen dürfen.

Ein weiterer Grund für die sorgfältige Auswahl der Teilnehmer liegt in der Tatsache, dass bei einer Materialisation nicht nur dem Medium, sondern bis zu einem gewissen Ausmaß allen Anwesenden Materie entnommen wird. Eine Vermischung der Materie und unerwünschter Eigenschaften wirkt sich nicht nur auf alle Personen, sondern vor allem auf das sensible Medium aus, das den größten Beitrag leistet. Madame d´Espérance schreibt dazu.

„Von Anbeginn unserer Experimente habe ich nach einer Séance der Materialisation mehr oder weniger unter Übelkeit und Erbrechen gelitten und mich mit der Zeit daran gewöhnt, diesen Zustand als eine natürliche und unvermeidliche Folgeerscheinung zu akzeptieren, die mit

Mitgliedern unseres häuslichen Kreises oder mit Kindern nicht auftrat. Besonders heftig trat dieses Unwohlsein, von dem ich mich gewöhnlich zwei oder drei Tage lang erholen musste, auf, wenn Nikotin im Spiel war. Séancen mit Nichtrauchern erschöpften mich nicht in dem Maße. Waren kranke Personen anwesend, fühlte ich mich hinterher ständig unwohl. Personen, die gerne Alkohol tranken, verursachten mir das gleiche Unbehagen wie Raucher.

Diese Séancen lehrten mich, dass viele allgemein übliche und gebilligte Angewohnheiten für die Ergebnisse schädlich sind, zumindest aber für die Gesundheit des Mediums."

Ein „Geistführer", der bereits einige Jahre wirkte und mit den astralen Möglichkeiten recht gut umzugehen wusste, hat interessante Phänomene oft mit einer Materialisation verbunden und sie besonderen Freunden gezeigt, wenn die Kraft ausreichte. Zu ihnen gehörte eine Gestalt, die sich „John King" nannte. Manchmal legte er seine Hand auf eine der gemalten Leuchttafeln. Die wohlgeformte starke Hand hob sich deutlich vor dem schwach leuchtenden Hintergrund ab. Vor unseren Augen ließ er sie zu einer Miniaturhand werden, ohne dabei ihre ursprüngliche Charakteristik zu verlieren, oder er ließ sie gigantisch anwachsen, um sie dann Schritt für Schritt auf ihre ursprüngliche Größe zurückzuführen. Eine mesmerische Einflussnahme konnte ausgeschlossen werden, da alle im Raum diese Verwandlung gleichermaßen beobachteten. Es handelte sich tatsächlich um eine Vergrößerung und Verkleinerung der materialisierten Hand, die jedem gelingt, der es versteht, die Materie zu manipulieren.

Der Scherz eines Toten

Mitunter wird eine nicht-menschliche Form materialisiert, was häufig beweist, dass unsere verstorbenen Freunde keineswegs ihren Sinn für Humor verlieren, wenn sie in die Astralwelt hinübergehen. Bei einer gewissen Séance belästigte uns die Gegenwart eines prahlerischen Skeptikers. Großtuerisch brachte er seine Ignoranz mit jedem Wort zum Ausdruck, wenn er mit lauter, ungehobelter Stimme fortwährend verkündete, dass alles nur Unsinn sei und in *seiner* Anwesenheit mit Sicherheit nichts geschehe.

Als er keine Ruhe geben wollte, bat ihn das Medium, seinen Ton zu mäßigen, da die „Geister" Leute, die so redeten, schon mehrmals recht unsanft behandelt hatten. Aber der Skeptiker wurde noch gröber und offensiver in seinen Bemerkungen und meinte, er trotze jedem Geist, der es wage, ihn zu erschrecken oder sich ihm sogar zu zeigen. Inzwischen hatten wir schon eine Weile in der Dunkelheit um den Tisch gesessen, ohne dass irgendetwas geschehen war. Nur einer der „Geistführer" hatte zu Beginn der Séance mit kurzen Worten angekündigt, dass sich Kraft aufbaue. Als die Zeit verging, dachte ich, dass unser Skeptiker vielleicht eine solche Disharmonie verbreitete, dass er recht behalten werde. Ich sollte mich täuschen.

Der Raum, in dem die Séance abgehalten wurde, war sehr beengt. Zwischen ihm und dem angrenzenden großen Zimmer befand sich eine von unserer Seite aus verriegelte Falttür, die bis zur Decke reichte. Wir hatten uns um einen runden Tisch versammelt. Unsere Stuhllehnen berührten fast die Wände, beziehungsweise die Falttür. Eine kleinere, von innen abgeschlossene Tür führte zu einer Treppe. Wir saßen und warteten.

Plötzlich hörten wir im Nebenzimmer schwere Fußtritte. Die riesigen Türen wurden aufgestoßen und krachten von hinten gegen die davor stehenden Stühle und schoben sie mitsamt dem Tisch weiter. Eine fahle, fast geisterhafte Helligkeit drang durch die offene Tür, und wir alle sahen einen mächtigen Elefanten eindringen. Keiner konnte einen klaren Gedanken fassen. Jemand schloss hastig die Hintertür auf, und wir flohen die Treppe hinunter.

Brüllendes Gelächter folgte uns. In diesem Moment erkannten wir die Absurdität der Situation. Einige rannten zurück und machten Licht. Es war nichts zu sehen. Beide Zimmer waren leer. Es konnte kein Streich gewesen sein, denn die Räumlichkeiten hätten dies nicht zugelassen. Keine Spur von einem Elefanten! Außer einem ausgebrochenen Riegel und drei zerbrochenen Stühlen, die unsere überstürzte Flucht bewiesen, gab es keinerlei Anzeichen. Wir versammelten uns wieder in dem kleinen Raum und lachten herzhaft (denn es war ja vorbei). Nur unser Skeptiker war umgehend auf die Straße gelaufen. Er fürchtete sich so sehr, dass man ihm sogar Mantel und Hut nachtragen musste, da er sich weigerte zurückzukehren. Ich habe ihn niemals wieder gesehen, mich nur manchmal gefragt, wie er sich diese Täuschung, von der er mit Sicherheit ausging, erklärt haben mag.

In diesem Fall waren die Geistwesen, die die Séance überwachten, offensichtlich der Ansicht gewesen, eine Lektion erteilen zu wollen. Ein derartiger Kraftaufwand wird höchst selten für eine so nichtige Sache wie die Belehrung eines dummen Skeptikers betrieben. Eine der Regeln des höheren Lebens verlangt, mit Energie hauszuhalten und sie möglichst nur dort einzusetzen, wo man auf einen guten Ausgang hoffen kann. „Und er verbrachte dort nicht viele Machttaten um ihres Unglaubens willen." (Math. 12,58) Zweifellos hätte Seine Macht ihre starrsinnige Skepsis niederbrechen können. Aber es ist Sein Wille, an die Tür des Menschenherzens zu klopfen, nicht, Sich jenen aufzudrängen, die für Ihn noch nicht bereit sind.

Kapitel 37
Materialisationsphänomene

Ektoplasma

Es ist noch nicht so lange her, dass sich Wissenschaftler eingehend mit dem seltsamen, bei Séancen produzierten Material befasst haben, aus dem sichtbare und greifbare Phantome gebildet werden. Die Spiritisten waren im Allgemeinen lange Zeit davon ausgegangen, dass die Besucher aus dem Jenseits eine Art Materie verwenden, die dem Medium und bis zu einem gewissen Grad den anderen anwesenden Personen entnommen wird, um ihre hyperphysische Form zu verdichten. Inzwischen hat man erkannt, dass das verwendete Material nicht nur aus dem Ätherkörper, sondern zu einem großen Teil aus dem Gewebe des dichten physischen Körpers stammt und daher in gewisser Weise organische Strukturen trägt.

Anscheinend halten die Geistwesen es für nötig, das Material bei der Verdichtung zur Form seinen eigenen Wachstumsprinzipien folgen zu lassen, aber nur so weit wie unbedingt erforderlich. Zweifellos bezwecken sie damit, möglichst viel Energie zu sparen. Dieser physiologische Aspekt der Materialisation hat das Interesse der Wissenschaftler geweckt, die nach eingehenden Untersuchungen zu folgendem Ergebnis kamen.

Die fragliche Substanz scheint genau dieselben Merkmale aufzuweisen, gleichgültig welchem Medium sie entnommen wurde. Sie tritt in unsichtbarer Form aus, was manchmal als Wind wahrgenommen wird, verdichtet sich zu einem Nebel und schließlich zu einem weißen, grauen oder schwarzen Material von unterschiedlicher Beschaffenheit. Die Substanz wird von unsichtbaren Wesen zu menschlichen Fingern, Gesichtern und manchmal ganzen Gestalten geformt. Mitunter werden diese Wesen, die auch nicht-menschliche Formen hervorbringen, von dem Medium oder anderen hellsichtigen Anwesenden gesehen. Aufgrund der Plastizität dieses Materials und der Tatsache, dass es in unmittelbarer Nähe zum Medium geformt werden kann, spricht man von Teleplasma oder Ektoplasma.

Im Fall des bekannten Mediums Eusapia Palladino erschien die erste Manifestation in Form eines kühlen Windes, der von ihrer Stirn ausströmte, besonders aus einer alten Wunde an der Kopfseite sowie aus anderen Körperteilen. Dieser Wind pflegte die Vorhänge des Kabinetts oder das Kleid aufzublähen, sich im Schutz der dahinterliegenden Dunkelheit in eine Gestalt zu verdichten und hervorzutreten. Bei späteren Untersuchungen bemühte man sich, die Geistwesen zu bewegen, den gesamten Prozess wahrnehmbar ablaufen zu lassen. Aus diesem Grund blieben viele der in verschiedenen Wachstumsphasen fotografierten Gestalten unvollständig.

Die Phänomene der Madame Palladino

„Nachdem das Medium Platz genommen hatte, tasteten wir mit unseren Händen ihren Kopf im Abstand von etwa acht Zentimetern ab, um festzustellen, ob die kalte Brise ihrer Stirn entwich. Wir konnten sie deutlich fühlen. B. hielt eine kleine Papierfahne vor ihre Stirn. Sie flatterte mehrmals und letztlich so stark auf, dass sie sich um den Stiel wickelte, an dem sie befestigt war. Damit war die objektive Natur der Brise eindeutig bestätigt."

Bei Experimenten, die in der psychiatrischen Abteilung der Universität Turin durchgeführt wurden, konnten aufgrund der Verdichtung dieser Brise verschiedene Phänomene beobachtet werden, die im Verlauf der Séancen bei schwachem Licht auftraten.

„Ein einfacher Holzschemel im Kabinett des Mediums wackelte und fiel um. Die Vorhänge zitterten. Eine dahinter verborgene Hand griff wiederholt nach den ausgestreckten Händen einiger Anwesender, schüttelte und liebkoste sie. Plötzlich wurde eine kleine geschlossene Hand sichtbar. Der mit einem dunklen Ärmel bedeckte Arm zeigte sich deutlich im Licht. Er war rosa, plump und frisch. Währenddessen hielten die Ärzte die Hände des Mediums fest. Nach einigen Minuten öffnete sich der Vorhang, und ein blasses, hageres, ernst dreinblickendes Gesicht kam zum Vorschein.

Eine schmale Hand tauchte auf, ergriff ein Bein des Schemels und stieß ihn fort. Der Hocker begann, sich zu heben und über unsere Köpfe zu kreisen. In diesem Moment schrie das Medium: „Er wird uns töten! Fangt ihn!" Eine unsichtbare Kraft zog ihn in die Mitte des Tisches, wo er schließlich stehenblieb.

Gegen Ende der Séance legte jemand die Hand an die Kopfnarbe des Mediums und spürte einen starken, kalten Wind herausströmen, als atme sie. Dieselbe kalte Brise, nur schwächer, entwich ebenfalls ihren Fingerspitzen."

In einigen Fällen erschien eine vollständige Gestalt, die sich aus dieser Brise zu materialisieren schien.

Das Teleplasma von Eva C.

Geley, der dieses Medium zwölf Monate lang eingehend beobachtete, gab folgende Beschreibung des austretenden Materials:

„Aus dem Körper des Mediums strömt eine zunächst amorphe oder polymorphe Substanz aus, die verschiedene Formen annimmt, im Allgemeinen mehr oder weniger strukturierte Organe. Man kann (1) die Substanz als Substrat der Materialisation und (2) ihre geordnete Entwicklung deutlich unterscheiden. Ihr Erscheinen macht sich gewöhnlich durch feuchte, weiß leuchtende Spritzer und Flecke auf dem schwarzen Kleid des Mediums, in erster Linie auf der linken Seite, bemerkbar.

Diese Manifestation zeigt sich oft bis zu einer Stunde vor den anderen Phänomenen. Manchmal fehlt sie, oder es folgt nichts nach ihr.

Die Substanz selbst tritt aus dem gesamten Körper des Mediums aus, besonders den natürlichen Öffnungen und Extremitäten, dem Scheitel, der Brust und den Fingerspitzen. Am häufigsten quillt sie aus dem Mund, was sich gut beobachten lässt.

Die Substanz tritt in unterschiedlicher Form auf, manchmal als teigartige, manchmal als protoplasmatische Masse, manchmal in Form zahlloser dünner Fäden, unterschiedlich dicker Stränge, als breite Bänder, als Membran oder unregelmäßiges Gewebe. Die auffälligste Form besteht aus einer gedehnten Membran mit Falten und Fransen, die einem Netz ähnelt.

Die Menge der austretenden Substanz ist unterschiedlich. In manchen Fällen umhüllt sie das Medium vollständig. Es gibt drei Farben – weiß, schwarz oder grau. Die weiße Farbe tritt am häufigsten auf, vielleicht, weil sie sich am einfachsten beobachten lässt. Manchmal erscheinen alle drei Farben gleichzeitig. Die Sichtbarkeit der Substanz wechselt. Sie fühlt sich unterschiedlich an, manchmal feucht und kalt, manchmal zähflüssig und klebrig, selten trocken und hart, was von der jeweiligen Form abhängt. Sie vermittelt einen weichen, leicht elastischen Eindruck, wenn sie ausgedehnt vorliegt, hart und knotig oder faserig, wenn sie Schnüre bildet. Manchmal fühlt sie sich wie Spinngewebe an. Die Fäden sind hart und elastisch.

Die Substanz ist beweglich. Manchmal kriecht sie langsam über das ganze Medium, vergleichbar mit einem Reptil, oder sie bewegt sich ruckartig und schnell. Sie taucht auf und verschwindet und reagiert höchst empfindlich, vermischt mit der Sensibilität des Mediums. Jede Berührung wird von dem Medium als schmerzhaft empfunden. Ist diese besonders stark oder hält lange an, entsteht ein Schmerz, der einem Schock für den normalen Körper gleicht.

Die Substanz ist lichtempfindlich. Starkes Licht, besonders wenn es plötzlich und unerwartet auftritt, ruft schmerzhafte Störungen hervor. Dennoch vermag das Phänomen in manchen Fällen dem Tageslicht standzuhalten. Ebenso verhält es sich mit dem Blitzlicht, das wie ein Schlag auf das Medium wirkt, aber ertragen werden kann.

Die Substanz zeigt eine immanente Tendenz, sich zu strukturieren. Sie verharrt nicht lange in ihrem Urzustand. Manchmal verläuft dieser Prozess so schnell, dass die ursprüngliche Substanz gar nicht in Erscheinung tritt. Mitunter sieht man gewisse Strukturen, eine Hand oder einen Kopf, vollkommen eingebettet in der amorphen Substanz."

Über ein anderes Experiment schreibt Geley in seinem Notizbuch:
„Ein zwei Finger dicker Strang weißer Substanz trat langsam aus Evas Mund und reichte bis zu ihren Knien. Vor unseren Augen nahm sie die unterschiedlichsten Formen an. Manchmal bildete sie ein lockeres Gewebe, manchmal legte sie sich in Falten und dehnte sich wieder aus. Manchmal stülpte sie sich aus, und es entstanden vorübergehend eine Art Finger oder die Umrisse einer Hand. Die Masse sank in sich selbst zurück. Schließlich zog sich der Strang zusammen, erhob sich in die Luft, löste sich von dem Medium und kam auf mich zu. Ich beobachte, wie sich das Ende zu einem Knoten formte, der sich in eine perfekte Hand modellierte. Ich berührte diese Hand. Sie fühlte sich recht normal an. Ich spürte die Knochen und die Finger mit den Nägeln. Dann wurde diese Hand zurückgezogen. Kleiner werdend, verschwand sie schließlich am Ende des Strangs, der sich einige Male zusammenzog und in den Mund des Mediums zurückkehrte."

Weiter heißt es:
„Plötzlich erscheint rechts über dem Kopf des Mediums ein menschlicher Kopf mit kurzem, dickem, kastanienbraunem Haar. Die obere Schädelpartie und die Stirn sind voll ausgebildet. Unterhalb der Augenbrauen sind die Konturen verschwommen. Der Kopf verschwindet für einen Moment hinter dem Vorhang und taucht wieder auf. Eine weiße Maske bedeckt das unvollkommen manifestierte Gesicht. Ich fahre mit der Hand durch das dichte Haar und berühre den Schädelknochen. Im nächsten Augenblick ist alles verschwunden."

Was den physiologischen Aspekt betrifft, schreibt er:
„Die menschliche wie die supramenschliche Physiologie zeigt eindeutig die Tendenz, sich zu strukturieren. Wir haben den Übergang der amorphen, ungeordneten Substanz in eine organisch entwickelte Struktur beobachtet, die vorübergehend alle Merkmale des Lebens besaß. Für die

supramenschliche Physiologie gibt es nur eine einzige Substanz, die Basis und das Substrat organischen Lebens.

Genau das Gleiche gilt für die menschliche Physiologie. In einigen Fällen erscheint es durchaus begreiflich, dass das Phänomen, das sich in dem dunklen Kabinett einer Séance ereignet, ebenso in dem Kokon des Insekts stattfindet. Die Auflösung des Gewebes reduziert einen großen Teil der Organe zu einer einzigen Substanz, deren Bestimmung es ist, die Organe und verschiedenen Teile der ausgewachsenen Form zu materialisieren. Wir haben daher in beiden Physiologien dieselbe Manifestation vorliegen."

Das Teleplasma ist selten, falls überhaupt, von dem Medium getrennt. Obwohl es kein Nervensystem besitzt, erscheinen durch Berührung oder Licht hervorgerufene Impressionen im Bewusstsein des Mediums als seine eigenen Empfindungen, was beweist, dass es nicht unbedingt eines Nervensystems bedarf, um dem Gehirn eine Empfindung mitzuteilen. Mit anderen Worten, ein auf die Substanz ausgeübter Druck oder ein plötzlich aufflammendes helles Licht verletzt das Medium. Der Schmerz scheint in dem Teil seines Körpers aufzutreten, dem das Material entzogen wurde.

An dieser Stelle sollte erwähnt werden, dass die Wissenschaftler, die derartige Untersuchungen vornehmen, das Medium sowie den Ort, an dem die Séance stattfindet, im Vorfeld gründlich überprüfen. Obwohl manchem der zufälligen Besucher viele der Gesichter und Formen wie Papierfiguren erscheinen mögen, machen die strengen und gewissenhaften Vorkehrungen ein Einschmuggeln in den Séance-Raum unmöglich.

Die Entwicklung der Formen

Es hat den Anschein, dass die Geistwesen bei der Materialisation der Formen oft auf Schwierigkeiten stoßen, die sie nur mit Methoden überwinden können, die denen eines Künstlers oder Bildhauers auf unserer Ebene ähneln. Mitunter erscheint das Phantom mehrmals. Trotz desselben Kopfes und derselben Kleidung und Haltung gibt es zahlreiche kleine Veränderungen. Die Unterschiede der an verschiedenen Abenden aufgenommenen Bilder beruhen hauptsächlich auf den unterschiedlichen Positionen des Körpers, was die Verschiebung und Veränderung der äußeren Linienführung und des Faltenwurfs der Kleidung bedingt. Solche Unterschiede weisen auf die Flexibilität des dahinterstehenden Künstlerwillens hin, denn das elementar formative Prinzip bringt niemals starre, unveränderliche Werke hervor. Die fotografierten Emanationen deuten stets auf ein bewegliches, weiches Basismaterial hin, höchst unbeständig und rasch vergänglich.

Bekleidung

Oft wird die Frage gestellt, warum die materialisierten Gestalt einer bereits vor langer Zeit verstorbenen Person sich in der Kleidung darstellt, die sie damals gewöhnlich trug. Dies trifft zwar nicht immer, aber in den meisten Fällen zu, selbst wenn der Verstorbene seine Gewohnheit in der Astralwelt geändert haben mag. Der Grund hierfür liegt wohl darin, dass man ihn ansonsten in seinem neuen Zustand nicht erkennen würde. Hinzu kommt, dass er, sobald er sich dem Einfluss der Erde nähert, in den Sog seines früheren irdischen Umfelds gerät, das die alte Form sozusagen reproduziert. Ein Medium gab in Trance folgende Antwort auf die Frage:

„Wenn wir denken, dass wir so sind, wie wir auf der Erde waren, verdichtet sich der Äther um uns und hüllt uns ein. Wir befinden uns innerhalb dieser Äthersubstanzen, die wir anziehen. Unsere Gedanken an unser früheres Aussehen, an dem man uns erkennen könnte, formen nicht nur unsere Kleidung, sondern auch unsere Gestalt und unsere Züge. Hier treten die geistigen Chemiker auf. Ihren Fähigkeiten entsprechend, modellieren sie mit ungeheurer Geschwindigkeit die Äthersubstanz in unsere äußere irdische Form, damit man uns erkennt."

In einem anderen Fall sah das Medium eine alte Dame in einem Brokatkleid. Später stellte sich heraus, dass dieses von ihr in Auftrag gegebene Kleid erst am Tage vor ihrem Tod geliefert wurde und sie es niemals getragen hatte.

Weder Telepathie noch das Herumstöbern in den passiven Erinnerungen eines kosmischen Reservoirs, sondern die Fähigkeit eines überlebenden Geistes, seine Erinnerungen an die Erde zusammenzustellen und gezielt erkennbare Einzelheiten auszuwählen, liefern den überzeugendsten Beweis für eine Identität.

Wachshandschuhe

Es handelt sich bei diesem Phänomen um Paraffinabdrücke. Das materialisierte Wesen wird gebeten, seine Hand oder seinen Fuß mehrmals in flüssiges Paraffin zu tauchen. Es bildet sich rasch eine enganliegende Hülle um die Extremität. Entmaterialisiert sich die Gestalt, bleibt die Hülle zurück. Es gibt wohl keinen plastischeren Beweis für die tatsächliche Anwesenheit einer materialisierten Menschengestalt als diese sogenannten *Wachshandschuhe*. Bei einer Reihe von Séancen wurden einige der Materialisationen sichtbar. Geley schreibt dazu:

„Wir beobachteten, wie die Hände in das Paraffin tauchten. Sie leuchteten und trugen an ihren Fingerspitzen Lichtpunkte. Langsam glitten sie vor unseren Augen vorbei, tauchten in das Paraffin, bewegten es ein paar Sekunden, tauchten wieder auf, immer noch leuchtend, und berührten mit dem Handschuh die Hand eines der Anwesenden."

Kapitel 38
Spiritismus und Theosophie

Gemeinsamkeiten

Einige Spiritisten glauben, die Theosophen vermuteten, die Phänomene seien das Werk von Elementalen, Naturgeistern, Teufeln und dergleichen. Kein Theosoph, der etwas von der Sache versteht, hat jemals eine solch törichte Behauptung aufgestellt, obwohl gelegentlich Phänomene tatsächlich nicht auf einen Verstorbenen zurückzuführen sind. Oft haben aus Unkenntnis geborene Missverständnisse zu völlig unnötigem Misstrauen geführt. Ein tieferer Einblick in die Arbeit des anderen und ein größeres Verständnis für die jeweilige Aufgabe wird, so hoffe ich, gegenseitigen Respekt entwickeln. Zu streiten, wäre unklug, denn wir haben mehr gemeinsam als jeder von uns mit anderen Glaubensrichtungen.

Beide halten wir nachdrücklich an der Kernvorstellung fest, dass der Mensch ein unsterbliches, sich fortlaufend weiterentwickelndes Wesen ist. So wie er sein Leben jetzt lebt, wird es sein, wenn er seinen physischen Körper, den einzigen, durch den er lernen kann, abgelegt hat. Gott, der Vater, und die Gemeinschaft der Menschen sind unsere fundamentalen Glaubenssätze. Wir wissen, dass der Gewinn dieser Welt, verglichen mit den Herrlichkeiten des höheren Lebens, keinen Wert besitzt. Wir sollten unsere Differenzen beiseite schieben und diese wesentlichen gemeinsamen Punkte in die Welt hinaustragen. Leben wir das Leben im Einklang mit den Naturgesetzen, wird alles Übrige folgen.

Unser philosophisches Lehrgebäude wird von den spiritistischen Brüdern nicht geteilt. Wir werden es ihnen nicht aufzwingen. Ich glaube an die Reinkarnation. Einige meiner spiritistischen Freunde teilen meine Überzeugung, andere hingegen nicht. Für den Theosophen ist die Reinkarnationslehre einleuchtend, da sie viele Fragen klärt. Wir sind überzeugt, dass sich der Mensch im Laufe zahlreicher Erdenleben weiterentwickelt, dann, nach seinem Tod, eine Weile in den höheren Welten verbringt und schließlich erneut auf die physische Ebene zurückkehrt. Der Spiritist geht davon aus, dass er für immer in die höheren Sphären eingeht. Beide stimmen wir in der Frage zukünftigen Fortschritts überein. Wir sollten das Beste aus unserer irdischen Existenz machen, um uns auf die Zukunft vorzubereiten, gleichgültig an welchem Ort.

Was die spiritistischen Phänomene betrifft, wissen wir, dass sie tatsächlich auftreten und manchen Skeptiker von der Realität eines jenseitigen Lebens überzeugt haben. Es gibt Menschen, die von Natur aus unfähig zu sein scheinen, aus der Erfahrung anderer Nutzen zu ziehen. Sie müssen alles selbst herausfinden und erkennen nicht, dass ihre ungeschulten Beobachtungen kaum von Wert sind. Fullerton äußerte sich dazu:

„Um Beobachtungen von Wert sicherzustellen, bedarf es einer langen, sorgfältigen Schulung, wiederholter Erfahrung und des Unterscheidungs- und Urteilsvermögens, um Irrtümer und Täuschungen auszuschließen. Dies trifft für die physische Ebene und noch mehr für die Astralebene zu, auf der es völlig unterschiedliche Phänomene und Gegebenheiten gibt und auf der die Irreführungen so vielgestaltig sind. Derjenige, der tatsächlich glaubt, die Astralwelt auf Anhieb besser beurteilen zu können als der Experte, geht allen Ernstes davon aus, eine Ausnahme zu bilden und erfahrenen Menschen überlegen zu sein. Welch ein Trugschluss!"

Besteht jemand darauf, sich sein eigenes Urteil zu bilden, sollte er, trotz der Schattenseiten für ihn, spiritistische Sitzungen besuchen und durch Erfahrung lernen.

Nachteile

Der größte Nachteil, über den der Skeptiker wahrscheinlich lachen wird, besteht in der Gefahr, zu viel zu glauben. Wenn er Entschlossenheit und Ausdauer besitzt, wird er mit Sicherheit früher oder später überzeugt sein. Dann kann es geschehen, dass das Pendel in die entgegengesetzte Richtung ausschlägt und er zu viel, anstatt zu wenig glaubt. Wahrscheinlich wird er die Worte der Toten als Evangelium und eine durch Neigen des Tisches erfolgende Kommunikation als göttlich inspiriert betrachten.

Verfolgt zu werden, bildet eine weitere Gefahr. Oft tauchen bei Séancen unerwünschte, moralisch verdorbene Menschen aus dem Jenseits auf, die danach trachten, obszöne, niedrige Leidenschaften indirekt zu befriedigen. Daneben gibt es solche, die sich, verrückt vor Angst, bei jeder Gelegenheit verzweifelt an einen physischen Körper klammern. Sie gieren danach, unter allen Umständen und um jeden Preis mit dem niedrigen Leben, das sie verloren haben, in Berührung zu kommen. Der „Geistführer" beschützt sein Medium gewöhnlich vor derartigen Einflüssen, kann aber nicht verhindern, dass sich ein solcher Mensch an einen der Anwesenden hängt und ihm nach Hause folgt. Der Skeptiker mag sich für willensstark und nicht anfällig halten und sich gegen eine solche Möglichkeit zu beweisen suchen. Eines Tages wird er eines Besseren belehrt werden. Natürlich mag auch nichts dergleichen geschehen, aber es ist vorgekommen und ereignet sich laufend. Immer wieder haben mich Menschen aufgesucht, die von astralen Verfolgern fast in den Wahnsinn getrieben wurden. In den meisten Fällen waren sie dem gespenstischen Gefährten zum ersten Mal während einer Séance begegnet. Der Starke kann ihm widerstehen. Aber wer weiß schon, ob er stark genug ist?

Entschlossenheit

Sollte es dennoch geschehen sein, dass eine Person verfolgt oder besetzt wird, gibt es nur eine Möglichkeit. Sie muss sich fortwährend entschlossen widersetzen, indem sie erkennt, dass ihr Wille stärker als jeglicher böse Einfluss ist. Sie besitzt das Recht auf ihre eigenen Individualität und kann ihre astralen Gefährten ebenso wählen wie ihre irdischen. Dieses Recht sollte beharrlich durchgesetzt und der vernünftige Rat zu Herzen genommen werden:

„Wenn du glaubst, besessen zu sein, wenn die Planchette etwas beschwört, wenn die Klopfzeichen auf dem Tisch Lügen verbreiten und du unerwartet in Trance fällst, lasse die Sache fallen. Kaufe dir ein Fahrrad, lerne Hebräisch, unternimm eine Wanderung oder jäte Unkraut! Bist du geistig gesund, kannst du mit deinem Geist machen, was du willst. Mangel an Selbstbeherrschung ist entweder Sünde oder eine Krankheit!"

Täuschung

Es besteht immer die Möglichkeit der Täuschung, weniger seitens des Mediums oder einer Person auf physischer Ebene als seitens eines Astralwesens. Obgleich in manchen Fällen aus wohlmeinender Absicht, bleibt es dennoch eine Täuschung. Vielleicht geschieht es aus der Überlegung heraus, jemanden zu personifizieren, dem nicht daran gelegen ist, Angehörige auf physischer Ebene zu trösten. Manchmal ist ein Verstorbener bereits in die Himmelswelt vorangeschritten und jemand sieht sich genötigt, sich für ihn auszugeben, damit dessen Hinterbliebene sich nicht alleine fühlen. Es steht uns nicht an, eine solche Vorgehensweise zu beurteilen.

Wenn jemand in die himmlischen Sphären voranschreitet, lässt er seinen Astralkörper hinter sich, der dem Verfall preisgegeben ist. Diese Hülle neu zu beleben und sich ihrer zu bedienen, scheint der einfachste Weg zu sein, der in den meisten Fällen begangen wird.

Bei dem kommunizierenden Wesen muss es sich keineswegs immer um einen Menschen handeln. So manch freundlicher und entgegenkommender Naturgeist nutzt stolz die Gelegenheit, die Rolle eines Angehörigen einer höheren Evolutionsstufe zu spielen, und wird seinen entzückten Zuhörern immer wieder versichern, dass es ihn „so glücklich" macht, wenn sie ihm lauschen. Das Wesen, das bei einer Séance als Shakespeare oder

Julius Cäsar, als Queen Mary von Schottland oder George Washington posiert, gehört in der Regel zu dieser Klasse. Es kann sich aber auch um einen wenig entwickelten Menschen handeln, dem es Freude bereitet, mit geborgten Federn einherzustolzieren und, sei es auch nur für einen einzigen Abend, den Respekt, den man einer solchen Persönlichkeit entgegenbringt, zu genießen. Hat er etwas seiner Meinung nach Sinnvolles oder Wichtiges zu sagen, ist er überzeugt, dass die leichtgläubigen Sterblichen eher zuhören, wenn das Gesagte einer bedeutenden Persönlichkeit zugeordnet wird (was durchaus zutreffend ist). Trotz der oft schätzenswerten Motive können diese Methoden nicht gebilligt werden.

Solche Personifikationen gehören zu den gebräuchlichsten Darstellungen. Die angeblichen Botschaften kommen von Swedenborg, Bacon, dem Evangelisten Johannes, Sokrates, Platon und vielen mehr. Keine dieser Persönlichkeiten scheint die Ebene ihrer irdischen Reputation zu erreichen. Ihre Anmerkungen unterscheiden sich nicht nennenswert von dem Stumpfsinn der gewöhnlichen Trance-Ansprachen. Viele ihrer Aussagen sind völlig falsch.

Alle diese prahlerischen Behauptungen sind so lächerlich, dass man sie leicht durchschaut. Handelt es sich bei der personifizierten Person um einen gewöhnlichen Menschen, kann der Teilnehmer einer Séance leicht getäuscht werden, es sei denn, er ist ein geschulter Hellseher.

„Nicht immer ist der manifestierte „Geist" das, was er zu sein vorgibt. Der gewöhnliche Séance-Teilnehmer verfügt über keinerlei Mittel, das Wahre vom Falschen zu unterscheiden, denn einem solchen Wesen stehen die Hilfsmittel der Astralebene, einen Menschen auf der physischen Ebene zu täuschen, in einem solchen Umfang zur Verfügung, dass selbst auf anscheinend überzeugendste Beweise kein Verlass ist.

Manifestiert sich jemand und erklärt, der verlorene Bruder eines der Anwesenden zu sein, kann dieser nicht sicher sein, dass diese Behauptung zutrifft. Teilt er ihm eine Begebenheit mit, die nur ihm und dem Bruder bekannt sind, ist dies ebenso wenig überzeugend, da die Wesenheit diese Kenntnis aus ihrem eigenen Bewusstsein oder aus dem ihn umgebenden Astrallicht entnommen haben kann. Geht die Wesenheit so weit und teilt ihm etwas von seinem Bruder mit, was er selbst nicht wusste, es aber später bestätigt findet, so ist auch dies kein Beweis, denn es kann von den astralen Aufzeichnungen abgelesen worden sein. Vielleicht ist das, was er vor sich sieht, der „Schatten" seines Bruders, der nur dessen Gedächtnis besitzt. Es soll keineswegs geleugnet werden, dass bei solchen Sitzungen wichtige Mitteilungen von Wesen überbracht worden sind, die tatsächlich diejenigen waren, für die sie sich ausgaben. Es soll an dieser Stelle nur darauf hingewiesen werden, dass sich der durchschnittliche Séance-Teilnehmer unmöglich sicher sein kann, nicht auf irgendeine Weise grausam betrogen zu werden."

Obwohl in den meisten Fällen der Verstorbene seinen Namen ehrlich angibt, können jene Möglichkeiten durchaus zur Tatsache werden.

Schaden für das Medium

Ein weiterer Gesichtspunkt ist der Schaden, den ein Medium nimmt, nicht nur was die bereits erwähnte physische Erschöpfung betrifft, die bis an die Grenze eines Nervenzusammenbruchs oder der exzessiven Verwendung von Stimulanzien reichen kann, sondern vor allem in Bezug auf den moralischen Aspekt. An dieser Stelle möchte ich energisch gegen die bezahlte Séance protestieren, die jeder besuchen kann. Sie bringt das unglückliche Medium in eine völlig irreführende Lage und setzt es einer Versuchung aus, der niemand absichtlich ausgesetzt werden darf. Jeder, der auch nur die geringsten Kenntnisse besitzt, weiß, dass diese Phänomene unberechenbar und von einer Vielzahl von Dingen abhängig sind und daher auftreten oder auch nicht. Diese Erfahrung macht jeder, der sich eingehend mit ihnen befasst.

„Wenn ich eines weiß, dann ist es das, dass übersinnliche Phänomene, gleich welchen Ursprungs, nicht erzwungen werden können. Er, der den Dienst der Engel und der Menschen bestimmt, wird Seine Boten senden – aber nicht, um Poltergeist-Phänomene hervorzubringen. Der Schleier mag hier und da gelüftet, aber nicht ersteigert werden. Dass wir für einen Augenblick Zeit und Raum, die vorübergehenden Bedingungen unserer

Sterblichkeit, transzendieren, daran zweifle ich nicht. Aber solche Phänomene können weder befohlen werden noch gehören sie zum Alltag oder lassen sich rasch vortäuschen."

Wenn nun das Medium im Voraus bezahlt wurde, um Phänomene zu produzieren, und nichts geschieht, was wird es unternehmen, um die erwartungsvollen Menschen, die etwas für ihr Geld haben wollen, zufriedenzustellen? Man kann sie so leicht täuschen! Oft reicht es aus, ihnen Raum zu geben, sich selbst zu täuschen. Es ist unfair, jemanden in eine solche Situation zu bringen, und wenn das Medium manchmal der Versuchung erliegt, ein wenig zu mogeln, liegt die Schuld nicht allein bei ihm.

Schaden für den Toten

Es stellt sich die Frage, inwieweit der Tote Schaden nimmt, der sich oft nur mitteilen möchte, um sein Gewissen zu erleichtern. In diesem Fall sollte man ihm die Möglichkeit bieten. Aber diese Fälle treten verhältnismäßig selten auf. Wenn die Toten unsere Aufmerksamkeit wünschen, werden sie versuchen, uns zu erreichen. Die Initiative sollte in jedem Fall von ihnen ausgehen. Wir dürfen sie niemals zurückziehen. Man mag einwenden: „Ist es nicht natürlich, wenn eine Mutter ihr totes Kind wiedersehen möchte?" Es wäre sicherlich natürlicher für die Mutter, zuerst an das Wohl ihres Kindes zu denken, ehe sie ihrem persönlichen Verlangen nachgibt. In den frühen Phasen astralen Lebens wird eine Kommunikation mit der physischen Ebene dem Verstorbenen in den wenigsten Fällen schaden. Dennoch sollte man bedenken, dass seine Verhaftung an den unteren Stufen dieser Ebene intensiviert und verlängert wird und er sich daran gewöhnt, in enger Berührung mit dem irdischen Leben zu bleiben.

Stellenwert des Spiritismus

Trotz allem besitzt der Spiritismus seinen Stellenwert und hat für Tausende von Männern und Frauen unschätzbar Wertvolles geleistet. Die katholische Kirche und die Heilsarmee sprechen einen völlig anderen Menschentyp an. Beide haben sie im Rahmen des Christentums ihren Platz und ihre Arbeit zu verrichten. Das Gleiche gilt für die Theosophie und den Spiritismus. Jemand, der sich mit dem theosophischen Gedankengut befasst, wird sich niemals mit der in Trance gegebenen Ansprache und den sich ständig wiederholenden Séance-Phänomenen zufriedengeben. Andererseits werden jene, die nach Phänomenen suchen, niemals mit unserer Philosophie glücklich werden.

Wie in jeder Organisation, so gibt es auch bei den Spiritisten unterschiedliche Typen. Für die einen bildet die sonntägliche Séance mit ihrer Ansprache und dem Reading einer hellsehenden Person den Höhepunkt der Woche, vergleichbar mit dem Kirchgänger oder den regelmäßigen Treffen der Theosophen. Manche verfolgen rein persönliche Ziele. Sie wünschen sich, den Kontakt zu ihren Verstorbenen aufzunehmen. Wieder andere widmen sich aufrichtig und selbstlos dem Versuch, den Verderbten, den Unentwickelten und den Unwissenden unter den Toten zu helfen und in ihrer Weiterentwicklung beizustehen, was ihnen zweifellos bis zu einem gewissen Grad gelingt. Einige sind begierig, die Fakten des höheren Lebens kennenzulernen und wissenschaftlich zu erfassen. Diese Leute zeigen sich anfangs begeistert und interessiert, müssen aber nach einer Weile feststellen, dass sie über einen gewissen Punkt nicht hinauskommen. Vielleicht kann die Theosophie sie hier auffangen.

Immer wieder wird die Frage gestellt: „Warum vermitteln uns nicht die Verstorbenen, die mit dem Wissen einer höheren Ebene zu uns zurückkehren, die Reinkarnationslehre?" Die Antwort ist sehr einfach. Einige geben sie tatsächlich weiter. Wir dürfen allerdings nicht vergessen, dass die Seele, die von Leben zu Leben schreitet, auf der Astralebene nicht mehr Kenntnisse besitzt oder über eine umfangreichere Erinnerung verfügt als auf der physischen Ebene. Sie wiederholt also nur das, was sie auf der Erde gewusst hat, es sei denn, sie darf jemandem begegnen, der sie Teilbereiche der erhabenen Wahrheit lehrt.

Immer häufiger finden wir auch im Spiritismus die Reinkarnationslehre.

„Ich möchte meine persönliche Erfahrung als Tatsache anbieten, nicht als Erhärtung irgendeiner Theorie. Es geschah vor achtundzwanzig Jahren. Damals war mir der Begriff Medium völlig fremd, und das Wort Reinkarnation hatte ich wahrscheinlich noch niemals gehört. Ich zählte sechzehn Jahre und war seit einem Jahr verheiratet.

Gleich zu Beginn meiner Schwangerschaft spürte ich eine unsichtbare Wesenheit in meiner Nähe. Intuitiv schien ich zu wissen, dass es sich um eine Frau handelte, die einige Jahre älter war als ich. Das Gefühl ihrer Gegenwart wurde immer intensiver. Nach drei Monaten nahm ich intuitiv ihre Mitteilungen auf. Sie sorgte sich um meine Gesundheit und um mein allgemeines Wohlbefinden. Einige Zeit später hörte ich ihre Stimme. Ich liebte es, mich stundenlang mit ihr zu unterhalten. Sie nannte mir ihren Namen und ihre Nationalität und erzählte viele Einzelheiten aus ihrer persönlichen Geschichte. Es schien ihr sehr daran gelegen zu sein, dass ich sie um ihrer selbst willen liebte. Ihre Bemühungen, sichtbar für mich zu werden, hatten schließlich Erfolg. Sie war mir vertrauter als eine Gefährtin auf der physischen Ebene. Ich musste nur meine Vorhänge zuziehen, um sie sehen und hören zu können.

Zwei oder drei Wochen vor der Geburt meines Kindes informierte sie mich über die wahre Bedeutung ihrer Gegenwart. Sie beabsichtigte, bei der Geburt in die neue Form einzutreten, um eine irdische Erfahrung abzuschließen, die vorzeitig abgebrochen worden war. Ich muss gestehen, ich besaß nur eine schwache Vorstellung von der Bedeutung dieser Aussage. Die Angelegenheit beunruhigte mich sehr.

In der Nacht vor der Geburt meiner Tochter sah ich meine Gefährtin zum letzen Mal. „Unsere Zeit ist gekommen. Sei tapfer. Es wird alles gut werden", beruhigte sie mich.

Meine Tochter kam auf die Welt. Sie sah genauso aus wie meine geistige Freundin und glich niemandem aus der Familie. Oft hörte ich die Bemerkung: „Sie sieht nicht wie ein Säugling aus. Sie könnte mindestens zwanzig Jahre alt sein."

Mein Erstaunen war groß, als ich einige Jahre später den Namen und die Familiengeschichte meiner geistigen Gefährtin in einem alten Buch fand. Abgesehen von einigen persönlichen Einzelheiten, von denen niemand etwas wissen konnte, entsprach sie genau dem, was sie mir von ihrem damaligen Erdenleben erzählt hatte. Ich redete mit niemandem darüber, denn obwohl ich noch sehr jung war, ahnte ich, welches Urteil man über mich fällen würde.

Einmal wurde meine fünfzehnjährige Tochter beim ersten Namen meiner geistigen Freundin angesprochen. Das Kind drehte sich mit einem erstaunten Blick zu mir um und meinte: „Hat mich mein Vater so genannt?" (Ihr Vater starb, als sie ein Jahr alt war.) „Nein", erwiderte ich, „niemand hat dich jemals bei diesem Namen genannt." „Nun", meinte sie, „ich erinnere mich genau, irgendwo von irgendjemandem mit diesem Namen gerufen worden zu sein."

Ich möchte noch hinzufügen, dass meine Tochter charakterlich jener historischen Frau sehr stark ähnelt, deren Geist mir ankündigte, die neue Form in Besitz zu nehmen.

Dies sind die Fakten. Ich möchte keine Erklärung geben. Sollten sie in irgendeine Theorie hineinpassen, umso besser für diese Theorie. Theorien bedürfen gewöhnlich bestimmter Fakten, um sie zu erhärten. Fakten sind unabhängig. Sie stehen für sich selbst."

Madame d´Espérance, die in vieler Hinsicht fortgeschrittener zu sein schien als andere Medien, wurde wohl von einem ihrer verstorbenen Freunde nicht nur über die Reinkarnation, sondern auch in einigen theosophischen Lehren unterwiesen, wie aus ihrer Autobiographie hervorgeht. Man öffnete ihr die Augen für das Gesetz von Ursache und Wirkung, die Evolutions- und Reinkarnationslehre und die Einheit allen Lebens. Das Gesetz von Ursache und Wirkung kommt in den Worten des geistigen Freundes in Bezug auf den Lebensweg deutlich zum Ausdruck: „Es ist der Pfad, den du bereitet hast. Du hast keinen anderen." Was die Evolution betrifft, heißt es: „Es ist dasselbe Leben, das Form um Form durchzieht, den Felsen, den Sand, das Meer, jeden Grashalm, jeden Baum, jede Blume, alle Formen tierischer Existenz, um in der Intelligenz und geistigen Wahrnehmung des Menschen seinen Höhepunkt zu finden."

In Bezug auf die Reinkarnation bemerkt sie:
„Ich sah, dass der Geist, der die Form des Menschen annahm, sie zunächst nicht zu ihrer irdischen Vollkommenheit brachte, denn es gibt zahlreiche Abstufungen. Im Wilden erweitert er seinen Erfahrungs- und Bildungsbereich. Hat sich dieser erschöpft, nimmt er die nächste Stufe. Und so entwickelt und weitet sich der Geist Stufe um Stufe aufwärtsstrebend. Der Zerfall der jeweiligen Form, derer er sich bedient, verdeutlicht nur, dass sie ihre Aufgabe erfüllt und dem Zweck gedient hat. Sie kehrt zu ihren ursprünglichen Elementen zurück, um erneut als Träger eingesetzt zu werden, durch den sich der Geist zu manifestieren vermag, um die erforderliche Entwicklungsstufe zu nehmen."

Chevreuil schreibt in einer Abhandlung über „Vergangene Leben":
„Die Seele unterscheidet sich vom Körper. Sie begleitet den wesentlichen Teil des Menschen im Laufe der zahlreichen Leben, die für unsere Entwicklung unerlässlich sind. Seit Platon hat die Mehrheit der Menschen im Wissen dieser Wahrheit gelebt, und morgen werden sie in der wissenschaftlich begründeten Gewissheit leben, dass diese uralte Philosophie sie nicht betrogen hat."

Er schildert ausführlich die Rückbesinnung auf die Vergangenheit und erklärt, dass jedes Subjekt diese in der gleichen Weise beschreibt:
„Sie werden bis zum Alter von sechs Monaten, dann von zwei Monaten, dann in den Körper der Mutter in ihre Position als Fötus und dann weiter in den Raum zurückgeführt. Eine kurze Teilnahmslosigkeit und wir befinden uns in einer neuen Szene, dem Tod einer alten Person. Es ist der Beginn eines Lebens, das der gegenwärtigen Inkarnation vorausgeht, sich nach hinten entwickelt und zu einer noch älteren Inkarnation führt."

Vor der Geburt des „Geistes" sieht sich das Subjekt als Ball oder als sanft leuchtenden Dunst und erkennt im Leib der Mutter den Körper, in den es sich inkarnieren soll. Alle stimmen darin überein, dass der Geistkörper nach und nach eintritt und die vollständige Verkörperung im Alter von etwa sieben Jahren abgeschlossen ist.

Reinkarnationen in Indien und Japan

In einer New Yorker Zeitung erschien folgender Bericht:

„Prabhu, der Sohn eines Brahmanen, plapperte lachend von einer angeblich früheren Existenz, die er in allen Einzelheiten beschrieb. Er nannte seinen damaligen Namen, sein Geburtsdatum, gab Auskunft über sein Aussehen und erzählte von Ereignissen wie den Hungersnöten, die fünfzig Jahre vor seiner letzten Geburt lagen. Er berichtete von seiner ehemaligen Frau, den Töchtern und Söhnen, dem Geld, das er bei deren Hochzeit erhalten hatte, und beschrieb sein früheres Haus und die Nachbarn.

Das Kind war weder unterrichtet worden noch konnte es diese Dinge von außerhalb erfahren haben oder irgendetwas über Seelenwanderung wissen. Man suchte in seinem Beisein die Nachbarschaft auf und stellte fest, dass nahezu jede Einzelheit seiner Behauptungen zutraf, sogar die Namen seiner angeblichen früheren Familie. Sein ehemaliges Haus ausfindig zu machen, bereitete ihm einige Schwierigkeiten, was wohl daran lag, dass außer einem Trümmerhaufen nichts mehr von ihm übrig geblieben war."

Ein ähnlicher Vorfall wird aus Japan berichtet, der die Vorstellung des japanischen Volkes in Bezug auf die Präexistenz und Wiedergeburt illustriert.

„Als Katsugoro im vergangenen Jahr mit seiner älteren Schwester, Fusa, im Reisfeld spielte, fragte er sie:

„Ältere Schwester, woher kamst du, bevor du in unsere Familie geboren wurdest?"

Fusa erwiderte:

„Woher soll ich wissen, was mit mir geschah, ehe ich geboren wurde?"

Katsugoro schaute überrascht und rief:

„Du kannst dich an nichts erinnern, was vor deiner Geburt geschehen ist?"

„Kannst *du* dich erinnern?", fragte Fusa.

„Aber natürlich! Ich war der Sohn von Kyubei San, und mein Name war Tozo. Weißt du das alles nicht?"

„Ich werde es Vater und Mutter sagen!"

„Bitte, nicht. Das wäre nicht gut!", weinte der Bruder.

Fortan drohte die Schwester, Vater und Mutter davon zu erzählen, wenn sich die beiden stritten. Eines Tages wurden die Eltern Zeugen des Disputs und forderten Fusa auf, den Grund für ihre Drohung zu nennen. Man war beunruhigt und drängte Katsugoro, die Sache zu erklären. Nach einigem Zögern meinte er. „Ich bin der Sohn von Kyubei San gewesen. Als ich fünf Jahre alt war, starb er. Seinen Platz nahm ein Mann namens Hanshiro San ein, der mich sehr liebte. Aber im folgenden Jahr, als ich sechs Jahre alt war, starb ich an den Blattern. Im dritten Jahr danach wurde ich bei euch wiedergeboren."

Katsugoro schlief bei seiner Großmutter. Eines Nachts konnte diese ihn dazu überreden, ihr zu erzählen, was bei seinem Tod geschah. Er meinte: „Bis zu meinem vierten Lebensjahr konnte ich mich an alles erinnern, aber seither vergesse ich viele Dinge. Ich erinnere mich, dass ich an Blattern starb und in einem Gefäß auf einem Hügel begraben wurde. Irgendwie bin ich zum Haus zurückgekehrt und lag auf meinem Kissen. Bald kam ein alter Mann, der mich fortführte. Ich weiß nicht, wer oder was er war. Ich schien durch die Luft zu gehen. Ich fühlte weder Wärme noch Kälte oder Hunger. Wir gingen sehr weit, glaube ich. Dennoch konnte ich die Leute zu Hause leise reden hören. Ich erinnere mich, dass ich den Duft der Opfergaben, die sie brachten, einatmete. Dann erinnere ich mich nur noch daran, dass wir an den Weg unterhalb des Dorfes kamen und der alte Mann mich hierher führte, auf dieses Haus wies und sagte: „Hier wirst du wiedergeboren werden. Deine Großmutter ist sehr liebenswürdig." Dann ging er fort. Ich blieb eine Weile unter dem Khaki-Baum, ehe ich ins Haus ging und dort verweilte, bis ich in den Leib meiner Mutter eintrat. Die Geburt war völlig schmerzlos. Du kannst dies alles Vater und Mutter erzählen, aber sonst niemandem."

Man beschloss, dass Katsugoro in Begleitung seiner Großmutter sein früheres Zuhause aufsuchte. Seine Aussagen bestätigten sich."

Reinkarnation in Burma

In einem Bericht aus Burma heißt es:
„In der Nähe eines entlegenen Dorfes verbrachte mein Freund eine Nacht in einem weiträumigen Kloster. Er wunderte sich über den für diese Gegend ungewöhnlichen Bau aus edlem Teakholz. Er erfuhr, dass dort ursprünglich eine einfache Einsiedelei aus Bambus und Gras gestanden hatte, die gleichzeitig als Dorfschule diente. Der Mönch, bekümmert über die armselige Behausung, pflanzte behutsam eine Anzahl von Teakstecklingen, wässerte und sorgte für sie.

„Wenn sie gewachsen sind", pflegte er zu sagen, „werden diese Teakbäume das Holz für ein neues, richtiges Gebäude liefern. Ich werde in einem anderen Leben zurückkehren und mit ihnen ein würdiges Kloster erbauen."

Nach seinem Tod folgten andere Mönche und andere Bambushütten, und die Teakholzbäume wuchsen und wuchsen. Aber das Dorf wurde immer kleiner, denn die Zeiten waren schlecht. Schließlich starb der letzte Mönch, und es gab keinen Nachfolger.

Umso erstaunter waren die Mädchen, als sie eines Abends beim Wasserholen am Brunnen einen Mönch aus dem Wald kommen sahen, müde und erschöpft von der langen Reise. Die Dorfbewohner richteten ihm in aller Eile ein Lager in dem alten Kloster her und wunderten sich, dass er alles kannte – das Kloster, die Wege, die Namen der Hügel und Berge. Es war, als habe er schon einmal im Dorf gelebt, sie ihn aber nicht erkennen würden. Am nächsten Morgen kam er mit seiner Bettelschale ins Dorf und erzählte ihnen, dass er es sei, der einst die Bäume gepflanzt und versprochen hatte, wiederzukommen und ein Kloster zu bauen. Die Dorfbewohner wollten ihm zunächst nicht glauben, aber als sie über ihre Traditionen und längst vergangene Tage sprachen, konnte er wie einer von ihnen an der Unterhaltung teilnehmen, was sie überzeugte. Bald begann man mit der Arbeit und errichtete das Kloster, das mein Freund sah. Jener Mönch verbrachte sein ganzes Leben dort, unterrichtete die Dorfkinder und verkündete die Lehren des erhabenen Buddha, bis seine

Zeit kam und er heimkehrte, denn bei einem Mönch sagt man nicht, er stirbt, sondern er kehrt heim."

Die meisten Beispiele der Wiedergeburt stammen aus dem Orient, was nicht bedeutet, dass das Reinkarnationsgesetz nur in diesen Ländern wirksam ist. Es lässt sich dort nur leichter nachvollziehen. Das Gesetz ist universal, aber die Intervalle zwischen den einzelnen Leben weisen gewaltige Unterschiede auf. In Burma sind sie offensichtlich sehr kurz. Hinzu kommt, dass sich dort jemand immer wieder in demselben Stamm inkarniert, ehe er zu einem anderen übergeht. Diese beiden Aspekte eignen sich besonders gut für Forschungszwecke und für eine Beweisführung des generellen Prinzips.

Manche Menschen sehen die Reinkarnationslehre bestätigt, da sie sich an eigene frühere Leben erinnern.

Nach einem Vortrag über die Reinkarnation, den ich vor Jahren in Indien hielt, bat ich um Fragen, falls der eine oder andere Punkt von mir nicht deutlich genug herausgearbeitet worden sei. Ein vornehmer Herr erhob sich und meinte höflich:

„Mit der Reinkarnationstheorie sind wir seit unserer Kindheit vertraut. Wir beginnen damit, sie zu akzeptieren. Erst wenn wir erwachsen werden und Ihre europäische Kultur aufnehmen, treten Zweifel auf. Wie kann es sein, dass Sie, ein Engländer, dessen Erziehung und dessen Umfeld vollkommen unterschiedlich ist, so überzeugend und mit einer solchen Gewissheit über dieses Thema sprechen?"

Ich fragte ihn: „Soll ich die grundlegenden Argumente vorbringen, dass es sich bei der Reinkarnation um die einzig vernünftige Lebenstheorie handelt, die einzige Hypothese, die eine Erklärung für die uns umgebenden Zustände bietet, oder möchten Sie, dass ich den *wahren* Grund nenne?"

Er erwiderte: „Wenn es nicht allzu unverschämt ist, möchte ich Sie um den eigentlichen Grund bitten."

Da ich erkannte, dass er es ehrlich und aufrichtig meinte, antwortete ich ihm offen: „Nun, ich spreche mit solcher Gewissheit über die Reinkarnation, weil ich *weiß*, dass es sich um eine Tatsache handelt, denn ich erinnere mich sehr deutlich an viele meiner eigenen vergangenen Leben. In einigen Fällen wurde meine Erinnerung von außen bestätigt, was mir eine gewisse Befriedigung schenkt, für *Sie* aber natürlich kein Beweis ist."

Er dankte mir erfreut und versicherte, dass er genau dies zu hören gehofft hatte.

Kapitel 39
Schluss

Ich habe mich bemüht, das Leben nach dem Tod so zu beschreiben, wie es tatsächlich ist. So, wie es jene erleben, die die Fähigkeit entwickelt haben, sich in allen Einzelheiten daran zu erinnern. Für sie gehört das Astralleben zum Alltag. Zahlreiche Belege aus den unterschiedlichsten Quellen verdeutlichen, dass meine Ausführungen weder Traum noch Halluzination sind, sondern es sich um allgemeine Erfahrungstatsachen handelt.

Diejenigen, die sie annehmen können, werden sich nicht mehr vor dem Tod fürchten. Die Trauer um die sogenannten Toten wird automatisch versiegen. Andererseits sind die Totenklage und das Gefühl von Trennung so tief in unserer Tradition verwurzelt, dass selbst jene, die die Wahrheit intellektuell begreifen, bisweilen in ihre alte Geisteshaltung der Mutlosigkeit, der Sehnsucht und des Bedauerns zurückfallen, was sich auf die Lebenden und die Toten schädlich auswirkt. Daher möchte ich meine Leser dringend bitten, sich ein für allemal über die unbegründete Furcht zu erheben und es nicht zuzulassen, auch nur für einen Moment in der Dunkelheit des Zweifels zu versinken. Jemandem, der nicht darüber hinwegkommt, dass ein geliebter Mensch die physische Welt verlassen hat, sollte man einige Punkte zu bedenken geben.

Wenn das Leben leer und nicht mehr lebenswert für dich geworden ist, weil du den liebsten Menschen verloren hast, denkst du hauptsächlich an dich selbst und deinen unerträglichen Verlust. Die Ungewissheit, wo er sich aufhält, verstärkt deinen Schmerz. Du hoffst, dass es ihm gut geht, aber du weißt es nicht. Du weinst, aber niemand antwortet. Verzweiflung und Zweifel übermannen dich. Du versinkst in Düsternis. Solche Gefühle sind natürlich. Aber es gibt Hoffnung, denn deine Verzweiflung beruht auf einem Missverständnis. Du trauerst um etwas, das *in Wirklichkeit nicht geschehen ist*. Wenn du die *Tatsachen* verstehst, wirst du aufhören zu trauern.

Du magst entgegenhalten, dass dein Verlust eine Tatsache ist. Ein durchaus verständliches Empfinden, dem drei Behauptungen entgegengehalten werden können.

Dein Verlust ist eine *scheinbare* Tatsache: Aus deiner Sichtweise hat es den Anschein, dein Leid beruht auf einer Täuschung – auf deiner Unkenntnis des Naturgesetzes.

Beunruhige dich nicht länger über den Zustand des geliebten Menschen, denn das Leben nach dem Tod ist kein Geheimnis mehr. Die Welt jenseits des Todes unterliegt denselben uns bekannten Naturgesetzen und wurde mit wissenschaftlicher Genauigkeit erforscht und untersucht.

Du darfst nicht trauern. Deine Trauer schadet dem Verstorbenen. Sobald du dich für die Wahrheit geöffnet hast, wirst du aufhören zu trauern.

Ehe du den Zustand deines verlorenen Freundes begreifen kannst, musst du zunächst deinen eigenen verstehen. Du bist ein unsterbliches Wesen! Unsterblich, weil du in deinem Wesenskern göttlich bist – ein Funke des Göttlichen Feuers. Du hast Äonen gelebt, ehe du dieses Gewand, das du Körper nennst, angelegt hast, und du wirst Äonen weiterleben, nachdem es in Staub zerfiel. „Gott erschuf den Menschen als ein Bild Seiner Zeitlosigkeit." Dies ist keine Vermutung, kein frommer Glaube, sondern eine eindeutige, wissenschaftlich nachweisbare Tatsache. Was du als dein Leben betrachtest, ist in Wirklichkeit nur ein Tag deines wahren Lebens als Seele. Das Gleiche gilt für deinen Freund. Er ist nicht tot. Er hat nur seinen Körper abgelegt, was nicht bedeutet, dass du ihn als körperlosen Atem, als in irgendeiner Weise weniger als er war, sehen sollst. „Es gibt einen natürlichen Körper und es gibt einen Geistkörper", heißt es bei Paulus. Diese Aussage wird meistens missverstanden, da die Leute diese Körper als nacheinander auftretend verstehen und nicht erkennen, dass wir auf der Erde den „natürlichen" oder physischen Körper, den man sieht, und den inneren, den „geistigen" Körper besitzen, den man nicht sieht. Legen wir den physischen Körper ab, bleibt der „Geistkörper".

Nicht nur beim Tod legst du die dichte Hülle ab. Abends, beim Einschlafen, schlüpfst du für eine Weile hinaus und durchstreifst die Welt in deinem Geistkörper – unsichtbar für das physische Auge, aber sichtbar für deine Freunde, die ebenfalls in ihrem Geistkörper unterwegs sind. Jeder Körper sieht nur seinesgleichen, der physische den physischen und der geistige den geistigen. Kehrst du in deine dichte Hülle zurück, erinnerst du dich manchmal an das, was du gesehen hast, wenn auch nur verzerrt, und sprichst von einem lebendigen Traum. Den Schlaf kann man also als eine Art vorübergehenden Tod bezeichnen, mit dem einzigen Unterschied, dass man sich nicht so weit von der irdischen Hülle zurückzieht, dass man sie nicht mehr zu übernehmen vermag. Mit anderen Worten, im Schlaf findet man die gleichen Bedingungen vor wie der verstorbene Freund.

Die meisten Theorien über das Leben nach dem Tod basieren auf dem Missverständnis alter Schriften. Es gab eine Zeit, in der fast ganz Europa das schreckliche Dogma der sogenannten ewigen Bestrafung akzeptierte. Heute glaubt nur noch der hoffnungslose Ignorant daran. Das Dogma stützte sich auf eine Fehlübersetzung gewisser Aussagen, die man Christus zuschrieb und das den mittelalterlichen Mönchen gelegen kam, es als Schreckgespenst einzusetzen, um die ignorante Masse zu guten Taten zu zwingen. Mit fortschreitender Zivilisation begann der Mensch zu erkennen, dass dieser Glaubenssatz nicht nur frevelhaft, sondern geradezu lächerlich ist. Moderne Fassungen klingen zwar nicht mehr so krass, sind aber von der schlichten Wahrheit immer noch weit entfernt.

Die Kirchenlehren sind kompliziert, weil sie auf dem absurden und unhaltbaren Glaubenssatz einer grausamen und rachsüchtigen Gottheit basieren. Sie übernehmen diese Vorstellung aus dem frühen Judentum, anstatt die Lehre Christi von einem liebenden Vater zu akzeptieren. Diejenigen, die begriffen haben, dass Gott Liebe ist und Sein Universum von ewigen weisen Gesetzen regiert wird, beginnen zu erkennen, dass diese Gesetze in einer Welt jenseits des Grabes ebenso wirksam sind wie in dieser Welt. Aber der Glaube ist etwas Unbestimmtes. Man erzählt uns von einem fernen Himmel und von einem Jüngsten Gericht, gibt aber keinerlei Hinweis auf das, was Hier und Jetzt geschieht. Diejenigen, die diese Dinge lehren, behaupten nicht einmal, aus eigener Erfahrung zu sprechen. Sie lehren nicht, was sie persönlich über die Gegebenheiten nach dem Tode wissen, sondern nur, was sie von anderen übernommen haben. Wie können wir uns damit zufriedengeben?

Die Tage blinden Glaubens gehören der Vergangenheit an. Die Ära wissenschaftlich fundierten Wissens ist angebrochen. Wir können keine Vorstellungen mehr akzeptieren, die weder auf Vernunft noch auf gesundem Menschenverstand basieren. Es gibt keinen Grund, warum nicht wissenschaftliche Methoden zur Erhellung von Problemen eingesetzt werden sollen, die früher ausschließlich der Religion überlassen waren.

Betrachten wir das Leben der Verstorbenen. Trotz der großen Unterschiede ist es in jedem Fall glücklicher als das irdische Dasein. „Die Seelen der Gerechten sind in der Hand Gottes und die Qual des Todes berührt sie nicht; in den Augen der Törichten scheinen sie zu sterben, sie aber sind in Frieden." (Die Weisheit Salomons III,1) Wir müssen uns von den überholten Theorien befreien. Der tote Mensch springt nicht plötzlich in einen undenkbaren Himmel oder fällt in eine noch undenkbarere Hölle. Es gibt keine Hölle im überlieferten negativen Sinn des Wortes. Es gibt nirgendwo eine Hölle, außer derjenigen, die sich der Mensch selbst erschafft. Man sollte klar erkennen, dass der Tod den Menschen nicht verändert. Er wird nicht plötzlich ein großer Heiliger oder Engel oder ist im Besitz der uralten Weisheit. Am Tage nach seinem Tod ist er einfach nur der Mensch, der er am Tage vor seinem Tod gewesen ist, mit denselben Emotionen, derselben Veranlagung und derselben intellektuellen Entwicklungsstufe. Der einzige Unterschied besteht darin, dass er seinen physischen Körper verloren hat.

In dieser geistigen Welt benötigt man weder Geld noch Nahrung und Unterkunft, denn ihre Herrlichkeit und Schönheit sind für alle ihre Bewohner frei zugänglich. Als Naturliebhaber kann der Mensch in seinem Geistkörper die schönsten Gegenden der Erde aufsuchen. Liebt er die Kunst, steht es ihm frei, die Meisterwerke großer Künstler zu betrachten und mittels Gedankenkraft eigene Werke zu erschaffen. Der Musikliebhaber mag sich an der wunderbarsten Musik ergötzen, die jemals komponiert wurde, oder unter Anleitung der Engel der Musik eigene Kompositionen schaffen.

Den Dingen, die ihn in seinem irdischen Leben erfreuen, kann er sich nun uneingeschränkt widmen. Seine Freude entspringt dem Intellekt und den höheren Gefühlen. Es bedarf nicht der Erfüllung über den physischen Körper. Ein vernünftiger und anständiger Mensch ist nach dem Tod unendlich viel glücklicher als zuvor, denn es steht ihm genügend Zeit zur Verfügung, um den Dingen, die ihn interessieren, erfolgreich nachzugehen.

Nicht alle sind glücklich. Obwohl er seinen irdischen Körper verlassen hat, bleibt der Mensch in jeder Hinsicht derselbe. Das jenseitige Leben ist nur eine Fortsetzung des diesseitigen. Waren seine Vergnügungen grober und niedriger Natur, wird er in der jenseitigen Welt seine Wünsche nicht befriedigen können. Ein Trinker wird unter quälendem Durst leiden, da ihm der physische Körper fehlt, um ihn zu stillen. Der Vielfraß vermisst den gedeckten Tisch. Der Geizhals findet nichts, das er anhäufen könnte. Der Lüstling kann seine Leidenschaft nicht befriedigen. Den eifersüchtig veranlagten Menschen wird seine Eifersucht zerreißen, da er ihr nichts entgegenzusetzen hat. Menschen mit Schwächen und Leidenschaften für das Grobe und Irdische leiden zweifellos. Aber selbst sie haben ihr Schicksal in der Hand. Sie müssen ihre Neigungen besiegen, um sich von dem Schmerz zu befreien, den solche Sehnsüchte mit sich bringen. Es gibt keine Bestrafung. Es gibt nur die Folge einer bestimmten Ursache. Beseitige die Ursache – und die Auswirkung endet. Dies geschieht nicht immer sofort, aber sobald sich die Energie der Ursache erschöpft hat.

Es wird immer wieder die Frage gestellt, ob uns die Verstorbenen sehen und hören. Sie sind sich unserer Anwesenheit stets bewusst und wissen, ob wir glücklich oder unglücklich sind. Aber sie hören uns nicht sprechen oder sind sich unseres irdischen Tuns im Detail bewusst. Da sie in einer geistigen Hülle leben, können sie nur unseren Geistkörper erkennen, vergleichbar mit unserem Bewusstsein im Wachzustand, das sich auf die physische Materie konzentriert.

Da wir uns im Schlaf unseres geistigen Trägers bedienen, sind wir für den Toten wach. Verlagern wir unser Bewusstsein in den physischen Körper, schlafen wir in seinen Augen, obwohl er uns noch sieht, wir ihm aber keine Beachtung mehr schenken und er nicht mit uns kommunizieren kann. Da wir uns in unserem Wachbewusstsein gewöhnlich nicht mehr an das erinnern, was wir während des Schlafens gesehen haben, erliegen wir der Täuschung, unseren Freund verloren zu haben, im Gegensatz zu ihm, welcher uns beständig sieht.

Alles Leben entwickelt sich nach dem göttlichen Evolutionsgesetz. Auch der Mensch schreitet langsam und stetig voran. Was man gewöhnlich als ein Menschenleben bezeichnet, ist in Wirklichkeit nur ein einziger Tag im wahren Leben des Menschen. So wie wir jeden Morgen aufstehen, uns ankleiden, unserem Tagwerk nachgehen, uns am Abend zu Bett legen, um uns auszuruhen und am nächsten Tag erfrischt von neuem zu beginnen, kleidet der Mensch sich in einen physischen Körper, erfüllt seine Aufgabe, legt die irdische Hülle ab, was wir *Tod* nennen, und gleitet in einen ruhevollen Zustand. Hat er sich ausgeruht, tritt er erneut in ein irdisches Dasein, um seine Entwicklung an dem Punkt wieder aufzunehmen, an dem er sie unterbrochen hat. Dieses Leben währt so lange, bis er das hehre Ziel erreicht, das Gott für ihn bestimmt hat.

Die Kinder, die diese Erde frühzeitig verlassen, sind besonders glücklich in der geistigen Welt und fühlen sich sofort zu Hause. Wohlbehütet leben sie in einer Welt voller Abenteuer, da ihre Gedanken augenblicklich alles entstehen lassen, was sie sich wünschen. Sie leiden weder unter Verlust noch unter Trennung, da ihre Lieben des Nachts, wie wir es nennen, bei ihnen sind.

Wie verständlich unser Kummer über den Tod eines geliebten Menschen auch sein mag, so handelt es sich dennoch um einen bösen Irrtum, der überwunden werden muss. Es gibt keinen Grund zur Trauer, da wir von unseren Lieben nicht getrennt sind und wir eine Illusion beweinen. Wir denken nur an uns und unseren angeblichen Verlust, anstatt uns über ihr Glück zu freuen. Wir sollten danach streben, ihnen eine vollkommen selbstlose Liebe entgegenzubringen. Wir sollten an *sie*, nicht an uns selbst denken, nicht an das, was wir wünschen oder fühlen, sondern daran, was das Beste für sie und ihren Fortschritt ist.

Wenn wir trauern oder uns Schwermut und Niedergeschlagenheit hingeben, strömen wir eine bleierne Wolke aus, die den Himmel für *sie* verdunkelt. Ihre Zuneigung zu uns öffnet sie für diesen grässlichen Einfluss. Wir können die Kraft ihrer Zuneigung nutzen, um ihnen zu helfen, anstatt sie zu behindern, wenn wir nur wollen. Es verlangt Mut und Selbstaufopferung. In unserem Bestreben, unseren Verstorbenen bestmöglich beizustehen, müssen wir uns selbst völlig vergessen. Da sich unsere Gedanken und Gefühle auf sie auswirken, sollten wir sorgsam darauf achten, dass sie stets erhebend und ermutigend wirken.

Vielleicht sorgen sich unsere Lieben um uns. Wir sollten ihnen keinen Anlass dazu geben. Falls sie in ihrem irdischen Leben keinen Zugang zu Informationen über das Leben nach dem Tod fanden, wollen wir uns bemühen, ihnen diese bei unseren nächtlichen Begegnungen zu vermitteln.

Wir sollten uns nicht nur der Trauer enthalten, sondern eine innere Freude entwickeln. Es ist die Pflicht eines jeden Menschen, glücklich zu sein und dies auszustrahlen, was besonders an Bedeutung gewinnt, wenn einer unserer Lieben in ein höheres Leben eingeht. Die beste Antwort auf Trauer ist aktive Arbeit. Sie ist gleichzeitig der sicherste Weg zu Frieden und Freude.

Die Möglichkeit, unseren Freunden die großen Wahrheiten nahezubringen, bietet sich in der Astralwelt weitaus häufiger an als auf der physischen Ebene. Viele der sogenannten Toten verwirrt ihre neue Umgebung. Aufgrund irreführender religiöser Lehren auf Erden befinden sich manche in einem Zustand schmerzvoller Ungewissheit und Angst. Andere fügen sich unnötiges Leid zu, da sie unablässig danach gieren, ihre irdischen Leidenschaften in diesem höheren Leben auszuleben. Wir sind aufgerufen, ihnen beizustehen, sie von ihren Irrtümern zu befreien und Licht in ihr Dunkel zu bringen.

Wir müssen uns dem Gedanken der Einheit öffnen. Es gibt nur einen Gott, und wir sind *eins* in Ihm. Wenn wir diese vereinigende ewige Liebe begreifen, wird es keine Trauer mehr geben. Ob wir leben oder sterben, in Ihm leben und bewegen wir uns und haben unser Sein, entweder in dieser oder in der nächsten Welt. Trauer bedeutet Unwissenheit. Je mehr wir wissen, desto stärker wird unser Vertrauen, denn wir fühlen mit grenzenloser Gewissheit, dass wir und unsere Toten in den Händen einer vollkommenen Macht, Weisheit und Liebe ruhen.

Wie das Leben als Mensch das Leben im Jenseits bestimmt

Wie auf Erden so im Himmel
Beat Imhof
(ISBN 978-3-89427-600-3)
Hardcover, 512 Seiten

Die Vorstellungen der meisten Menschen über den „Himmel" sind seltsam kindlich. Zahllose Umfragen in großen Tages- oder Wochenzeitungen belegen, dass zwar immer noch mehr als die Hälfte der Menschen „an den Himmel glaubt", aber sich davon nur sehr verschwommene Bilder macht, die eher an ein „Schlaraffenland" als an eine geistige Welt erinnern. Dr. Beat Imhof legt mit dieser Studie das zukünftige Schlüsselwerk zur Jenseitsforschung vor! Er hat in jahrzehntelangem Studium alle greifbaren Quellen der Mystik, der Weltreligionen und der spirituellen Forschung ausgewertet, um zu einer umfassenden Beschreibung der jenseitigen Welten zu kommen. Er schildert die Ankunftssphären, die eine rückkehrende Seele unmittelbar nach dem Ableben ihrer physischen Hülle erwarten, und skizziert ihren Weg durch die Geistigen Welten. Dabei wird deutlich, wie unbestechlich das „Gesetz der Anziehung" auch in den jenseitigen Reichen gilt. Der Verstorbene wird zu jenen Sphären gezogen, die seiner geistigen Reife entsprechen. Imhof beschreibt in seinem Meisterwerk auch die jenseitigen Tierreiche, die Kinderparadiese und die dunklen Sphären, die eine schmerzhafte Läuterung bewirken können. Er behandelt ausführlich die Frage des Fortbestandes von Beziehungen über den Tod hinaus und auch die Schulung in den „Tempeln der Weisheit". Das umfassende Panorama jenseitiger Welten, das sich aus diesem großen Werk erschließt, zeigt einerseits auf, dass die unmittelbar nach dem Ablegen des Körpers folgenden Jenseitswelten durchaus noch Ähnlichkeit mit dem Erdenleben aufweisen, während andererseits die höheren himmlischen Reiche weit jenseits des normalen menschlichen Denkens liegen. Ein Meilenstein der spirituellen Forschung, der die himmlischen Welten einem tieferen Verständnis nahebringt und eine unglaublich vielfältige und wunderbare Geistige Wirklichkeit aufzeigt!

Der Himmel ist ganz anders
Christophor Coppes
(ISBN 978-3-89427-596-9)
Hardcover, 192 Seiten

Die Untersuchungen von Christophor Coppes fördern zwei wesentliche neue Erkenntnisse der Nahtod-Forschung ans Licht: Die unbestreitbare „dunkle Seite" der Geistigen Welt sowie die Überschreitung des irdischen Zeit-Verständnisses. In seinen sorgfältig dokumentierten Fallstudien zeigt Dr. Coppes, dass in zahlreichen Fällen Menschen während ihrer Nahtod-Erfahrung in Sphären geraten, die frühere Zeitalter zweifelsfrei als „Hölle" charakterisiert hätten. Sphären, in denen noch unerlöste Seelen ein deprimierendes Schicksal durchleben. Wer selbst auf Erden Egoismus, Gier und Neid verfallen ist, kann im Fall eines plötzlichen Herausgerissenwerdens aus seiner Körperhülle in jenen Ebenen ankommen. In der überwiegenden Zahl der Nahtod-Erfahrungen berichten die Betroffenen jedoch vom Eintritt in eine lichte Welt, in der völlig andere Bewusstseinsstrukturen als auf Erden herrschen. Vor allem die radikal veränderte Erfahrung von ZEIT stellt eine große Herausforderung dar. Viele Menschen sehen Geschehnisse voraus, die – nach irdischem Zeitmaß – erst Jahre später eintreffen. Zurückgekehrt in ihre irdische Hülle, stellt das für viele ein erhebliches Problem dar. Die faszinierende Dokumentation von Christophor Coppes eröffnet eine neue Epoche in der Nahtod-Forschung. Der sich allmählich vollziehende Bewusstseinswandel führt dazu, dass auch in der Nahtod-Erfahrung andere Dimensionen erlebt werden als früher – helle wie dunkle! Nach der Lektüre dieses Buches wird man ohne Zweifel feststellen: Der Himmel ist ganz anders!

NAHTOD-ERFAHRUNGEN

Unsere unsichtbaren Helfer
Charles W. Leadbeater
(ISBN 78-3-89427-558-7)
Paperback, 144 Seiten

Wie wir täglich geistige Hilfe erfahren

Die Gesellschaft des 21. Jahrhunderts hat die Welt der Engel wiederentdeckt und damit einen ersten Schritt zum Verständnis jener Lichtwesen gemacht, die aus einer höheren Wirklichkeit heraus hilf- und segensreich auf die Erdenmenschen einwirken. Charles W. Leadbeater, einer der bedeutendsten Geistesforscher des 20. Jahrhunderts, macht allerdings in seiner facettenreichen Studie deutlich, dass es sehr viel mehr Wesenheiten gibt, die aus den unterschiedlichen Sphären auf den Menschen Einfluss ausüben. Wer sich bewusst macht, wer und auf welche Weise helfend eingreifen möchte, der versetzt sich in die Lage, diese Hilfe auch wachen Geistes anzunehmen. Was bisher ein eher undeutlich geahnter Schutz war, entwickelt sich so zur gezielten geistigen Führung. Ein aufschlussreicher Führer durch die Geistige Welt, der eine ungeahnte neue Wirklichkeit erschließt und deutlich macht, dass „die Geisteswelt nicht verschlossen ist"!

Die Biographie

Charles W. Leadbeater – Die Biographie
Peter Michel
(ISBN 3-89427-107-8)
Paperback, 200 Seiten

Mit diesem Buch liegt erstmals eine Biographie vor, die Leben und Werk Leadbeaters in einem Band vereint. Es schildert die Anfänge Leadbeaters in England, die Begegnung mit H.P. Blavatsky und der Theosophie und die Einweihung durch seinen Meister in Indien. Das Zusammentreffen der beiden großen und doch so gegensätzlichen Persönlichkeiten Krishnamurti und Leadbeater wird ausführlich behandelt. Seine wegweisenden Erkenntnisse und hellsichtigen Forschungsergebnisse, die unsere Zeit so entscheidend geprägt haben, werden im zweiten Teil ausführlich dargelegt.